Sebastian Weber

Selektionskriterien beim Investment in aktive US-Aktienfonds

GABLER EDITION WISSENSCHAFT

Sebastian Weber

Selektionskriterien beim Investment in aktive US-Aktienfonds

Mit einem Geleitwort von Prof. Dr. Ralf Trost

GABLER EDITION WISSENSCHAFT

Bibliografische Information der Deutschen Nationalbibliothek
Die Deutsche Nationalbibliothek verzeichnet diese Publikation in der
Deutschen Nationalbibliografie; detaillierte bibliografische Daten sind im Internet über
<http://dnb.d-nb.de> abrufbar.

Dissertation Technische Universität Ilmenau, 2008

1. Auflage 2008

Lektorat: Frauke Schindler / Stefanie Loyal

Gabler ist Teil der Fachverlagsgruppe Springer Science+Business Media.
www.gabler.de

Umschlaggestaltung: Regine Zimmer, Dipl.-Designerin, Frankfurt/Main
Gedruckt auf säurefreiem und chlorfrei gebleichtem Papier
Printed in Germany

ISBN 978-3-8349-1184-1

Geleitwort

Das hohe Interesse an der Frage, ob und gegebenenfalls wie aus der historischen Performance von Kapitalanlagen auf die zukünftige Wertentwicklung geschlossen werden kann, erklärt sich von alleine. Anlageentscheidungen – gerade in Investmentfonds – basieren zu einem wesentlichen Teil auf der Analyse von Vergangenheitsdaten. Bekanntlich liefert die Literatur zum Thema zwar eine Fülle von Einzelergebnissen, ein „Königsweg" zur Prognose künftiger Erfolgsaussichten ist aber nicht bekannt.

Hieraus kann man den Schluss ziehen, ein solches Unterfangen sei schon prinzipiell aussichtslos. Man kann sich aber auch auf den Standpunkt stellen, dass schon ein moderates Verschieben der Wahrscheinlichkeitsverteilung hin zu höheren Renditen für den informierten Anleger auf die Dauer zu höheren Erträgen führen wird. In diesem Sinne begibt sich der Autor mit der vorliegenden Studie auf die Suche nach neuer empirischer Evidenz für erfolgversprechende Selektionsprinzipien.

Ziel ist hierbei nicht die Selektion besonders renditeträchtiger Assetklassen. Vielmehr geht es darum, in einem gegebenen Anlageuniversum dasjenige Management von Investmentfonds zu identifizieren, welches seinen Investoren beständig überdurchschnittliche Renditen beschert. Die Beständigkeit bezeichnet man dabei als Persistenz von Fondsrenditen.

Grundlage der Studie ist ein umfangreiches, kommerzielles Datensample zu US-amerikanischen Aktienfonds. Der US-amerikanische Aktienmarkt ist schon wegen seiner schieren Größe von besonderem Interesse – aber auch wegen der Tatsache, dass er der Vorstellung effizienter Kapitalmärkte weltweit am nächsten kommt. Dieses umfangreiche Datenmaterial verleiht der Untersuchung ebenso wie der gewissenhafte und sorgfältige Umgang mit ihm einen besonderen Wert. Es sei exemplarisch auf die Bereinigung der Datenreihen um den so genannten Survivorship Bias verwiesen, der aufgrund der Löschung gestorbener Fonds in den Datenreihen die Ergebnisse ansonsten systematisch verfälschen würde.

Mittels einer soliden statistischen Analyse entwickelt der Autor – auf der Grundlage eines Faktormodells in der Tradition von Fama und French – überzeugend seinen Vorschlag zweier Kennzahlen, auf denen seiner Meinung nach die Selektion erfolgversprechender Fonds aus den Vergangenheitsdaten begründet werden kann. Darüber hinaus kann der an der Thematik interessierte Leser von der profunden Darstellung und Einordnung der in der Literatur zu findenden früheren empirischen Ergebnisse profitieren.

So wenig wie den Beginn bildet dieses Buch den Abschluss einer Richtung der finanzwirtschaftlichen Forschung. Ohne Zweifel jedoch stellt es einen ganz wichtigen Entwicklungsschritt dar, dem eine breite Resonanz in der Fachwelt zu wünschen ist. Ob der Leser dabei neben dem Reichtum an Erkenntnis auch einen auf dem Bankkonto messbaren Reichtum gewinnen wird, muss hier naturgemäß der Spekulation überlassen bleiben.

Ralf Trost

Vorwort

Die Motivation zu dieser Arbeit war eine Marktrecherche über kommerzielle Fondsratings. Anhand der öffentlich verfügbaren Informationen stellen sich die verwendeten Methoden als sehr heterogen und wenig transparent dar. Kein Ratinganbieter veröffentlicht historische Trefferquoten wie es im Anleihenrating durch Angabe von Ausfallwahrscheinlichkeiten üblich ist. Survivorship Bias wird nicht berücksichtigt. Manche Fondsratings arbeiten ohne jegliche Art von Style-Adjustierung. Die Mehrzahl der Ratings verfügt nur über eine diskrete Style-Adjustierung durch Peergrouping.

Es gibt viele neue Erkenntnisse im Forschungsbereich Aktien, die in kommerziellen Aktienfondsratings bisher noch keine Anwendung finden. Dies motivierte mich, mir ein eigenes Bild von Fondsselektion zu machen. Ich halte eine kontinuierliche Style-Adjustierung mit Hilfe eines möglichst guten Faktormodells für die überlegene Vorgehensweise, um Stock Selektion Skill zu isolieren. Bekanntermaßen ist die historische Performance für die zukünftige Entwicklung nicht unbedingt aussagekräftig. Dennoch kann man bei aktiven Fonds versuchen, anhand historischer Daten den bestinformierten Arbitrageur zu ermitteln. Diesem Gedanken folgt die vorliegende Arbeit und versucht nicht die grundsätzliche Entwicklung der Fonds zu prognostizieren.

An dieser Stelle möchte ich einigen Menschen danken, die mich auf diesem Weg begleitet haben. In erster Linie danke ich meinem Doktorvater Prof. Dr. Ralf Trost für die Unterstützung in allen Phasen des Projekts. Im Manuskriptstadium waren mir vor allem Dr. Dietrich Hahne und Prof. Dr. Bartho Treis eine große Hilfe. Großer Dank gebührt auch meiner Partnerin Alexandra Böcker, die große Entbehrung an Zeit von meiner Seite hinnehmen musste und mich trotzdem immer unterstützte. Letztlich möchte ich auch meinen Eltern danken, die meinen Weg immer mitgegangen sind. Daher widme ich diese Arbeit meinem Vater.

Sebastian Weber

Inhaltsangabe

Die vorliegende Arbeit liefert durch die Erprobung von verschiedenen Selektionskriterien neue Erkenntnisse in der Frage um die Persistenz von Fondsrenditen. Zur Analyse wird ein Sample bestehend aus aktiven US-Aktienfonds von Morningstar über den Zeitraum von 1996 bis 2005 analysiert. Durch die Berücksichtigung gestorbener Fonds in den monatlichen Updates von März 2003 bis Dezember 2005 wird eine Adjustierung von Survivorship Bias im Sinne von Brown erreicht. Als Kriterien werden die Rendite, die Sharpe Ratio, das Alpha nach Jensen und die Information Ratio nach Grinold und Kahn hinsichtlich ihrer Selektionswirkung miteinander verglichen. Zur Berechnung von Alpha und Information Ratio dienen Mehrfaktorenmodelle. Die Faktorenmodelle berücksichtigen neben der Marktbewegung insbesondere die Style-Effekte „Size“ und „Value versus Growth“ nach Fama und French, sowie „Momentum“ nach Jegadeesh und Titman.

Mit diesem Ansatz werden style-adjustierte Selektionskriterien für ein Investment in aktive US-Aktienfonds entwickelt, die als style-resistent angesehen werden können. Zwei Effekte können isoliert betrachtet werden. Einerseits wird die Auswirkung einer Style-Adjustierung transparent. Sie sorgt durch wechselnde Marktphasen hindurch für wesentlich konstantere Selektionswahrscheinlichkeiten. Daraus resultieren deutlich höhere Portfoliorenditen sowie Rendite-Risiko-Verhältnisse für ein Portfolio bestehend aus Aktienfonds. Anderseits zeigt sich die unterschiedliche Selektionswirkung von Quotienten aus Rendite und Risiko gegenüber Renditekennzahlen. Es stellt sich heraus, dass Quotienten Fonds mit besseren Rendite-Risiko-Verhältnissen selektieren.

Die Selektion mit der Renditekennzahl Alpha, berechnet mit drei Faktoren, generiert die höchste Portfoliorendite und die Selektion mit dem Quotienten Information Ratio, berechnet mit vier Faktoren, sorgt für das Portfolio mit dem besten Rendite-Risiko-Verhältnis.

Abstract

This study is on persistence in mutual fund performance. Short term persistence is found when common factors of stock returns are adjusted. A sample of active US domestic equity funds from Morningstar is used to test different methods of fund selection for the period from 1996 to 2005. Survivorship Bias in the sense of Brown is reduced with a collection of non surviving funds from the monthly updates March 2003 until December 2005. Past Performance, Jensen's Alpha, Grinold und Kahn's Information Ratio serve as different selection criteria. Alpha and Information Ratio are calculated with factor models which include the style effects size, value versus growth according to Fama and French as well as Momentum after Jegadeesh and Titman.

Two style adjusted selection criteria for an investment in active US equity funds are developed. This method can be interpreted as style resistant selection. Different effects can be observed within this approach. On the one hand the effect of style adjustment becomes transparent. Style adjustment cures the reversals among the funds in changing market conditions like in the year 2000. Reversals amoung the funds were observed by several researchers also in other periods. With style adjustment the selection quality stays solid which results in better portfolio return and return to risk ratios. On the other hand the different selection behaviour of pure return figures and return to risk ratios becomes obvious with this approach. The result is that return to risk ratios select funds with better return to risk ratios.

Using the return figure Alpha calculated with three factors as a selection criterion generates the portfolio of selected funds with the highest return. The Information Ratio as a ratio of return to risk results in the portfolio with the best return to risk ratio.

Inhaltsverzeichnis

Abbildungsverzeichnis

Tabellenverzeichnis

Abkürzungsverzeichnis

AMEX	American Stock Exchange
APT	Arbitrage Pricing Theory
APT-RAP	Arbitrage Pricing Theory Risk Adjusted Performance
CAPM	Capital Asset Pricing Model
Citi	Citigroup
CML	Capital Market Line
CRSP	Center for Research in Security Prices
EDHEC	Ecole De Hautes Etudes Commerciales du Nord
HML	High Minus Low Book/Market Ratio (Faktor für Value/Growth nach French (2006)
HMN	Hohe Minus Niedrige Buchwert/Kurs-Verhältnisse (Faktor für Value/Growth)
KMG	Kleine Minus Große Marktkapitalisierung (Faktor für Size)
IGR	Internal Growth Rate
IR	Information Ratio
MARKT	Marktfaktor
MSCI	Morgan Stanley Capital International
NASDAQ	National Association of Securities Dealers Automated Quotations
NAV	Net Asset Value
NYSE	New York Stock Exchange
PR1YR	Prior 1 Year Return (Faktor für Momentum nach Carhart (1997))
R^2	Determinationskoeffizient
R^2_{adj}	Adjustierter Determinationskoeffizient (Anzahl Regressoren berücksichtigt)

R_m-R_f	Überrendite des Marktes (Marktfaktor nach French (2006))
S&P	Standard and Poor's
SEC	U.S. Securities and Exchange Commission
SML	Security Market Line
SMB	Small Minus Big Market Capitalisation (Faktor Size nach French (2006))
SPIVA	Standard and Poor's Indices Versus Active Funds Scorecard
SR	Sharpe Ratio
SSE	Summe der residualen quadrierten Abweichungen (error sum of squares)
SSR	Summe durch Regression erklärten quadrierten Abweichungen (regression sum of squares)
SST	Summe der quadrierten Abweichungen (total sum of squares)
T-Bill	Treasury Bill
UITs	Unit Investment Trusts
UMD	Up Minus Down (Faktor für Momentum nach French (2006))
USDE	Lipper's U.S. Diversified Equity Fund Classification Model
OTC	Over the Counter (Freiverkehr)

1. Einleitung

Das Bestreben eines jeden Investors bei der Anlage von Kapital in Investmentfonds besteht darin, denjenigen Fonds zu finden, der die beste Wertentwicklung bietet. Als Informationen vom Fondsmanagement selbst stehen einem Investor zur Selektion meist nur die historische Performance des Fonds und eine Selbstbeschreibung bzw. -darstellung im Fondsprospekt zur Verfügung. Daneben werden dem Investor Fondsratings von Drittanbietern angeboten. Bekanntermaßen ist die historische Performance für die zukünftige Entwicklung nicht unbedingt aussagekräftig. Trotzdem kommt auch kein professionelles Fondsrating umhin, zumindest eine Vorauswahl auf der Basis historischer Performancekennzahlen zu treffen. Die vorliegende Arbeit versucht an dieser Stelle, durch eine kritische Eignungsprüfung bestehender Konzepte und durch Entwicklung neuer Varianten neue Erkenntnisse zu liefern. Dieser Forschungsbereich wird in der angelsächsischen Literatur als „Persistence in Mutual Fund Performance“ bezeichnet (vgl. Kapitel 6.2). Der Begriff Persistenz der Performance findet auch in dieser Arbeit Anwendung. Darunter wird die Beständigkeit von Performance über einen gewissen Zeitraum verstanden, welche die Basis für eine Selektion in diesem Ansatz darstellt.

Das Angebot an US-Aktienfonds ist weltweit in den USA am umfangreichsten und der US-Aktienmarkt wird als der effizienteste Aktienmarkt der Welt gesehen. Daher ist dieses Umfeld für die quantitative Erprobung von Selektionsprinzipien von Aktienfonds am interessantesten. Die Fragestellung, ob es nicht sinnvoller wäre, in europäische Aktienfonds zu investieren, wird dabei nicht beleuchtet. Dies ist eine Fragestellung der Asset Allocation, die traditionell festlegt, welche Mischung aus Aktien, Anleihen und risikolosem Geldmarkt in einem Portfolio zugrunde gelegt wird (vgl. Sharpe/Alexander/Bailey (1999: 442)). Die Asset Allocation ist diesen quantitativen Methoden und der Auswahl an Investitionsmöglichkeiten längst entwachsen. Zimmermann/Drobetz/Oertmann (2003: 261-285) weisen aktuell beim Thema Asset Allocation auf den Gleichgewichtsansatz nach Black und Littermann von 1992 hin. Litterman (2003: 104) sieht die Aufteilung in Aktien und Anleihen, das Niveau der Diversifikation in diesen öffentlich gehandelten Assetklassen, das Niveau der Währungssicherung, Niveau und Struktur der aktiv und passiv verwalteten Teile des Portfolios und letztlich die Allokation von anderen Assetklassen wie Hedge Funds, Private Equity und Immobilien als Entscheidungspunkte in der strategischen globalen Asset Allocation. Auf der taktischen Ebene der

Asset Allocation wird unter anderem der Länder- und Branchenmix im Portfolio festgelegt. Die vorliegende Arbeit setzt an jenem Punkt im Investitionsprozess an, an dem die Investitionsentscheidung bereits gefallen ist, einen bestimmten Betrag in US-Aktienfonds zu investieren. Die offene Frage besteht nun darin, welchen Fonds dieser Assetklasse der Investor auswählen bzw. nach welchem Prinzip die Auswahl vorgenommen werden soll.

Das Fondsangebot von Morningstar, einer amerikanischen Fondsdatenbank, ist in der einschlägigen Fachliteratur als repräsentatives Abbild der Investitionsalternativen in Anlagefonds für amerikanische Investoren anerkannt. Die einzelnen monatlichen Updates von Morningstar stellen nur eine Momentaufnahme der zu diesem Zeitpunkt gerade am Markt befindlichen Fonds dar. Das Angebot an Fonds an einen Investor ändert sich aber im Laufe der Zeit. Es werden einige Fonds am Markt geschlossen und andere werden neu lanciert. Kommerzielle Datenbanken wie Morningstar, S&P, Lipper und andere löschen Fonds, die nicht mehr berichten, aus ihren Datenbanken. Die Löschung von gestorbenen Fonds hat erhebliche Implikationen auf die Ergebnisse quantitativer Studien, wenn nur eine Momentaufnahme des Marktes als Sample bei Performanceanalysen ex post verwendet wird. Die auftretende, systematische Abweichung vom wahren Erwartungswert durch das Vernachlässigen von gestorbenen Fonds wird als „Survivorship Bias" des Samples bezeichnet. Die allgemeine Akzeptanz dieses Effekts seit Brown et al. (1992) machte fast alle Performancestudien seit Sharpe Ende der 60er-Jahre gegenstandslos und sorgte für neuen Forschungsbedarf. Allerdings ist der Erhebungsaufwand der Daten ungleich höher geworden. Seit 1992 haben die Forscher historische Bestandslisten wie Weisenbergers Mutual Fund Panorama von Hand aussortiert und sich auf diese Weise eine Basis für ihre Samples inklusive der toten Fonds geschaffen. In der vorliegenden Studie werden die kommerziellen monatlichen Updates von Morningstar über den Zeitraum von März 2003 bis Dezember 2005 für eine Adjustierung des Fondssamples gegen Survivorship Bias benutzt (vgl. Morningstar). Eine zeitlich in die Vergangenheit gerichtete, methodische Aggregation von kommerziellen Datensets ist bisher in der einschlägigen Fachliteratur noch nicht dokumentiert.

Nach der Adjustierung des Survivorship Bias werden an diesem Fondssample Eignungsprüfungen der bestehenden Kennzahlenkonzepte im Sinne der Güte ihrer Selektionswirkung von Aktienfonds durchgeführt (vgl. Morningstar). Neben dem Vergleich bestehender Kennzahlenkonzepte werden neue Varianten von Kennzahlen erprobt. Dabei stehen vor allem Jensens Alpha und die Idee der Information Ratio – eine Performancekennzahl nach Grinold/Kahn (1999) – im Fokus. In der Arbeit werden diese Kennzahlen mit Mehrfaktorenmodellen berechnet. Diese Mehrfaktorenmodelle berücksichtigen insbesondere die Style-Effekte „Size", „Value" und „Growth" nach Fama und French (1996) sowie „Momentum" nach Jegadeesh und Titman (1993). So entsteht ein neuer „style-resistenter" Selektionsansatz. Dieser wird im Vergleich zu den bestehenden Selektionsansätzen erprobt und auf seine Einsatzmöglichkeit in der Praxis überprüft.

Auf der Grundlage der zuvor geschilderten Problemstellung wird die vorliegende Arbeit wie folgt strukturiert: In Kapitel 2 wird das Wesen von US-Aktienfonds als Untersuchungsgegenstand vorgestellt. Kapitel 3 zeigt die theoretischen Grundlagen der Performanceanalyse von Aktienfonds auf. Der Fokus liegt hier auf den Modellen zur Bestimmung der marktseitigen Komponenten von Rendite und Risiko sowie auf der Einführung der verwendeten Performancekennzahlen. Kapitel 4 beschäftigt sich dann mit der konkreten Entwicklung und Anwendung eines Mehrfaktorenmodells für die Berechnung von Kennzahlen zur Bewertung der Performance von US-Aktienfonds. In Kapitel 5 wird auf das Problem von Survivorship Bias in Performanceanalysen von US-Aktienfonds eingegangen. Dabei wird eine Methode zur Adjustierung des Survivorship Bias entwickelt und angewendet. In Kapitel 6 werden verschiedene Ansätze zur Bestimmung von Selektionskriterien vorgestellt. Alle vorgestellten Ansätze versuchen auf unterschiedliche Wege, Persistenz in der Performance der aktiven Fonds nachzuweisen. Nach der Darstellung von verschiedenen kommerziellen und theoretischen Ansätzen wird der neue „style-resistente" Ansatz des Autors vorgestellt. Dieser wird am Fondssample mit adjustiertem Survivorship Bias erprobt. Eine Zusammenfassung und eine Bewertung der Ergebnisse erfolgen am Schluss der Arbeit.

2. Wesen von US-Aktienfonds

2.1 Begriffsabgrenzung

Der Begriff Fonds bezeichnet Geldmittel, die für bestimmte Zwecke gehalten werden. Bei Anlagefonds werden die Geldmittel zur Vermögensanlage gehalten. Anlagefonds müssen für den Vertrieb in einem Land gewisse Auflagen erfüllen, die von Land zu Land variieren. Außerdem sind die steuerlichen Aspekte zumeist unterschiedlich. Darüber hinaus sind auch unterschiedliche, zusätzliche Qualifikationen z.B. für die Akzeptanz als Altersvorsorgeprodukt nötig. Es gibt eine Fülle von rechtlichen und steuerlichen Aspekten, die ggf. den Vertrieb eines Fonds in einem bestimmten Land unmöglich oder nicht sinnvoll machen. Das Ergebnis ist, dass der Markt für Fonds aus Sicht der Investoren (als Kunden) kein globaler Markt ist. Das Angebot an Fonds für einen amerikanischen Investor ist ein anderes als z.B. für einen deutschen Investor. Aus Sicht der Assetmanager (als Produzenten) hat sich auch in dieser Branche eine Globalisierung des Wettbewerbs vollzogen und in viele Portfolios werden Gelder aus verschiedenen Ländern investiert. Jedoch aus Investorenperspektive haben diese Fonds immer noch unterschiedliche Bezeichnungen, Beschreibungen und Kennnummern mit einer unterschiedlichen Lizenzierung in den Vertriebsländern. Die vorliegende Arbeit bezieht sich auf die Verhältnisse in Amerika und auf das Angebot an Fonds für amerikanische Investoren.[1]

Die Investoren können in private und institutionelle Anleger wie z.B. Altersvorsorgeinstitutionen, Stiftungen, Kirchen, Versicherungen etc. unterschieden werden. Daher gibt es bei Anlagefonds die Unterscheidung in „Retail Fund“ und „Institutional Fund“. Institutional Funds haben typischerweise geringere Gebühren und höhere Mindestinvestmentvolumina. Jedoch ist die Grenze zwischen diesen beiden Gruppen fließend. Manche Retail Funds vermarkten sich ebenfalls als Institutional Funds mit einem höheren Mindestanlagevolumen und geringeren Gebühren. James/Karceski (2002) zitieren bei ihrer Studie des Verhaltens von monetären Zuflüssen in diese beiden Fondsgruppen die Klassifizierung des amerikanischen Unternehmens Morningstar. Morningstar klassifiziert einen Fonds mit Mindestanlagevolumen über $ 100.000 als Institutional Fund. In der

[1] Die meisten Informationen sind auch auf Deutschland anwendbar, jedoch nicht unbedingt alle uneingeschränkt.

vorliegenden Arbeit wird keine der Gruppen ausgeschlossen.

Bei Fonds gibt es grundsätzlich aktiv und passiv verwaltete Portfolios. Passive Fonds geben die Zusammensetzung eines Marktindex wieder und machen diesen damit als ein Produkt für den Anleger investierbar. Aktive Fonds dagegen sind mehr oder weniger frei in ihrer Titelwahl. Je nach Zielgruppe der Investoren bzw. ihrem Investitionszweck werden sehr konservative Fonds sowie Fonds mit sehr aggressiven Anlagestilen angeboten. Die Breite des Angebots ist sehr groß. Typischerweise werden aktive Fonds meistens gegen eine Benchmark gemanagt. Eine Benchmark bezeichnet ein Vergleichsportfolio, mit dem man die Performance des aktiv verwalteten Portfolios vergleicht. Die Aufgabe des Portfoliomanagers ist es dann, die Benchmark zu übertreffen. Die Benchmark ist folglich auch ein Vergleichsmaßstab zur Bewertung der Performance, aber repräsentiert auch die grundsätzliche Strategie des Fonds. Als Benchmark im Sinne eines Vergleichsmaßstabs zur Bewertung der Performance kommen ebenfalls typischerweise ein Marktindex oder eine Mischung von Marktindizes infrage. Bei Institutional Funds wird dem potenziellen Investor überlicherweise die Benchmark des Fonds im Vieraugengespräch präsentiert, jedoch im Allgemeinen nicht veröffentlicht. Bei Retail Funds mit ihrem meist anonymen Vertriebsweg ist die Informationspolitik oft restriktiver. Bei einem Privatinvestor wird üblicherweise vonseiten der Fondsanbieter nicht von einem vollständigen Investitionsprozess mit Assetallokation ausgegangen, sondern dieser wird ihm in so genannten Asset Allocation- oder Strategiefonds als aggregiertes Produkt angeboten, wenn der Investor eine Assetallokation wünscht. Die Vermögensverwalter geben nur ganz vereinzelt die wirkliche Benchmark des Fonds preis. Es wird im Fondsprospekt üblicherweise nur die so genannte „Prospectus Objective" verbal erläutert. Die Benchmark hingegen wird meist nicht veröffentlicht. Dies ist zwar gegenüber der Konkurrenz durchaus verständlich, macht aber die Performanceanalyse und Assetallokation von aktiven Fonds sehr schwierig. Im Rahmen der vorliegenden Arbeit werden nur aktive Fonds untersucht. Marktindizes werden als Vergleichsmaßstab verwendet und repräsentieren damit implizit ein Investment in passive Fonds, jedoch unter Vernächlassigung der Gebühren der passiven Fonds.

Anlagefonds können auch in offene und geschlossene Fonds unterschieden werden. Die U.S. Securities and Exchange Commission (2001) registriert „Investment Companies" (Anlagefonds) in den USA als „Mutual Funds", „Closed-end Funds" und „Unit Investment Trusts (UITs)". Rechtlich betrachtet werden Fonds als Investitionsgesellschaften angesehen und unterstehen der Aufsicht der U.S. Securities and Exchange Commission (SEC). Fonds können diesen Status jedoch auch verlieren und als „Privat Investment Funds" bezeichnet werden. Privat Investment Funds haben z.B. weniger als 100 Investoren. Die SEC verweist auf die eher private Natur des Angebots solcher Fonds. Die vollständige Definition einer Investment Company ist in „Section 5 of the Investment Company Act of 1940" geregelt. Wird ein Fonds bei der SEC als Investitionsgesellschaft registriert, kann er den Vorteil einer größeren Reputation nutzen, weil er die öffentliche Kontrolle als Sicherheitsargument werbemäßig verwenden kann. Dagegen bietet der Status als Privat Investment Fund dem Fonds eine größere Flexibilität, z.B. in der Anlagepolitik. Diesen Umstand nutzen auch die Hedge Fonds. Sie fallen generell in die Kategorie der Privat Investment Funds.

Mit Mutual Fund bezeichnet die SEC einen offenen Anlagefonds. Das Hauptmerkmal eines offenen Fonds ist die Rücknahmeverpflichtung des Emittenten. Der so genannte „Net Asset Value" (NAV) ist der augenblickliche Wert des Fondsinhalts. Handelt es sich z.B. um einen Aktienfonds, ist der NAV der Wert aller Aktien (und eventueller Bargeldbestände etc.), die der Fonds besitzt. Bei einem offenen Fonds verkauft und kauft der Fondsbetreiber (oder seine Vertriebspartner) die Fondsanteile an den Investor. Der Investor kann keine Fondsanteile von einem anderen Investor erwerben. Der Preis der Fondsanteile richtet sich nach dem NAV des Fonds und differiert nur um eventuelle Gebühren beim Erwerb oder Rückkauf der Anteile. Alle Fonds verlangen Managementgebühren. Diese werden auf kontinuierlicher Basis in die Performance des Fonds eingepreist. Normalerweise kaufen und verkaufen offene Fonds ihre Anteile auf einer kontinuierlichen Basis, jedoch stoppen manchmal Fonds den Verkauf von Anteilen, wenn sie zu groß werden. Das Anlageportfolio des Fonds wird üblicherweise von einer separaten Gesellschaft geführt, den so genannten „Investment Advisors", die ebenfalls bei der SEC registriert sind.

In Gegensatz zu offenen Fonds findet bei Closed-end Funds kein Rückkauf der Anteile durch den Fondsbetreiber statt. Die Anteile werden üblicherweise nicht kontinuierlich angeboten, sondern eine bestimmte Anzahl von Anteilen wird bei Lancierung angeboten und danach auf einem Sekundärmarkt gehandelt. Der Preis der Anteile auf dem Sekundärmarkt kann über oder unter dem NAV liegen. Im Preis spiegeln sich Erwartungen der Investoren über den Fondsinhalt als Paket wider. Auch bei Closed-end Funds wird das Portfolio in der Regel von einem registrierten Investment Advisors geführt. Closed-end

Funds ist es auch erlaubt, größere Volumina von illiquiden Anlagen zu halten. Eine illiquide Anlage ist als eine Anlage definiert, die nicht innerhalb von sieben Tagen zu ihrem Bewertungspreis im NAV des Fonds veräußert werden kann. Aus diesem Grund sind Investitionsstrategien, die auf größeren Volumina von illiquiden Anlagen beruhen, wie z.B. im Bereich Private Equity (nicht börsennotierte Gesellschaften), meist als Closed-end Funds organisiert. Eng mit dem Fungibilitätskriterium verknüpft ist auch die Teilbarkeit der Anlagen des Fonds wie z.B. bei Immobilien. Daher sind Immobilienfonds in der Regel ebenfalls als Closed-end Funds organisiert.

Zwitter dieser beiden Formen von Investment Companies sind die UITs. Wie Closed-end Funds emittieren auch sie eine bestimmte Anzahl von Anteilen, die jedoch der Sponsor bzw. Betreiber wie bei einem Mutual Fund zum ungefähren NAV (ungefähr in Bezug auf Gebühren) zurückkauft. Häufig verkauft er sie wieder und unterhält damit selbst einen Sekundärmarkt zum ungefähren NAV. Im Allgemeinen wird das Portfolio von UITs wenig aktiv gemanagt, vielmehr halten sie ein bestimmtes Portfolio über ihre Lebenszeit. Viele passive Fonds sind so strukturiert (Exchange Traded Funds ETFs). UITs haben ein festes Ablaufdatum. Dann werden die Anlagen verkauft und der Erlös verteilt, jedoch kann die Lebenszeit durchaus 50 Jahre oder mehr betragen. Ein registrierter Investment Advisor ist hier nicht obligatorisch. Im Rahmen dieser Arbeit werden nur offene Fonds (Mutual Funds) analysiert. Der Ab- oder Aufschlag aufgrund von Spekulationen bei geschlossenen Fonds (Closed-end Funds) sind nicht Gegenstand dieser Analyse und würden die Ergebnisse verfälschen. Der meist passive Charakter von UITs macht eine Performanceanalyse gegenstandslos, weil deren Entwicklung im Allgemeinen nur dem Markttrend folgt.

Anlagefonds werden auch nach ihrem „Anlageuniversum“ unterschieden. Darunter versteht man die Gesamtheit der Titel bzw. Investitionsmöglichkeiten, die dem Portfoliomanager zur Verfügung stehen. So können Fonds grundsätzlich in Aktien, Anleihen, Geldmarktpapiere, Immobilien, Rohstoffe etc. investieren. Es gibt sortenreine Fonds, die sich nur auf eine Assetklasse konzentrieren und Fonds, die in mehreren Assetklassen investieren. Die Mischung der Assetklassen wird in festen oder variablen Anteilen angeboten (Asset Allocation- und Strategiefonds). Jedoch auch innerhalb der einzelnen Assetklassen gibt es unterschiedlichste Anlageuniversen. So gibt es Aktienfonds, die z.B. global in Europa, Asien etc. investieren sowie Fonds, die sich auf die Aktien einzelner Länder beschränken. Daneben spezialisieren sich z.B. manche Aktienfonds auch auf einzelne Branchen. In der vorliegenden Arbeit werden nur Fonds mit dem Anlageuniversum US-Aktien ohne Branchenspezialisierung betrachtet.

2.2 Datenbasis der Analyse

Als Datenbasis für diese Studie wurden Fonds der Gruppe „US Domestic Equity" (US-Aktien) für amerikanische Investoren gewählt (vgl. Morningstar), weil für eine quantitative Analyse ein möglichst großes und homogenes Datenuniversum von Vorteil ist. In den USA ist die Fondsbranche am weitesten entwickelt. Es gibt ein größeres Fondsangebot für Investoren als in jedem anderen Land der Welt. Die Anzahl der zur Verfügung stehenden Anlagefonds ist der Entscheidungsgrund für das Fondsangebot an US-Investoren als Analysebasis. In Bezug auf das Anlageuniversum steht die Überlegung im Vordergrund, ein möglichst großes Universum zu selektieren, das weitgehend frei von Verwerfungen – z.B. durch unterschiedliche Währungen etc. – und bei dem die Indexauswahl gut entwickelt ist. Der US-Aktienmarkt wird als der effizienteste Aktienmarkt der Welt angesehen. Er ist auch der größte Aktienmarkt und durch verschiedenste Marktindizes am besten beschrieben. Aus diesen Gründen fällt die Wahl auf Fonds der Kategorie „US Domestic Equity", also Fonds, die in amerikanische Aktien investieren und an amerikanische Investoren vertrieben werden. Sie stellen sich als ideales Umfeld dar, um Selektionsprinzipen von aktiven Portfoliomanagern an realen Fondszeitreihen zu testen.

Um diese Datenbasis zur Analyse zur Verfügung zu haben, gibt es im Wesentlichen drei Möglichkeiten. Zum einen: Man sammelt die Fondsdaten Stück für Stück selber. Diese sehr zeitraubende Methode scheidet aufgrund der hohen Fehleranfälligkeit aus. Zum anderen: Man verwendet die Fondsdaten von Morningstar oder die vom Center for Research in Security Prices (CRSP).

Morningstar ist ein amerikanisches Unternehmen, das im Wesentlichen Informationen über Anlagefonds und Fondsratings vertreibt. Morningstar betreibt oder managt selbst keine Anlageprodukte, sondern präsentiert sich als unabhängiges Haus, das die Performance und weitere Informationen von Asset Managern sammelt, bewertet und sowohl die rohen als auch die bearbeiteten Informationen monatlich als ihr Produkt „Principia Pro Plus for Mutual Funds" vertreibt (vgl. Morningstar (2005)). CRSP ist eine Einrichtung der University of Chicago's Graduate School of Business, die 1960 mit Mitteln von Merrill Lynch gegründet wurde, um die erste vollständige Datenbank für Aktien aufzubauen. Neben anderen Kapitalmarktdatenbanken entwickelte Mitte der 90er-Jahre Mark M. Carhart unter dem Dach von CRSP die erste Datenbank für Mutual Funds, die sowohl aktive als auch inaktive Fonds enthält. CRSP vertreibt sie als „CRSP Survivor-Bias-Free US Mutual Fund Database“ mit einem quartalsweisen Update (vgl. Center for Research in Security Prices (2006)).

Bei jeder Analyse von Fondssamples muss mit dem Phänomen Survivorship Bias gerechnet werden. Damit bezeichnet man die systematische Verzerrung der durchschnittlichen Rendite eines Fondssamples, wenn es die Fonds nicht enthält, die während der Untersuchungsperiode geschlossen worden sind. Auf dieses Thema wird in Kapitel 5 noch näher eingegangen. Elton/Gruber/Blake (2001) haben die Daten beider Provider verglichen. CRSP nennt sein Produkt „CRSP Survivor-Bias-Free US Mutual Fund Database“ und behauptet, es wäre frei von Survivorship Bias. Morningstar reportet seit Jahrzenten kommerziell jeden Monat die Performance der jeweils lebenden Fonds. Die Daten von Morningstar haben damit Survivorship Bias. Elton/Gruber/Blake (2001: 2417) widersprechen jedoch der Behauptung von CRSP sehr entschieden. Ihrer Ansicht nach haben die Daten von CRSP einen “Ommission Bias”. Das heißt, es fehlen für manche Fonds Renditedaten für einige Monate und bei einigen Fonds teilweise auch für ein ganzes Jahr. „In short, this set of data exibits all the problems of a sample with traditional survivorship bias” (Elton/Gruber/Blake (2001: 2420)). Daneben zeigt CRSP zu hohe monatliche Returns, wenn Fonds mehr als eine Dividendenausschüttung am Tag haben. Dieser Effekt kann aber im Nachhinein bereinigt werden (vgl. Elton/Gruber/Blake (2001: 2420)). Ein weiteres Problem in den Daten von CRSP ergibt sich nach Elton/Gruber/Blake (2001: 2424) im Zusammenhang mit Fondsmergern. So ist das Datum des Mergers bei 21 % der Fonds – im Vergleich zum Datum der Fondsmanagementfirma selbst – um mehr als einen Monat falsch. Entsprechend werden die Returndaten in Mitleidenschaft gezogen. Die monatlichen Returns haben also große Fehler, wenn man vollständige Daten bis zum Monat des Mergers erwartet. Außerdem haben Elton/Gruber/Blake (2001: 2426 ff) einen direkten Vergleich der Renditedatenqualität unter Berücksichtigung der bekannten Unterschiede vorgenommen, also unter vergleichbaren Bedingungen. Dabei zeigen sich Differenzen in den durchschnittlichen Returns von exakt gleichen Samples aus beiden Quellen, vor allem in älteren Datenreihen und bei Fonds, die auf kleine Aktien fokussieren. Die Daten von CRSP haben im Querschnitt über alle Fonds einen höheren durchschnittlichen Return. Elton/Gruber/Blake (2001) treffen keine Aussage darüber, welches Datenset sie im Hinblick auf die höheren Durchschnitte für akkurater halten. Aufgrund der langjährigeren Vergangenheit von Morningstar, dem Status dieses Unternehmens in der Industrie und der Literatur sowie der Vielzahl der von Elton/Gruber/Blake (2001) berichteten Fehler erscheinen die Daten von Morningstar in puncto Returnqualität näher an der Realität zu sein.

Vor diesem Hintergrund werden im Rahmen der vorliegenden Studie die Daten von Morningstar favorisiert und Morningstar unterstützte dieses Vorhaben. Verknüpft mit der Entscheidung für die Datenherkunft besteht die Aufgabe nunmehr darin, eine neue Methode zur Adjustierung von gestorbenen Fonds in kommerziellen Daten mit Survivorship Bias zu entwickeln (siehe Kapitel 5). Alle bisherigen Datensamples in der Literatur mit Berücksichtigung von Survivorship Bias inklusive CRSP entstanden durch das „bottom-up"-Sammeln von einzelnen Fondszeitreihen (vgl. Carhart (1997)).

Morningstar-Daten sind die Basis diese Arbeit. Morningstar veröffentlicht seine Informationen monatlich auf einer CD, die das Unternehmen seinen Kunden bzw. gesponserten Forschern zuschickt. Jede CD enthält 20 Jahre monatliche Returns der jeweils aktuell verfügbaren Fonds, die Inhalte des Fondsprospekts und viele weitere Daten vom Fonds selbst, wie monetäre Größe des Fonds, Gebühren etc. Darüber hinaus enthält Principia Pro Plus for Mutual Funds Kennzahlen, Analysen, Ratings, die von Morningstar berechnet wurden. Für die folgenden Analysen werden nur monatliche rohe Returns und die Selbstkategorisierung des Fonds im Fondsprospekt benutzt. Die Selbstkategorisierung des Fonds wird „Prospectus Objective" genannt. Sie soll dem Investor eine Vorstellung von der Strategie des Fonds geben. Allerdings ist es nur eine sehr grobe Einordnung, an die sich der Fonds auch teilweise nur bedingt hält. Aber sie stammt vom Fonds selbst. Als Basis für die Analysen im Rahmen dieser Studie wurden ausschließlich originäre Daten verwendet. Nur Informationen von den Fonds selber, nämlich rohe Returns und Selbstkategorisierung, wurden von den CDs von Morninstar exportiert. Sämtliche Darstellungen und Betrachtungen wurden im Rahmen dieser Studie auf der Basis von rohen Returns (unbearbeit) selbst berechnet.

Jede CD enthält als Fondsuniversum jeweils nur die aktuell verfügbaren Fonds im jeweiligen Monat. Für die Arbeit standen insgesamt die CDs von März 2003 bis Januar 2005 zur Verfügung. Das Kapitel 4 und das Kapitel 6.3.1 arbeiten mit Fondsdatensamples aktiver Fonds, die von einzelnen CDs exportiert wurden. Diese Analysen haben also einen Survivorship Bias, der aber beim Fokus dieser einzelnen Kapitel nicht stört. Dem Problem des zeitlich veränderlichen Fondsuniversums, also dem Survivorship Bias, widmet sich Kapitel 5 im Detail. Für die Untersuchung und den Ansatz einer Adjustierung kommen in diesem Kapitel alle zur Verfügung stehenden CDs zum Einsatz. Das final entwickelte Datenset aus Kapitel 5 wird dann in Kapitel 6.3.2 unter Anwendung der entwickelten Instrumente verwendet. Neben dem inhaltlichen Konzept dieser Arbeit ist dies der Blick auf die Datenseite dieser Arbeit. Allen exportierten und verwendeten Datensets aus den verschiedenen Zeitpunkten bzw. dem vereinigten Sample liegt ein gemeinsames Kriterienraster zugrunde. Es handelt sich immer um aktive Mutual Funds mit dem Anlageuniversum US-Aktien. Diese Kategorie liegt als Selbstkategorisierung der Fonds mit dem Namen „US Domestic Equity" vor und umfasst mehrere Unterkategorien. Diese werden im nächsten Kapitel beschrieben.

2.3 Einordnung von US-Aktienfonds

Die Kategorisierung durch die Selbstkategorisierung der Fonds ist definitiv mit Einschränkungen behaftet, wie unter anderem auch die Dokumentation von Morningstar deutlich macht. Morningstar (2005) beschreibt die „Prospectus Objective" (Selbstkategorisierung) als Indikator für das Anlageziel des Fonds, der auf dem Wortlaut des Fondsprospekts beruht. Morningstar (2005) weist auch auf die Gefahr hin, dass ein Fonds sich eventuell zu einer bestimmten Kategorisierung selbst bekennt, aber in der Praxis eigentlich besser in eine andere Gruppe passt. Der Name und die Prospectus Objective sind mehr oder weniger die einzigen nachhaltigen Gruppierungsmerkmale in Bezug auf Anlageuniversum und -strategie, die vom Fonds selbst veröffentlicht werden.[2] „Nachhaltig" beschreibt in diesem Zusammenhang einen längeren Zeitraum. So sind z.B. Informationen über konkrete Portfoliozusammensetzungen nur hilfreich, wenn sie über den gesamten Beobachtungszeitraum vorliegen.

Das Informationsdefizit hinsichtlich der Strategie des Fonds und dessen Positionierung macht neben anderen Schwierigkeiten die Performanceanalyse von Fonds so kompliziert. In dieser Arbeit soll dieses Problem mit einem Mehrfaktorenmodell gelöst werden. Jedoch ist es dafür unerlässlich, alle Information über den Untersuchungsgegenstand zu

---

[2] Bemerkung: Es gibt daneben noch das so genannte „Special Criteria" in der Morningstarsoftware. Es beinhaltet mehr technische Informationen und wurde benutzt, um passive Fonds auszusortieren.

antizipieren und im Rahmen der Möglichkeiten abzugrenzen. Daher werden in diesem Kapitel alle Informationen über die Gruppierung von Fonds auf der Basis der Selbstkategorisierung diskutiert. (vgl. Morningstar (2005)).

Das Merkmal Prospectus Objective ist in zwei Ebenen gegliedert. Die erste Ebene umfasst Domestic Equity, International Stock, Speciality Stock (Branchenfonds), Hybrid (Aktien und Bonds gemischt), eine Reihe von Bondfondsgruppen und Exchange Traded Funds (passive börsengehandelte Portfolios). Mit dem Ziel, reine Aktienfonds zu untersuchen, fällt schon eine Reihe von Kategorien aus. Aus den verbleibenden Kategorien ist Domestic Equity mit 7.826 Fonds per Ende Oktober 2005 zuerst einmal die zahlenmäßig stärkste Gruppe. International Stock kommt dagegen nur auf 1.759 Fonds zu diesem Zeitpunkt. Die Indexauswahl ist in puncto Spezialindizes auf globaler Basis eher begrenzt und das Thema Währungen sorgt für weitere Verwerfungen.

Die Gruppe Branchenfonds kommt zahlenmäßig auf eine Anzahl von 1.223 Fonds zu diesem Zeitpunkt und stellt aus Sicht der Benchmarkmodellierung eine spezielle Richtung dar. Eine Beimischung dieser Kategorien zu Domestic Equity bringt nur zusätzliche Verwerfungen. Deshalb wird rein die Gruppe Domestic Equity als Untersuchungsgegenstand gewählt.

In Anbetracht der großen Anzahl an Fonds innerhalb der Gruppe Domestic Equity stellt sich die Frage, ob man diese Gruppe auf der nächsten Gliederungsebene vernünftig weiter eingrenzen kann. Bei Domestic Equity Funds haben sich im Laufe der Jahre verschiedene Anlageziele manifestiert, die auf einer zweiten Ebene gegliedert sind. Dazu zählen Aggressive Growth, Growth, Growth-Income, Equity-Income und Small Company. Morningstar (2005) beschreibt diese Kategorien wie folgt:

Fonds der Kategorie Aggressive Growth streben schnelles Kapitalwachstum an, ohne eine Marktkapitalisierungsbandbreite anzugeben. Diese Fonds investieren öfters in kleine oder neu entstehende Wachstumsfirmen und eher in IPOs, also in Börsengänge, oder in Firmen mit hohen P/E- und P/B-Ratios als andere Fonds. Diese Fonds benutzten Investmenttechniken wie starke Sektorkonzentrationen, Leverage und Leerverkäufe. Fonds der Kategorie Growth verfolgen die Strategie, Wertsteigerungen durch Investitionen primär in Aktien zu erzielen. Einkommen aus Dividenden und Ausschüttungen („Income") sind zumeist für diese Fonds nur von geringem Interesse. Fonds der Kategorie Growth and Income gewichten die Anlageziele Kapitalwachstum und Einkommen etwa gleich. Diese Fonds investieren typischerweise in Firmen, die sowohl Kursanstiegspotenzial als auch die Fähigkeit zur Zahlung von Dividenden aufweisen. Fonds mit dem Anlageziel Income wollen dagegen mit ihren Investments Dividenden- und Zinseinkommen generieren. In diesen Fonds werden mindestens 65 % der Assets im Portfolio in Unternehmen investiert, die Dividenden zahlen. Die Fonds mit dem Anlageziel Small Company fokussieren dagegen wieder auf Kapitalwachstum. Jedoch anders als Fonds der Kategorie Growth investieren diese Fonds in Aktien von Firmen mit einer Marktkapitalisierung unter einer Milliarde US-Dollar. In diesem Segment sind Einkommenszahlungen aus Dividenden eher unwahrscheinlich.

Diese historisch gewachsenen Definitionen der Gruppen von Anlagezielen innerhalb der Kategorie Domestic Equity lassen Zweifel an der Trennschärfe entstehen. Es erscheint eher unwahrscheinlich, dass ein Domestic Equity Fonds nun vollkommen auf internationale Aktien umschwenkt. Einige viel versprechende Titel tauchen eventuell von Zeit zu Zeit im Portfolio auf, aber diese stellen wahrscheinlich nicht die Mehrheit des Portfolios dar. Man könnte sich jedoch durchaus vorstellen, dass ein Aggressive Growth Fonds sich zeitweise wie ein Small Company Fonds verhält. Nach dem Studium dieser Unterkategorien fällt die Entscheidung, keine weiteren Eingrenzungen der Grundgesamtheit vorzunehmen und die Herausforderung anzunehmen, mit dieser immensen Anzahl in der quantitativen Studie zurechtzukommen. Domestic Equity in seiner Gesamtheit wirkt als eine einigermaßen runde Grundgesamtheit an professionellen aktiven Fondsmanagern im Markt für US-Aktien. Der folgende Ansatz versucht, die Gruppe Domestic Equity mithilfe eines allgemeinen Mehrfaktorenmodells miteinander zu vergleichen und gerade nicht weiter in einzelne Peergroups zu unterteilen. Das Ziel dieser Arbeit ist es, die Qualität des aktiven Portfoliomanagements in einem Markt mit einem konsistenten Framework über einzelne Segmente hinweg zu messen und zu testen, ob sie als Selektionsindikator für aktive Fonds geeignet ist.

3. Theoretische Grundlagen der Performanceanalyse

3.1 Kapitalmarkteffizienz

Der Effizienzgrad von Kapitalmärkten beeinflusst das Renditepotenzial eines aktiven Portfoliomanagements. Je höher die Effizienz eines Kapitalmarkts, desto geringer sind die Chancen für aktives Portfoliomanagement.

Unter Kapitalmarkteffizienz verstehen Sharpe/Alexander/Bailey (1999: 92-107) den allokationseffizienten Markt. Ihr Grundgedanke ist, dass ein Markt jenen Firmen, welche die viel versprechendsten Investitionsaussichten haben, die nötigen Geldmittel zukommen lassen sollte. Campbell/Lo/MacKinlay (1997: 24) verweisen auf die Effizienzbetrachtung von physikalischen Systemen, z.B. bei einem Kolbenmotor. Ein Kolbenmotor hat z.B. eine Effizienz in der Größenordnung von 60 %, d.h. 60 % der Energie im Benzin werden in den effektiven Vortrieb des Fahrzeugs umgesetzt. Die restlichen 40 % der Ausgangsenergie sind Verlustleistungen in Form von Hitze, Licht, Lärm etc. Wendet man diesen Gedanken auf die Allokation von Geldmitteln durch einen Markt an, unterscheiden Sharpe/Alexander/Bailey (1999: 92-107) zwei unterschiedliche Effizienzaspekte: die interne Effizienz und die externe Effizienz. In einem intern effizienten Kapitalmarkt gibt es einen fairen Wettbewerb von Brokern und Händlern, der für geringe Transaktionskosten und eine schnelle Abwicklung von Geschäften sorgt. Von einem extern effizienten Markt geht man aus, wenn alle Investoren auf einem Markt kostenlos Zugang zu allen momentan verfügbaren Informationen haben, alle Investoren gleichermaßen in der Lage sind, diese Informationen zu antizipieren, dem Markt ständige Aufmerksamkeit widmen und ihre Portfolios entsprechend anpassen. Der Preis, den ein Investor für eine Anlage bezahlt, wird Investitionswert genannt. Der faire Wert einer Anlage stellt den Barwert der zukünftigen Potenziale und Risiken einer Firma unter Berücksichtigung aller verfügbaren Informationen durch fähige Analysten dar. Auf einem (extern) effizienten Markt sind der Investitionswert und der faire Wert einer Anlage zu jedem Zeitpunkt gleich.

Die Antizipation von Information durch Kapitalmärkte ist seit Jahrzehnten ein Diskussionsthema in der einschlägigen Literatur. Die bedeutendsten Beiträge kommen nach Campbell/Lo/MacKinlay (1997: 20) von Bachelier 1900, Cowles 1933, Samuelson 1965, Fama 1970 und Malkiel 1992. Über all die Jahre hat sich noch keine eindeutige Meinung herausgebildet. Es haben sich drei grundsätzliche Formen herauskristallisiert, die sich alle als allgemeingültige Formen der Effizienz von Kapitalmärkten darstellen. Sie unterscheiden sich im Hinblick auf ihr Informationsuniversum, das in den Preisen der gehandelten Anlagen verarbeitet ist (vgl. Sharpe/Alexander/Bailey (1999: 93), Campbell/Lo/MacKinlay (1997: 22) oder Spremann (2003: 122) etc.). Es gibt die „schwache" Form der Kapitalmarkteffizienz. Sie besagt, dass Marktpreise einzelner Anlagemöglichkeiten die Informationen beinhalten, die aus vergangenen Preisen gewonnen werden können. Diese These ist ein wenig abstrakt, aber erklärt sich im Folgenden gleich näher. Die zweite Form ist die so genannte „semistarke" Form der Kapitalmarkteffizienz. Diese Form geht davon, dass sich die an alle Marktteilnehmer veröffentlichten Informationen in den Marktpreisen widerspiegeln. Die „starke" Form der Kapitalmarkteffizienz besagt, dass alle Informationen, die irgendeinem Marktteilnehmer zugänglich sind, in den Marktpreisen enthalten sind. Dabei wird nicht unterschieden, ob die Informationen veröffentlichte oder private bzw. Insiderinformationen darstellen. Die starke Form ist die klassische Sichtweise.

Konsequenterweise ergibt sich aus der Definition des enthaltenen Informationsuniversums der Folgeschluss auf die Renditen, die ein Investor erwarten kann, wenn er dieses Informationsuniversum als Entscheidungsgrundlage für seine Kauf- und Verkaufsentscheidungen heranzieht. Es lässt sich eine alternative Definition eines effizienten Markts ableiten. Ein Markt ist im Hinblick auf ein bestimmtes Informationsuniversum effizient, wenn ein Investor für seine Kauf- und Verkaufsentscheidungen das jeweilige Informationsuniversum zugrunde legt und mit dieser Entscheidungsgrundlage nur „normale" Renditen generieren kann. „Normale" Renditen ergeben sich aus der marktseitigen Renditevorgabe für das Portfolio.[3] „Abnormale" Renditen stellen höhere Renditen als die Marktvorgabe dar. Sie ergeben sich als Differenz aus der tatsächlichen Rendite und der normalen Rendite des Portfolios. Stellen sich die abnormalen Renditen als unprognostizierbar und somit als „zufällig" heraus, ist der Markt in der entsprechenden Form (schwach, semistark oder stark) effizient. Der Markt gilt danach als schwach effizient, wenn es –außer durch Zufall – unmöglich ist, abnormale Renditen zu generieren, indem der Investor Kauf- und Verkaufsentscheidungen auf Basis von Preisinformationen vergangener Perioden trifft. Der Markt ist semistark effizient, wenn es unmöglich ist, durch Anlageentscheidungen auf Basis von veröffentlichen Informationen abnormale Renditen

---

3 Vgl. dazu die Ausführungen in Kapitel 3.2.

zu generieren. Letztlich wird der Markt als stark effizient angesehen, wenn es generell unmöglich ist, auf Basis von Informationen, die irgendeinem Investor zur Verfügung stehen, abnormale Renditen zu generieren. Dies schließt private Informationen wie z.B. Insiderinformationen mit ein.

Obwohl die empirischen Methoden vorhanden sind, ist die Effizienz von Kapitalmärkten nach wie vor ein strittiges Thema in der Wissenschaft. Dies liegt an Problemen bei der Interpretation der Ergebnisse. Campbell/Lo/MacKinlay (1997: 24) sehen folgendes Dilemma: Um die Effizienzhypothese zu beweisen, wird eine Annahme bezüglich des Gleichgewichtsmodells zur Berechnung der normalen Rendite benötigt. Daraus entsteht eine verbundene Hypothese, die es zu testen gilt. Wird diese aufgrund der Ergebnisse verworfen, weiß man nicht, ob Kapitalmärkte nun wirklich ineffizient sind oder ob das Modell falsch ist. Daher kann die Ineffizienz von Kapitalmärkten letztlich nicht bewiesen werden. Dagegen perfekte Effizienz in realen Kapitalmärkten nach zu weisen ist bisher auch nicht gelungen und nicht nur Campbell/Lo/MacKinlay (1997: 24) halten sie für sehr unwahrscheinlich. In der Theorie gibt es Ansätze, die bestätigen, dass ein gewisser Anteil von abnormalen Renditen eine Kompensation für die Informationsbeschaffungskosten darstellt und eigentlich damit nicht abnormal, sondern nötig ist, um die Funktionsweise von Kapitalmärkten zu gewährleisten bzw. zu erklären. Die Informationen werden mit diesem Mechanismus in die Preise transportiert. Dieser Ansatz geht auf Grossman/Stieglitz (1980) zurück.

Grossman/Stieglitz (1980) verwerfen die Thesen der Effizienz von Kapitalmärkten nicht, sondern erweitern sie um ein dynamisches Element. Bei einem Geschäft zwischen einem uninformierten (oder falsch informierten) und einem informierten Investor kann der informierte Investor erwarten, eine bessere Rendite vor Berücksichtigung seiner Informationskosten zu machen. Unter Annahme eines Gleichgewichts in diesem Mechanismus verfügen beide Marktteilnehmer über die gleiche Rendite nach Berücksichtigung ihrer Kosten. Entsteht ein Ungleichgewicht zwischen informierten und uninformierten Marktteilnehmern hinsichtlich des zukünfigen Erfolgs einer Anlage, finden Geschäfte statt und der informierte Investor erhält die Preisveränderung bis zum neuen Gleichgewicht als Vergütung für seine Informationskosten. Dieser Mechanismus gibt dem Zustandekommen von Geschäften zwischen Investoren einen Sinn und erklärt, wie Informationen mittelfristig in die Marktpreise eingehen.

Campbell/Lo/MacKinlay (1997: 25) verstehen Effizienz im starken Sinne als Idealisierung der Verhältnisse, die ökonomisch unrealisierbar sind. Sie vergleichen diese idealisierten Verhältnisse mit einer Welt ohne Reibung. In dieser Arbeit wird ebenfalls davon ausgegangen, dass Kapitalmärkte in der Realität nicht stark effizient, sondern nur semistark oder schwach effizient sind. Deshalb ist ein aktives Portfoliomanagement grundsätzlich sinnvoll, weil es generell eine höhere Rendite als die Marktrendite erwirtschaften kann, wenn es gelingt, Fonds, die von informierten Fondsmanagern geführt werden, zu selektieren.

3.2 Modelle der Marktrendite

Der Gedanke, Renditen von Anlagen in Aktien und Aktienportfolios mit Modellen zu beschreiben, ist ebenso alt wie die Effizienzüberlegungen aufgrund ihrer inhaltlichen Verkettung. Im Folgenden wird, entsprechend des Untersuchungsgegenstandes der vorliegenden Arbeit, untersucht, welche Modelle zur Berechnung der normalen Rendite von Anlagen in Aktien zur Verfügung stehen. Die Modelle, um normale Renditen von Aktien zu messen, lassen sich grundsätzlich in die Gruppen statistische und ökonomische Modelle unterscheiden. Das Capital Asset Pricing-Modell und die Arbitrage Pricing-Theorie sind ökonomische Modelle und das Market-Modell und Mehrfaktorenmodelle stellen statistische Näherungsmodelle für die ökonomische Theorie dar.

3.2.1 Capital Asset Pricing-Modell

Eine wichtige Relation bei Aktienanlagen ist der Zusammenhang von erwarteter Rendite und Risiko. Im Allgemeinen erwartet ein Investor mehr Rendite bei einer Anlage, umso mehr Risiko mit ihr verknüpft ist. Das Risiko sollte in der Quantifizierung der normalen Rendite, wie im Zusammenhang mit der Informationseffizienz bereits angedeutet, berücksichtigt werden. Es sollte kein Element der abnormalen Rendite sein. Diese Quantifizierung gelang jedoch erst William F. Sharpe im Jahre 1964 und J. Lintner im Jahre 1965 mit der Formulierung des Capital Asset Pricing-Modells (CAPM). Erst mit dem CAPM konnte man den Begriff Risiko quantifizieren und ihm eine Vergütung zuordnen. Das CAPM unterstellt der erwarteten Rendite einer Aktie einen linearen Zusammenhang auf Basis der Kovarianz aus ihrer eigenen Rendite und der Rendite des Marktportfolios (vgl. Campbell/Lo/MacKinlay (1997: 181)). Damit wird die Rendite einer Aktie in eine marktinduzierte und eine weitere Komponente zerlegt. Die marktinduzierte Komponente der Rendite wird als Vergütung für die Übernahme von Marktrisiko verstanden.

Grundlage des CAPM sind die Ergebnisse von Markowitz und Tobin. Markowitz postulierte einen fundamentalen Zusammenhang zwischen erwarteter Rendite und Risiko eines Portfolios, der sich in zwei Ausprägungen darstellt (vgl. hierzu Sharpe/Alexander/Bailey (1999: 139-156)): Ein rationaler Investor allokiert das Portfolio mit der höchsten, erwarteten Rendite bei einem gegebenen Portfoliorisiko. Bei einer gegebenen, erwarteten Rendite wird ein rationaler Investor das Portfolio mit dem geringsten Risiko selektieren. Die Standardabweichung fungiert dabei als Maß für das Portfoliorisiko und die erwartete Rendite als Vergütung für das Eingehen des Risikos. Markowitz unterstellt außerdem, dass jeder Investor eine individuelle Nutzenfunktion einer zusätzlichen Geldeinheit hat, jedoch immer mit abnehmendem Grenznutzen. Daraus ergibt sich ein investorindividuelles Nutzenniveau für jedes Verhältnis aus Rendite und Risiko. Diese Nutzenniveaus werden als Indifferenzkurven in einem zweidimensionalen Diagramm aus erwarteter Rendite und Risiko dargestellt und zeigen sich wie Höhenlinien in einer Landkarte. Mit der Annahme der Risikoaversion, die man einem rationalen Investor unterstellt, haben die Indifferenzkurven einen konvexen Verlauf. Der rationale Investor versucht, seinen Nutzen zu maximieren. Er versucht also, das höchste Nutzenniveau zu erreichen.

Aktien haben die Eigenschaft, dass sie unterschiedlich miteinander korrelieren (so sind z.B. Firmen der gleichen Branche meist positiv korreliert). Kombiniert man Aktien mit verschiedenen Gewichtungen in einem Portfolio, verhält sich das Gesamtrisiko nicht proportional zu den Einzelrisiken der Aktien. Die Optimierung des Portfoliorisikos anhand der Korrelationen zwischen den einzelnen Aktien nennt man Diversifikation. Markowitz untersuchte diese Diversifikationseffekte mathematisch (vgl. Spremann (2003: 165). Aufgrund der Korrelationseigenschaft existieren zu einer erwarteten Portfoliorendite verschieden hohe Portfoliorisiken, denn eine bestimmte, erwartete Portfoliorendite lässt sich mit mehreren verschiedenen Gewichtungen der Einzelaktien erreichen, die unterschiedliche Diversifikationseffekte aufweisen. Es sind somit verschiedene Diversifikationsgrade möglich. Durch lineare Optimierung ergibt sich in einem zweidimensionalen Diagramm aus Rendite und Risiko eine konkave Linie aus so genannten effizienten Portfolios. Sie sind die Portfolios mit dem jeweils niedrigsten Risiko je Renditeerwartungswert aus einem bestimmten Aktienuniversum. Bei den effizienten Portfolios ist die Diversifikation maximal ausgeprägt und sie „dominieren“ dadurch jene Portfolios, die nicht auf, sondern innerhalb (weiter rechts) der konkav geformten, effizienten Grenze liegen. Fügt man nun in dieses Diagramm mit der konkaven Effizienzlinie, determiniert durch das Aktienuniversum, zusätzlich die individuellen konvexen Indifferenzkurven eines bestimmten Investors ein, berührt eine Indifferenzkurve gerade noch die Effizienzlinie in einem Punkt (vgl. hierzu Sharpe/Alexander/Bailey (1999: 171-180)). Genau dieses Portfolio (Berührungspunkt) mit seinen Portfoliogewichten wird dieser bestimmte rationale Investor allokieren, da es ihm aufgrund der Ausprägung seiner persönlichen Risikoaversion den höchsten Nutzen bietet. Die Portfoliozusammenstellung ist somit auf Basis dieser Erkenntnisse für jeden Investor individuell.

Der nächste Schritt in der klassischen Portfoliotheorie gelang Tobin mit seinem Separationstheorem.[4] Er zeigte, dass sich die optimale Portfolioallokation und die Berücksichtigung der Risikoaversion des Investors voneinander separieren lassen (vgl. für das Separationstheorem Spremann (2003: 208-252) oder Sharpe/Alexander/Bailey (1999: 204-226)). Tobin trifft eine weitere Annahme. Neben den risikobehafteten Anlagen sollen dem Investor Möglichkeiten zur risikofreien Anlage und Verschuldung mit dem gleichen Zinssatz r_f zur Verfügung stehen. In diesem Fall verbleibt auf der Effizienzlinie von Markowitz nur noch ein effizientes Portfolio. Es ist das Tangentialportfolio und bestimmt sich in einem Diagramm aus Rendite und Risiko durch die Tangente an der Effizienzlinie, welche die Renditeachse in r_f schneidet. Damit ist für alle Investoren – gleich welcher Risikoaversion – das Tangentialportfolio die effizienteste risikobehaftete Anlage. Die individuelle Risikoaversion wird mit Überinvestition ins Tangentialportfolio und Verschuldung zu r_f oder durch Mischung der Anlage zu r_f und dem Tangentialportfolio berücksichtigt. Portfolios auf der Tangente dominieren alle anderen möglichen Portfolios und die Tangente selbst stellt auf Basis dieser Annahmen eine neue Effizienzlinie dar. Die Tangente und das Tangentialportfolio sind für alle Investoren gültig, unabhängig von ihrer Risikoaversion oder Nutzenfunktion. Jedoch nur, sofern sie die gleichen Erwartungen haben. Kein weiterer Schritt ohne weitere Annahmen. Die Erwartungswerte in Bezug auf Parameter wie Rendite, Risiko und Korrelationen der Aktien des Universums beeinflussen bereits die Theorie von Markowitz, jedoch sind deren Aussagen sowieso investorindividuell. Da die Theorie von Tobin den Anspruch erhebt,

[4] Das Separationstheorem von Tobin baut auf die Ergebnisse von Markowitz auf. Campbell/Lo/MacKinlay (1997: 181) datieren Markowitz auf 1959 und erwähnen Tobin nicht, jedoch Spremann (2003: 257) datiert Markowitz auf das Jahr 1952 und Tobin auf das Jahr 1958. Dies ist jedoch für den sachlichen Zusammenhang wenig relevant.

investorunabhängig zu sein, bedarf sie der weiteren Annahme so genannte homogener Erwartungen.

Auf Basis dieser Gedanken formulierte Sharpe nun sein CAPM (vgl. zum CAPM Sharpe/Alexander/Bailey (1999: 227-238)). Es basiert auf den folgenden zehn Annahmen:

- Investoren betrachten Portfolios mit erwarteter Rendite und Standardabweichung über den Zeithorizont von einer Periode.
- Investoren betreiben Nutzenmaximierung. Bei der Auswahl zwischen zwei Portfolios mit gleichem Risiko wählen sie das mit der höheren erwarteten Rendite.
- Investoren sind risikoavers.
- Einzelne Anlagetitel sind infinitisimal klein teilbar, d.h. jeder berechnete Portfolioanteil könnte investiert werden.
- Es besteht eine risikolose Anlage- und Verschuldungsmöglichkeit.
- Steuern und Transaktionskosten sind nicht relevant.
- Alle Investoren haben denselben Einjahreshorizont.
- Der Zins der risikolosen Anlage- und Verschuldungsmöglichkeit r_f ist für alle Investoren gleich.
- Informationen sind frei zugänglich und für alle Investoren (starke Form der Kapitalmarkteffizienz) sofort verfügbar.
- Investoren haben homogene Erwartungen in Bezug auf die erwartete Rendite, das Risiko und die Korrelationen der Titel untereinander.

Dieser umfangreiche Katalog von Annahmen bereitet dem CAPM bis heute strittige Diskussionen im Hinblick auf seine Validität, jedoch kreieren diese Annahmen absolut perfekte Marktbedingungen, die es laut Sharpe ermöglichen, auf das pure Funktionsprinzip zu fokussieren. Analysiert man nun das kollektive Verhalten der Investoren im Markt, ermöglicht das CAPM, eine resultierende Gleichgewichtsbeziehung zwischen dem Risiko und der Rendite eines Anlagetitels zu formulieren. Auch Sharpe geht implizit von einem Kapitalmarktgleichgewicht aus, wie es in der Literatur teilweise vertreten wird, auch wenn er es nicht ausdrücklich als eigene Annahme aufführt. Angesichts der Annahme bezüglich der uneingeschränkten Verfügbarkeit von Informationen, der Annahme homogener Erwartungen und anderer reibungsbeseitigender Annahmen ist dies durchaus nachzuvollziehen. Sein perfekter Markt ist wie eine Art Regelkreis, der bei Eintreffen neuer Informationen kurzzeitig ins Ungleichgewicht gerät. Augenblicklich stellen Angebot und Nachfrage unter den informierten Marktteilnehmern mit homogenen Erwartungen wieder ein neues Gleichgewicht her.

Die Verknüpfung des CAPM von Sharpe mit dem Separationstheorem von Tobin bildet die Tangente und das Tangentialportfolio. Aufgrund der homogenen Erwartungen und des gleichen risikofreien Zins halten alle Investoren das gleiche Tangentialportfolio als risikobehaftete Anlage. Sie bewegen sich mit ihrem Gesamtportfolio durch Verwendung von r_f auf der Tangente. Vor diesem Hintergrund muss im Moment des Gleichgewichts jedes gehandelten Wertpapiers mit einem Anteil größer als null im Tangentialportfolio vertreten sein. Ein Wertpapier, das nicht vertreten ist, hätte keine Nachfrage, da alle Investoren in das Tangentialportfolio investieren. Sein Preis würde fallen und die Renditeerwartung des Investors steigen (der faire Wert des Titels ist aufgrund der starken Form der Kapitalmarkteffizienz jedem bekannt). Dieser Anpassungsprozess würde so lange anhalten, bis Angebot und Nachfrage unter den Marktteilnehmern sich ausgeglichen haben und das Wertpapier mit einem Anteil größer null im Tangentialportfolio vertreten ist. Da also alle Wertpapiere des Marktes im Tangentialportfolio enthalten sein müssen, wird es von Sharpe Marktportfolio genannt. Eine seiner grundlegenden Eigenschaften ist, dass im Gleichgewichtszustand der Anteil des Wertpapiers am Marktportfolio dem relativen Marktwert des Wertpapiers entspricht. Der relative Marktwert eines Wertpapiers ist der aggregierte Marktwert des Titels, geteilt durch den Wert aller Titel am Markt. Das Marktportfolio ist demnach die Nahtstelle aus Investitionssicht der Investoren und Wertsicht der Titel. Portfoliogewichte im Marktportfolio entsprechen den Wertverhältnissen am Markt in dieser perfekten Welt.

Das Marktportfolio ist der Schlüssel zum CAPM (vgl. Sharpe/Alexander/Bailey (1999: 232)). In der Theorie enthält das Marktportfolio alle risikobehafteten Anlagemöglichkeiten, gewichtet mit ihrem Marktwert. Die praktische Umsetzung stößt auf Schwierigkeiten. So müsste man weltweit alle börsengehandelten Aktien und Unternehmensanleihen mit einbeziehen. Darüber hinaus müsste man alle nicht börsengehandelte Formen von Unternehmensbeteiligungen berücksichtigen. Selbst Staatsanleihen sind Schwankungen unterworfen, damit werden sie Bestandteil des Marktportfolios. Außerdem sollten alle Immobilien, Bargeldbestände, Edelmetalle und Kunstgegenstände berücksichtigt werden. Daneben stellen Konsumgüter wie Autos, Möbel etc. Investitionen dar. Letztlich sind auch Investitionen in das „Human Capital“ eine finanzielle Investition in Bildung und Ausbildung des Menschen, die einen Return bringt bzw. bringen sollte. Das Marktportfolio von Sharpe wäre wirklich ultimativ diversifiziert. Es ist zwar praktisch nicht umsetzbar, beschreibt aber sehr gut den gedanklichen Hintergrund, vor dem man sich das CAPM vergegenwärtigen muss. Es ist ein Modell der positiven Ökonomie und umfasst ein wesentlich größeres Anlageuniversum als nur Aktien.

In Anbetracht dieser umfassenden Definition des Marktportfolios, das jegliche Art von Investition einschließt, lässt sich besser nachvollziehen, warum das CAPM die Rendite des Marktportfolios bei Ausschluss jeglicher „Reibungsverluste“ als die einzige „Quelle“ für Rendite postuliert. Für die Tangente an das Marktportfolio prägte Sharpe aufgrund ihrer Allgemeingültigkeit auf Basis der Annahmen den Begriff Kapitalmarktlinie (Capital Market Line: CML). In einem Rendite-Risiko-Diagramm definiert sie die erwartete Rendite eines Portfolios ($\bar{r}_P$) als lineare Funktion der Standardabweichung (σ_P) eines effizienten Portfolios. Sie folgt der Gleichung

$$\bar{r}_P = r_f + \left[\frac{\bar{r}_M - r_f}{\sigma_M}\right]\sigma_P .$$

Die erwartete Rendite des Marktportfolios ($\bar{r}_M$) und seine Standardabweichung (σ_M) sind die Einflussfaktoren. An dieser Stelle zeigt sich nun die Möglichkeit des CAPM, Rendite versus Risiko zu quantifizieren, wohlgemerkt in dieser Darstellung nur für effiziente Portfolios. Die Verzinsung r_f spiegelt den Zeitwert des Geldes wider. Sharpe/Alexander/Bailey (1999: 232) bezeichnen es als die Prämie für das „Warten“. Der Term in eckigen Klammern ist die Überrendite des Marktportfolios gegenüber r_f, geteilt durch das Risiko des Marktportfolios und damit die Verzinsung des Marktes je Einheit Marktrisiko. Einzelne Anlagen oder ineffiziente Portfolios liegen unterhalb der Kapitalmarktlinie. Daher werden sie nicht von dieser Gleichung abgebildet. Die Kapitalmarktlinie steckt nur den Rahmen der möglichen Rendite bei Anlage in eine Mischung aus Marktportfolio und r_f ab. Dieser Rahmen ist jedoch die höchste erreichbare Rendite bei gegebenem Risikoniveau bzw. das minimale Risiko für ein gegebenes Renditeniveau.

Für eine Implikation auf eine einzelne Anlage oder ein ineffizientes Portfolio benötigt man eine andere Gleichung. Setzt man die Berechnungsformel für σ_M in die Kapitalmarktlinie ein, formt einige Male um und bringt die Formel für die Kovarianz σ_{iM} einer einzelnen Anlage (oder eines beliebigen Portfolios) mit dem Marktportfolio ins Spiel, erhält man für die erwartete Rendite $\bar{r}_i$ einer einzelnen Anlage oder eines beliebigen Portfolios

$$\bar{r}_i = r_f + \left[\frac{\bar{r}_M - r_f}{\sigma_M^2}\right]\sigma_{iM}.$$

Die Gleichung wird Wertpapierlinie (Security Market Line SML) genannt. Die Wertpapierlinie ist im Gleichgewichtszustand des Marktes der formale Zusammenhang zwischen tatsächlich zu erwartender Rendite einer einzelnen Anlage bzw. eines beliebigen Portfolios und deren bzw. dessen Risiko. Das Portfoliorisiko σ_P spielt dabei, wie die Formel zeigt, allerdings überhaupt keine Rolle. Die einzige Determinante ist die Kovarianz mit dem Marktportfolio. Das CAPM sieht das Marktrisiko als einziges Risiko, für welches der Investor eine Vergütung erhält. Das ist die wohl wichtigste Aussage des CAPM. Den Quotienten $\frac{\sigma_{iM}}{\sigma_M^2}$ bezeichnete Sharpe als das Beta (β_{iM}) und formulierte das CAPM als

$$\bar{r}_i = r_f + (\bar{r}_M - r_f)\beta_{iM}.$$

Die Rendite einer Anlage wird mittels des CAPM als risikofreie Verzinsung plus Überrendite des Marktes multipliziert mit dem Faktor Beta erklärt. Für Risiko, das auf nicht maximale Diversifikation zurückzuführen ist (Abweichung des risikobehafteten Anlageteils im Portfolio vom Marktportfolio), erhält der Investor nach dem CAPM in der perfekten Welt keine Vergütung.

Der Gedanke des Marktportfolios des CAPM wird später vor dem Hintergrund eines spezifizierten Mehrfaktorenmodells zur Untersuchung der Renditeenticklung von US-Aktienfonds aufgegriffen (vgl. 0).

3.2.2 Market-Modell

Um ein ökonomisches Modell in der Realität zu approximieren, bedarf es eines statistischen Modells. Das statistische Pendant zum CAPM ist das Market-Modell. Das Market-Modell ist ein Regressionsmodell mit einem Faktor. Auch ein rein statistisches Modell beruht auf Annahmen, um seine einwandfreie Funktion zu gewährleisten. Die mathematisch-statistischen Annahmen von Regressionsmodellen werden in Kapitel 3.2.4 besprochen. Die historische Rendite r_i einer Anlage wird erklärt als

$$r_i = \alpha_{iB} + \beta_{iB} r_B + \varepsilon_{iB} .$$

Als Substitut für das Marktportfolio wird eine Benchmarkrendite r_B verwendet. Die Regression mittels der Methode der kleinsten Quadrate ermittelt einen linearen Zusammenhang β_{iB} zwischen der Rendite der Anlage i und dem Marktproxy sowie eine Konstante α_{iB}. Die Abweichungen der historischen Renditen r_i von der Regressionsgerade sammelt die Regression im Vektor ε_{iB}. Er wird Fehlerterm oder Residuum genannt und hat einen Erwartungswert von null. So arbeitet die Methode der kleinsten Quadrate. Sie legt die Gerade aus Konstante und Faktor so in die Punktwolke, dass das Residuum möglichst klein und im Schnitt null ist. Dabei sind r_i, r_B und ε_{iB} Spaltenvektoren aus z.B. monatlichen Renditen. Die Parameter α_{iB} und β_{iB} gibt die Regression als Skalare zurück, die sie aus den Vekoren r_i und r_B extrahiert hat. Das Residuum ε_{iB} verbleibt als unsystematischer Rest(vektor). Da man bei Zeitreihenanalysen meist mehr als zwei oder drei Datenpunkte hat, bewegt man sich im n-dimensionalen euklidischen Raum mit der Vektoralgebra.[5] Die Güte der Anpassung der Regressionsgerade spiegelt der Determinationskoeffizient R^2 wider.

Sharpe legt größten Wert auf die deutliche Unterscheidung von CAPM und Market-Modell (vgl. Sharpe/Alexander/Bailey (1999: 238-239 und 227)). Er konstatiert zwei Hauptunterschiede. Erstens ist das Market-Modell ein statistisches Regressionsmodell mit einem Faktor und das CAPM ein Gleichgewichtsmodell der positiven Ökonomie, das grundsätzlich erklärt, wie Wertpapiere (unter perfekten Bedingungen) vom Markt bepreist werden. Dies zeige sich auch daran, dass man beim CAPM von Erwartungswerten spricht. Das Market-Modell arbeitet mit Vergangenheitsdaten, um die Parameter Alpha und Beta zu schätzen. Diese können dann unter der Annahme, dass sie für die Zukunft auch richtig sind, für Zukunftsbetrachtungen verwendet werden. Zweitens ver-

---

5 Die Vektoralgebra ist für das Verständnis der Statistik nicht unbedingt notwendig, aber sie erleichtert die Vorstellung und ist in der Praxis üblich.

wendet das Market-Modell als Proxy für das Marktportfolio einen Marktindex. Dieser ist keine Sammlung aller Anlagemöglichkeiten im Markt, sondern nur ein Ausschnitt der verfügbaren Anlagemöglichkeiten. Damit sieht er in den Betas der beiden Modelle einen grundsätzlich konzeptionellen Unterschied und die Betas müssen daher differieren. Des Weiteren diskutiert er verschiedene Marktindizes. Am Beispiel des amerikanischen Aktienmarkts kommen hierfür der Standard and Poor's 500, der Russel 3000, der Wilshire 5000 oder der NYSE Composite (alle Aktien des New York Stock Exchange) etc. infrage. Der Russel 3000 und der Wilshire 5000 enthalten, wie die Zahl im Namen verrät, deutlich mehr Aktien als der S&P 500. Teilweise beeinhalten diese umfangreichen Indizes sogar Aktien aus dem Freiverkehr (Over The Counter: OTC). Das kommt dem Grundgedanken des Marktportfolios näher, jedoch in der quantitativen Praxis ist der Unterschied zwischen den verschiedenen Indizes aufgrund der Gewichtung der Titel nach Marktkapitalisierung im Index sehr gering.

Mehr Aktien zu betrachten, macht keinen großen Unterschied. Ein deutlicher Unterschied würde sich ergeben, wenn man den vorher genannten Gedanken von Sharpe folgen und Anleihen, Immobilien, etc. in einen Proxy für ein Marktportfolio aufnehmen würde. Dies wird bei Indizes im Allgemeinen jedoch nicht praktiziert. Auch Campbell/Lo/MacKinlay (1997: 154-155) sehen den S&P 500 und die CRSP-Indizes (Center for Research in Security Prices) als populäre Proxys für den Markt und weisen im Gegensatz zu Sharpe auch auf die Möglichkeit hin, Überrenditen im Market-Modell zu verwenden. Sie sehen die US Treasury Bill als üblichen Proxy für die risikofreie Anlagemöglichkeit. Die US Treasury Bill ist ein Proxy, da auch sie kleinen Schwankungen unterliegt.

3.2.3 Varianzdekompositionseigenschaft

Trotz der Unzulänglichkeiten beider Modelle darf man nicht unterschätzen, welches wichtige Werkzeug diese Modelle bieten. Es ist die Varianzdekomposition, folglich die Zerlegung des Risikos.

Beide Modelle zerlegen die Varianz einer Anlage oder eines Portfolios in zwei unkorrelierte Komponenten. Die eine ist das Markt- oder Faktorrisiko und die andere das markt- oder faktorunabhängige Risiko. Es wird auch oft als Individual- oder Residualrisiko bezeichnet.

Die Varianzdekomposition folgt der Formel (vgl. Sharpe/Alexander/Bailey (1999: 240))

$$\sigma_i^2 = \beta_i^2 \sigma_B^2 + \sigma_{\varepsilon i}^2$$

Die Formel bezieht sich mit der Indizierung auf das Market-Modell, jedoch gilt für das CAPM das Gleiche. Die Indizierung muss nur auf das Marktportfolio verweisen. Inhaltlich besteht ein großer Unterschied. Beim CAPM ist die individuelle Komponente wirklich anlagenindividuell und mit den individuellen Komponenten der anderen Anlagen völlig unkorreliert. Beim Market-Modell ist dies aufgrund der Unzulänglichkeiten der Benchmark gegenüber dem Marktportfolio nicht unbedingt gegeben. Hier können weitere gemeinsame Trends in den Residuen verschiedener Anlagen verbleiben, welche die Benchmarkbewegung nicht abbildet.

Die Varianz der Rendite σ_i^2 einer Anlage (oder Portfolio) ist die Summe der benchmarkinduzierten Varianzkomponente $\beta_i^2 \sigma_B^2$ und der residualen oder individuellen Varianzkomponente $\sigma_{\varepsilon i}^2$. Risiken, also die Standardabweichungen, addieren sich im Quadrat, wenn sie unkorreliert sind. Wem dabei eine Ähnlichkeit zu Pythagoras auffällt, der liegt ganz richtig (vgl. Davidson/MacKinnon (1993: 14)). Davidson/MacKinnon (1993: 9) haben sich dem geometrischen Ansatz in der Statistik verschrieben und beweisen, dass eine lineare Regression eine orthogonale Projektion des Regressandenvektors auf den Regressorenvektor im n-dimensionalen euklidischen Raum darstellt.[6] Auf den folgenden Seiten entwickeln sie, dass der Korrelationskoeffizient gleich dem Kosinus des Winkels zwischen den betreffenden Vektoren ist (vgl. Davidson/MacKinnon (1993: 14)). Litterman (2003: 13) stellt den Kosinuszusammenhang nicht explizit dar, jedoch zeigt er grafisch mit Vektoren, wie sich das Portfoliorisiko bei einer zusätzlichen risikobehafteten Investition verhält und macht nachfolgenden Kommentar. „The case of no correlation corresponds to a 90-degree angle." Singer/Terhaar/Zerolis (1998: 63-71) verwenden den Kosinuszusammenhang zur geometrischen Darstellung des Risikos eines Portfolios in unterschiedlichen Währungen, die naturgegebenerweise verschiedene Korrelationen zueinander haben.

[6] Ausblick: Bei einer linearen Regression mit mehreren Faktoren spannt die Regressormatrix eine Ebene auf. Der Regressandenvektor wird dann orthogonal auf die Ebene projeziert. Die Varianzdekomposition kann dann zwar nur zwischen Explained Sum of Squares und Residual Sum of Squares erfolgen und nicht den einzelnen Faktoren, jedoch funktioniert das Prinzip auch bei mehreren Faktoren.

Die geometrischen Ausführungen haben keine detaillierte Nachweisführung des geometrischen Konzepts zum Ziel, sondern sollen eine hilfreiche Vorstellungswelt vermitteln. Transportiert man Rendite und Risiko in die Trigonometrie des euklidischen Raums, stellt die Rendite die Richtung und die Varianz die Länge der Vektoren dar. Der Korrelationskoeffizient repräsentiert den Winkel zwischen den Vektoren. Stellt man sich ein Portfolio als Vektorpfeil vor und die Benchmark als weiteren Vektorpfeil mit demselben Startpunkt, dann ist eine Regression mit dem Fällen eines Lots von der Pfeilspitze des Portfolios auf den Benchmarkpfeil zu vergleichen. Das so entstehende rechtwinkliche Dreieck ist die Risikozerlegung. Der Anteil des Benchmarkpfeils, der durch das Lot abgetragen wird, ist der Anteil Benchmark- oder Marktrisiko und die Länge der senkrechten Verbindungslinie zur Spitze des Portfoliopfeils, also die „Lotschnur", ist das Individual- bzw. Residualrisiko. Die Verbindungslinie der Spitzen des Portfolio- und des Benchmarkpfeils spiegelt die bloße Differenzbildung wider. Jedoch wird plastisch mit der geometrischen Betrachtung ganz einfach klar, dass die bloße Differenz und das Lot sehr unterschiedlich in ihrer Ausprägung sein können.

3.2.4 Mehrfaktorenmodelle

Mit dem Market-Modell wurde bereits ein spezieller Vertreter eines Faktormodells dargestellt. Es ist ein lineares Regressionsmodell mit einem Faktor, der als Proxy für die Marktbewegung kalibriert wird. Das statistische Konzept der linearen Regression funktioniert auch mit mehreren Faktoren. In diesem Fall spricht man von Mehrfaktorenmodellen. Es sind sehr universelle Werkzeuge der Statistik, die bei der Anwendung auf Renditen von Kapitalanlagen grundsätzlich entweder entlang der einzelnen Zeitreihe mit vielen Renditendatenpunkten oder über den Querschnitt (Cross-Section) mehrerer Anlagen mit einem Renditedatenpunkt je Anlage verwendet werden können. Zur Erklärung des Renditeverlaufs von Anlagen werden sie entlang der Zeitreihe wie vorher beim Market-Modell eingesetzt.

Man unterstellt dabei, dass die Rendite r_i (Regressand) einer Anlage i von k Faktoren (Regressoren) generiert wird nach

$$r_i = \alpha_i + \beta_{i1} f_1 + \beta_{i2} f_2 + ... + \beta_{ik} f_k + \varepsilon_i .$$[7]

Die Faktoren $f_1...f_k$ müssen dabei nicht unbedingt Renditen sein. Daher sind sie mit $f_1...f_k$ bezeichnet. Es muss ein inhaltlich sinnvoller Zusammenhang gegeben sein und damit eine überlegte Hypothese, die man untersucht, sonst ist die Gefahr groß, Scheinkorrelationen nachzuweisen. Jedoch ist auch hier die Möglichkeit gegeben, Zusammenhängen aufzusitzen, die z.B. nur für eine gewisse Zeit andauern. Bei Aktienrenditen könnten demgemäß anstatt Renditen auch Bruttoinlandsprodukt, Inflationsdaten, Rüstungsausgaben, Zinsen, Ölpreis etc. als Faktoren grundsätzlich infrage kommen. Falls Regressand und Regressoren ganz unterschiedliche Dimensionen haben, arbeitet man mit Standardisierung, um Dimensionsfreiheit herzustellen.

Der Methode der kleinsten Quadrate funktioniert wie beim Market-Modell, beschrieben nur mit mehreren Faktoren. Die Konstante der Regression wird wieder mit α_i bezeichnet und im Unterschied zum Einfaktormodell gibt es bei Mehrfaktorenmodellen mehrere Betas. Sie werden als Faktorsensitivitäten $\beta_{i1}...\beta_{ik}$ bezeichnet. Das Residuum, das auch bei Verwendung mehrerer Faktoren zur Erklärung der Rendite übrig bleibt, stellt sich wieder als ε_i mit dem Erwartungswert null dar.

Im Kalibrierungszeitraum des Faktormodells (In-Sample-Periode) werden r_i und $f_1...f_k$ mit Vektoren aus historischen Zeitreihendaten angesetzt und die Regression liefert die Skalare α_i und $\beta_{i1}...\beta_{ik}$ sowie den Vektor aus Residuen zurück. Die von der Regression ermittelten Schätzwerte $\hat{\alpha}_i$ und $\hat{\beta}_{i1}...\hat{\beta}_{ik}$ werden dann zur Prognose der Rendite $\widetilde{r}_i$ für den Prognosezeitraum (Out-of-Sample-Periode) auf Basis von Prognosewerten $\widetilde{f}_1...\widetilde{f}_k$ für die erwartete Realisation der Faktoren verwendet. Die Prognosegleichung hat die Form

$$\widetilde{r}_i = \hat{\alpha}_i + \hat{\beta}_{i1} \widetilde{f}_1 + \hat{\beta}_{i2} \widetilde{f}_2 + ... + \hat{\beta}_{ik} \widetilde{f}_k .$$

[7] Die Darstellungsform von Campbell/Lo/MacKinlay (1997: 219-220) ist noch etwas agreggierter, aber prinzipiell gleich.

Nachdem der Residuenvektor den Erwartungswert null hat, taucht er in der Prognosegleichung nicht auf. Die Werte des Residuenvektors zeigen sich bei Anwendung der Prognosegleichung auf die In-Sample-Periode Zeile für Zeile (Zeitpunkt für Zeitpunkt) als jeweilige Differenz von beobachteter Rendite und prognostizierter Rendite. Dies lässt sich zu einer Aussage über die Schwankungen einer Zeitreihe umformen. Nach Greene (2000: 237) zerlegt die Methode der kleinsten Quadrate die Summe der quadrierten Abweichungen einer Zeitreihe von ihrem Mittelwert *SST* (total sum of squares) in eine Summe der durch die Regression erklärten quadrierten Abweichungen *SSR* (regression sum of squares) und eine Summe der residualen quadrierten Abweichungen *SSE* (error sum of squares) in

$$SST = SSR + SSE.$$

Die Anpassungsgüte der Regression wird mit R^2 gemessen (vgl. Ludwig-Mayerhofer (1999)). Es drückt aus, wie gut der lineare Zusammenhang zwischen Regressand und Regressoren ist. Sein Wert kann zwischen 0 (kein Zusammenhang) und 1 (perfekter Zusammenhang) liegen. Nach Greene (2000: 238) zeigt die Anpassungsgüte R^2, wie viel Schwankung der Zeitreihe durch die Regression erklärt wird und ergibt sich entsprechend als

$$R^2 = \frac{SSR}{SST} = 1 - \frac{SSE}{SST}.$$

Rechnerisch ist R^2 die quadrierte einfache oder multiple Korrelation (je nach Anzahl der Faktoren) zwischen den beobachteten und prognostizierten Renditen (vgl. Greene (2000: 238)) nach

$$R^2 = \frac{\left[\sum_n (y_n - \bar{y})(\hat{y}_n - \bar{\hat{y}})\right]^2}{\left[\sum_n (y_n - \bar{y})\right]^2 \left[\sum_n (\hat{y}_n - \bar{\hat{y}})\right]^2}.$$

Summiert wird über die Anzahl der Datenpunkte n der Vektoren der jeweiligen Analyse wie z.B. monatliche Renditen. Die Variablen $\bar{y}$ und $\bar{\hat{y}}$ sind die Mittelwerte der beobachteten und progostizierten Renditen in der In-Sample-Periode. Der Quotient R^2 hat beim Ansatz eines Mehrfaktorenmodells mit k Faktoren ein Problem. Er steigt, je mehr Faktoren im Modell verwendet werden. Die Anzahl der Regressoren im Verhältnis zur Anzahl der Datenpunkte (n) wird im adjustierten R^2_{adj} berücksichtigt. Diese Kennzahl ist daher realitätsnäher und eignet sich auch besser zum Vergleich von Faktormodellen mit unterschiedlichen Anzahlen von Faktoren.

Das normale R^2 ist eins abzüglich des Quotienten aus *SSE* und *SST*. Beim R^2_{adj} wird *SSE* vorher noch durch den Freiheitsgrad der Residuen (*n-k*) geteilt und *SST* wird vorher durch die Anzahl der Datenpunkte *n* abzüglich eins geteilt. Damit lässt sich nach Greene (2000: 240) eine Überleitung von R^2 zu R^2_{adj} darstellen als

$$R^2_{adj} = 1 - \frac{n-1}{n-k}(1-R^2).$$

Beim R^2_{adj} existieren Variationen in der Definition. Die University of Sussex (2007) definiert bei dieser Kennzahl den Freiheitsgrad der Residuen als (*n-k-1*).[8] Zur Prüfung, ob die Gesamtheit der Faktoren eine Verbesserung der Prognose gegenüber einer reinen Mittelwertschätzung darstellt, wird Prüfgröße *F* berechnet. Es wird dabei getestet, ob die Regression im Ganzen signifikant ist. Die Prüfgröße *F* der Regression berechnet sich entsprechend Greene (2000: 253) nach

$$F[k-1, n-k] = \frac{R^2/(k-1)}{(1-R^2)/(n-k)}$$

und wird zur Signifikanzprüfung mit einer F-Verteilung mit dem entsprechenden Signifikanzniveau verglichen. Auch bei der Prüfgröße *F* existieren Variationen. Manche Statistikprogramme wie Microsoft Excel berechnen die Prüfgröße *F* mit (*n-k-1*).[9] Zur Signifikanzprüfung der einzelnen Faktorsensitivitäten wird entsprechend Greene (2000: 249) als Prüfgröße t_{ik} der Quotient Faktorsensitivität β_{ik} durch ihren Standardfehler $s_{\beta_{ik}}$ verwendet nach

$$t_{ik} = \frac{\beta_{ik}}{s_{\beta_{ik}}}.$$

Bei Fallzahlen größer 30 folgt *t* einer Normalverteilung, bei kleineren Fallzahlen vergleicht man die Prüfgröße mit einer t-Verteilung. Sind die Faktoren untereinander stark korreliert, spricht man von auftretender Multikollinearität (vgl. Ludwig-Mayerhofer (1999)). Sie erhöht die Standardfehler der Faktorsensitivitäten. Zeigt sich hohe Multi-

[8] Die Definition von R^2_{adj} der University of Sussex (2007) wurde in der vorliegenden Arbeit verwendet.

[9] Die Definition der Prüfgröße *F* von Microsoft Excel wurde in der vorliegenden Arbeit verwendet.

kollinearität, ist zu prüfen, ob die stark korrelierten Faktoren eventuell das Gleiche messen; dann könnte ein Faktor aus dem Modell entfernt werden. Multikollinearität ist aber nicht unter allen Umständen ein Problem. Sie stellt nur dann ein Problem dar, wenn ein Faktor mit deutlichem Erklärungsbeitrag beim Signifikanztest durchfällt.

Das statistische Konzept der linearen Regression beruht auf folgenden statistischen Annahmen (vgl. Ludwig-Mayerhofer (1999)):

- Die Residuen einer einzelnen Regression sollten normalverteilt sein.
- Die Residuen sollten „homoskedastisch" sein, d.h. nicht von den Werten des Regressanden abhängig sein. Eine Abhängigkeit entsteht, wenn die Varianz der Beobachtungen (r_i) nicht konstant über die Zeit (verschiedene Subperioden) ist. Ist dies der Fall, spricht man von Heteroskedastizität.
- Die Beziehung zwischen Regressand und Regressoren sollte linear sein. Stellt man dort nicht lineare Beziehungen fest, sollte das Regressionsmodell entsprechend modifiziert werden.
- Die Unabhängigkeit der Residuen sollte gegeben sein. Vor allem bei Zeitreihendaten ist oft die Tatsache anzutreffen, dass die Residuen benachbarter Beobachtungen miteinander zusammenhängen. Dieses Phänomen wird Autokorrelation genannt.
- Die Anzahl der Beobachtungen muss um mindestens eins höher sein als die Anzahl der Regressoren. Sonst ist die Datenmatrix nicht invertierbar und es gibt keine keine eindeutige Lösung für das Regressionsproblem.

Zur Kalibrierung eines Mehrfaktorenmodells an mehreren Anlagen, also eines Samples im Gegensatz zu einer einzelnen Anlage i, schlägt Spremann (2003: 290-291) folgende Vorgehensweise vor: Zunächst wird versucht, mit einem Einfaktormodell auszukommen. Die Residuen sind der Schlüssel zur Spezifikation des Faktor-Modells, da sie nicht nur unsystematische Abweichungen, sondern auch bisher nicht beobachtete Einflüsse enthalten. Nach der Anwendung des ersten Faktors werden die verbleibenden Residuen daraufhin untersucht, ob sie noch untereinander paarweise korreliert sind. Erweisen sich diese als unkorreliert, gilt das Einfaktormodell als spezifiziert. Bestehen dagegen noch Korrelationen zwischen Paaren von Fonds, dann ist entweder der bisher gewählte Faktor nicht besonders kraftvoll oder weitere Faktoren, welche die noch zu verzeichnenden Korrelationen zwischen den Residuen erklären, sollten mit einbezogen werden. Ein

Mehrfaktorenmodell wird gebildet, um letztlich zu unkorrelierten Residuen zu gelangen. Die Vorgehensweise hat das Ziel, unter Beobachtung der Residuen schrittweise gemeinsame Faktoren zu suchen.

Spremann (2003: 294-295) beschreibt Mehrfaktorenmodelle als sehr universelle Werkzeuge, die sich je nach Wahl der Faktoren für ganz unterschiedliche Einsatzzwecke kalibrieren lassen. Im Portfoliomanagement lassen sich der Art der Faktoren entsprechend folgende Gruppen von Faktormodellen identifizieren:

- Faktoren mit volkswirtschaftlichem Charakter,
- Faktoren, die eine Länder- oder Branchenzuordnung beschreiben,
- Faktor Markt und weitere marktbezogene Faktoren (Style-Faktoren) und
- Faktoren, die Exposure und Sensitivität gegenüber speziellen Risiken beschreiben (wenn z.B. der Investor Verpflichtungen in einer speziellen Währung zu befriedigen hat).

Jedoch ist diese Abgrenzung nicht ganz trennscharf. Vielfach existieren auch Mischformen aus diesen Aspekten, umgesetzt in einem Mehrfaktorenmodell. Grenzen sind der Konstruktion von Mehrfaktorenmodellen nur durch Multikollinearität gesetzt, an die man bei der Arbeit mit Kapitalmarktdaten sehr schnell stößt.

Die Varianzdekomposition als Feature von Market-Modell und CAPM gibt es auch bei Mehrfaktorenmodellen. Sharpe/Alexander/Bailey (1999: 264) stellen den Zusammenhang an einem Beispiel mit zwei Faktoren f_1 und f_2 dar. Die Varianz einer Anlage i folgt dann

$$\sigma_i^2 = \beta_{i1}^2\sigma_{f1}^2 + \beta_{i2}^2\sigma_{f2}^2 + 2\beta_{i1}^2\beta_{i2}^2 COV(f_1 f_2) + \sigma_{\varepsilon i}^2.$$

Die Zerlegung in Residualrisiko und Faktorrisiken ist unverändert gültig. Hier kommt das Wesen der Regression mit ihrer Orthogonalität zwischen Residuum und Faktoren durch, die per se gegeben ist. Jedoch bringt das Verhältnis von f_1 und f_2 untereinander einen neuen Term in die Gleichung. Er enthält die Kovarianz der beiden Faktoren und hat die Form des Skalarprodukts, wenn man die Terme mit den Varianzen der Faktoren mit in die Betrachtung einschließt. Es zeigt sich also, dass die Zerlegung in einzelnen Faktorrisiken von der Korrelation der Faktorvektoren abhängig ist. Nur wenn diese unkorreliert und damit – geometrisch betrachtet – senkrecht zueinander sind, entfällt der

Term mit der Kovarianz in obiger Gleichung und die Varianzdekomposition funktioniert vollständig in Faktor- und Residualbestandteilen. In der Darstellung ohne Kovarianzterm findet man die Varianzdekomposition häufig in der Literatur wie beispielsweise bei Spremann (2003: 293), aber verknüpft mit der Forderung, dass die Faktoren nicht korreliert sind. Sharpe/Alexander/Bailey (1999: 290) drücken diesen Sachverhalt geometrisch aus. Der Regressor wird im Mehrfaktorfall zur Regressormatrix (und nicht zum Vektor), die geometrisch einer Ebene (anstatt einer Geraden) entspricht. Davidson/MacKinnon (1993: 5) interpretieren sogar den Fall korrelierter Faktoren geometrisch und zeigen, dass dies auf eine Ebene mit linear unabhängigen Richtungsvektoren hinausläuft. Dabei ist der Rang der Matrix aber niedriger als ursprünglich angesetzt. Entfernt man einen Faktor aus dem Modell, sinkt der Rang der Matrix ebenfalls. Beim Grenzübergang der Korrelation zu eins von einem Faktor mit einem anderen tritt folglich mathematisch der gleiche Effekt ein.

Wichtig ist für die Anschauung, dass eine Multifaktorregression mit linear unabhängigen Faktoren eine orthogonale Projektion einer Gerade auf eine Ebene ist. Im Gegensatz zur Einfaktorregression fällt man das Lot nicht von der Spitze eines Vektorpfeils (Returnvektor einer Anlage i) auf einen anderen Vektorpfeil (Returnvektor des einen Regressors), sondern auf eine Ebene (Matrix der Regressoren). Die Lotschnur, die dann senkrecht auf dieser Ebene steht, ist der Residuenvektor. Diese Vorstellungswelt von Davidson/MacKinnon (1993: 3-40) vereinfacht einigen Betrachtern, wie auch die steigende Anzahl der Quellen belegt, den Umgang mit Regressionen und Varianzzerlegung ungemein. Daher wurde diese Anschauung mitgeführt.

Nun folgt noch eine notwendige Abgrenzung zu einer ganz anderen Methode, die einem Mehrfaktorenmodell sehr ähnelt. Der Ansatz eines linearen Faktormodells, das mit seinen Faktoren Styles berücksichtigt wie z. B. das Modell von Fama und French (vgl. French (2006)), ist statistisch ein anderer Ansatz als die Style-Analyse nach Sharpe (1992). Sharpe (1992) hat eine Methode entwickelt, um für ein Portfolio eine individuelle Benchmark zusammenzustellen. Er verwendet dazu passive Indizes verschiedener Anlageklassen und etabliert für diese einen linearen Zusammenhang in einer In-Sample-Periode, die der eigentlichen Berechnungsperiode von Kennzahlen (Out-of-Sample-Periode) - wie z.B. ein Market-Modell-Ansatz - vorgeschaltet ist. Er verwendet zur Etablierung des linearen Zusammenhangs, aus dem sich die portfolioindividuelle Benchmark ergibt, keine lineare Regression, sondern eine Methode namens „Quadratic

Programming“. Es wird eine nicht lineare Optimierung auf Basis einer Lagrangefunktion mit einer Linearitätsbedingungen angewendet. Der Output wird somit eine lineare Funktion. Weitere Bedingungen sind, dass die ausgegebenen Multiplikatoren zwischen 0 und 1 liegen und in Summe 1 ergeben müssen. Es ist also statistisch eine deutlich andere Methode als eine multiple lineare Regression. Sharpe (1992) stellt den Unterschied auch sehr deutlich an einem Fondsbeispiel in seinem Artikel dar, bei dem er zusätzlich als dritte Variante eine Regression ohne Konstante zeigt. Jedoch ist das Ergebnis beider Methoden leicht zu verwechseln, da die Prognosegleichung in der Out-of-Sample-Periode wie das Ergebnis eines linearen Mehrfaktorenmodells mit positiven Sensitivitäten ohne Konstante aussieht. Selbst in der In-Sample-Periode sind sich die Methoden täuschend ähnlich, denn auch hier gibt es gleich aussehende Faktoren, Sensitivitäten, keine Konstante, aber Residuen, welche die Methode nicht dem linearen Zusammenhang zuordnen können. Jedoch haben diese Sensitivitäten im Output ganz andere Werte als der Output eines Faktormodells. Durch Verwendung der Multiplikatoren und Addition entsteht bei der Style-Analyse die individuelle Benchmark.

Auf den Grundlagen dieser Vorgaben hinsichtlich der Konstruktion von Mehrfaktorenmodellen wird in Kapitel 4 ein Mehrfaktorenmodell für die Renditeentwicklung von US-Aktienfonds spezifiziert.

3.2.5 Arbitrage Pricing-Theorie

Die Arbitrage Pricing-Theorie (APT) ist ein ökonomisches Modell. Sie beruht auf dem Prinzip der Arbitrage. Die Arbitrage beschreibt Sharpe an einem Beispiel (vgl. Beispiel Baseballkarten in Sharpe/Alexander/Bailey (1999: 284)). Frau A besucht ein Treffen von Briefmarkensammlern. An einem Stand sieht sie eine bestimmte Briefmarke für 500 Euro angeboten und lässt sich diese reservieren, da sie das für ein gutes Angebot hält. In einer anderen Ecke der Ausstellung unterhält sie sich mit einem Aufkäufer für Briefmarken an seinem Stand. Im Gespräch erfährt sie, dass er für die Briefmarke 1.000 Euro bezahlen würde. Was macht sie? Sie macht den Deal mit dem Aufkäufer klar und lässt sich das Geld von ihm gegen Hinterlegen ihres Ausweises geben. Dann geht sie zurück zu dem anderen Stand, kauft die Briefmarke, geht zum Aufkäufer und gibt ihm die Briefmarke gegen Rückgabe ihres Ausweises. Die Frau hat damit eine Form der Arbitrage betrieben und dabei 500 Euro verdient. Arbitrage ist der Prozess, risikolos Profit zu machen, indem Preisdifferenzen eines physischen Vermögensgegenstands oder Wertpapiers ausgenutzt werden (vgl. für diesen Absatz Sharpe/Alexander/Bailey (1999: 284)). Arbitrageaktivitäten sind ein entscheidendes Element von modernen, effizienten Wertpapiermärkten. Arbitragemöglichkeiten sind per Definition risikolos, damit haben alle Investoren einen Anreiz, gefundene Möglichkeiten zu realisieren. Der Investor realisiert die Arbitragemöglichkeit, um seine erwartete Rendite zu steigern, ohne sein Portfoliorisiko zu erhöhen und ohne weitere Geldmittel einzusetzen. Dazu trifft er mindestens eine Verkaufs- und eine Kaufentscheidung. Die Transaktionen sorgen für Preisveränderungen und lassen die Möglichkeit verschwinden. Das ist das Prinzip der Arbitrage. Arbitragefreiheit bedeutet, dass alle Möglichkeiten zur Arbitrage ausgenutzt werden.

Die APT wurde 1976 von Ross als Alternative zum CAPM vorgeschlagen. Von den Mehrfaktorenmodellen ist es laut Spremann (2003: 295) nur noch ein kleiner Schritt bis zur APT. Zur ihrer Formulierung benötigt man die Annahme eines Kapitalmarkts mit n Anlagen, deren Renditen r_i mit einem spezifizierten Mehrfaktorenmodell mit m Faktoren vollständig beschrieben sind. Es muss also kein weiterer Faktor gesucht werden, um zu unkorrelierten Residuen zu gelangen (vgl. Spremann (2003: 296)). Die APT besagt nun: „Wenn der betrachtete Kapitalmarkt keine Arbitrage mehr erlaubt, dann gibt es positive Zahlen $p_1 ... p_m$, die beschreiben - genau wie es Prämien tun -, welche Renditeerwartung mit einem Exposure gegenüber den Faktoren verbunden ist". (Spremann (2003: 296)) Ist ein Mehrfaktorenmodell, wie es im vorhergehenden Kapitel 3.2.4 formuliert wird, für einen Markt spezifiziert, postuliert die APT nach Spremann im Zustand der Arbitragefreiheit die Existenz von Risikoprämien für dessen Faktoren. Für den Erwartungswert $E(r)_i$ einer Anlage i hat die APT die Form

$$E(r_i) = \beta_{i1} p_1 + \beta_{i2} p_2 + ... + \beta_{im} p_m .$$

Der Beweis der ATP beinhaltet zwei Schritte (vgl. hierzu Spremann (2003: 296-298)). Im ersten Schritt wird unterstellt, dass der Einfluss aus den Residuen der einzelnen Anlagen nicht mehr relevant ist, da er durch Diversifikation eliminiert wird, wenn die Anzahl der Anlagen n hinreichend groß ist. Im zweiten Schritt wird dem betrachteten Investor unterstellt, dass er sein Portfolio aus den n einzelnen Anlagen mit den Gewichten $x_1 ... x_n$ zusammenstellt. Aufgrund der Diversifikation der Risiken aus den Residuen ist dieses Portfolio nur noch den Faktorrisiken ausgesetzt. Damit kann man die Gewichtung $x_1 ... x_n$ der einzelnen Anlagen in seinem Portfolio auch auf die Faktorsensitivitäten übertragen. So setzt sich die Faktorsensitivität des Portfolios gegenüber einem der Faktoren aus der Gewichtung $x_1 ... x_n$ der Faktorsensitivitäten der einzelnen Anlagen im Portfolio zusammen. Der Investor wird nun versuchen, sein Portfolio hinsichtlich der Renditerwartung zu optimieren, ohne dass er sein Exposure gegenüber einem der Faktoren erhöht. Eine Optimierungsmöglichkeit dieser Art wird als Arbitrage bezeichnet. Der Investor erhöht seine Portfoliorendite, ohne die Risikoposition zu erhöhen. Die Bedingung bei der Suche nach Arbitrage lautet demzufolge, dass sich die Portfoliorendite bei gleichem oder geringerem Portfoliorisiko erhöhen muss. Bei der Realisation der Arbitrage wird der Investor eines oder mehrere Portfoliogewichte der Einzelanlagen erhöhen und zur Finanzierung eines oder mehrere Portfoliogewichte reduzieren. Auf dieser Basis lässt sich nun Folgendes beweisen: Entweder es gibt auf dem betrachteten Kapitalmarkt noch wenigstens eine Möglichkeit zur Arbitrage (durch Veränderung der Portfoliogewichte) oder es existieren die besagten Prämien $p_1 ... p_m$. Die Renditeerwartung einer einzelnen Anlage ist genau gleich der Summe der Prämien, multipliziert mit den Faktorsensitivitäten der Anlage. Es gibt keine dritte Möglichkeit. Damit stellt sich die APT als ökonomisches Funktionsprinzip von Kapitalmärkten dar.

Die APT ist allerdings nicht so eng definiert wie das CAPM, denn sie erlaubt mehrere Risikoquellen. Die APT benötigt keine Identifikation des Marktportfolios. In ihrer generellsten Formulierung bietet die APT einen genäherten Zusammenhang einer erwarteten Anlagenrendite mit einer unbekannten Anzahl nicht identifizierter Faktoren (vgl. Campbell/Lo/MacKinlay (1997: 219-220)). Die APT validiert Mehrfaktorenmodelle als Marktmodelle über den Mechanismus der Arbitrage bzw. Arbitragefreiheit, jedoch ohne eine Identifikation der Faktoren zu leisten. Mit dem Prinzip der Arbitrage bewegt die APT die Preise von Anlagen und mit dem Zustand der Arbitragefreiheit ist die APT ein Gleichgewichtsmodell wie das CAPM. Ein alter Witz beschreibt den Gleichgewichtszustand sehr nett. Ein Ökonom und ein Ingenieur laufen die Straße entlang. Ruft der Ingenieur plötzlich: „Schau hier, ein 100 Euro-Schein." Sagt der Ökonom: „Er ist nicht echt, sonst hätte ihn schon jemand aufgehoben." So ist der Blick der APT auf einen Markt, er befindet sich unter Annahme der strengen Effizienztheorie im Gleichgewicht, bei dem es keine Arbitragemöglichkeiten mehr gibt. Legt man schwächere Effizienz zugrunde, hindert Reibung den Markt am vollständigen Gleichgewicht, aber er strebt es an. Im Gleichgewicht sind die Renditen von Anlagen durch die Faktoren mit den entsprechenden Faktorprämien vollständig beschrieben.

Die Anzahl der Annahmen der APT sind deutlich geringer. Nach Campbell/Lo/MacKinlay (1997: 220-222) trifft die APT die Annahme, dass Märkte von Konkurrenz getrieben sind und keine Reibungsverluste haben. Sharpe/Alexander/Bailey (1999: 283-304) verweisen auf zwei Annahmen der APT. Erstens gilt das Prinzip der Arbitrage, d.h. jeder Investor nimmt die Möglichkeit wahr, seinen Portfolioreturn zu erhöhen, wenn damit keine Risikoerhöhung verbunden ist. Zweitens: Die Renditen von Anlagen lassen sich durch Faktoren erklären. Nach Sharpe/Alexander/Bailey (1999: 292-296) hat die APT keinen Gültigkeitskonflikt mit dem CAPM. Sie spielen Szenarien in einer Welt mit geltenden Annahmen auf Basis von Ein- und Mehrfaktorenmodellen versus CAPM durch und kommen zu dem Schluss, dass das Beta des Marktportfolios dann von den Faktorsensitivitäten abhängt und die Faktorsensitivitäten wiederum vom Beta des Marktportfolios. Im Prinzip sagen sie, dass die gefundenen Faktoren in diesem Fall die Bewegung des Marktportfolios abbilden.

Die vorher ausgeführten Gedanken zur APT werden später vor dem Hintergrund eines spezifizierten Mehrfaktorenmodells zur Untersuchung der Renditeentwicklung von US-Aktienfonds aufgegriffen (vgl. 0).

3.3 Bewertungskonzepte von Fondsperformance

Im Folgenden werden einige Kennzahlen und Techniken erläutert,die später im quantitativen Teil ihre Anwendung finden.

3.3.1 Grundlegende Bewertungskonzepte

Die Rendite bzw. der Return einer Anlage oder eines Portfolios ist die Differenz aus Endwert und Anfangswert, geteilt durch den Anfangswert der Anlage oder des Portfolios über eine bestimmte Periode (z.B. monatlich). Nimmt man aus einer Reihe monatlicher Renditen über ein Jahr den Durchschnitt, erhält man die durchschnittliche monatliche Rendite. Multipliziert man diese durchschnittliche monatliche Rendite mit zwölf, erhält man die jährliche Rendite der Anlage ohne Zinseszinseffekt. Um den Zinseszins zu berücksichtigen, empfehlen die Lehrbücher wie Sharpe/Alexander/Bailey (1999: 828), zu den monatlichen Renditen eins zu addieren, die Terme zu multiplizieren und letztlich eins zu subtrahieren. Teilt man die jährliche Rendite inklusive Zinseszins durch 12, erhält man die durchschnittliche, monatliche und annualisierte Rendite. Diese Prozedur ist in der Praxis etwas umständlich in Formeln darzustellen. Alternativ kann man auch die durchschnittliche monatliche Rendite mit der folgender Prozedur annualisieren. Zur durchschnittlichen monatlichen Rendite addiert man eins, potenziert das Ergebnis mit 12 und subtrahiert letztlich eins. Damit kommt man zum gleichen Ergebnis der jährlichen Rendite inklusive Zinseszins - wie die Multiplikationsmethode - und dies lässt sich wesentlich leichter als Formel umsetzen.

Das Risiko einer Anlage wird überlicherweise mit der Standardweichung der Rendite um ihren Mittelwert ausgedrückt (vgl. Sharpe/Alexander/Bailey (1999: 835)). Auch hier kann man sich bei der Annualisierung von monatlichen Daten sehr viel Arbeit ersparen. Man multipliziert die Standardabweichung der nicht annualisierten monatlichen Renditen eines Jahres mit der Wurzel aus 12. Das Ergebnis ist das annualisierte jährliche Risiko.

Diese Annualisierungstechniken können und werden im Folgenden auf alle Varianten von Returns bzw. Renditen angewendet. Dabei kann durchaus auch eine Regression im Berechnungsprozess der Renditekennzahl enthalten gewesen sein. Dies ist kein Hinderungsgrund für eine Annualisierung, es wäre sogar falsch, eine annualisierte Kennzahl mit einer nicht annualisierten zu vergleichen. Ausgangspunkt sind immer so genannte „rohe Renditen" („raw returns"), wie eingangs definiert und betrachtet werden in der Regel annualisierte Kennzahlen. Vorsicht ist geboten, dass Annualisierungen nicht mehrfach durchgeführt werden. Daher empfiehlt es sich, solange wie möglich mit rohen Renditen zu rechnen und Annualisierungen erst am Schluss durchzuführen.

Eine Benchmark ist grundsätzlich ein Vergleichsportfolio und typischerweise passiver Natur, wobei bei der Performanceanalyse ex post teilweise auch aktive Portfolios bzw. Durchschnitte aktiver Portfolios zum Einsatz kommen. Ex ante im Sinne einer Strategievorgabe machen aktive Benchmarks wenig Sinn. Eine (passive) Benchmark dient nach Ansicht von Grinold/Kahn (1999: 4-5) als Vorgabe vom Geldgeber in der Rolle des Prinzipals an den Portfoliomanager als Agent. Die Benchmark definiert sein Anlageuniversum und repräsentiert gleichzeitig seinen Erfolgsmaßstab. Das Eingehen von aktiven Positionen, also anderen Gewichtungen des Portfolios gegenüber der Benchmark, bedeutet für den Portfoliomanager das Eingehen von Risiken. Der Fokus wandert von der Betrachtung von Gesamtrendite und -risiko auf eine relative Sichtweise gegenüber der Benchmark in der Perspektive des Portfoliomanagers. Der Fokus liegt auf der Frage, ob ein aktiver Manager zusätzlichen Wert gegenüber einer passiver Benchmark schaffen kann. Diese Operationalisierung der Konzepte und Instrumente der neoklassischen Kapitalmarkttheorie impliziert eine andere Entscheidungsebene im Investitionsprozess. Die grundsätzliche Entscheidung des Investors bzw. Fondssponsors, in dieses Segment zu investieren bzw. solch einen Fonds aufzusetzen und anzubieten, ist mit der Benchmark bereits gefallen. Die vorgestellten Konzepte aus dem Kapitel 3.2 werden im Folgenden immer weiter operationalisiert. Der Investor ist risikoavers gegenüber dem Benchmarkrisiko und der Portfoliomanager ist risikoavers gegenüber dem aktiven Risiko (vgl. Grinold/Kahn (1999: 103)). Aus diesem Verständnis des Prozesses von aktiver Positionierung des Portfoliomanagers gegenüber der Benchmark leiten sich die Namen aktive Rendite und Risiko ab. Mathematisch ist der aktive Return oder auch „Outperformance" sehr einfach. Der aktive Return ist schlicht die Differenz von Portfolio- und Benchmarkrendite. Das aktive Risiko ist die Standardabweichung dieses Differenzenvektors. Natürlich ist es für die externe Performanceanalyse (außerhalb der Fondsbetreibergesellschaft) ziemlich hinderlich, die wahre Benchmark meist nicht zu kennen. Der originäre Prozess hat dennoch die Namen geprägt.

3.3.2 Jensens Alpha

Diese nach Michael Jensen benannte Kennzahl wird auch risikoadjustierte Differenzrendite genannt. Das ist ein erheblicher Unterschied zum aktiven Return, der die nicht risikoadjustierte Differenzrendite darstellt. Alpha ist im Zusammenhang mit dem Market-Modell bereits in dieser Arbeit aufgetaucht. Mathematisch betrachtet ist Alpha in seiner ursprünglichen Form die Konstante aus der linearen Regression des Market-Modells. Die Regression schätzt als Output die Konstante und einen Multiplikator Beta, welcher die Renditebewegung zwischen Portfolio und Benchmark beschreibt. Die Methode der kleinsten Quadrate minimiert die einzelnen Abweichungen der Datenpunkte. Mithilfe der Regression wird mit dem Multiplikator Beta das Risiko des Benchmarkportfolios auf das Niveau des betrachteten Portfolios herauf- bzw. herunterskaliert. Auf der Basis dieser Risikoadjustierung stellt die Konstante Alpha genau die Differenzrendite dar, welche nicht auf ein Portfoliobeta gegenüber der Benchmark von ungleich eins zurückzuführen ist, sondern auf „Titelselektion" („Stock Selection").[10]

Ein Portfoliobeta ungleich eins und somit ein aktives Beta von Periode zu Periode zu

[10] Der Differenzcharakter zeigt sich bei Alpha besonders, wenn man die Ergebnisse des Market-Modells als so genannte „charakteristische Linie" in ein Diagramm mit der Wertpapierlinie SML überträgt. Alpha zeigt sich als vertikaler Abstand der Linien beim Portfoliobeta auf der x-Achse (siehe Sharpe/Alexander/Bailey (1999: 837-843).

wählen, nennt man „Benchmark Timing“ (vgl. Grinold/Kahn (1999: 101)). Die Idee ist, in Abwärtsphasen der Benchmark ein Portfoliobeta unter eins einzustellen (Aufwärtsphasen vice versa), um aktiven Return zu generieren. Jedoch ist dies nur ein reines Spiel mit dem Benchmarkrisiko. Grinold/Kahn (1999: 102) sehen die Möglichkeit, aktiven Return aus Benchmark Timing zu generieren, als sehr begrenzt, da die Bewegung eines ganzen Index, aus vielen Aktien fundamental betrachtet, deutlich schwieriger zu prognostizieren ist als die Bewegung einzelner Aktien. Dies ist jedoch in der Investmentwelt eine umstrittene These. Grinold und Kahn merken allerdings selbst an, dass eine Mehrzahl der institutionellen Investoren in den USA und international eine größer werdende Anzahl Investoren ihrer Meinung sind (vgl. Grinold/Kahn (1999: 102)). Die weitere Möglichkeit, aktiven Return zu generieren, besteht in der Titelselektion, wobei sich die beiden Möglichkeiten nicht gegenseitig ausschließen. Titelselektion bedeutet, unterbewertete Titel zu finden, diese gegenüber der Benchmark überzugewichten und überbewertete Titel unterzugewichten, mit einem konstanten Portfoliobeta von eins und durch Alpha gemessen. Im theoretischen Fall, dass Beta immer genau eins ist, wäre Alpha gleich hoch wie der aktive Return, da der Return von Benchmark Timing dann gleich null ist. Der aktive Return enthält beide Komponenten, den Return aus Titelselektion und Benchmark Timing. Will man den Return aus Benchmarktiming isolieren, muss man entweder die Differenz aus aktivem Return und Alpha bilden oder Beta abzüglich eins mit der Benchmarkrendite multiplizieren.

Eingangs des Kapitels wurde Alpha in seiner ursprünglichen Form als Konstante des Market-Modells tituliert. Im beschriebenen Zusammenhang mit der Benchmark wird Alpha auch heute noch verstanden und benutzt, jedoch ist Alpha nicht auf ein Regressionsmodell mit nur einem Faktor begrenzt. Bei der Anwendung von Mehrfaktorenmodellen hat Alpha die gleiche Bedeutung und erfüllt die gleichen Funktionen. Nur der aktive Return kann im Fall von mehreren Faktoren als Benchmark nicht mehr berechnet werden.

3.3.3 Sharpe Ratio

Die Sharpe Ratio ist nach ihrem Erfinder William F. Sharpe, dem Schöpfer des CAPM, benannt (vgl. die Sharpe Ratio in Sharpe/Alexander/Bailey (1999: 844-846)). Sie ist ein Quotient aus Rendite und Risiko. Im Zähler steht die Rendite des Portfolio r_P abzüglich der Rendite der risikofreie Anlage- und Verschuldungsmöglichkeit r_f. Im Nenner wird das Gesamtrisiko des Portfolios σ_P eingesetzt. Die Sharpe Ratio SR_P zeigt, wie viel Rendite dieses Portfolio pro Einheit Risiko generiert hat nach

$$SR_P = \frac{r_P - r_f}{\sigma_P}.$$

Damit ist die Sharpe Ratio eines Portfolios in ihrer Berechnung unabhängig von der Benchmark. Man kann sie mit der Sharpe Ratio der Benchmark oder einer anderen Investition vergleichen.[11]

Im Gegensatz zu Alpha und aktivem Return stellt die Sharpe Ratio keine Rendite dar. Alpha und aktiver Return sind Überrenditen gegenüber der Benchmark, einmal risikoadjustiert und einmal nicht, aber es sind immer noch Renditen. Die Sharpe Ratio ist ein Quotient aus Rendite und Risiko. Sie macht eine Aussage über Rendite pro Einheit Risiko, nämlich Gesamtrendite pro Einheit Gesamtrisiko. Die Sharpe Ratio eines Portfolios SR_P ist keine ralative Betrachtung, sondern ist unabhängig von der Benchmark. Jedoch kann die obige Formel auch auf das Benchmarkportfolio angewendet werden und wird dann als SR_B bezeichnet.

3.3.4 Information Ratio

Grinold/Kahn (1999: 112) beschreiben mit der Information Ratio den Quotienten aus residualer Rendite und residualem Risiko. Treynor/Black (1973) bezeichnen diesen Quotienten als Appraisal Ratio. Jedoch fand diese Kennzahl keine große Aufmerksamkeit, bevor sie Grinold/Kahn (1999) in den Rahmen des „Fundamental Law of Active Management" eingebettet haben.

Grinold/Kahn (1999: 102 und 114) haben in einem ersten Schritt den residualen Return definiert, um der Kennzahl einen systematischen Rahmen zu geben. Die Darstellung basiert auf dem Market-Modell. Der residuale Return ist genau der Teil des Portfolioreturns, der nicht benchmarkinduziert ist.

[11] Der klassische Vergleich ist ein Diagramm mit der Kapitalmarktlinie CML, welche die Sharpe Ratio der Benchmark als Steigung hat und einer weiteren Linie, welche die Sharpe Ratio des Portfolios als Steigung hat. Beide schneiden die Y-Achse im Punkt des Proxys für die risikofreie Anlage- und Verschuldungsmöglichkeit.

Der residuale Return ist die Summe aus der Konstanten der Regression Alpha und dem unsystematischen Fehlerterm (Residuum) nach

$$r_{res} = r_P - \beta_P r_B = \alpha_P + \varepsilon_P .$$

Das residuale Risiko ist die Standardabweichung des residualen Returns. Wie eingangs angedeutet, ist die Information Ratio der Quotient aus diesen Komponenten. Der Fehlerterm der Regression hat einen Erwartungswert von null. Daher schmilzt die Returnkomponente des residualen Return auf α_P zusammen. Beim residualen Risiko hingegen ist der Fehlervektor das treibende Element und nicht die Konstante. Daher lässt sich das residuale Risiko auf die Standardabweichung der Residuen (Fehlerterm) σ_ε reduzieren. Die ex post Information Ratio IR_P ergibt sich daher als

$$IR_P = \frac{\alpha_P}{\sigma_\varepsilon}.$$

Die Bezeichnung ex post Information Ratio als Maß für Erreichtes wird aus dem Grund verwendet, weil Grinold/Kahn die ex ante Version der Information Ratio anders definiert haben. Dies ist ein Novum im Vergleich zu den bisherigen Kennzahlen. Alle bisherigen Instrumente sind in ihrer rein mathematischen Definition gleich. Ob man sie ex ante oder ex post verwendet, hängt davon ab, welche Art von Input man vorgibt. Verwendet man sie ex post, besteht der Input aus historischen Renditen, arbeitet man in der Zukunft, benötigen die Instrumente Prognosewerte.

Bei der Information Ratio als Maß für das Potenzial ist das anders. Ein Portfoliomanager mit einer positiven ex post Information Ratio sollte theoretisch in der Lage sein, die Benchmark zu übertreffen, denn Grinold/Kahn (1999: 137) beweisen den Zusammenhang

$$SR_B^2 = SR_P^2 - IR_P^2 .$$

Damit dem Portfoliomanger dies gelingt, gibt ihm das „Fundamental Law of Active Management“ eine pragmatische Handlungsempfehlung. Dieses Gesetz zeigt ihm, wie er sein Potenzial effizient einsetzen kann (vgl. Grinold/Kahn (1999: 148)). Die Information Ratio ex ante setzt sich aus den Komponenten Informationskoeffizient IC (Information Coefficient) und Einsatzhäufigkeit BR (Breadth) zusammen.

Die Information Ratio ex ante lässt sich approximieren mit

$$IR_p = IC * \sqrt{BR}.$$

Der Informationskoeffizient stellt das Können des Portfoliomanagers dar. Es ist die Korrelation von Prognosen und realem Ausgang der Geschehnisse. Die Einsatzhäufigkeit ist die Anzahl von unabhängigen Prognosen, die der Portfoliomanager macht und in sein Portfolio einarbeitet. Diese Operationalisierung des Umgangs mit Informationen verlieh der Kennzahl ihren Namen und stellt einen Meilenstein in der neoklassischen Kapitalmarkttheorie speziell in puncto Effizienztheorie dar. Sie widerspricht definitiv der Effizienztheorie in ihrer strengen Formulierung. Jedoch ist dies kein Grund, alle Konzepte zu verwerfen und Instrumente wegen Verletzung der Annahmen nicht anzuwenden. Verletzt man Annahmen, muss man jedoch die Ergebnisse sehr genau beobachten und hinterfragen. Es ist aber nach wie vor eine offene Diskussion, ob dies überhaupt eine Verletzung ist. Denn die perfekte Effizienz im starken Sinne ist als Idealisierung der Verhältnisse zu verstehen (vgl. Campbell/Lo/MacKinlay (1997: 25)). Selbst Sharpe stellt sich der Frage, warum eigentlich überhaupt jemand Finanzanalysen betreibt, wenn doch Märkte streng effizient sind. Er lässt sich dabei sogar zu der Aussage hinreißen, dass Marktpreise nicht zu jedem Zeitpunkt den wahren Wert des Investment reflektieren und Potenziale für abnormale Returns von Zeit zu Zeit entstehen können. Er verweist auch auf den Zusammenhang nach Grossman/Stieglitz (1980), wonach mit diesen Returns Informationskosten verbunden sind und den damit einhergehenden Kompensationsgedanken (vgl. Sharpe/Alexander/Bailey (1999: 745)). Die Gedanken von Grossman/Stieglitz (1980), zusammen mit dem Fundamental Law of Active Management, ergeben ein zusammenhängendes Bild von Kapitalmärkten und aktivem Portfoliomanagement. Dies kann als Indiz gesehen werden, warum aktives Portfoliomanagement betrieben wird. Jedoch zeigt es gleichzeitig die Gefahr auf, dass manche Kapitalmarktteilnehmer abnormal tiefe Returns erleiden müssen, damit manche abnormal hohe Returns generieren können. Daher ist die Selektion von aktiven Portfoliomanagern ein spannendes Thema, zu dem diese Arbeit versucht, einen Beitrag zu leisten und neue Erkenntnisse zu Tage zu fördern.

Das Fundamental Law of Active Management soll nun anhand von drei Beispielen verschiedener Portfoliostrategien verdeutlicht werden (vgl. Grinold/Kahn (1999: 149)). Jede Strategie soll eine Information Ratio von 0,5 erreichen. Im ersten Beispiel betrachtet man einen Market Timer, der unabhängige Prognosen je Quartal zur Verfügung hat. Er braucht einen Informationskoeffizienten von 0,25, um das Ziel zu erreichen. Dies steht im Gegensatz zu einem Portfoliomanager, der sich der Titelselektion und damit dem zweiten Beispiel verschrieben hat. Er verfolgt 100 Firmen auf Quartalsbasis. Ihm reicht ein Informationskoeffizient von 0,025. Das dritte Beispiel zeigt das letzte Extrem. Ein Spezialist, der nur zwei Firmen im Sinne der Titelselektion sehr eng verfolgt, passt sein Portfolio entsprechend 400-mal pro Jahr auf der Basis seiner Informationen an. Er benötigt ebenfalls nur einen Informationskoeffizienten von 0,025, um das Ziel zu erreichen. Essenziell ist bei dieser Betrachtung, dass es auch wirklich jedes Mal eine neue Informationsgrundlage ist und nicht die alten Informationen reevaluiert werden. In diesen Beispielen sieht man, wie konkret das Fundamental Law of Active Management die Handlungsweise eines Portfoliomanagers im Umgang mit Information beschreibt. Der in sich konsistente Werkzeugkasten Information Ratio gibt einem Portfoliomanager die Möglichkeit, seinen bisherigen Prozess zu analysieren und zu optimieren. Bemerkenswert und erwähnenswert ist auch, wie Grinold/Kahn diesen Werkzeugkasten in die klassische Darstellung des CAPM in puncto Effizienzlinie einbetten (vgl. Grinold/Kahn (1999: 109-146)). Sie leiten damit eine neue Verschiebung der Kapitalmarktlinie her, abhängig von der Information Ratio des aktiven Managers. Viel versprechend erscheint, dass die Information Ratio nicht auf die Anwendung eines Regressionsmodells mit einem Faktor limitiert ist. Grinold/Kahn (1999: 41-71) diskutieren zwar verschiedene Risikomodelle und verweisen sogar im Kapitel Style Analyse (vgl. Grinold/Kahn (1999: 496-497)) auf die Ansätze von Fama/French (1993) und sogar Carhart (1997) bezüglich Mehrfaktorenmodelle, bringen dies jedoch nicht in näheren Zusammenhang mit der Information Ratio. Fama/French (1993) sowie Carhart (1997) haben sich den Mehrfaktorenmodellen gewidmet, aber nur Alphas untersucht. Der Schwerpunkt bezüglich ihrer Information Ratio von Grinold/Kahn (1999) liegt hauptsächlich auf der Sichtweise ex ante des Portfoliomanagers und nicht auf Performanceanalysen ex post. An diesem Punkt setzt der quantitative Teil der vorliegenden Arbeit gedanklich neu an und versucht, die Mehrfaktorenmodelle von Fama/French (1993) sowie Carhart (1997) mit der Information Ratio nach Grinold/Kahn (1999) zu verbinden. Es wird im Rahmen eines Vergleichs der verschiedenen Konzepte untersucht, wie deren Wirkung als Selektionskriterium ex ante für Portfoliomanager von US-Aktienfonds wirkt. Dazu werden in Kapitel 4 neue Variationen von Mehrfaktorenmodellen in Anlehnung an die Konzepte von Fama/French (1993) und Carhart (1997) an einem Fondssample entwickelt. In Kapitel 5 wird der Einfluss von gestorbenen Fonds im Fondssample analysiert und adjustiert. In Kapitel 6 werden dann anhand der entwickelten Mehrfaktorenmodelle am adjustierten Fondssample die in diesem Kapitel dargestellten Kennzahlenkonzepte in verschiedenen Varianten berechnet und deren Selektionswirkung ex ante simuliert.

3.3.5 Bewertungskonzepte am Beispiel eines US-Aktienfonds

Zur Verdeutlichung der Zusammenhänge zwischen den Renditemaßen aus den Kapiteln 3.3.1 bis 3.3.4 und dem Konzept von Mehrfaktorenmodellen aus Kapitel 3.2.4 wird in diesem Kapitel ein Beispiel berechnet und dargestellt. Als Beispiel dient der offene aktive US-Aktienfonds namens Hotchkis Wiley Small Cap Value. In Abbildung 1 bis Abbildung 4 wird der Fonds über den Zeitraum von August 2002 bis Juli 2005 einem 3-Faktorenmodell unterzogen und die Elemente der Performancemaße werden dargestellt.

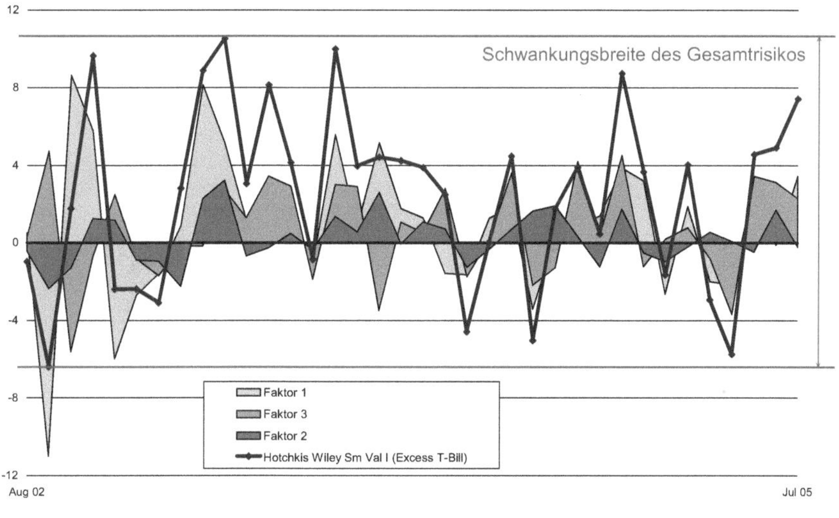

Quelle: Eigene Darstellung

Abbildung 1: Fonds und Faktoren im Verlauf

In Abbildung 1 ist der Renditeverlauf von drei Faktoren und der Überrendite des Fonds (Hotchkis Wiley Sm Val I) gegenüber der amerikanischen Treasury Bill, die als Proxy für die risikofreie Anlage- und Verschuldungsmöglichkeit dient, zu sehen. Die maximalen Renditeausschläge des Fonds über die Periode markieren die Schwankungsbreite des

Gesamtrisikos. Aus dem annualisierten Durchschnitt der Rendite von 23,8 % und der annualisierten Standardabweichung der Gesamtrendite von 15,4 % ergibt sich eine Sharpe Ratio von 2,1 für diesen Fonds.[12]

Die Regression ermittelt mit der Methode der kleinsten Quadrate die Faktorsensitivitäten von 0,99 für den Faktor 1, 0,92 für den Faktor 2 und 0,5 für den Faktor 3. Man kann mit bloßem Auge bereits erkennen, dass dieser Fonds sich relativ gut durch additive Verknüpfung der Faktoren, jeweils multipliziert mit ihren Sensitivitäten, darstellen lassen wird. In Zahlen stellt sich dies durch einen Determinationskoeffizienten R^2 von 0,91 dar. Neben den Faktorsensitivitäten gibt die Regression auch das Alpha zurück. Es beträgt annualisiert 8,6 %. Aus den Faktorsensitivitäten und dem Alpha ergibt sich der vom Modell geschätzte Verlauf des Fonds. Dieser ist als „Y_Reg" gegenüber dem realen Verlauf des Fonds in Abbildung 2 dargestellt.

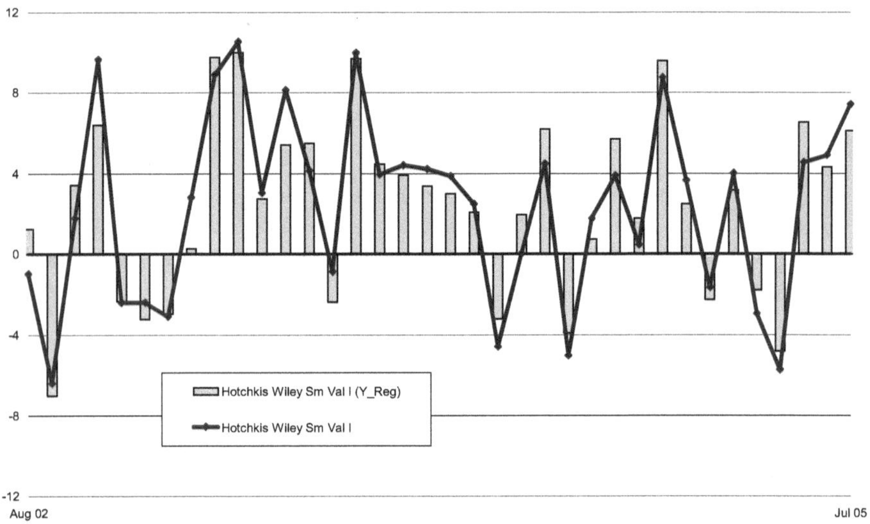

Quelle: Eigene Darstellung

Abbildung 2: Erklärungsfähigkeit des Modells

12 Bemerkung: Die Abbildungen dieses Kapitels zeigen durchgehen nicht annualisierte, monatlich rohe Werte.

Als Differenz aus realem und prognostiziertem Verlauf bleiben dabei die Residuen der Regression übrig. Sie sind in Abbildung 3 zur besseren Veranschaulichung im gleichen Maßstab wie die bisherigen Charts dargestellt. Die Residuen sind, wie in Kapitel 3.3.4 erwähnt, nicht gleich dem residualen Returns des Portfolio Managers, aber dienen als Basis zur Berechnung des residualen Risikos. Es beträgt annualisiert 4,8 %.

Die Eigenschaft der Regression, den Mittelwert der Residuen auf null zu bringen, sieht man sogar einigermaßen gut mit bloßem Auge, wenn man den blauen Flächeninhalt über und unter der Nulllinie in Abbildung 3 vergleicht. Die Methode der kleinsten Quadrate optimiert die Faktorsensitivitäten und Konstante so, dass die mittlere quadratische Abweichung gleich null ist.

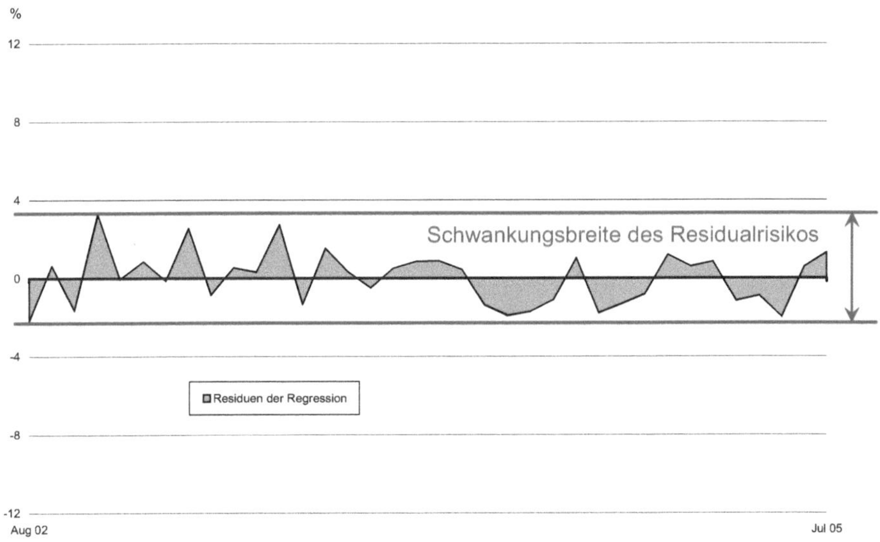

Quelle: Eigene Darstellung

Abbildung 3: Residuen

Der Zusammenhang von Alpha, Residuen und residualem Return wird in Abbildung 4 noch einmal deutlicher. Der Maßstab der Abbildung wurde dazu auf die betragsmäßig kleineren Zusammenhänge angepasst. Die Schwankungsbreite des Residualrisikos anhand des residualen Returns lässt sich parallel auf die Residuen der Regression verschieben. Alpha ist eine Konstante, die jeden Monat ohne Schwankung anfällt.

Die Information Ratio des Fonds gegenüber den drei Faktoren beträgt 1,8. Vorausgreifend auf genauere Ausführungen in Kapitel 4 lässt sich sagen, dass dieses Ergebnis sehr beachtlich ist. An dieser Stelle vorab trotzdem ein kleiner Einblick. Faktor 1 ist der Proxy für den Markt und Faktor 2 sowie 3 stellen weitere Trendbereinigungen dar. Dies macht die Bedingungen, für den Fonds Alpha zu generieren, härter als gegen ein Market-Modell. Der Fonds hatte einen jährlichen Return von 32,8 % (mit Zinseszins), davon waren 8,6 % reine Titelselektion neben den drei Faktoren. Mit einem Beta von 0,99 gegenüber dem Markt hat der Fondsmanager kein Market Timing betrieben. Gegenüber den weiteren Trends ist er mit Sensitivitäten von 0,92 und 0,5 deutlich aktivere Positionierungen eingegangen. Insgesamt hat er ein Risiko von 15,4 % und brachte eine Verzinsung von 2,1 % auf jede Einheit dieses Gesamtrisikos (Sharpe Ratio). Um das Alpha zu generieren, ist der Fondsmanager ein Residualrisiko von konservativen 4,8 % eingegangen und hat somit eine Verzinsung von 1,8 % auf jede Einheit dieses Risikos (Information Ratio) erwirtschaftet.

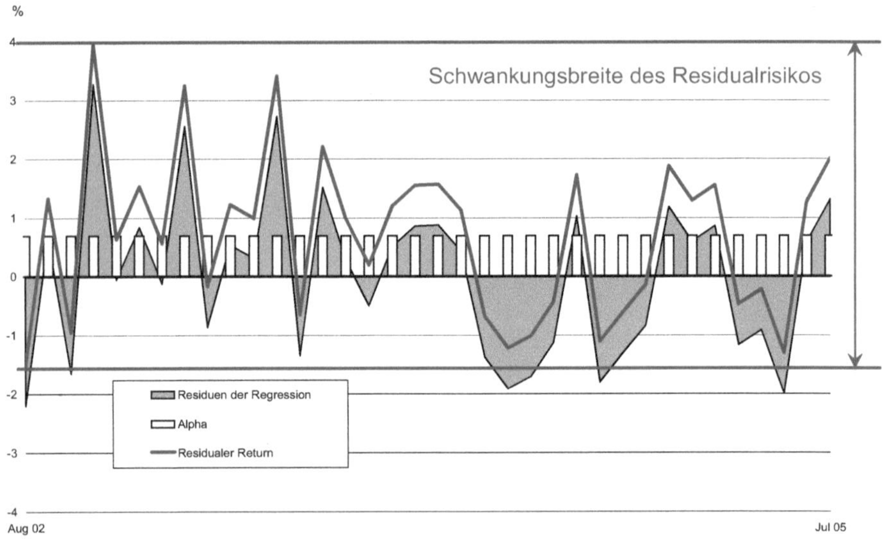

Quelle: Eigene Darstellung

Abbildung 4: Residualer Return und Residualrisiko

4. Entwicklung eines Faktormodells für US-Aktienfonds

Ziel dieses Kapitels ist es, ein Mehrfaktorenmodell für amerikanische Anlagefonds der Kategorie US-Aktien zu spezifizieren. Anhand der historischen Returns der Fonds wird versucht, Risikofaktoren zu ermitteln, die möglichst viel der Portfoliorendite, welche nicht auf die Titelselektionsqualität des Fondsmanagements zurückzuführen ist, erklären. Letztlich soll damit eine Basis zur fairen Betrachtung des Fondsmanagements geschaffen werden.

Bei der Entwicklung des Mehrfaktorenmodells wird entsprechend Kapitel 3.2.4 schrittweise vorgegangen. Die Anpassungsgüte der Regression (R^2), F-Test und die Signifikanz der Faktorsensitivitäten sowie Alpha werden ausgewertet. Zur Abschätzung der auftretenden Multikollinearität werden Korrelationsmatrizen der Faktoren betrachtet. Um einzuschätzen, ob das Faktormodell als spezifiziert anzusehen ist, wird die Korrelation der Residuen zwischen jeweils allen Paaren der verschiedenen Fonds ausgewertet. Diese Vorhaben stellen in Anbetracht der Anzahl der Fonds im Sample, das in der vorliegenden Arbeit der Grundgesamtheit der US-Aktienfonds beinhaltet, auch rechentechnisch eine Herausforderung dar.

Bezüglich der grundsätzlichen Validität der Anwendung von linearer Regression an Fonds-, Aktien- und Indexrenditen wird in dieser Arbeit ohne eigene Prüfung auf Fama und French verwiesen. Deren in der akademischen Literatur weit verbreitetes 3-Faktorenmodell hatte seinen Ursprung in einer Veröffentlichung von Fama/French im Jahre 1993. Diese Studie wurde von der National Science Foundation (Fama) und dem Center for Research in Security Prices (French) unterstützt. Dieses Modell kommt nach wie vor zum Einsatz, wie man anhand der Homepage von French sieht (vgl. French (2006)). Außerdem bestätigen Fama/French (2006) in einem Artikel die Gültigkeit ihres Modells für US-Aktien gegenüber dem Market-Modell sowohl für die Periode 1963 bis 2004 als auch für die Periode 1928 bis 1963. Fama/French (1998) stellen darüber hinaus einen Ansatz für internationale Daten vor und beweisen die Gültigkeit von zwei der drei Prinzipien der US-Faktoren auch für eine globale Datenbasis. Diese wird in Fama/French (2006) noch einmal bestätigt. In Anbetracht dieser Quellen erscheint ein Ansatz für Aktienfondsdaten mit einem Faktormodell für valide und zeitgemäß, selbst wenn Homoskedastizität und die Abwesenheit von Autokorrelation nach Alexander

(2001: 63) in Kapitalmarktrenditen nicht unbedingt gegeben sind. Trotzdem ist auch Alexander (2001: 247-248) der Meinung: „If one has to take a sledgehammer to crack a nut, one wonders wether the nut is worth cracking in the first place!" Sie kritisiert damit eine unter Ökonometrikern weit verbreitete Herangehensweise, welche hoch entwickelte Techniken wie autoregressive Modelle verwenden, um wenig relevante Zusammenhänge nachzuweisen, die sonst wohl übersehen worden wären. Ihrer Meinung nach sollte man hoch entwickelte Methoden erst dann verwenden, wenn man bereits erste Zusammenhänge mit einfachen Methoden gefunden hat und diese Zusammenhänge weiter verfeinern möchte. Sie zweifelt Risikoschätzungen allein auf der Basis von hoch entwickelten, rein statistischen Schätzmethoden grundsätzlich an. Sie ist der Meinung, dass wirklich stabile Zusammenhänge bzw. Phänomene bereits in relativ einfachen und weniger sensiblen Schätzmethoden wie der linearen Regression durchscheinen, selbst wenn bei deren Anwendung einzelne Voraussetzungen nicht voll erfüllt sind. Darüber hinaus sieht sie die Probleme der Heterosketastizität und Autokorrelation kritischer bei Daten auf täglicher als auf monatlicher Basis. Neben dieser Einschätzung aus dem Bereich der Statistik stellt die Generation der Faktormodelle die letzte Entwicklungsebene mit ökonomischer Fundierung im Rahmen der Arbitrage Pricing-Theorie dar (vgl. Kapitel 3.2.5).

4.1 Summary Statistics

4.1.1 Fondssample

Die Analyse beginnt mit einem Sample US Domestic Equity, das per Ende Dezember 2003 extrahiert wurde. Darin sind alle lebenden Fonds, die zu diesem Zeitpunkt ihren Return an Morningstar reportet haben, enthalten.

Die Gesamtzahl der Fonds im Sample beläuft sich auf 6.427. Die Regression hat ein Zeitfenster von 36 Monaten, somit wurden die monatlichen Returns von Januar 2001 bis Dezember 2003 untersucht. Die Anzahl der betrachteten Fonds reduziert sich um 1.891 Fonds, die zum Zeitpunkt Ende Dezember 2003 noch keine 36 Monate Track Record haben, d. h. diese Fonds wurden nach Januar 2001 lanciert bzw. aufgelegt. Die Regression bzw. dieser gesamte Analyselauf bezieht sich also eigentlich auf nur 4.536 Fonds.

Tabelle 1 zeigt im oberen Teil der Tabelle die Summary Statistics, also eine „statistische Inhaltsangabe" des Samples. Die durchschnittliche annualisierte Rendite der Fonds im

Sample über den gesamten Zeitraum liegt bei -0,6 % mit einer Standardabweichung von 8,6 %. Die annualisierte Standardabweichung (das annualisierte Risiko) der Fonds liegt im Schnitt bei 19,9 % mit einer Standardabweichung über das Sample von 5,8 %, bezogen auf den Gesamtzeitraum. In den einzelnen Jahren ist die durchschnittliche annualisierte Rendite deutlichen Schwankungen unterworfen. Im Jahr 2001 realisierten die Fonds im Durchschnitt nur -7,1 % Rendite mit der höchsten Streuung über das Sample im Vergleich zu den anderen analysierten Jahren. Im Jahr 2002 fiel die durchschnittliche Rendite mit -20,5 % und der kleinsten Streuung im Vergleich zu anderen Jahren noch wesentlich schlechter aus. Im Jahr 2003 dagegen konnten die Fonds mit 33,6 % mit leicht gestiegener Streuung über das Sample im Durchschnitt wieder wesentlich bessere Renditen generieren. Das durchschnittliche Risiko der Fonds zeigt eine abfallende Tendenz mit abnehmender Streuung über die Jahre.

Tabelle 1: Summary Statistics und Dezile des Samples

			Annualisierte Rendite (%)				An. Standardabweichung (%)			
			2001	2002	2003	'01-'03	2001	2002	2003	'01-'03
Parameter			alle 4.536 Fonds							
Arithmetisches Mittel			-7,1	-20,5	33,6	-0,6	22,2	19,5	12,4	19,9
Standardabweichung			14,3	9,3	12,1	8,6	9,2	5,2	3,1	5,8
Dezil	Anzahl	Rang	Dezilgrenzen							
		1	80,4	94,1	182,8	46,5	119,6	86,7	62,2	84,0
1	454	454	12,6	-9,9	47,8	11,4	33,4	24,4	15,9	26,6
2	453	907	3,7	-13,8	41,4	5,9	28,4	22,2	14,5	23,3
3	454	1.361	-1,9	-16,6	37,3	2,5	24,9	20,8	13,5	21,2
4	453	1.814	-5,9	-18,8	33,8	0,2	22,4	19,9	12,7	19,8
5	454	2.268	-9,0	-21,1	31,3	-1,6	20,4	19,1	12,0	18,9
		2.269	-9,0	-21,1	31,2	-1,6	20,4	19,1	12,0	18,9
6	454	2.722	-11,4	-22,9	29,1	-3,4	18,7	18,4	11,4	18,0
7	453	3.175	-14,3	-25,1	27,2	-5,5	17,0	17,5	10,7	17,1
8	454	3.629	-18,4	-27,4	25,4	-7,5	15,2	16,4	10,2	16,2
9	453	4.082	-23,5	-30,7	23,0	-10,5	13,1	14,5	9,3	14,5
10	454	4.536	-61,9	-60,2	-61,9	-35,9	0,1	0,2	0,2	0,5

Im unteren Teil der Tabelle 1 ist das Sample in Dezile herunter gebrochen, um mehr über das Verhalten der einzelnen Fonds im Sample zu erfahren. Zeile eins zeigt den jeweiligen Rang eins in Rendite und Risiko in den einzelnen Zeiträumen. Die Spalten sind dabei völlig unabhängig voneinander, d.h. es kann in einer Zeile hinter jeder Spalte ein anderer Fonds stehen. Die zweite Zeile zeigt Rang 454. Dies ist Dezil Nr. 1, das 454 Fonds enthält. Dezil Nr. 2 enthält 453 Fonds und geht von Rang 455 bis Rang 907 usw. Die variierende Anzahl Fonds in den Dezilen war nötig, um die Gesamtanzahl Fonds relativ gleichmäßig auf die Dezile zu verteilen. Der Median liegt zwischen Dezil Nr. 5 und 6 (also genau zwischen Rang 2.268 und 2.269). An den Dezilgrenzen zeigt sich die enorme Spannweite bei Rendite und Risiko im Fondsspektrum. Median und arithmetisches Mittel liegen relativ nahe beieinander. Die Verteilung besitzt folglich wenig Schiefe. Die durchschnittliche annualisierte Rendite liegt durchweg in Dezil Nr. 5 und das Risiko in den einzelnen Jahren ebenfalls. Nur über den Gesamtzeitraum liegt die annualisierte Standardabweichung in Dezil Nr. 4. Auffählig ist, dass die Dezilgrenzen zu den Extremen hin größere Abstände aufweisen. Die Mehrzahl der Fonds liegt damit im mittleren Bereich der Verteilung und eher wenige Fonds sind extrem gut oder extrem schlecht in Rendite und Risiko.

Der Fonds Rydex Venture 100 ist im Jahr 2001 auf Platz 1 des Samples mit seiner Performance.[13] Er zeigte einen annualisierten Return von 80,4 % bei einer annualisierten Standardabweichung von 119,6 %. Diese Platzierung gelang dem Fonds im Folgejahr ebenfalls mit 94,1 % annualisiertem Return. Beim Risiko gab dieser Fonds die Position des risikoreichsten Fonds in 2002 dagegen ab. Im Jahr 2003 stürzte er dann in der Performance im Vergleich zu den anderen Fonds ab. Er rangiert mit –61,9 % sogar auf dem allerletzten Platz. 2003 übernahm der Apex Mid Cap Growth-Fonds die Spitzerreiterposition mit 182,8 % annualisiertem Return bei 39,0 % annualisiertem Risiko. Er ist damit nicht der Spitzenreiter im Risiko. 2001 hatte der Merrill Focus Twenty die schlechteste Performance, Van Wagoner Emerging Growth 2002 und der Rydex Venture 100 im Jahr 2003. Diese gewaltige Spannbreite in der Performance aktiver Anlagefonds verdeutlicht sehr anschaulich die Chancen und Risiken, die mit einer Investition in dieses Segment verbunden sind. Der Werdegang des Rydex Venture 100 ist ein gutes Beispiel, warum stabile Selektionskriterien ein interessantes Forschungsziel darstellen.

[13] Wenn man über die Performance einzelner Aktienfonds spricht, wird oft der Fonds Templeton Growth erwähnt. Dieser wahrscheinlich bekannteste Aktienfonds hat die Prospectus Objective „World Stock“ und ist somit nicht im Sample vertreten.

4.1.2 Indexfamilie von S&P und Barra

Tabelle 2 zeigt die Entwicklung des Marktes, dargestellt durch verschiedene relevante Indizes in den gleichen Zeiträumen wie das Fondssample im vorherigen Kapitel.

Tabelle 2: Indexverhalten über den betrachteten Zeitraum

	Annualisierte Rendite (%)				An. Standardabweichung (%)			
	2001	2002	2003	'01-'03	2001	2002	2003	'01-'03
3 Month T-Bill	3,7	1,7	1,0	2,1	0,3	0,1	0,0	0,4
Standard & Poor's 500	-10,2	-20,4	29,4	-2,4	19,0	19,7	10,9	18,0
Barra Large Cap Growth	-10,5	-22,1	26,1	-4,0	21,9	19,1	8,2	18,4
Barra Large Cap Value	-10,4	-18,9	33,0	-0,9	17,2	21,4	14,0	18,8
S&P Midcap 400	1,9	-13,1	36,6	6,7	22,1	17,9	12,7	18,8
Barra MidCap Growth	-4,3	-17,9	31,8	1,3	27,3	17,4	11,7	20,7
Barra MidCap Value	9,0	-8,3	41,6	12,4	18,4	19,1	14,4	18,2
S&P Smallcap 600	9,1	-12,8	40,2	10,3	21,5	19,7	14,6	19,7
Barra SmallCap Growth	1,4	-13,8	38,5	6,8	22,3	18,2	13,2	19,1
Barra SmallCap Value	15,9	-12,2	41,8	13,2	21,9	21,7	16,3	21,0

Die 3-Month T-Bill stellt die risikolose Anlagemöglichkeit dar. Diese ist zwar nicht völlig risikolos, wie ihre annualisierte Standardabweichung zeigt, wird aber üblicherweise als diese verwendet, da ihr Risiko vergleichsweise gering ist. Standard & Poor's (S&P), die wohl bekannteste amerikanische Ratingagentur, veröffentlicht unter anderem Marktindizes. Der S&P 500, der S&P MidCap 400 und der S&P SmallCap 600 beschreiben verschiedene Segmente des amerikanischen Aktienmarktes (vgl. Standard & Poor's (April 2006)). Sie sind alle Performanceindizes, d.h. ihre Gewichtung richtet sich nach der Marktkapitalisierung der einzelnen Titel. Zusammen decken der S&P 500, der S&P MidCap 400 und der S&P SmallCap 600 insgesamt 1.500 Aktien des Marktes ab. Der S&P 500 ist der wohl der bekannteste dieser Indizes. Er wird als das beste alleinstehende Messinstrument für die Performance des amerikanischen Aktienmarkts gesehen, obwohl er eigentlich nur das Segment Large-Cap vertritt, da er aus den 500 Aktien des Marktes mit der größten Marktkapitalisierung besteht. Jedoch deckt er damit zirka 75 % der Kapitalisierung des gesamten amerikanischen Aktienmarkts ab und spiegelt somit die Entwicklung der amerikanischen Wirtschaft in der Breite durchaus repräsentativ wider. Das heißt aber nicht, dass sich einzelne Nischen des breiten Marktes nicht besser oder auch schlechter entwickeln können. Der S&P MidCap 400 repräsentiert das Marktsegment von Aktien mit mittlerer Kapitalisierung. Wie die Entwicklung des amerikanischen Aktienmarkts in seinen Segmenten seit etwa Mitte der neunziger Jahre bestätigt, werden Mid-Caps heutzutage als eigene, unabhängige Assetklasse gesehen. Ihr Rendite-Risikoprofil unterscheidet sich von Large- und Small-Caps. Die 400 Aktien dieses Index stellen zirka 7 % der Kapitalisierung des amerikanischen Aktienmarkts dar. Der S&P SmallCap 600 entwickelt sich laut Standard & Poor's (April 2006) zum bevorzugten Small-Cap-Index und deckt zirka 3 % der Kapitalisierung des amerikanischen Aktienmarkts ab. Der S&P SmallCap 600 ist als effizientes Portfolio von Firmen angelegt, welche zusätzliche spezielle Aufnahmekriterien erfüllen, die sicherstellen, dass diese Firmen investierbar und finanziell wachstumsfähig sind.

Barra, ein ebenfalls amerikanisches Unternehmen, ist weltweit sehr bekannt für sein Risikomodell und bietet Lösungen für das Risikomanagement im Portfolio an. Bis zum 16. Dezember 2005 hatte das Unternehmen eine Kooperation mit S&P und zerlegte als erster Partner die Standard & Poor's Indizes in die so genannte Investmentstyles (vgl. Barra (2006)). Seit Ende 2005 kooperiert S&P nun mit Citigroup und Barra mit Morgan Stanley Capital International (vgl. Barra (2006) und Standard & Poor's (März 2006)). Beide Kooperationen bieten seither verschiedene Indexprodukte an und die alten Indizes werden nicht mehr weiter aktualisiert. Dies machte einen Schwenk auf die Style-Indizes von S&P und Citigroup ab Kapitel 4.4 nötig. Jedoch sind die Unterschiede in der prinipiellen Methodik zwischen den S&P/Barra-Indizes und neuen S&P/Citigroup-Indizes nicht sehr groß. Daher werden bis Kapitel 4.4 die prinzipiellen Gedanken anhand der S&P/Barra-Indizes erläutert und die ersten Untersuchungen mit diesem Instrumentarium vorgenommen.

Die Unterscheidung von Investment Styles geht nach Barra (2006) auf William F. Sharpe zurück. Sharpe bemerkte wohl, dass die Value/Growth-Dimension zusammen mit der Large/Small-Dimension einen Großteil der Renditeunterschiede von US-Aktienfonds erklärt. Dabei bezieht sich Barra wahrscheinlich auf die Style-Analyse nach Sharpe (1992). Jedoch findet sich kein genauerer Verweis. Des Weiteren führt Barra (2006) an, dass die Wichtigkeit der Unterscheidung von Value und Growth bei Aktien ebenfalls von Eugene Fama und Kenneth French erforscht wurde. Fama und French fanden heraus, dass eine Kombination des Quotienten Buchwert zu Kurs (B/P-Ratio) und Marktkapitalisierung einen Großteil der Variabilität des Marktes erklärt. Sie betrachteten den Querschnitt von durchschnittlichen Aktienrenditen über die Periode von 1963 bis 1990.

Der Quotient Buch zu Kurs spielt bei der quantitativen Erklärung von Renditevariabilität eine größere Rolle als die Marktkapitalisierung. Es gibt verschiedene Wege die Unterscheidung nach Value und Growth durchzuführen. Barra führt die Unterscheidung ausschließlich nach dem Quotienten Buch zu Kurs durch. Die Aktien, welche in den Standard & Poor's Indizes enthalten sind, werden nach diesem Kriterium in zwei Gruppen aufgeteilt: Eine Gruppe Value mit hohem Buch-zu-Kurs-Verhältnis und eine Gruppe Growth mit niederem Buch-zu-Kurs-Verhältnis. Keine Aktie ist in beiden Gruppen vertreten. Aus diesen beiden Untergruppen werden neue Indizes konstruiert. In Summe ergibt die Marktkapitalisierung der Subindizes wieder die des jeweiligen Gesamtindex. Damit sind sie ideal geeignet, um die Bewegung der Styles im jeweiligen Größensegment zu verfolgen. Die Standard & Poor's- Indexfamilie mit den Barra-Subindizes stellt damit ein schlüssiges Instrumentarium zur Analyse von Marktveränderungen dar. Es werden zwar nicht ausnahmslos alle Aktien des Marktes abgedeckt, aber mit ungefähr 90 % der Kapitalisierung des amerikanischen Aktienmarkts doch der wesentliche Teil. Darüber hinaus wird das Verhalten der Größensegmente und Styles ersichtlich.

Wie Tabelle 2 zeigt, hatte 2001 vor allem das Marktsegment Small-Cap ein gutes Jahr. Auch das Marktsegment Mid-Cap generierte eine positive Rendite, jedoch geringer als die 3-Month T-Bill. In beiden Größensegmenten dominierte der Investment Style Value deutlich. Das Größensegment Large-Cap, repräsentiert durch den S&P 500, schloss das Jahr im negativen Bereich ab. Hier dominiert der Investment Style Value nur leicht. In 2002 war der ganze Markt in allen Segmenten ausnahmslos im negativen Bereich. Jedoch dominierten die kleineren Größensegmente die größeren und der Investment Style Value weiterhin Growth. In 2003 war der gesamte Markt wieder positiv. Kleinere Größensegmente und der Investmentstyle Value zeigten nach wie vor bessere Renditen.

4.1.3 Vergleich des Fondssamples mit den Indizes

Vergleicht man nun Tabelle 1 und Tabelle 2, fällt auf, dass sich der S&P 500 bei der Rendite in den Dezilen 6, 5, 6 und über den Gesamtzeitraum im Dezil 6 liegt. Im Risiko bewegt er sich ebenfalls in den Dezilen 6, 5, 7 und 6 über den Gesamtzeitraum. Dies ist in der Nähe des Medians sowie des arithmetischen Durchschnitts des Fondssamples. Die anderen Indizes rangieren entsprechend ihrer unterschiedlichen Performance im Vergleich zum S&P 500 auch in unterschiedlichen Dezilen im Fondspektrum. Der S&P MidCap 400 zum Beispiel liegt in den Dezilen 3, 2, 4 und Dezil 2 über den Gesamtzeitraum. Der Barra MidCap Value rangierte in den einzelnen Jahren mit Dezilen 2, 1, 2 und über den Gesamtzeitraum sogar in Dezil 1. Der Barra SmallCap Value ist in den einzelnen Jahren mit den Dezilen 1,2, 2 und Dezil 1 über den Gesamtzeitraum in diesem Vergleich auch ganz oben vertreten. Jedoch muss man eigentlich die Betrachtungsweise umdrehen. Manche aktiv verwalteten Fonds haben sich den Markttrend, dargestellt durch die passiven Indizes, zu Nutze gemacht. Dies ist der Kern, an den die folgende quantitative Analyse vorstoßen möchte. In normalen Bestenlisten und im bloßen Vergleich gegenüber breiten Marktindizes wie dem S&P 500, die dem Durchschnittsinvestor bekannt sind, wird dieser Zusammenhang nicht klar. Hier präsentieren sich viele Fonds mit einer überdurchschnittlichen Outperformance, die eigentlich auf das Ausnutzen eines Segmenttrends im Markt zurückzuführen ist. Dies ist auch eine Leistung, aber kein echtes Stock-Picking-Talent. Andererseits übertrifft die Performance der aktiv verwalteten Topfonds die Performance auch der besten passiven Indizes noch deutlich. Dies gibt wieder Anlass zu glauben, dass es doch so etwas wie echte Stock-Picking-Talente gibt, die über die richtigen Informationen verfügen und diese einsetzen können. Wie sollen denn auch sonst die Informationen in den Markt kommen? Effiziente Märkte setzten irgendeinen Prozess der Informationsverarbeitung voraus und die Ansicht von Grossman/Stieglitz (1980) erscheint in diesem Zusammenhang logisch. Das aktive Management übertrifft das passive Management durchgehend. Vor allem in einzelnen Jahren trifft dies zu, über die Gesamtzeit ist der Unterschied zwischen dem besten Aktiven und Passiven deutlich kleiner, aber er ist trotzdem vorhanden. Dies kann man einerseits als Indiz für die Diskontinuität in der Anlagefondindustrie verstehen oder Anhänger der strengen Kapitalmarkteffizienz sehen es als Indiz für Glück der aktiven Manager bzw. Zufall. Andererseits kann man es auch als Indiz dafür sehen, dass die Spitzenplätze heiß umkämpft sind und die Führungsposition ständig wechselt. Wenn sich ein Investmentansatz in einem Investmenthaus nicht bewährt, werden Fondsmanager und Analysten ausgetauscht, neue Markt- oder Fundamentalanalysen gestartet oder andere Änderungen am Investitionsprozess vorgenommen, bis die Performance den Ansprüchen genügt.

In diesem Zusammenhang muss natürlich auch bemerkt werden, dass kein Index so schlecht abschneidet wie die schlechtesten aktiven Fonds. Das tiefste Dezil, das hier bei einem passiven Index zu beobachten ist, ist der Barra Large-Cap Growth in 2003 mit Dezil 8. Auch können aktive Fonds wie der Rydex Venture 100 als Extrembeispiel von Rang 1 in 2002 auf Rang 4.536 im Jahr 2003 abgleiten. Dies spiegelt sich im Risiko beim Vergleich von Tabelle 1 und Tabelle 2 wider. Über den Gesamtzeitraum sind nur der Barra SmallCap Value und der Barra MidCap Growth in Dezil 4 vertreten, alle anderen Indizes rangieren in Dezil 5 und 6. In den einzelnen Jahren ist das Bild etwas heterogener. Die 27 Platzierungen der neun Indizes in den drei Jahren verhalten sich wie folgt: 9-mal rangieren die Indizes bis einschließlich Dezil 5 und 9 Mal darunter. In den Dezilen 2 bis 4 können insgesamt 8-mal passive Indizes beobachtet werden. Nur der Barra SmallCap Value kommt 2003 knapp in Dezil 1, aber hier nur knapp über die untere Schwelle. Er bleibt jedoch weit unter dem Risiko der risikoreichsten Aktiven.

Passives Investieren hat folglich weniger Risiko, aber die Chancen sind auch kleiner. Ideal wäre es, wenn sich die wirklich erfolgreichen aktiven Fonds selektieren ließen, denn ex ante versprechen alle dieser 4.536 Fonds eine überdurchschnittliche Performance und nur wenige erreichen sie. Betrachtet man das Bild gesamtheitlich, sind die realistischen Erwartungen eines Investors noch schlechter. Denn die Nichtüberlebenden über diesen Zeitraum sind in diesem Sample nicht vorhanden. Jedoch ist ein deutlicher Renditeunterschied zwischen den besten aktiven Fonds gegenüber den Marktindizes vorhanden und stellt die Motivation für diesen Ansatz dar.

4.2 Sukzessive Entwicklung eines 3-Faktorenmodells

Nach dem doch eher qualitativen Vergleich des Fondssamples gegenüber den verschiedenen Indizes wird nun versucht, einen Teil der Performance der aktiven Fonds mit einem Mehrfaktorenmodell aus den S&P- bzw. Barra-Indizes zu erklären. Im Vordergrund steht hierbei nicht die vollständige quantitative Erklärung der Variabilität der Fonds durch die Faktoren, vielmehr liegt der Fokus auf einem Herausfiltern der marktseitigen Einflüsse in der Performance, um die wirkliche Managementleistung jenseits des Ausnutzens der Marktbewegung vergleichbar zu machen. Natürlich ist die eventuell sich zeitlich verändernde, mehr oder weniger ausgeprägte Abhängigkeit eines Fonds von Marktsegment bzw. Styles ebenfalls eine wichtige Größe für eine erfolgreiche Asset Allokation eines Portfolios aus verschiedenen aktiven Fonds, jedoch wird mit diesem Ansatz der Versuch unternommen, diese beiden Ebenen voneinander zu trennen. Die Sensitivitäten gegenüber den Indizes stehen ja dann durch die Faktorsensitivitäten des Modells darüber hinaus zur Verfügung. Das Stock-Picking-Talent steht im Fokus dieser Analyse. Stock-Picking ist der Teil der Fondsperformance, den das Faktormodell mit dem Verhalten der Indizes nicht erklären kann.

4.2.1 Übertragbarkeit der Methode nach Fama und French

Die Indizes der S&P/Barra-Indexfamilie eignen sich aufgrund ihrer Korrelationsstruktur nicht direkt zur Verwendung als Faktoren in einem Mehrfaktorenmodell, wie Tabelle 3 deutlich zeigt.

Tabelle 3: Korrelationsmatrix der S&P/Barra-Indexfamilie

	3 Month T-Bill	Barra Large Cap Growth	Barra Large Cap Value	Barra MidCap Growth	Barra MidCap Value	Barra SmallCap Growth	Barra SmallCap Value	Standard & Poor's 500	S&P Midcap 400	S&P Smallcap 600
3 Month T-Bill	1,000									
Barra Large Cap Growth	-0,268	1,000								
Barra Large Cap Value	-0,201	0,895	1,000							
Barra MidCap Growth	-0,255	0,874	0,851	1,000						
Barra MidCap Value	-0,145	0,788	0,920	0,891	1,000					
Barra SmallCap Growth	-0,254	0,796	0,836	0,946	0,913	1,000				
Barra SmallCap Value	-0,099	0,689	0,832	0,847	0,943	0,928	1,000			
Standard & Poor's 500	-0,240	0,972	0,974	0,885	0,877	0,838	0,782	1,000		
S&P Midcap 400	-0,211	0,855	0,910	0,974	0,971	0,957	0,920	0,906	1,000	
S&P Smallcap 600	-0,169	0,750	0,848	0,907	0,946	0,978	0,985	0,821	0,953	1,000

Bemerkung:
Zeitraum 1/2001 bis 12/2003

Durch die auftretende Multikollinearität im Modell wäre dieses nicht aussagekräftig. Interessant in Tabelle 3 ist die Tatsache, dass die allgemein als risikofreie Anlagemöglichkeit verstandene „3-Month T-Bill" negativ mit den Marktindizes korreliert ist, da auch deren Preis den Schwankungen durch Angebot und Nachfrage unterliegt, aber wohl gegenläufig nachgefragt wird. Die Marktindizes jedoch zeigen sich hoch positiv korreliert miteinander. Trotz der hohen Korrelation finden sich in Tabelle 3 jedoch auch viel versprechende Möglichkeiten. Die Korrelation zwischen dem Barra LargeCap

Growth und dem Barra SmallCap Value ist mit 0,689 in dieser Matrix am niedrigsten. In dieser Zahl spiegelt sich die extremste Kombination beider Effekte wider, also sowohl Größeneffekt als auch Value/Growth-Effekt. Dagegen rangiert die Kombination aus Barra Large Cap Value und dem Barra SmallCap Growth mit 0,836 auf Platz 8, wenn man die Korrelationen aufsteigend betrachtet. Dies liegt wohl daran, dass in der betrachteten Periode der Style Value und die kleineren Größensegmente besser liefen und daher miteinander stärker korreliert sind. Den ersten reinen Effekt findet man auf Platz 5 der 55 sinnvoll auswertbaren Korrelationen dieser Matrix. Der Barra Large Cap Growth und der Barra SmallCap Growth haben eine Korrelation von 0,796. Dies ist die niedrigste Korrelation eines reinen Größeneffekts. Auf Platz 17 ist der erste reine Value/Growth-Effekt im Mid-Cap-Segment. Der Barra MidCap Growth und der Barra MidCap Value haben eine Korrelation von 0,891.

Um die Indizes der S&P/Barra-Indexfamilie als Faktoren in einem Mehrfaktorenmodell zu verwenden, wird die Methode von Fama and French in abgewandelter Form verwendet. Fama/French (1993) analysierten die kombinierte Rolle verschiedener möglicher Faktoren in einem Modell. Sie untersuchten dabei ein Marktbeta, die Höhe der Marktkapitalisierung einer Aktie, Kurs/Gewinn-Verhältnis, Leverage und das Verhältnis aus Buchwert zum Kurs einer Aktie. Sie kamen zu dem Ergebnis, dass Differenzrenditen der Aktien ihres untersuchten Universums nach Sortierung auf einige dieser Kriterien zu signifikanten Faktoren für ein Faktormodell zur Erklärung von Renditen amerikanischer Aktien führen.

Fama und French benutzen in ihrem Faktormodell drei Faktoren (vgl. French (2006)). R_m, der erste Faktor, ist die Überrendite des Marktes. Diese stellt den nach Marktkapitalisierung gewichteten Durchschnitt aller Aktien des New York Stock Exchange (NYSE), American Stock Exchange (AMEX) und des NASDAQ (National Association of Securities Dealers Automated Quotations) abzüglich einer 1-Month T-Bill-Rendite dar. Die Daten dafür erhalten sie vom Center for Research in Security Prices (CRSP) und von Ibbotson Associates. Für die anderen zwei Faktoren verwenden sie das Aktienuniversum des NYSE. Sie formen durch zwei verschiedene Sortierungen des Universums insgesamt sechs Benchmarkportfolios, die sie auf Quartalsbasis nachführen. Sie sortieren dabei einmal nach Marktkapitalisierung und einmal nach dem Quotienten aus Buchwert zu Kurs. Die Sortierung nach Größe unterteilen sie in zwei Portfolios, einmal alle Aktien, die eine größere Marktkapitalisierung als der Median der Marktkapitalisierung dieser

Gruppe aufweisen und ein Portfolio mit allen, die darunter liegen. Die Sortierung nach dem Quotienten Buchwert zu Kurs unterteilen sie in drei Portfolios. Die Grenzen sind hier das 70. und das 30. Perzentil, d.h. die 30 % mit dem höchsten Quotienten bezeichnen sie als Value, die nächsten 40 % als Neutral und die unteren 30 % als Growth.

Aus diesen sechs Benchmarkportfolios erhalten sie die zwei Faktoren neben dem Marktfaktor für ihr 3-Faktorenmodell (vgl. French (2006)). SMB steht dabei für Small minus Big. Das ist ihr Größenfaktor, den sie nach

$$SMB = 1/3(SmallValue + SmallNeutral + SmallGrowth) - 1/3(BigValue + BigNeutral + BigGrowth)$$

gewinnen.

HML steht für High minus Low und stellt ihren Value/Growth-Faktor dar. Er berechnet sich durch

$$HML = 1/2(SmallValue + BigValue) - 1/2(SmallGrowth + BigGrowth).$$

Tabelle 4 zeigt das Korrelationsmuster, welches mit diesen Faktoren im Zeitraum des Samples erreicht wird. Die Benchmarkportfolios stehen auf der Homepage von French zum Download bereit (vgl. French (2006)). Die Benchmarkportfolios an sich weisen ähnlich hohe Korrelationen wie die oben dargestellte Barra/S&P-Indexfamilie auf. Durch Gewichtung und Differenzenbildung lassen sich somit die Korrelationen von Zeitreihen, die als Faktoren in einem Faktormodell infrage kommen, deutlich senken und Effekte, die vermutlich erklärende Kraft besitzen, aus den Zeitreihen extrahieren. Interessant ist hierbei auch, dass in der angewandten Ökonometrie die Werte, wie sie in der rein theoretischen Lehre empfohlen werden, selten erreicht werden. Diese Aussage bezieht sich auf die Korrelation von Faktoren eines Faktormodells untereinander. In der angewendeten Ökonometrie gibt es keine real beobachteten Zeitreihen mit der Korrelation von genau null, wie es die theoretische Lehre empfiehlt. Fama und French können hier sicherlich als Referenz verstanden werden (Tabelle 4), aber auch Carhart (1997), der Korrelationen bis ungefähr 0,4 als akzeptabel bezeichnet.

Tabelle 4: Korrelationsmatrix der Faktoren von Fama und French

	Rm- Rf	SMB	HML
Rm-Rf	1,000		
SMB	0,331	1,000	
HML	0,263	0,257	1,000

Bemerkung:
Zeitraum 1/2001 bis 12/2003 entsprechend dem Samplezeitraum

Ausgehend von den Erkenntnissen aus dem Ansatz von Fama und French wird nun versucht, die Barra/S&P-Indexfamilie durch Gewichtung und Differenzenbildung als Faktoren für ein Mehrfaktorenmodell verwendbar zu machen. Dies hat mehrere Gründe. Einmal wollte der Autor in seiner Methode nicht abhängig vom Download auf einer nicht gewerblich betriebenen Homepage sein. Die Angaben auf der Homepage und die Beobachtung des Updaterrhythmus ergaben eine eher eingeschränkte Zuverlässigkeit. Daher wurden die in den sehr zuverlässigen Fondsdatenupdates von Morningstar beigestellte Indizes (Kürzel Idx) bevorzugt. Darüber hinaus bestand der Reiz herauszufinden, ob sich dieses Prinzip auf andere Indizes mit leicht differierender Konstuktionsweise übertragen lässt oder ob die Erklärungskraft des Ansatzes von Fama und French in deren Sortierung der Einzelaktien liegt.

Als Näherung für das Marktportfolio hat der Autor in früherem Research mit dem Index Wilshire 5000, der aus 5.000 amerikanischen Titeln besteht, bereits die Erfahrung gemacht, dass der zusätzliche erklärende Gehalt bei zu geringer Marktkapitalisierung marginal bei der Analyse der Performance von Anlagefonds ist. Bei Regressionsanalysen von Fonds erhält man mit dem Wilshire 5000 selten - wenn überhaupt - marginal höhere R^2 als mit dem S&P 500. Der Lehre vom Marktportfolio zu folgen, ist sinnvoll, jedoch gilt es bei Schätzverfahren der Realität, auch das Ausmaß der Verbesserung der Schätzung zu berücksichtigen. Dabei spielt der von Investoren wirklich investierte Markt eine große Rolle und dieser ist nach der Abdeckung der Gesamtmarktkapitalisierung und nicht im Hinblick auf die Anzahl der Titel zu bestimmen. Der NYSE listet über 2.800 Firmen und im Marktfaktor von Fama und French sind auch noch weitere Titel des AMEX und des NASDAQ enthalten. Fama und French verwenden ein Universum von circa 3.000 Aktien für ihre Faktoren. Der Marktfaktor von Fama und French ist somit im Gegensatz zum S&P 500 sehr breit angelegt. Das ist ein prinzipieller Unterschied. In der folgenden Analyse wird im Rahmen der anderen Faktoren die gesamte Barra/S&P-Indexfamilie von 1.500 Aktien verwendet. Vergleicht man den vorliegenden Ansatz als

Ganzes mit dem von Ansatz Fama und French sind das immer noch nur circa 50 % in der Anzahl der Aktien, jedoch werden circa 90 % der Kapitalisierung des amerikanischen Aktienmarkts berücksichtigt. Tabelle 5 zeigt das Korrelationsmuster der Faktoren bei Verwendung der Barra/S&P-Indexfamilie mit dem Differenzenprinzip von French (2006).

Tabelle 5: Korrelationsmatrix von *MARKT*, *KMG* und *HMN*

	Markt	KMG	HMN
Markt	1,000		
KMG	-0,168	1,000	
HMN	0,048	0,388	1,000

Bemerkung:
Zeitraum 1/2001 bis 12/2003 entsprechend dem Samplezeitraum

Der Faktor *MARKT* in Tabelle 5 ist die Überrendite des Marktes gegenüber der risikofreien bzw. -armen Anlagemöglichkeit. Er berechnet sich mit

$$MARKT = S\&P\ 500 - 3\ Month\ T\text{-}Bill.$$

Der Faktor *KMG* ist der Faktor für Unternehmensgröße gemessen an Marktkapitalisierung. Die Abkürzung steht in Anlehnung an Fama und French für klein minus groß und berechnet sich mit

$$KMG = 1/3(Barra\ SmallCap\ Growth + S\&P\ SmallCap\ 600 + Barra\ SmallCap\ Value)$$
$$- 1/3(Barra\ Large\text{-}Cap\ Growth + S\&P\ 500 + Barra\ Large\text{-}Cap\ Value).$$

Der Faktor *HMN* soll die Bewegung Value versus Growth modellieren, die aus dem unterschiedlichen Verhalten von Aktien mit verschiedenen Quotienten aus Buchwert zu Kurs resultiert. In Anlehnung an Fama und French steht die Abkürzung *HMN* für hoch minus niedrig. Der Faktor berechnet sich mit

$$HMN = 1/2(BarraLargeCapValue + BarraSmallCapValue)$$
$$- 1/2(BarraLargeCapGrowth + BarraSmallCapGrowth).$$

Mit diesen Faktorladungen wird der erste Lauf in den folgenden Kapiteln 4.2.2 und 4.2.3 mit dem bisher beschriebenen Sample aus Kapitel 4.1 durchgeführt. Die Faktoren haben noch einige Variationsmöglichkeiten. Der Faktor *HMN* z.B. vernachlässigt das Mid-Cap-Segment in seinem Trend bezüglich des Buchwerts zu Kurs. Dies ändert nichts Grundsätzliches, jedoch ist anzunehmen, dass der Faktor stabiler wäre, wenn er das ganze Universum enthalten würde. Der Faktor *KMG* vernachlässigt ebenfalls das Mid-Cap-Segment, allerdings im Größentrend. Dies ist insoweit ein Unterschied, je nachdem, ob die Mid-Caps als eigenes Anlagesegment verstanden werden sollten, die sich grundsätzlich anders verhalten als die Large-Caps und die Small-Caps oder ob die Größe als grundsätzliche, durchgängige Tendenz verstanden werden sollte, die man anhand ihrer extremen Ausprägungen messen kann. Beide Verständnisarten von Marktkapitalisierungsmodellierung sind sinnvoll und haben grundsätzlich ihre Berechtigung. Auch die Auswertung der Korrelationen in Tabelle 3 und eine Betrachtung der Rendite der einzelnen Monate lassen beide Schlüsse zu. Weitere Faktorvariationen im Verlauf des Kapitels 4.2 werden hier Klarheit bringen bzw. eine Entscheidung auf Basis einer schlüssigen Argumentation herbeiführen.

Grundsätzlich bestehen Unterschiede im Aktienuniversum, welche die Basis der Faktoren der Modelle darstellen. Fama und French verwendet die Daten des CRSP. Diese Datenbank enthält alle Aktien der verschiedenen amerikanischen Aktienhandelsplätze. Am NASDAQ sind derzeit über 3.000 Aktien gelistet. Der AMEX umfasst zirka 815 Aktien und am NYSE werden momentan zirka 2.800 Aktien gehandelt, allerdings sind 460 davon ausländische Aktien. Einige amerikanische Aktien werden wahrscheinlich an mehreren der Handelsplätze gehandelt, jedoch verbleiben nach Adjustierung bestimmt deutlich mehr Aktien, als das S&P-Gesamtuniversum mit 1.500 Aktien umfasst. Wie in Kapitel 4.2.1 bereits erwähnt, wird dies vom Autor vor dem Hintergrund Marktproxy nicht unbedingt als Einschränkung empfunden. Neben dem grundsätzlichen Unterschied im verwendeten Universum gibt es einen Unterschied im Faktor Rm-Rf von Fama und French gegenüber dem Faktor *MARKT* des Autors. Rm-Rf ist der nach Marktkapitalisierung gewichtete Durchschnitt aller Aktien des beschriebenen Universums abzüglich einer 1-Month T-Bill-Rendite. Der Faktor *MARKT* ist der Return des S&P 500 abzüglich der 3-Month T-Bill-Rendite. *MARKT* beinhaltet also quantitativ nur das Large-Cap-Segment, praktisch jedoch den wohl bekanntesten Indikator des amerikanischen Aktienmarkts, der weltweit von den meisten Investoren beobachtet wird. Der Unterschied ist vom Autor zur Fondsanalyse bewusst so gewählt worden. Der Unterschied ist auch quantitativ aufgrund der durchgehenden Gewichtung nach Marktkapitalisierung in Rm nicht so groß, wie man im ersten Moment denkt. Der S&P 500 deckt schließlich 80 % der Marktkapitalisierung des amerikanischen Aktienmarkts ab. Es würde zu einer deutlichen Übergewichtung der kleineren Segmente führen, wenn man mit Durchschnittsbildung mit den anderen Größenindizes arbeiten würde. Eine mögliche Variation wäre die Verwendung des Gesamtindex S&P Composite 1500. Ein größerer Unterschied besteht in der grundsätzlichen Struktur der Benchmarkportfolios, aus denen die Faktorladungen in den beiden Modellen konstruiert werden, wie Tabelle 6 zeigt.

Tabelle 6: Gegenüberstellung der Benchmarkportfolios

Fama und French

Small Value	Big Value
Small Neutral	Big Neutral
Small Growth	Big Growth

Barra / S&P

Barra SmallCap Value	Barra MidCap Value	Barra LargeCap Value
Barra SmallCap Growth	Barra MidCap Growth	Barra LargeCap Growth

Bei der Unterscheidung „Size" teilen Fama und French ihr Universum in zwei Gruppen. Die S&P/Barra-Benchmarkfamilie dagegen hat drei Größensegmente. Bei den Styles „Value" versus „Growth" teilen Fama das Aktienuniversum in drei wirklich unterschiedlich besetzte Gruppen Value, Neutral und Growth. Barra zerlegt die drei S&P-Größensegmentindizes dagegen in jeweils nur zwei Gruppen, nämlich Value und Growth. Daneben stehen von S&P immer die Größensegmentindizes zur Verfügung, die leicht mit dem neutralen Bereich von Fama und French verwechselt werden können, inhaltlich aber die Gesamtheit der Titel und den Durchschnitt der Renditen von Value und Growth darstellen.

SMB von Fama und French besteht also aus dem Durchschnitt des Bereich „Small" abzüglich des Durchschnitts des Bereichs „Big". *KMG* des Autors besteht ebenfalls aus dem Durchschnitt des Bereichs „Small" abzüglich des Durchschnitts des Bereichs „Large". Dabei fällt der Bereich Mid-Caps heraus bzw. bleibt in der Betrachtung außen vor. Versuche, das Mid-Cap-Segment in die Betrachtung mit einzubeziehen, erscheinen reizvoll, jedoch erhöhen sie den Determinationskoeffizienten nur minimal. Wenn man die Indexverläufe analysiert, stellt man fest, dass die Mid-Caps nur in ganz wenigen Monaten eine grundsätzlich andere Performance haben, sonst liegen sie immer zwischen Large und Small. Ausschlag gebend für den letzlichen Ausschluss dieses Segments im Modell in puncto „Size" ist die äußert unvorteilhafte Wirkung auf die Korrelationsstruktur der Residuen (vgl. Anhang 1). Die Standardabweichung erhöht sich deutlich bei minimal gesenktem Durchschnitt. Optisch erkennt man auf den ersten Blick deutlich, dass sich die Verteilung mit dieser Faktorkombination wieder weiter von einer Normalverteilung entfernt.

Trotz der Tatsache, dass die Subindizes je Größensegment von S&P keinen neutralen Bereich darstellen, wurden sie bei der Durchschnittsbildung der Faktoren berücksichtigt. Dies führt zu einer Glättung im Nachkommabereich gegenüber einer Konstruktion nur aus den Subindizes. Die Indexrenditen liegen mit einer Genauigkeit von zwei bis drei Nachkommastellen vor. Gegenüber einer Konstruktion nur aus den Haupt- bzw. S&P-Indizes sorgt die Maßnahme für mehr Stabilität und geringere Fehleranfälligkeit. Leider sind Fehler in den Daten auch bei solch namhaften Institutionen nicht ausgeschlossen. Diese Erfahrung musste der Autor im Verlauf der Analysen bereits machen. Durch quasi Doppelkonstruktion und Durchschnittsbildung werden Fehler bei Nichtwahrnehmung geglättet.

Eingangs des Kapitels wurde der bewusst gewählte Unterschied von *MARKT* und Rm-Rf erwähnt. An dieser Stelle – nach der ausführlichen Diskussion des Size-Effekts und seiner Umsetzung – tritt dieser grundsätzliche Unterschied der beiden Ansätze quantitativ in Erscheinung. Fama und French bilden mit Rm-Rf das Gesamtuniversum aller Aktien ab, das heißt, sie definieren die Gesamtheit als Markt. Der vorliegende Ansatz verwendet den S&P 500 als Maßstab für die allgemeine Marktrendite, also das Large-Cap-Segement. Der Faktor *KMG* deckt dadurch nur die Abweichung durch die kleineren Sizes ab. Bei Fama und French repräsentiert SMB aufgrund der Kontruktion von Rm-Rf dagegen die grundsätzliche Bewegung von kleinen gegenüber großen Aktien innerhalb des Spektrums von Rm-Rf. Dieser Unterschied zeigt sich quantitativ in den Korrelationen. *KMG* mit *MARKT* hat eine Korrelation von -0,168 und SMB mit Rm-Rf zeigt eine Korrelation von 0,331 (vgl. Tabelle 3 und Tabelle 4). Die Verwendung der Gesamtheit des Marktes als Marktfaktor sorgt für höhere Korrelationen im Modell.

4.2.2 Monitoring der Residuenkorrelationen

Wie bereits in Kapitel 3.2.4 erwähnt, gilt ein Faktormodell als spezifiziert, wenn die Residuen der zu erklärenden Zeitreihen nicht mehr systematisch korreliert sind. Bei der

Analyse der paarweisen Korrelationen zwischen den Residuen von n Fonds sind q Korrelationen zu betrachten. Die Korrelationen lassen sich am besten anhand einer so genannten Korrelationsmatrix veranschaulichen (vgl. Tabelle 1 bis Tabelle 3). Solch eine Matrix hat die gleiche Anzahl Reihen und Spalten. Die Namen der einzelnen Fonds werden sowohl horizontal als auch vertikal abgetragen. Die Elemente der Matrix stellen dabei die Korrelationen zwischen den Residuen der einzelnen Fonds dar. Die Anzahl q ergibt sich aus den Eigenschaften der Korrelation. Der Korrelationskoeffizient von einer Zeitreihe mit sich selbst ist eins. Daher betragen die Elemente der Hauptdiagonale der Matrix alle eins. Die Korrelation zwischen Fonds h und k ist gleich der Korrelation zwischen Fonds k und h. Daher ist die Matrix spiegelsymmetrisch und lässt sich auf eine Dreiecksmatrix reduzieren. Die Anzahl der sinnvoll auswertbaren Korrelationen q der n Fonds im Sample berechnet sich folglich mit

$$q = \frac{n^2 - n}{2}.$$

Die Korrelationskoeffizienten können grundsätzlich zwischen -1 und 1 liegen, wobei die Werte -1, 0 und 1 bei der Analyse realer Beobachtungswerte mit reellen Zahlen nicht vorkommen. Generell sind glatte Zahlen mit wenigen Nachkommastellen äußerst unwahrscheinlich, darüberhinaus gleicht die Korrelation zweier Zeitreihen der Korrelation zweier anderer Zeitreihen äußerst selten. Daher ergibt sich eine enorme Anzahl von Daten bei einem großen Sample. Eine Korrelationsmatrix dieser Größe ist nicht mehr zweckmäßig. Ein Versuch, Statistikprogramme bei dieser Samplegröße zu verwenden, scheiterte. Daher wurde für die Betrachtung der paarweisen Residuenkorrelationen ein eigener Algorithmus entwickelt, der eine Klassierung vornimmt. Das eigentlich stetige Merkmal des Korrelationskoeffizienten zweier Residuen wird dabei in ein diskretes Merkmal überführt (vgl. Bamberg/Baur (2002: 6f). Man unterteilt die Merkmalsachse in Klassen bzw. Intervalle und registriert nur noch die Klasse anstelle der exakten Merkmalsausprägung. Es ist von Vorteil, die Klassen äquidistant zu wählen, damit die Höhen der Histogramm-Rechtecke proportional zur Klassenhäufigkeit sind. Zur Klasseneinteilung gibt die DIN 55302 Blatt 1 folgende Empfehlungen: Bis 100 Beobachtungswerte sollten mindestens zehn Klassen, bis 1.000 mindestens 13 Klassen, bis 10.000 mindestens 16 und darüber mindestens 20 Klassen vorgesehen werden.

Um die Häufigkeitsverteilung in einer Grafik zu visualisieren, wurde der Wertebereich der Korrelationskoeffizienten von -1 bis 1 in 40 äquidistante Klassen geteilt. Das Sample umfasst 4.536 Fonds. Damit entstehen jeweils 10.285.280 Korrelationen zwischen den Residuen bei jedem einzelnen Lauf des Faktormodells. Diese werden im Lauf des Korrelationsalgorithmus immer nur temporär berechnet und die klassierten Häufigkeiten gespeichert. Das war der einzige Weg, mit dieser gigantischen Anzahl von Datenpunkten bei begrenzter Ressourcenkapazität zurechtzu- kommen.

Trotzdem möchte man bei der Analyse der Korrelationen der Residuen im Rahmen dieser Arbeit nicht auf die Erkenntnisse, die aus der Betrachtung der stetigen Korrelationen gewonnen werden können, verzichten. Daher wurde im Berechnungsalgorithmus sowohl die Berechnung der Häufigkeiten einer variablen Anzahl von Klassen als auch die Berechnung von Durchschnitt und Standardabweichung auf stetiger Basis vorgesehen. Dazu wurde, wie z.B. in Bamberg/Bauer (2002: 23) dargestellt, die Varianz nach dem Verschiebungssatz berechnet als

$$\sigma_x^2 = E(x_i^2) - [E(x_i)]^2 \text{ für alle Korrelationen } i = [1\ldots q].$$

Diese Umformung hat den Vorteil, dass Erwartungswert und Varianz bzw. Standardabweichung im gleichen Lauf des Algorithmus zusammen berechnet werden können. Die Quadrate der Merkmalswerte können dann bereits parallel zu den Merkmalswerten selbst aufsummiert werden. Da alle Korrelationen zwischen den Residuen der betrachteten Anzahl Fonds berücksichtigt werden, wird für die Berechnung der Streuungsparameter eine Grundgesamtheit unterstellt. Zusammenfassend lässt sich konstatieren, dass nur der stetige Durchschnitt sowie die Standardabeichung und die klassierte Verteilung bei einem Lauf letztlich fest gespeichert werden. Auf diese Weise konnte das Problem des Speicherns dieser immensen Anzahl von Korrelationswerten umgangen werden.

Der Gedanke der Untersuchung der verbleibenden Korrelationen bei schrittweiser Entwicklung eines Faktormodells nach der Empfehlung von Spremann (2003: 290-291) ermöglich die Überwachung der Wirksamkeit der Faktoren, gemeinsame Trends der Fonds zu erkennen. Der Determinationskoeffizient liefert nur eine Aussage über die Erklärungsgüte des Modells an einer einzelnen Zeitreihe. Er liefert die Aussage darüber, wie viel Prozent von der Varianz der ursprünglichen Zeitreihe von den Faktoren erklärt wird. Auch eine Verteilung von Determinationskoeffizienten macht wenig Aussage darüber, ob die Faktoren wirklich wirksam zur Erklärung gemeinsamer Trends in einem Sample beitragen. Man weiß ja nicht, ob überhaupt gemeinsame Trends vorhanden sind. Dies sieht man in der paarweisen Korrelation der Residuen am besten.

Abbildung 5 zeigt die Verteilung der Korrelationskoeffizienten zwischen den Returns der Fonds vor Anwendung von Faktoren als Ausgangsbasis. In der Abbildung ist deutlich zu sehen, dass gemeinsame Trends – wie z.B. die generelle Marktentwicklung – vorhanden sein müssen.

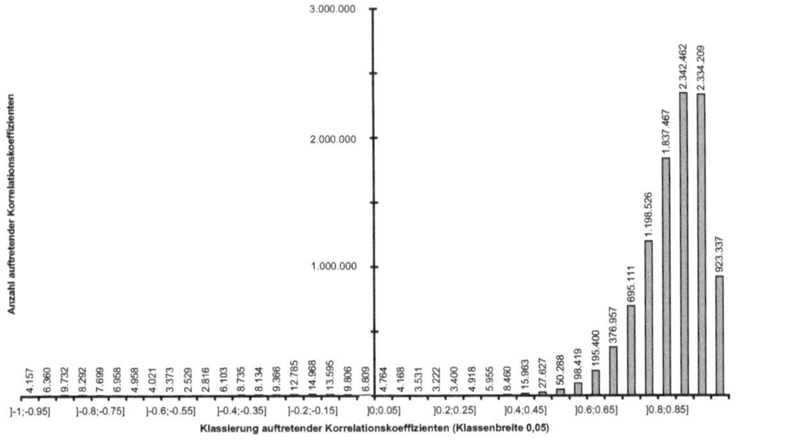

Quelle: Eigene Darstellung

Abbildung 5: Korrelationen der Returns

Abbildung 5 zeigt den Output des Algorithmus. Für die Klassierung der Verteilung wurden 40 Klassen mit Klassenbreite 0,05 in einem ersten Schritt als sinnvoll erachtet, um das Intervall von -1 bis 1 abzudecken. Die Diskussion um die Klassenzugehörigkeit der Werte -1, 0 und 1 selbst ist müßig, da sie wie bereits erwähnt sowieso nicht auftreten. Es wurden äquidistante Klassen gebildet und der Wert von genau -1 nicht mit abgebildet. Wie Abbildung 5 auf der horizontalen Achse ganz links zeigt, geht die wertemäßig tiefste Klasse von größer -1 bis einschließlich -0,95, die weiteren 39 Klassen reihen sich entsprechend in Schritten von 0,05 bis einschließlich 1 in der vierzigsten Klasse an. Auf der vertikalen Achse ist die Anzahl der auftretenden Korrelationen je Klasse abgetragen.

Das Ergebnis von Abbildung 5 ist in seinem Ausmaß über den Erwartungen. Sicherlich erwartet man, dass Renditen eines Samples von Aktienfonds mit dem Anlageuniversum amerikanische Aktien untereinander korreliert sind, aber dass es sich in diesem Ausmaß darstellt, war nicht zu erwarten. Vor allem die Wertedichte im rechten Viertel der Grafik gegenüber dem anderen Dreiviertel ist sehr deutlich. Dies drückt sich auch in den Ergebnissen auf stetiger Basis aus. Die durchschnittliche Korrelation auf stetiger Basis beträgt 0,824. Die Standardabweichung beläuft auf 0,187. Es zeigt sich somit ein hoher Durchschnitt mit relativ geringer Standardabweichung.

Abbildung 6 zeigt das Ergebnis des ersten Laufs des Faktormodells mit einem Faktor. Als erster Faktor, dessen Wichtigkeit und Erklärungsgehalt wohl unzweifelhaft sind, wurde der Faktor *MARKT* benutzt, also die Überrendite des S&P 500 gegenüber der 3-Month T-Bill. Damit ist dieser erste Schritt der Ansatz des klassischen Market-Modells.

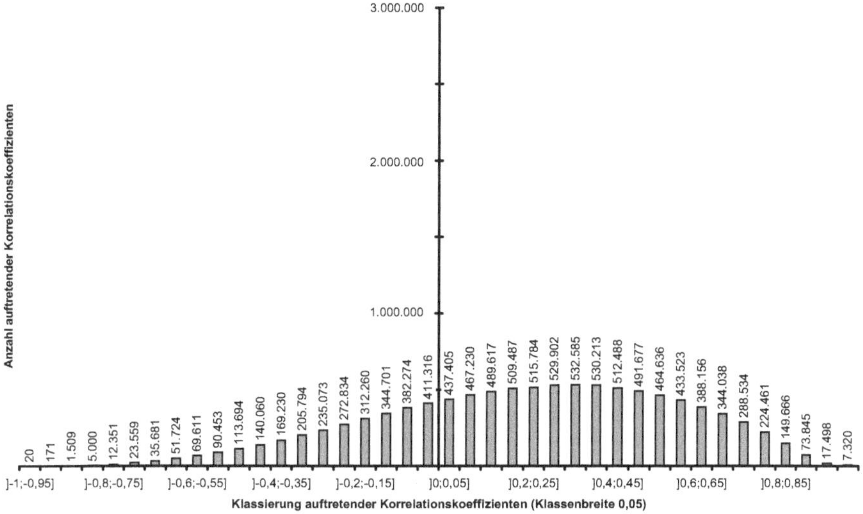

Quelle: Eigene Darstellung

Abbildung 6: Residuenkorrelation bei Faktor *MARKT*

Das Ergebnis ist abermals nicht erwartungsgemäß. Der Faktor *MARKT* reduziert zwar die Korrelationen zwischen den Residuen deutlich, aber dennoch verbleibt ein deutlicher Teil von Korrelationen. Die Erkenntnis ist, dass der verbleibende Teil keinen unsystematischen Eindruck macht. Die grafische Darstellung zeigt dies sehr deutlich. Die Verteilung ist nicht mehrgipflig sondern eingipflig ausgefallen. Sie hat nicht einmal einzelne Schwankungen, sondern die Werte steigen von einem Ende zum anderen völlig kontinuierlich an und fallen dann wieder ab. Der arithmetische Durchschnitt der Korrelationen liegt auf stetiger Basis bei 0,210 und die Standardabweichung beläuft sich auf 0,352. Sie ist deutlich größer geworden, wie es grafisch ja auch augenscheinlich ist.

Es müssen daher neben der Marktbewegung noch deutliche gemeinsame Trends in den Fondsrenditen enthalten sein, die für eine durchschnittliche Korrelation von 0,2 sorgen. Diese Größenordnung war nicht unbedingt zu erwarten. Hier zeigt sich deutlich, dass für eine Performanceanalyse von aktiven Portfolios in Daten aus diesem Jahrtausend ein Market-Modell nicht mehr ausreichend ist und weitere Faktoren herangezogen werden müssen, um ein Faktormodell zu spezifizieren. In Abbildung 7 wurde nun der nächste Faktor mit einbezogen.

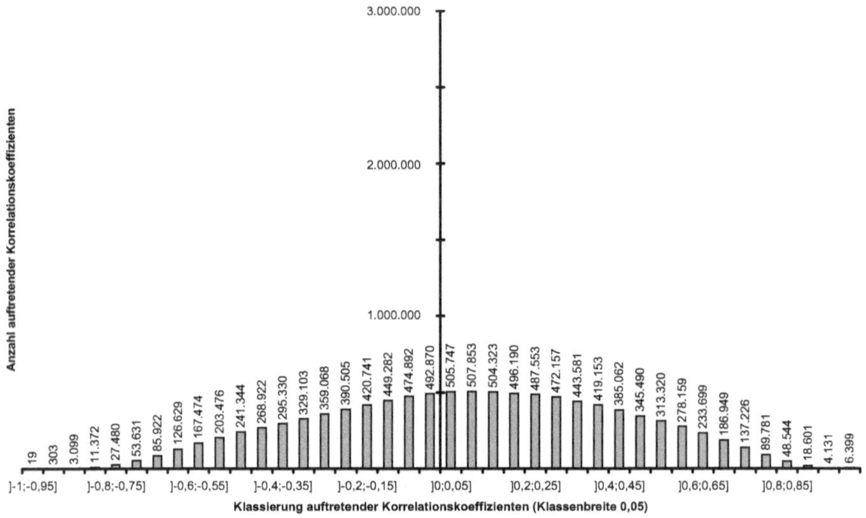

Quelle: Eigene Darstellung

Abbildung 7: Residuenkorrelation bei Faktoren *MARKT* und *KMG*

Der Faktor *KMG*, der für den Renditetrend aufgrund der Größe der Marktkapitalisierung adjustiert, hat deutliche Wirkung, wie Abbildung 7 zeigt. Der Gipfel der Verteilung ist weiter in die Mitte gerückt und die Verteilung ist weniger schief geworden. In Zahlen ausgedrückt, stellt sich das Ergebnis durch die Einbeziehung des zusätzlichen Faktors wie folgt dar: Die durchschnittliche Korrelation ist auf 0,066 zurückgegangen. Die

Standardabweichung hat sich dagegen kaum verändert und beträgt 0,360. In Abbildung 8 wurde nun *HMN* als dritter Faktor mit einbezogen.

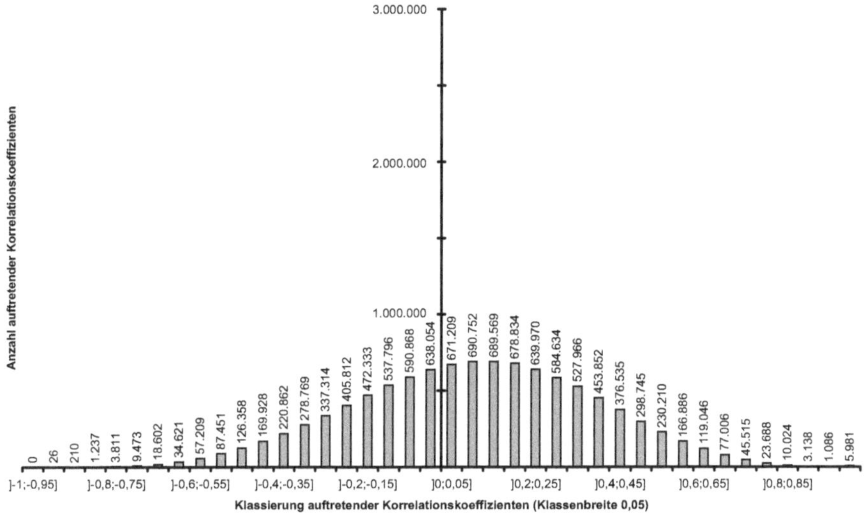

Quelle: Eigene Darstellung

Abbildung 8: Residuenkorrelation bei Faktoren *MARKT*, *KMG* und *HMN*

Auch der dritte Faktor zeigt in Abbildung 8 seine Wirkung. Der Gipfel der Verteilung hat an Höhe gewonnen und entsprechend laufen die Enden flacher aus. In Zahlen zeigt sich dies in der Standardabweichung der Korrelationen. Sie ging auf 0,283 zurück. Die durchschnittliche Korrelation hat sich kaum verändert. Sie liegt bei 0,079.

In Anbetracht der Ergebnisse der Korrelationenbetrachtung scheinen die Faktoren *MARKT*, *KMG* und *HMN* zusammen durchaus Potenzial zu besitzen, einen großen Teil der gemeinsamen Trends in Fondsrenditen von US-Aktienfonds zu erklären.

4.2.3 Monitoring der Determinationskoeffizienten

Im Einklang mit der Vorgehensweise im vorherigen Kapitel wird nun schrittweise die Veränderung die Verteilung der Determinationskoeffizienten beobachtet. Abbildung 9 zeigt die Verteilung der Determinationskoeffizienten nach Anwendung des Faktors *MARKT*.[14]

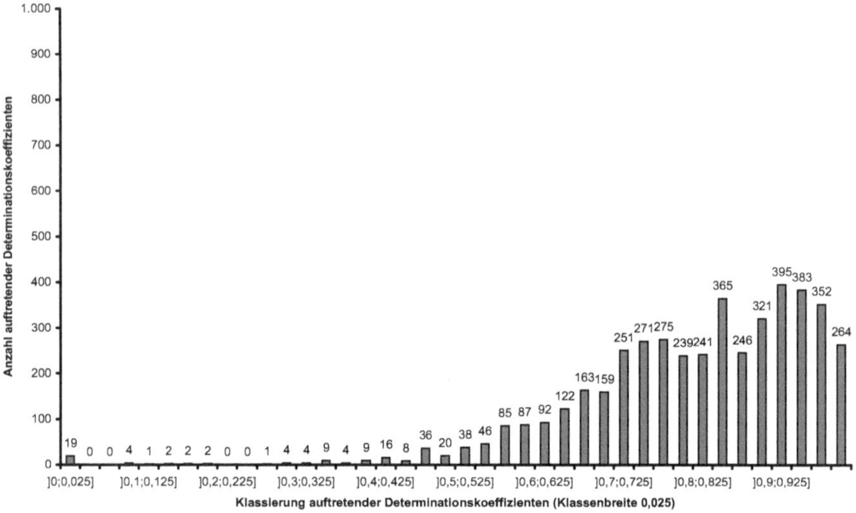

Quelle: Eigene Darstellung

Abbildung 9: Verteilung R^2 mit dem Faktor *MARKT*

Der Mittelwert des Determinationskoeffizienten über das Sample liegt bei 0,802 bei einer Standardabweichung von 0,147. Die grafische Darstellung lässt den an sich ziemlich hohen Durchschnitt des Determinationskoeffizienten in einem etwas anderen Licht erscheinen. Die Verteilung hat viele Gipfel und hat einen wenig kontinuierlichen Verlauf von Klasse zu Klasse. Nach dem eher kontinuierlichen Eindruck der Korrelationen unter den Residuen kann man hier den Eindruck der Clusterbildung gewinnen. Einige Gruppen von Portfolios scheinen durch den Faktor *MARKT* wirklich nur zum Teil repräsentiert zu sein. Auf 19 Portfolios ganz links scheint der S&P 500 gar keinen Einfluss zu

[14] Bei der Analyse der Determinationskoeffizienten gibt es keine Ausgangsituation vor Anwendung des Modells zu betrachten.

haben. Im Bereich 0,55 bis 0,625 bewegen sich zirka 90 Portfolios pro Klasse. Die nächsten drei Klassen liegen einigermaßen nahe beieinander. Der Bereich zwischen 0,7 bis 0,775 zeigt zwischen 250 bis 270 Portfolios pro Klasse. In den nächsten zwei Klassen sind es mit zirka 240 Fonds weniger Fonds pro Klasse. Danach folgt ein deutlicher Ausschlag nach oben, gefolgt von einem deutlichen Rückgang und dann kommt letztlich ein einigermaßen kontinuierlicher Verlauf mit dem Hauptgipfel der Verteilung. Diese Abbildung bestätigt deutlich den Eindruck aus Abbildung 6. Das pure Market-Modell allein reicht nicht als Maßstab für die Renditeveränderung von Anlagefonds. Bei einigen Fonds ist es sicherlich ein guter Maßstab, aber er kann nicht allgemeingültig auf alle Fonds des Samples angewendet werden.

Abbildung 10 zeigt die R^2-Verteilung nach Hinzunahme des Faktors *KMG*.

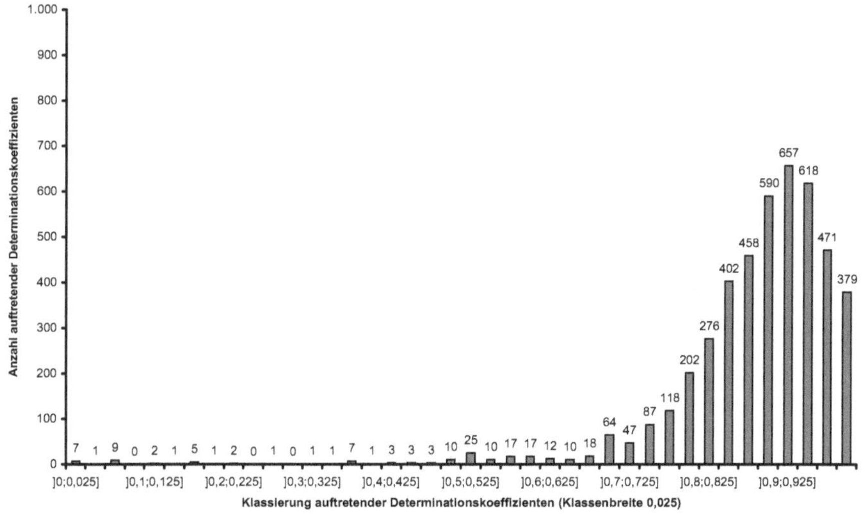

Quelle: Eigene Darstellung

Abbildung 10: Verteilung R^2 bei Faktoren *MARKT* und *KMG*

Der Mittelwert des Determinationskoeffizienten im Sample liegt jetzt bei 0,872 mit einer Standardabweichung von 0,110. Die Verteilung hat neben der Erhöhung des Durchschnittswerts und Senkung der Standardabweichung auch deutlich an Kontinuität der Anzahlen von Klasse zu Klasse gewonnen. Man gewinnt weniger den Eindruck der

Clusterbildung. Es treten zwar immer noch Nebengipfel auf, jedoch ist deren Ausschlag nicht mehr so groß. Der Hauptgipfel hat mit zirka 650 Portfolios gegenüber zirka 400 deutlich zugelegt. Durch die Adjustierung für „Size" (Marktkapitalisierung) hat das Modell deutlich an Aussagekraft zugelegt. Abbildung 11 zeigt das Ergebnis nach Erweiterung um den Faktor *HMN*.

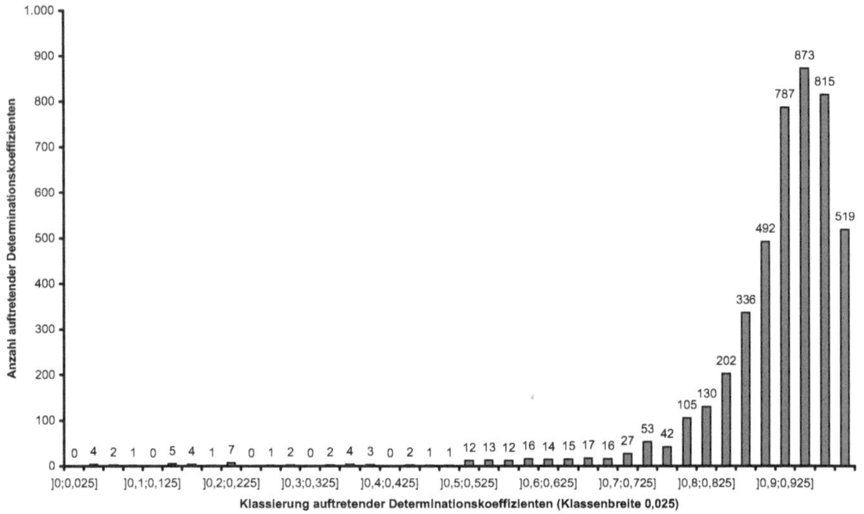

Quelle: Eigene Darstellung

Abbildung 11: Verteilung R^2 bei Faktoren *MARKT*, *KMG* und *HMN*

Der Mittelwert des Determinationskoeffizienten über das Sample ist auf 0,901 angestiegen und die Standardabweichung auf 0,098 zurückgegangen. Die Nebengipfel sind weiter zurückgegangen, die Kontinuität ist weiter gestiegen und der Hauptgipfel hat auf 873 zugelegt. Auch durch die Adjustierung von Value versus Growth hat das Modell noch mal deutlich gewonnen. Von 4.536 Fonds haben 40 Fonds, also 0,9 %, ein R^2 kleiner als 0,5 und 4.496, also 99,1 %, einen Wert größer als 0,5. Es gibt folglich keine nennenswerten Anzahlen mehr unterhalb von 0,5. Auch die Portfolios im ganz linken Bereich der Grafik sind verschwunden. Die 25 Fonds in der ersten Klasse beim Faktor *MARKT* sind schrittweise auf null zurückgegangen. Dies lässt die Vermutung zu, dass es sich um marktneutrale Anlagestrategien handelt, die jedoch durchaus mit den Trends Size und

Value/Growth arbeiten.

Insgesamt ist deutlich erkennbar, dass die zusätzlichen Faktoren schrittweise das Varianzerklärungspotenzial des Modells an der einzelnen Zeitreihe erhöhen. Die Wirkung der Faktoren ist auf die Verteilung der Determinationskoeffizienten jedoch anders als auf die Verteilung der Korrelationen zwischen den Residuen. Der Faktor *MARKT* erklärt bereits ca. 80 % der Varianz der Fondszeitreihen. *KMG* erhöht diesen Wert auf ca. 87 % und *HMN* wiederum nur um weitere 3 % auf rund 90 %. Es zeigt sich daher, dass die Faktoren *KMG* und *HMN* zwar ausgeprägte Trends in den Fondszeitreihen darstellen und ein bloßes Market-Modell nicht ausreichend spezifiziert ist, um Renditen von aktiven Anlagefonds zu erklären, diese jedoch nicht die quantitative Erklärungskraft besitzen wie der Faktor *MARKT*. Dies könnte jedoch auch auf die Konstruktion der Faktorladungen für diese Faktoren im vorliegenden Modell zurückzuführen sein. *KMG* und *HMN* sind als Differenzen von Indizes konstruiert und messen damit nur die Abweichung von einer Bewegung. Der Faktor *MARKT* dagegen ist die absolute Bewegung des S&P 500. Die Faktorladung ist zwar auch eine Differenz, jedoch nur die des S&P 500 gegenüber der T-Bill, deren Standardabweichung vernachlässigbar gering ist. Man kann also nicht generell schlussfolgern, dass z.B. der Trend von Large-Value-Stocks stärkere Erklärungskraft im Fondsspektrum besitzt als der von Small-Growth-Stocks. Um diese Aussage machen zu können, müsste man jeden Index isoliert in einem eigenen Lauf als einzelnen Faktor in einem Market-Modell untersuchen und die Läufe vergleichen. Jedoch hätte man bei solch einer Betrachtung sowohl die Marktbewegung als auch je nach Einzelfall die Bewegungen Größe und Value versus Growth enthalten. Schließlich ist es aber auch unerheblich, welches der stärkste Faktor ist, insgesamt stellt das 3-Faktorenmodell auf Basis der bisherigen Betrachtungen eine deutliche Verbesserung gegenüber dem Market-Modell dar. In den Kapitel 4.3, 4.4 und 4.5 wird der Ansatz weiteren Tests wie T- und F-Test unterzogen.

4.2.4 3-Faktorenmodell *MARKT*, *KMG* und *HMN**

In diesem Kapitel ist ein weiterer Lauf eines vareierten 3-Faktorenmodells am unverändert gleichen Sample mit dem Zeitraum von 1/2001 bis 12/2003 dargestellt. Zusätzlich wurde die Residuenanalyse erweitert. Die Faktoren *MARKT* und *KMG* bleiben unverändert, jedoch erfährt *HMN* eine Veränderung zu *HMN**. Bisher wurde in diesem Faktor das Mid-Cap-Segment vernachlässigt. Dessen Berücksichtigung in *HMN* stellt sich gegenüber dem Versuch, die Mid-Caps bei der Size-Betrachtung zu berücksichtigen (vgl Anhang 1), als eine nachhaltige Verbesserung des Faktormodells dar. Der veränderte Faktor *HMN** berechnet sich nach

HMN = 1/3(BarraLargeCapValue + BarraMidCapValue + BarraSmallCapValue) - 1/3(BarraLargeCapGrowth + BarraMidCapGrowth + BarraSmallCapGrowth).*

Entsprechend dieser Formel wird nun das Mid-Cap-Segment in der Betrachtung Value versus Growth in die Differenzenbildung mit einbezogen und die Durchschnittsbildung wird entsprechend angepasst. Es sind nun durchgehend alle Size-Segmente sowohl in der Value- als auch in der Growth-Seite berücksichtigt. Dies hat, wie sich in Tabelle 7 zeigt, sehr positiven Einfluss auf die Korrelation der Faktoren untereinander und einen eher geringen, aber dennoch positiven Einfluss auf das Gesamtergebnis.

Tabelle 7: Korrelationsmatrix von *MARKT*, *KMG* und *HMN**

	MARKT	KMG	HMN*
MARKT	1,000		
KMG	-0,168	1,000	
HMN*	-0,075	0,296	1,000

Bemerkung:
Zeitraum 1/2001 bis 12/2003

Die Veränderung im Faktor *HMN* zu *HMN** hat deutlichen Einfluss auf die Korrelation mit *KMG*. Die Korrelation geht von 0,388 auf 0,296 zurück. Die Korrelation von *HMN** zum Faktor *MARKT* veränderte sich unwesentlich von 0,048 auf negative 0,075. Der alte Faktor *HMN* bildet aufgrund seiner Konstruktion mehr Bewegung der Small-Caps als der neue *HMN** ab. Im Small-Cap-Segment ist folglich die Bewegung von Value versus Growth nicht so ausgeprägt und erweist sich als weniger trennscharf. Man sieht es auch in der Korrelationsübersicht der Indizes in Tabelle 3 in Kapitel 4.2.1. Der Barra SmallCap Value hat eine Korrelation von 0,928 zum SmallCap Growth gegenüber ca. 0,89 Value versus Growth in den beiden größeren Segmenten. Dieser Einfluss wurde durch Berücksichtigung der Mid-Caps und der damit einhergehenden Verringerung der Gewichtung der Small-Caps von einhalb auf ein Drittel im Faktor *HMN** gemildert. Die Multikollinearität der Faktoren im Modell ist zurückgegangen. Dies verringert die auftretenden Standardfehler der Faktoren und ist der Hauptgrund der Modellanpassung. Die Verbesserung der anderen Regressionsparameter ist eher gering.

Abbildung 28 zeigt die Verteilung des Determinationskoeffizienten bei diesem Lauf. Der Mittelwert der R^2-Verteilung beträgt 0,903 mit *HMN**. Dies ist eine leichte Erhöhung gegenüber 0,901 mit *HMN*. Die Standardabweichung bleibt unverändert bei 0,098. Der Hauptgipfel bzw. die beiden Klassen von 0,925 bis 0,975 in Abbildung 28 haben jeweils um zirka 40 Fonds zugelegt.

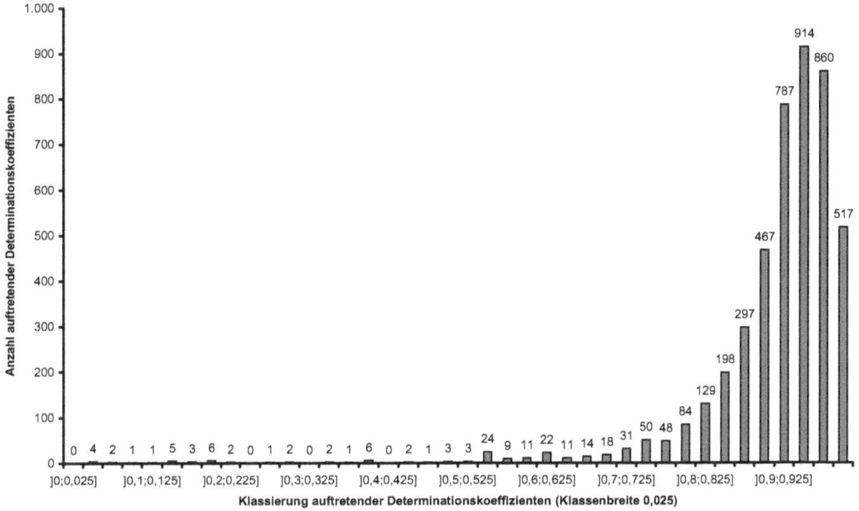

Quelle: Eigene Darstellung

Abbildung 12: Verteilung R^2 bei Faktoren *MARKT*, *KMG* und *HMN**

Die durchschnittliche Korrelation auf stetiger Basis mit *HMN** stellt sich bei 0,075 ein. Dies ist eine leichte Verbesserung gegenüber 0,080 im ersten Lauf und die Standardabweichung der Korrelationskoeffizienten ist mit 0,277 ebenfalls etwas geringer als 0,283 zuvor. Graphisch zeigt dies Abbildung 13. Die Darstellung wurde um den Vergleich mit einer Normalverteilung ergänzt. Die Normalverteilung als rote Linie wurde mit Erwartungswert und Standardabweichung der beobachteten Haufigkeitsverteilung angepasst. Optisch betrachtet, kommt die Häufigkeitsverteilung der beobachteten Korrelationskoeffizienten einer Normalverteilung sehr nahe und das Faktormodell kann damit als spezifiziert angesehen werden.

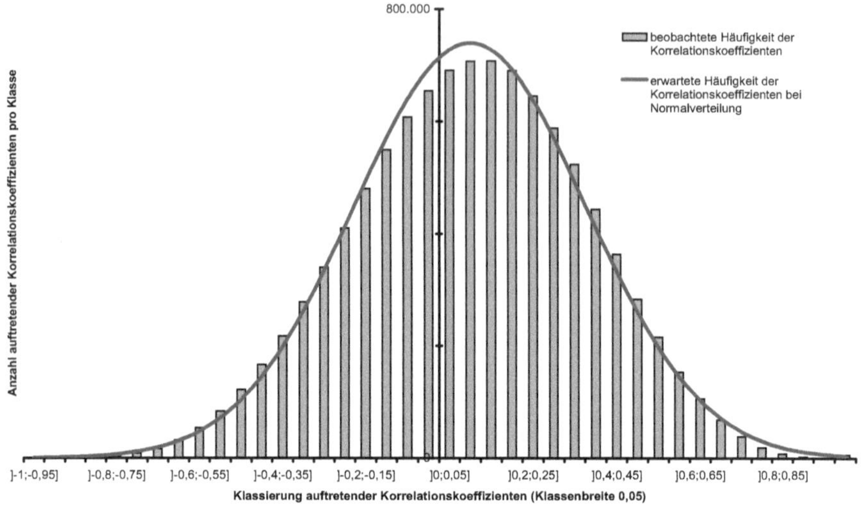

Quelle: Eigene Darstellung

Abbildung 13: Residuenkorrelation bei Faktoren *MARKT*, *KMG* und *HMN**

Bei großem Stichprobenumfang ist der quantitative Nachweis einer Normalverteilung kaum möglich. Daher wird normalerweise bei der optischen Begutachtung angebrochen. Dennoch wird wird im Folgenden exemplarisch der Versuch unternommen, eine Normalverteilung statistisch nachzuweisen. Es wird zuerst ein Chi-Quadrat-Anpassungstest herangezogen, wie er in z. B. in Bamberg/Baur (2002: 198-202) beschrieben ist.[15] Der Wert der Chi-Quadrat-Testfunktion beläuft sich dabei auf 65.745. Damit ist der Testfunktionswert deutlich über dem Wert der Chi-Quadrat-Verteilung bei einem Freiheitsgrad von 37 (40 Klassen) bei einem Signifikanzniveau von 95 %. Der Vergleichswert beträgt in diesem Fall aufgrund des enormen Stichprobenumfangs nur 52,2. Obwohl die Verteilung optisch sehr nahe an einer Normalverteilung ist, bedeutet dies, dass die Hypothese, die Verteilung sei normalverteilt, auf statistischer Basis verworfen wird. Alternativ zum Chi-Quadrat-Anpassungstest lassen sich die Schiefe und Wölbung der Re-

[15] Die Klassengrenzen wurden zunächst standardisiert (vgl. Bamberg/Baur (2002: 109)). Die Fläche unter der Standardnormalverteilung zwischen den standardisierten Klassengrenzen wird bestimmt und die erwartete Häufigkeit aus Wahrscheinlichkeit und Stichprobenumfang je Klasse wird im Anschluss berechnet.

siduenverteilung zum Nachweis einer Normalverteilung prüfen. Die Schiefe der Verteilung beträgt -0,076. Die Verteilung ist also, wie optisch auch in Abbildung 13 zu erkennen ist, leicht rechts-steil und links-schief. Der Standardfehler ist aufgrund der großen Anzahl von Datenpunkten mit 0,00076 sehr gering. Daher ergibt sich für die standardisierte Schiefe eine signifikante Abweichung von der Normalverteilung.[16] Die Wölbung der Residuenverteilung beträgt -0,282 mit einem Standardfehler von 0,0015. Somit zeigt die standardisierte Wölbung ebenfalls eine signifikante Abweichung von der Normalverteilung.[17] Wie erwartet misslingt der quantitative Nachweis einer Normalverteilung. Aufgrund des enormen Stichprobenumfangs werden die Vergleichswerte in den Tests unangemessen scharf. Dennoch kann das Faktormodell als spezifiziert angesehen werden.

Die Veränderung des Faktors zur Adjustierung für Value/Growth reduzierte die Korrelationen zwischen den Faktoren. Es zeigen sich marginale Verbesserungen bei den Determinationskoeffizienten sowie den Korrelationen der Residuen.

4.3 3-Faktorenmodell mit S&P/Barra-Indizes

Dieses und die nächsten beiden Kapitel (4.4 und 4.5) stellen vollständige Läufe verschiedener Faktormodelle am kommerziellen Datenset Juli 2005 dar. In diesem Kapitel kommt das bisherige Faktorenmodell mit den Faktoren *MARKT*, *KMG* und *HMN** auf der Basis der Barra/S&P-Indexfamilie zum Einsatz. Es hat sich vom letzten Kapitel auf dieses Kapitel somit nur das Datenset geändert. Es besteht insgesamt aus 7.598 Fonds und 6.281 Fonds haben einen Track Record von drei Jahren. Es wird ein Zeitfenster von 36 Monaten im Folgenden regressiert. Das Sample aus 6.281 Fonds hat über diesen Zeitraum hinweg einen durchschnittlichen, annualisierten Return von 15,6 %. Er streut mit einer Standardabweichung von 6,1 % über das Sample. Das durchschnittliche, annualisierte Risiko der Fonds, also die Standardabweichung je Zeitreihe im Durchschnitt über alle Fonds, beträgt 14,1 % und streut mit einer Standardabweichung von 3,5 % über das Fondssample.

---

[16] Der Quotient aus Schiefe und Standardfehler ist mit einem Wert von -99,5 betragsmäßig deutlich über dem Wert von 2.

[17] Die standardisierte Wölbung übersteigt mit einem Wert von -184,3 betragmäßig ebenfalls den Wert von 2 deutlich.

Der Faktor *MARKT* hat einen durchschnittlichen, annualisierten Return von 11,8 % und ein annualisiertes Risiko von 13,1 %. *HMN** zeigt 2,9 % Return und 4,5 % Risiko, *KMG* hat einen Return von 8,9 % und ein Risiko von 8,7 %. Der Vergleich mit Return und Risiko des Fondsamples und die Betrachtung der Größen an sich gibt Grund zu der Annahme, dass diese Faktoren die Veränderungen in den Fondsrenditen über das Sample hinweg hinreichend gut erklären könnten. Tabelle 8 zeigt die Korrelationskoeffizienten der Faktoren untereinander über die neue Regressionsperiode.

Tabelle 8: Korrelationsmatrix von *MARKT*, *KMG* und *HMN** (Barra)

	MARKT	KMG	HMN*
MARKT	1,000		
KMG	-0,146	1,000	
HMN*	0,379	0,111	1,000

Bemerkung:
Zeitraum 8/2002 bis 7/2005

Interessant ist in Tabelle 8 gegenüber Tabelle 7 beim vorherigen Lauf, dass die Korrelation zwischen *MARKT* und *HMN** angestiegen ist. Die Marktbewegung zeigt demgemäß erhöhte Tendenzen zu Value in dieser Periode. Die Größenordnung der Korrelationskoeffizienten gibt noch keinen Anlass zu der Vermutung, dass die Signifikanztests durch hohe Standardfehler aufgrund des Einflusses von Multikollinearität nachhaltig beeinträchtigt sind.

Die Korrelationskoeffizienten der übrig gebliebenen Residuen sind in Abbildung 14 dargestellt.[18] Die durchschnittliche Korrelation der Residuen in Abbildung 14 beläuft sich auf 0,08 bei einer Standardabweichung 0,25. In der Interpretation heißt dies, dass diese drei Faktoren die gemeinsamen Trends in den Fondsrenditen im Sample wieder ziemlich treffend erklären. Der kleine Ausschlag am rechten Ende der Abbildung erklärt sich aus doppelt vorhandenen Fonds im Sample. Es sind verschiedene, selbst gelistete Tranchen des gleichen Portfolios mit identischem Return und somit voll korrelierten Residuen. Dies ist ein Spezifikum des Samples und unabhängig vom Modell. Die Verteilung ähnelt optisch wieder sehr einer Normalverteilung. Die Verteilung hat eine Schiefe gegenüber der Normalverteilung von 0,02 und eine Wölbung von -0,26. Die

[18] Es handelt sich dabei um insgesamt 19.722.340 Korrelationen. Die vertikale Achse ist in tausend Stück skaliert. Die horizontale Achse umfasst 80 Klassen.

Begutachtung der Verteilung selbst und der Lageparameter sind für die Spezifikation eines Mehrfaktorenmodells sind wie bereits erwähnt üblich. Diese Begutachtung zeigt ein gutes Ergebnis der Trenderfassung des Regressionsmodells am vorliegenden Fondssample und das Faktormodell wird als spezifiziert angesehen.

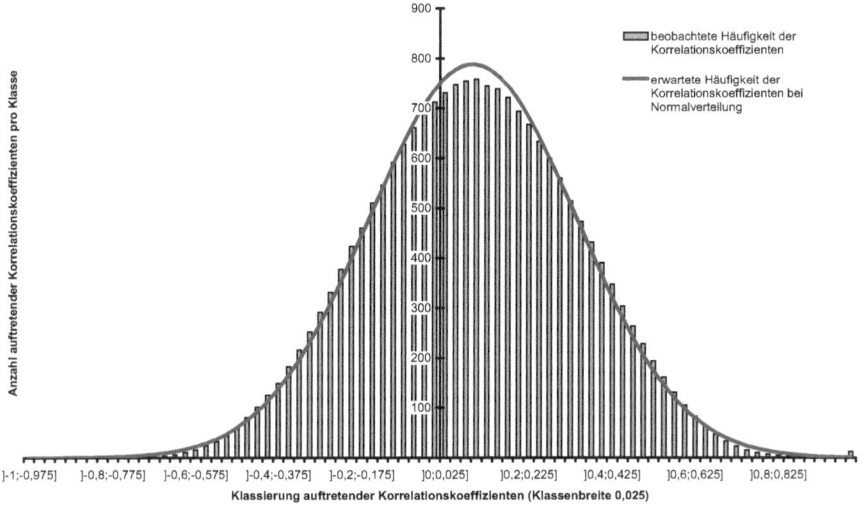

Quelle: Eigene Darstellung

Abbildung 14: Residuen von *MARKT*, *KMG* und *HMN** (Barra)

Als Nächstes im Prüfungskatalog der Ergebnisse des Faktormodells steht das R^2 bzw. R^2_{adj} (vgl. Kapitel 3.2.4). In Abbildung 15 sowie dem weiteren Gang der Analyse wird R^2_{adj} wegen seiner besseren Vergleichbarkeit von Mehrfaktorenmodellen mit unterschiedlicher Anzahl Faktoren verwendet. Das R^2_{adj} beträgt in Abbildung 15 im Mittel über die Fonds 0,89 bei einer Standardabweichung von 0,11. Es haben 90,7 % der Fonds ein R^2_{adj} über 0,8.

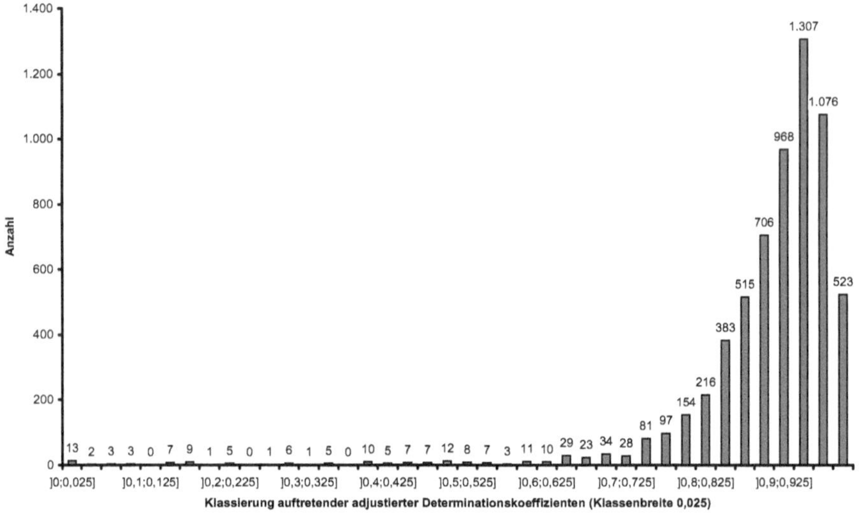

Quelle: Eigene Darstellung

Abbildung 15: R^2_{adj} von *MARKT*, *KMG* und *HMN** (Barra)

In Tabelle 9 sind der F-Test und die T-Tests der Faktoren dargestellt. Da es sich um mehr als 30 Datenpunkte handelt, wurde für die Signifikanzprüfung die Normalverteilung verwendet. Um den Überblick über die Ergebnisse der Test zu gewährleisten, ist in Tabelle 9 nur die Anzahl der Fonds dargestellt, die den jeweiligen Kriterien im Tabellenkopf genügen und nicht die Testergebnisse selbst. Die grundsätzliche Frage ist, ob die Tests mit einer signifikanten Wahrscheinlichkeit von 95 % ihre Nullhypothese verwerfen. Entsprechend ist dies die oberste Gliederungsebene von Tabelle 9. Darunter folgt die Entscheidungsebene ja oder nein, wobei die Seite ja beim T-Test noch unterscheidet, ob der Faktor bzw. die Konstante selbst einen Wert größer oder kleiner null haben. Der T-Test hinterfragt bei der Anwendung im Rahmen eines Faktormodells, ob die Konstante bzw. die Faktoren jeweils individuell für sich signifikant von null verschieden sind.

In der zweiten Zeile in Tabelle 9 befindet sich die Auswertung des Faktors *MARKT*. Er ist bei 99,6 % der Fonds, also 6.245-mal, signifikant verschieden von null. Er ist erwartungsgemäß quantitativ der stärkste Faktor, wie sich hier bei dieser Betrachtung nun zeigt. Nicht erwartungsgemäß ist jedoch, dass er immerhin 53-mal und damit ein knappes Prozent der signifikanten Fälle negativ sind. Sie hatten sich auf einen fallenden Markt eingestellt. Den Faktortrend *HMN**, die Value- bzw. Growth-Bewegung, benutzen 56 % der Fonds. Von diesen Fonds haben 54 % – also 1.874 – ein Exposure zu Value und 46 % zu Growth. 2.788 Fonds – folglich 44 % – verhalten sich neutral gegenüber diesem Faktor. Diese einigermaßen gleiche Aufteilung auf verschiedene Fälle mit einer Tendenz zu Value war für diese Marktphase zu erwarten. Der Größenfaktor ist dagegen in seinem Ausmaß entgegen den Erwartungen. 72 % der Fonds haben die Bewegung der kleineren Aktien im Beobachtungszeitraum signifikant benutzt. Davon haben 97 % mit positivem Exposure in der für Small-Caps durchaus positiven Marktphase gearbeitet. Jedoch beträgt der Anteil an Fonds mit der Prospectus-Objektive „Small Company" nur etwa 15 %. Dies zeigt, dass alleinig die Performance im Fokus des Potfoliomanagers steht, obwohl das Erreichen der Performance dem Anleger im Fondsprospekt durch eine andere Investitionsstrategie beschrieben wird.

Tabelle 9: T-Test und F-Test am 3-Faktorenmodell (Barra)

		Signifikant mit 95% Wahrscheinlichkeit?			
		Nein!	Ja!		
Bezug	Gesamtanzahl	Gesamt	Gesamt	>0	<0
		T-Test			
Alpha	6.281	5.258	1.023	157	866
MARKT	6.281	27	6.254	6.201	53
HMN*	6.281	2.788	3.493	1.874	1.619
KMG	6.281	1.741	4.540	4.425	115
		F-Test			
Faktormodell	6.281	28	6.253		

Bemerkung:
Zeitraum 8/2002 bis 7/2005, Signifikanztest mit Normalverteilung

Zuletzt nun die Konstante der Regression, welche als Jensens Alpha bezeichnet wird (vgl. Kapitel 3.3.2). Diese schneidet erwartungsgemäß schlecht ab. Nur 16 % der Fonds haben ein Alpha, signifikant verschieden von null. Davon haben 85 % ein negatives Alpha und 15 % ein positives Alpha. Das rein statistisch gesehen relativ schlechte Ergebnis von 84 % nicht signifikanter Fälle bei der Konstante bestätigt eher den

Erklärungsgehalt der Faktoren. Diese sind, jeder für sich betrachtet, in immerhin mehr als 50 % der Fälle signifikant. Interessant ist aber auch, dass nach Herausfiltern der allgemeinen Trends dennoch 2 % der Gesamtanzahl an Fonds ein signifikant positives Alpha aufweisen.

Die Güte bzw. den Erklärungsgehalt des Modells bestätigt auch der F-Test. Der F-Test hinterfragt das Regressionsmodell als Ganzes im Vergleich zum T-Test, der zum Test der einzelnen Faktoren bzw. der Konstante dient. Die beiden Tests sind unabhängig voneinander. Grundsätzlich können die Faktoren selbst nicht signifikant ausfallen und dennoch kann das Modell als Ganzes signifikant sein oder umgekehrt. Jedoch ist der F-Test das K.o.-Kriterium für ein Regressionsmodell. Die Nullhypothese beim F-Test lautet, dass alle Faktoren gleichzeitig null sind. Im vorliegenden Fall muss die Nullhypothese des F-Tests beinahe durchweg verworfen werden. Das Faktormodell hat in 99,6 % der Fälle signifikanten Erklärungsgehalt.

4.4 3-Faktorenmodell mit S&P/Citigroup-Indizes

Mit Wirkung November 2005 wurde die Kooperation zwischen S&P und Barra eingestellt. Das ist der letzte verfügbare Indexrenditepunkt. Die Kooperation wurde durch eine Kooperation mit der Citigroup substituiert. Citigroup stellt die Style-Indizes im ähnlichen Stil – also Value/Growth-Subindizes je Größensegment – bereit, wie jedoch Abbildung 16 zeigt, mit leicht unterschiedlicher Methodik.

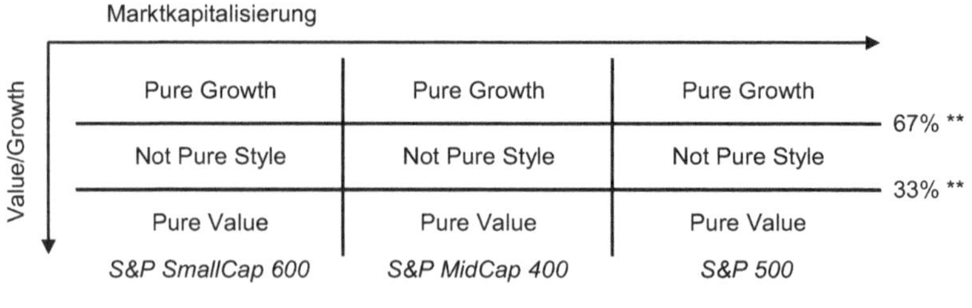

Quelle: Eigene Darstellung

Abbildung 16: Methodik Citigroup bei Styles

Abbildung 16 sowie die Beschreibung orientieren sich an den Angaben in der „S&P U.S. Style Indicies Methodology“ von S&P (April 2006). Citigroup verwendet zwei unabhängige Mehrfaktorenmodelle zur Klassifizierung von Growth und Value. Das Growth-Modell hat drei Faktoren: „5-Year Earnings per Share Growth Rate, 5-Year Sales per Share Growth Rate and 5-Year Internal Growth Rate (IGR)." Das Value-Modell hat vier Faktoren: „Book Value to Price Ratio, Cash Flow to Price Ratio, Sales to Price Ratio und Dividend Yield." Aus den Sensitivitäten der beiden Modelle wird jeweils ein gleichgewichteter Durchschnitt gebildet. Damit erhält jede Aktie des Index einen Growth- und einen Value-Score. Die Verteilungen der Scores werden jeweils standardisiert. Anhand der beiden Scores werden die drei Gruppen in Abbildung 16 je Index gebildet. Die Gruppe „Pure Growth" sind die 33 % der Marktkapitalisierung des Index mit dem höchsten Growth-Score. Sie werden vollkommen dem Growth-Subindex zugeordnet. Mit „Pure Value" wird analog verfahren. Die verbleibenden 34 % der Marktkapitalisierung in der Mitte mit weniger ausgeprägter Zugehörigkeit zu einer der Gruppen werden entsprechend ihres Abstandes zur Mitte der Gruppen quotal verteilt. Die Aktien der Mitte gehen demnach mit einem bestimmten Anteil in beide Gruppen ein. Die Gewichtung innerhalb der Subindizes erfolgt auf Basis der Marktkapitalisierung. Damit hat die Summe der Subindizes die Marktkapitalisierung des jeweiligen S&P-Size-Index. Der Durchschnitt der Performance der beiden Subindizes liegt ebenfalls sehr nahe am jeweiligen S&P-Size-Index.

Das Faktormodell hat noch die gleiche Konstruktion der Faktoren aus den Indizes, jedoch haben sich die Indizes selbst verändert und damit die Wirkungsweise des Faktormodells. Dies ist in diesem Kapitel durch einen weiteren Lauf an dem gleichen Fondssample Juli 2005 mit dem gleichen Zeitfenster dokumentiert. Es sind also konsistente Rahmenbedingungen zum vorherigen Kapitel 4.3.

Tabelle 10 zeigt die Korrelationen zwischen den Faktoren. *KMG* hat sich nicht verändert. Die Korrelation von *HMN** mit *MARKT* von 0,38 ist in den negativen Bereich gewandert. Dagegen wuchs die Korrelation zu *KMG* von 0,11 auf 0,28.

Tabelle 10: Korrelationsmatrix von *MARKT*, *KMG* und *HMN** (Citi)

	MARKT	KMG	HMN*
MARKT	1,000		
KMG	-0,146	1,000	
HMN*	-0,123	0,275	1,000

Bemerkung:
Zeitraum 8/2002 bis 7/2005

Die durchschnittlichen, annualisierten Returns und Risiken zeigen hauptsächlich bei *HMN** Veränderungen. Der Return ist von 2,9 % auf 8,9 % gestiegen und das Risiko fiel von 4,5 % auf 3,5 %. *KMG* hat sich nur um 0,02 im Risiko nach unten verändert, der Return blieb gleich. Das zeigt abermals, dass die Auswirkung der Veränderung in *KMG* nicht wesentlich ist.

Abbildung 17 zeigt die Verteilung der Korrelationen der Residuen. Die durchschnittliche Korrelation blieb bei 0,08 bei ebenso unveränderter Standardabweichung der Korrelationen von 0,25.

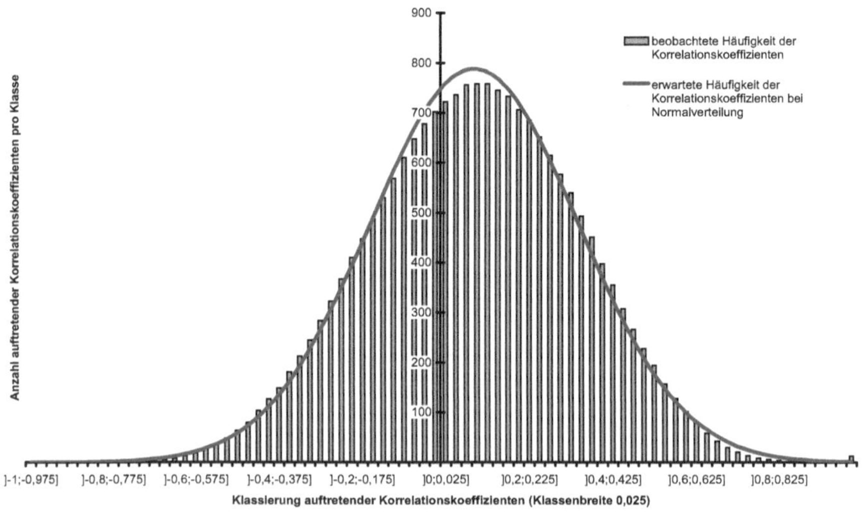

Quelle: Eigene Darstellung

Abbildung 17: Residuen von *MARKT*, *KMG* und *HMN** (Citi)

Abbildung 17 zeigt optisch wieder eine deutliche Nähe zu einer Normalverteilung. Die betragsmäßig geringe Schiefe gegenüber der Normalverteilung von 0,02 vorher drehte mit -0,03 das Vorzeichen und die Wölbung hat sich nur unwesentlich von -0,26 auf -0,24 verändert. Die veränderten Faktoren zeigen also eine leichte Veränderung, aber das Faktormodell kann auch in dieser Faktorenkombination als spezifiziert angesehen werden.

Das R^2_{adj} in Abbildung 18 hat in seinem Peak um rund 20 Fonds abgenommen. Der Mittelwert liegt jedoch nach wie vor bei 0,89 mit einer Standardabweichung von 0,11.

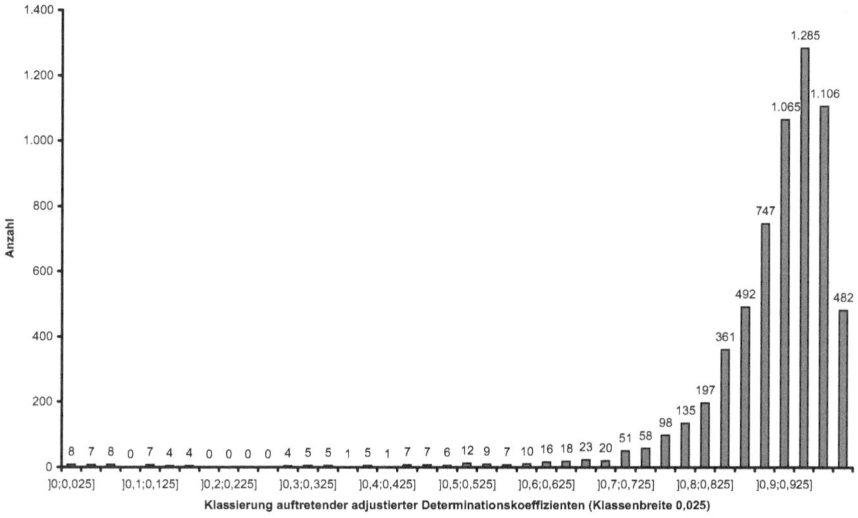

Quelle: Eigene Darstellung

Abbildung 18: R^2_{adj} mit Faktoren *MARKT*, *KMG* und *HMN** (Citi)

In Tabelle 11 befindet sich die Übersicht mit den T- und F-Tests des Modells.

Tabelle 11: T-Test und F-Test am 3-Faktorenmodell (Citi)

		Signifikant mit 95% Wahrscheinlichkeit?			
		Nein!	Ja!		
Bezug	Gesamtanzahl	Gesamt	Gesamt	>0	<0
			T-Test		
Alpha	6.281	5.044	1.237	216	1.021
MARKT	6.281	42	6.239	6.206	33
HMN*	6.281	2.870	3.411	1.504	1.907
KMG	6.281	1.720	4.561	4.444	117
			F-Test		
Faktormodell	6.281	44	6.237		

Bemerkung:
Zeitraum 8/2002 bis 7/2005; Signifikanztest mit Normalverteilung

Auch die T-Tests in Tabelle 11 zeigen keine großen Änderungen. Interessant ist, dass die Gesamtanzahl der signifikanten Alphas von 16 % auf 20 % gestiegen ist. Die signifikant positiven Alphas haben dabei um 59 Fonds und die signifikant negativen Alphas um 155 Fonds zugelegt. Bei den Faktoren selbst hat sich *HMN** um zwei Prozentpunkte auf 54 % verändert und *KMG* um einen Prozentpunkt auf 72,6 % zugelegt. Der F-Test zeigt ein minimales Absinken von 99,7 % auf 99,3 %. Diese Veränderungen sind zwar relativ gering, jedoch hat das Faktormodell zwar unwesentlich, aber durch diese neuen Indizes dennoch leicht eingebüßt.

4.5 4-Faktorenmodell *MARKT, KMG, HMN** und Momentum

Carhart (1997: 61) entwickelt in seiner Studie ein 4-Faktorenmodell zur Erklärung von Fondsrenditen der Kategorie US Domestic Equity. Dabei erweitert er das Faktormodell von Fama und French um einen weiteren Faktor (vgl. French (2006)). Er verwendete deren Faktoren direkt ohne Modifikation. Der zusätzliche Faktor modelliert Momentum und er nennt ihn *PR1YR*.

Momentum bei der Entwicklung von Aktienkursen ist eine Anomalie, deren Entdeckung auf Jegadeesh/Titman (1993) zurückgeht. Jegadeesh/Titman (1993: 89) stellten fest, dass eine Aktienallokation, welche die Gewinneraktien, gemessen über die letzten sechs Monate, kauft und weitere sechs Monate hält, über die Periode 1965 bis 1989 signifikant positive Renditen generiert. Der Effekt geht nicht auf die verzögerte Reaktion auf allgemein gültige Faktoren zurück, sondern stellt eine verzögerte Reaktion bzw. Überreaktion auf firmenspezifische Ereignisse wie Veröffentlichung der Ergebniserwartung etc. dar. Die Studie zeigt, dass manche Aktien nach einem solchen Ereignis etwa ein Jahr lang relativ zu den anderen Titeln sehr stark performen und im darauf folgenden Jahr relativ gesehen sehr schwach performen. Andere Titel reagieren relativ sehr schwach auf einen Event über ein Jahr und performen im Folgejahr relativ wieder sehr stark. Es ist somit eine Über- bzw. Unterreaktion, welche sich im Folgejahr dann korrigiert. Dieser Effekt der relativen Stärke bzw. Schwäche über zirka ein Jahr nach Jegadeesh/Titman (1993) bürgerte sich als Momentum ein. Er zeigt sich als Differenzrendite zwischen einem theoretischen Gewinner- und Verliererportfolio. Carhart (1997: 61) modelliert diesen Effekt durch die Differenz von gleichgewichteten Durchschnitten der besten 30 % und der schlechten 30 % Aktien aus dem Universum NYSE, Amex und Nasdaq der jeweils letzten elf Monate. French (2006) berechnet Momentum monatlich und stellt die Zeitreihen nebst Dokumentation auf seiner Homepage neben den Faktoren aus dem 3-Faktorenmodell nach Fama und French, wie sie in Kapitel 4.2.1 verwendet wurden, zum Download zur Verfügung. Abbildung 19 zeigt die Grenzen, welche French (2006) im Aktienuniversum aller Aktien des NYSE, AMEX und NASDAQ zieht, um dies in sechs Benchmarkportfolios zu unterteilen, welche zur Faktorkonstruktion verwendet werden. French (2006) nennt den Faktor für Momentum *UMD*. Die Abkürzung ist abgeleitet aus „Up Minus Down".

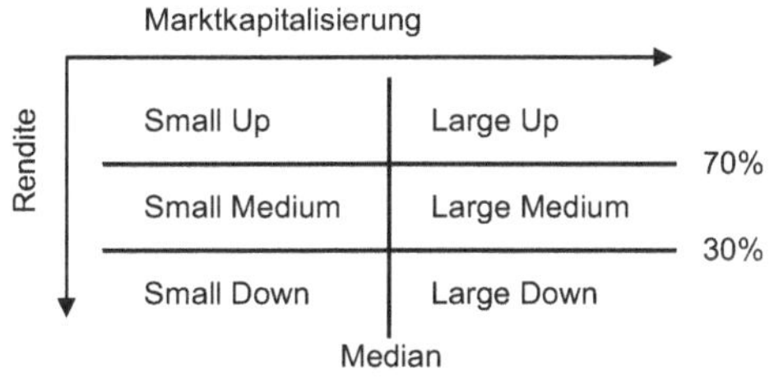

Quelle: French 2006

Abbildung 19: Benchmarkportfolios *UMD*

French (2006) unterteilt zuerst entsprechend Abbildung 19 das Aktienspektrum in zwei

Größengruppen oberhalb und unterhalb des Medians der Marktkapitalisierung. Diese beiden Gruppen sortiert er jeweils auf die Rendite der letzen elf Monate (t-2 bis t-12). Von den oberen 30 % und der unteren 30 % benutzt er die Differenz der Rendite im aktuellen Monat zur Berechnung von *UMD* nach

UMD = 1/2(Small Up +Large Up) - 1/2(Small Down +Large Down).

Damit variiert French (2006) den Momentumfaktor gegenüber Carhart (1997: 61), der keine vorherige Unterteilung in Größe erwähnt. Das gegenüber French (2006) abgewandelte 3-Faktorenmodell aus dem vorherigen Kapitel 4.4 wird im Folgenden mit dem Momentumfaktor nach French (2006) erweitert.

Die Korrelation der Faktoren untereinander ist in Tabelle 12 dargestellt. An den ersten drei Faktoren hat sich nichts gegenüber dem vorherigen Kapitel verändert, nur der vierte Faktor *UMD* kam dazu. Alle anderen Parameter wie das Fondssample und die Periode sind ebenfalls gleich. *UMD* hat auffällig hohe Korrelationen zu *MARKT* und *KMG*. *UMD* und *MARKT* kann man über diese Periode nicht mehr als linear unabhängig betrachten. Die Korrelation von *UMD* und *KMG* ist ebenfalls sehr hoch. Hier zeigt sich ein Problem von *UMD*. Er sammelt generell alle nachlaufenden Trends, dabei können Überschneidungen mit den Grundtrends der anderen Faktoren entstehen, wenn diese schon seit geraumer Zeit für Bewegung sorgen. *UMD* hat einen durchschnittliche Return- und Risikowerte von -3,3 % und 17,2 %. Das Fondsample und die anderen Faktoren sind unverändert und eingangs Kapitel 4.4 dargestellt.

Tabelle 12: Korrelationsmatrix von *MARKT*, *KMG*, *HMN** (Citi) und *UMD*

	MARKT	HMN*	KMG	UMD
MARKT	1,000			
HMN*	-0,123	1,000		
KMG	-0,146	0,275	1,000	
UMD	-0,618	0,215	0,447	1,000

Bemerkung:
Zeitraum 8/2002 bis 7/2005

Abbildung 20 zeigt die Korrelationskoeffizienten der Residuen. Die Verteilung hat sich etwas verändert. Ihr Gipfel ist etwas höher geworden. Ihr Mittelwert liegt nach wie vor bei 0,08 und das bei einer leicht geringeren Standardabweichung von 0,24.

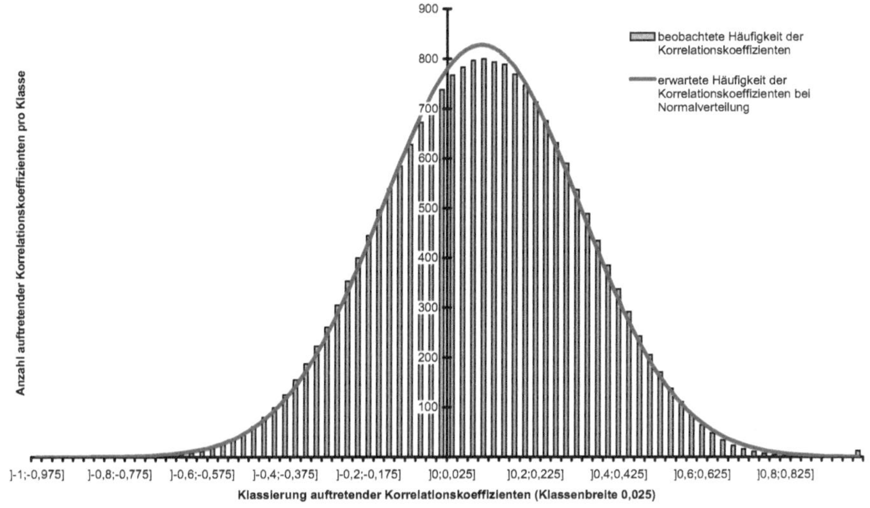

Quelle: Eigene Darstellung

Abbildung 20: Residuen von *MARKT*, *KMG*, *HMN** (Citi) und *UMD*

Die Verteilung ist abermals optisch sehr nahe an einer Normalverteilung. Die Schiefe ist von -0,03 auf -0,004 zurückgegangen. Die Wölbung ist ebenfalls von -0,24 auf -0,16 zurückgegangen. Die Lageparameter haben sich damit leicht verbessert. Momentum ist also ein gemeinsamer Trend bei US-Aktienfonds, jedoch scheint die Ausprägung eher gering zu sein. Der individuelle T-Test des Faktors im Folgenden wird zu seiner Ausprägung mehr Information liefern. Das 4-Faktorenmodell wird damit auch als spezifiziert angesehen.

Die Verteilung des R^2_{adj} ist in Abbildung 21 dargestellt. Diese Verteilung hat sich ebenfalls etwas verändert. Der Peak hat sich noch etwas erhöht und liegt jetzt in der vorletzten Klasse 0,95 bis 0,975. Im Mittelwert ist die Veränderung weniger deutlich mit einer Veränderung von 0,89 auf 0,90 – bei unveränderter Standardabweichung von 0,11.

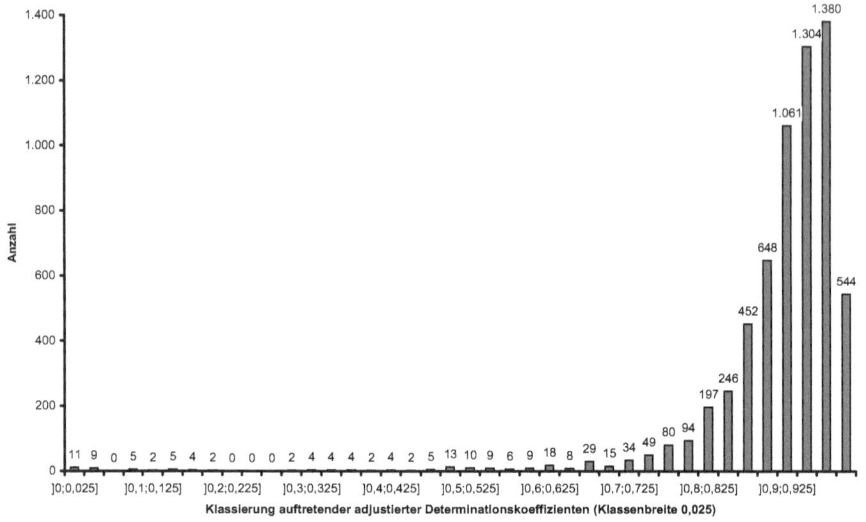

Quelle: Eigene Darstellung

Abbildung 21: R^2_{adj} der Faktoren *MARKT*, *KMG*, *HMN** (Citi) und *UMD*

Tabelle 13 zeigt die F- und T-Tests. Hier sieht man nun die individuelle Wirksamkeit der Faktoren. Der neue Faktor *UMD* ist nur bei 2.158 Fonds signifikant verschieden von null. Das sind nur 34 % der Fonds. Dieses Ergebnis bleibt nach dem Studium der Literatur etwas hinter den Erwartungen zurück. Carhart (1997) wendet diesen Faktor in seinem Modell auf ein Zeitfenster von 30 Jahren an. Er simuliert in seinem Ansatz zehn aktive Strategien mit jährlicher Allokation. Auf Basis einer Reihenfolge auf absolutem Return in jedem Jahr fasst er durch arithmetische Durchschnittsbildung das Spektrum der Fonds zu Portfolios über diesen langen Zeitraum zusammen. Es ist keine echte Allokation ex ante je Periode, sondern er nimmt die Returns im jeweiligen Jahr und untersucht quasi, was diese besten bzw. schlechtesten Fonds so gut oder schlecht gemacht hat (bzw. nicht nur die besten und schlechtesten Fonds, sondern das ganze Spektrum, geteilt in zehn Portfolios). Die Portfolios analysiert er mit seinem Faktormodell, berichtet von hoher Erklärungsgüte und stellt annehmbare Korrelationskoeffizienten der Faktoren dar, allerdings über diesen Gesamtzeitraum von 1962 bis 1993. Bei diesem langen Zeitraum verschwindet das Problem der wechselden Korrelation von *UMD* mit den anderen Faktoren. Die Portfoliobildung ist ein sehr elganten Ansatz, die Anzahl der Regressionen zu reduzieren. Er hat sein Fondsspektrum auf nur zehn Portfolios zur Regression reduziert und hat diese Thematik in die Portfoliozeitreihe hinein verlagert. Bei seinen Portfolios ist *UMD* auch nur bei den Verlierer-Strategien signifikant. Des Weiteren erwähnt er in seinem Artikel einen rollierenden Ansatz mit einem Zeitfenster von drei Jahren, aber berichtet leider keine weiteren Details.

Tabelle 13: T-Test und F-Test am 4-Faktorenmodell (Citi)

		Signifikant mit 95% Wahrscheinlichkeit?			
		Nein!	Ja!		
Bezug	Gesamtanzahl	Gesamt	Gesamt	>0	<0
		T-Test			
Alpha	6.281	4.961	1.320	221	1.099
MARKT	6.281	51	6.230	6.202	28
HMN*	6.281	2.701	3.580	1.636	1.944
KMG	6.281	1.725	4.556	4.455	101
UMD	6.281	4.123	2.158	655	1.503
		F-Test			
Faktormodell	6.281	44	6.237		

Bemerkung:
Zeitraum 8/2002 bis 7/2005; Signifikanztest mit Normalverteilung

Die anderen Spezifika in Tabelle 13 zeigen sich nur leicht verändert, interessanterweise entsprechend dem Bild der Korrelationen der Faktoren untereinander, aber in vernachlässigbarer Größenordnung. Der Faktor *MARKT* ist von 99,3 % auf 99,2 % durch die Erweiterung um *UMD* zurückgegangen. Bei *KMG* zeigt sich ein Rückgang von 72,6 % auf 72,5 %. Diese beiden Ergebnisse zeigen, dass der Einfluss auf die Standardfehler durch die erhöhte Kolinearität der vier Faktoren wenig problematisch ist. *HMN** hat durch *UMD* profitiert. *HMN** hat sich von 54 % auf 57 % signifikante Fälle erhöht. Der F-Test hat sich trotz Einfluss von vier Faktoren gegenüber drei Faktoren im Nennerfreiheitsgrad um keinen einzigen Fonds verändert. Er steht nach wie vor bei 99,3 %. Die Zahl der signifikanten Alphas ist von 20 % auf 21 % angestiegen.

4.6 Zusammenfassung

Zur Spezifikation verschiedener Faktormodelle für US-Aktienfonds wurde die Periode August 2002 bis Juli 2005 benutzt. Die vorhergehenden Ausführungen haben gezeigt, dass die allgemeine Schwankung in den Fondsrenditen mit drei Faktoren ausreichend erklärt werden kann. Die Barra-Indizes eigneten sich für diese Periode am besten zur Faktorkonstruktion. Jedoch existieren Barra-Indizes seit Ende 2005 nicht mehr. Die Citigroup-Indizes sind ein adäquates Substitut, weil sie nur minimal schlechtere Ergebnisse bringen. Das gängige Market-Modell sollte bei Performanceanalysen um zusätzliche Faktoren erweitert werden. Value/Growth und die Größensegmente (Size) stellten sich bereits in der Literatur als zentrale Trends neben der Marktentwicklung in Aktienrenditen heraus. Die quantitativen Ergebnisse bestätigen diese Annahme und untermauern, dass die Verwendung eines Faktors *MARKT* bei der historischen Renditeanalyse eines aktiven Aktienportfoliomanagements nicht mehr ausreicht. Value/Growth und Size haben grundsätzlich unterschiedliche Entwicklungen und sind in den Renditen von US-Aktienfonds gegenwärtig.

Die Erweiterung auf vier Faktoren mit Momentum (*UMD*) zeigt dagegen kaum Verbesserungen im Gesamtbild. Der zusätzliche Faktor schneidet individuell in seinem T-Test ziemlich schwach ab und verbessert das R^2_{adj} nur unwesentlich. Die quantitativen Ergebnisse in dieser Periode zeigen zu schwache Ergebnisverbesserungen, um eine generelle Handlungsempfehlung zur Verwendung von vier Faktoren mit *UMD* auszusprechen.

Als Ergebnis der Modellentwicklung kann das 3-Faktorenmodell (vgl. Kapitel 4.4) definiert werden als

$$r_i - r_f = \alpha_i + \beta_{iMARKT} \times MARKT + \beta_{iKMG} \times KMG + \beta_{iHMN*} \times HMN* + \varepsilon_i$$

und das 4-Faktorenmodell (vgl. Kapitel 4.5) folgt der Gleichung

$$r_i - r_f = \alpha_i + \beta_{iMARKT} \times MARKT + \beta_{iKMG} \times KMG + \beta_{iHMN*} \times HMN* + \beta_{iUMD} \times UMD + \varepsilon_i .$$

Diese beiden Modelle finden Anwendung für alle Fonds $i = 1...n$ im jeweiligen Sample. Die Komponenten der Gleichungen sind folgendermaßen definiert:

r_f = *3 Month T-Bill,*

MARKT = S&P 500 - r_f,

KMG = 1/3(S&P SmallCap 600/Citigroup Growth + S&P SmallCap 600
+ S&P SmallCap 600/Citigroup Value) - 1/3(S&P 500/Citigroup Growth
+ S&P 500 + S&P 500/Citigroup Value),

HMN = 1/3(S&P 500/Citigroup Value + S&P MidCap/Citigroup 400 Value*
+ S&P SmallCap 600/Citigroup Value) - 1/3(S&P 500/Citigroup Growth
+ S&P MidCap/Citigroup 400 Growth + S&P SmallCap 600/Citigroup Growth),

UMD = 1/2(Small Up +Large Up) - 1/2(Small Down +Large Down).

Man könnte an dieser Stelle noch tiefer gehen und versuchen, eine höhere Erklärungsgüte des Modells zu erreichen. Wie bereits angesprochen, ist das Sample sehr heterogen.[19] Man könnte z.B. versuchen, homogenere Peergruppen zu bilden. Dieser Weg wird von vielen kommerziellen Ratinganbietern wie Morningstar mit eigener Kategorisierung eingeschlagen. Einzelne Gruppen von Fonds könnten dann durch anders gewählte Faktoren und spezielle Faktorkombinationen noch besser erklärt werden. Dies ist jedoch nicht die Absicht der vorliegenden Arbeit. Es wurden zur Zusammenstellung des Samples nur Informationen verwendet, die der Fonds selber berichtet und es wurden keine Informationen verwendet, die von Dritten ermittelt wurden. Daher wurde nicht auf die Kategorisierung eines kommerziellen Anbieters zurückgegriffen. Darüber hinaus ist es nicht das Ziel, die einzelnen Fondsrenditen möglichst gut durch Faktoren zu erklären, sondern einen gemeinsamen Bewertungsmaßstab bzw. eine Berechnungsbasis für historische Kennzahlen zu finden. Dabei sollen nur Trends eliminiert werden, die in der Breite des Fondsspektrums für Verfälschung der Bewertung des Fondsmanagements sorgen.

Geht man jetzt nicht durch Einengung der Peergruppe den speziellen Weg, sondern bleibt beim breiten Spektrum der Fonds wie bei diesem Ansatz, könnten in Bezug auf Weiterentwicklung auf der Ebene des Faktormodells noch folgenden Wege beschritten werden. Eine Möglichkeit wären Versuche bzw. Läufe mit Fondsdurchschnitten in die-

[19] Zusätzlich beinhaltet es doppelt vorhandene Zeitreihen durch verschiedene Tranchen eines Fonds. Diese werden in den nächsten Betrachtungen eliminiert.

sem Modellansatz. Morningstar bietet zum Beidpiel Indizes je Größen und Style-Segment aus Fondsdurchschnitten an. Eine andere Möglichkeit ist die weitere Optimimierung der Modelle mit anderen Marktindizes. Die Kooperation von S&P mit der Citigroup führte zu weiteren Style-Indizes. Dazu zählen der S&P Composite 1500 als Proxy *MARKT** und dessen Subindizes S&P Composite 1500/Citigroup Growth und Value. Diese könnten zur Konstruktion von *HMN*** verwendet werden. Danaeben stellt der S&P 900 abzüglich S&P 500 eine mögliche Verbesserung als *KMG** inklusive Mid-Caps dar. Damit hätte man das Aktienuniversum je Faktor gleichmäßiger und ohne Sprünge in der Marktkapitalisierung abgedeckt. Hinderlich wäre nur, wenn *KMG** dadurch an Trennschärfe verlieren und zu träge reagieren würde. Dies müsste geprüft werden. Jedoch sollte es die Aussagefähigkeit von *HMN** auf jeden Fall dadurch verbessern, dass der Faktor auf der Differenz der Composites beruht und nicht mehr auf dem Durchschnitt der Größensegmente. Im Rahmen dieser Gedanken könnte man auch über Faktoren für das Wachstum einzelner Branchen gegenüber der allgemeinen Marktentwicklung nachdenken. Bei einem internationalen Ansatz könnte man auch Länder mit Faktoren modellieren und die anderen Faktoren auf einer Basis „Welt“ ansetzen.

Es lässt sich daher festhalten, dass sich die Erklärungsfähigkeit des Faktormodells mit Sicherheit noch steigern ließe. Jedoch sind die erwarteten Steigerungen an das Segment US-Aktienfonds eher gering. Die erreichte Erklärungsgüte an dieser breiten Grundgesamtheit aller US-Aktienfonds anhand nur dieser drei Faktoren ist hoch und wird als ausreichend erachtet, um mit den beiden Faktormodellen weiterzuarbeiten. Ihre Aufgabe, einen Großteil der gemeinsamen Trends der Fonds herauszufiltern, erfüllen sie. Beide Faktormodelle können als spezifiziert angesehen werden.

Es gestaltet sich nun äußerst schwierig, die beiden Faktormodelle vor dem Hintergrund der ökonomischen Theorien CAPM und APT in Kapitel 3.2.1 und 3.2.5 zu diskutieren. Sind die Faktoren für Size und Value/Growth nun eine verbesserte Abbildung des Marktportfolios gegenüber dem reinen Marktindex im Sinne des CAPM oder sind es Faktoren eines Faktormodells im Sinne der APT? Vielleicht besitzt auch keines der beiden neoklassischen Prinzipien Gültigkeit und die Antwort auf die Frage nach dem ökonomischen Funktionsprinzip von Kapitalmärkten ist im neoinstitutionalistischen Bereich zu suchen. Das vorliegende 3-Faktormodell könnte aufgrund der Natur der Faktoren in die Richtung CAPM deuten. Jedoch können reale Kapitalmärkte nicht als streng effizient angesehen werden (vgl. Kapitel 3.1). Die Natur des Faktors Momentum spricht eher für die APT, welche u.a. keine Vorgabe bezüglich der Risikoquelle macht. Die vorliegenden Mehrfaktorenmodelle erklären die gemeinsamen Trends der Grundgesamtheit aller US-Aktienfonds. Damit könnte der Markt für US-Aktienfonds als vollständig beschrieben angesehen werden. Jedoch zeigt sich auch bei der Anwendung des 4-Faktorenmodells eine nicht geringe Anzahl signifikant positiver Alphas (vgl. Tabelle 13 in Kapitel 4.5). Dies könnte man einerseits hinsichtlich der Existenz weiterer Faktoren (z.B. eines Branchenfaktors) interpretieren, der Fondsrenditen noch besser erklären würde. Andererseits könnte man es als die Existenz von Möglichkeiten zur Arbitrage im Markt interpretieren. Selbst wenn die Gültigkeit der APT auf der Basis der vorliegenden Modelle unterstellt würde, wäre folglich nicht der Zustand der Arbitragefreiheit gegeben und die Faktorprämien würden die Renditen aller Anlagen in US-Aktienfonds nicht vollständig beschreiben. Der Ansatz, der in der vorliegenden Arbeit entwickelt wird, ist unabhängig von den ökonomischen Theorien. Sie werden vorgestellt und dienen zur Orientierung, um bestehende Selektionsprinzipien für aktive US-Aktienfonds kritisch zu testen und neue zu entwickeln. Die quantitativen Testmethoden der Selektionskriterien setzen keinerlei Gültigkeit einer ökonomischen Theorie voraus. Die 3- und 4-Faktorenmodelle dienen nicht zur Erklärung des Gesamtmarktes, sondern zur Berechnung der Selektionskriterien am Fondssample.

5. Survivorship Bias in US-Aktienfonds

5.1 Entstehung des Effekts und seine Adjustierung

Die Analyse von historischer Performance hat ein grundsätzliches Problem. Es ist eigentlich sehr simpel in seiner Natur, aber wurde trotzdem erst in den 90er-Jahren richtig verstanden und vorher deutlich unterschätzt. Abbildung 22 zeigt den Effekt in seiner Ausprägung. An einem Zeitpunkt 1, der vor einem Zeitpunkt 2 liegt – im Beispiel Monat 1 und 2 –, sind die Fonds A, B und C auf dem Markt. Im Monat 2 berichten Fonds A und C wieder an Morningstar. Fonds D ist neu auf den Markt gekommen und berichtet auch an Morningstar. Fonds B ist geschlossen worden.

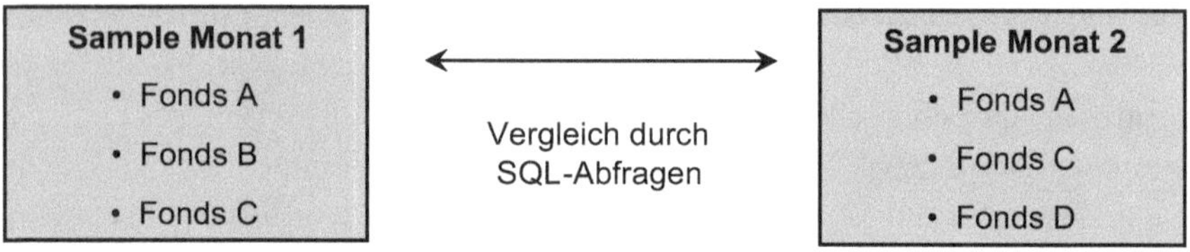

Quelle: Eigene Darstellung

Abbildung 22: Survivorship Bias und prinzipielle Vorgehensweise

In Abbildung 22 ist Fonds B in Monat 2 verschwunden. Kommerzielle Performanceprovider haben logischerweise kein Interesse, den Speicherplatz in ihrer Datenbank mit Fonds zu belegen, in die kein Investor zum Zeitpunkt der Auslieferung der Daten mehr investieren kann. Daher löschen sie die Fonds aus ihrer Datenbank, wenn sie die Nachricht der Schließung oder mehrmals nacheinander einfach kein Performancereporting mehr erhalten. Die Vorgehensweise ist hier relativ rigoros, um aus ihrer Sicht die Datenqualität zu optimieren. An dieser Stelle entsteht nun das Problem. In einer Ausgabe sind bei Morningstar bis zu 20 Jahre monatliche Vergangenheitsdaten je nach Fonds enthalten. Analysiert man nun im Beispiel von Abbildung 22 mit einem Sample aus Monat 2 die Performance der Investitionsmöglichkeiten eines Investors zum Zeitpunkt Monat 1, dann entspricht dieser Vergleich nicht der Realität zum Zeitpunkt Monat 1. Der neu lancierte Fonds D ist weniger ein Problem, denn man kann den Daten entnehmen, dass es ihn im Monat 1 noch nicht gegeben hat. Fonds B ist das Problem, er wird in Monat 2 nicht bemerkt. Man erkennt aus den Daten nicht, dass es ihn je gegeben hat, denn man hat ja nur die überlebenden Fonds im Sample. Diesen systematischen Fehler des so gewonnenen Fondssamples nennt man „Survivorship Bias“. Typischerweise verschwinden die Fonds mit schlechter Performance vom Markt. Daher schätzt man repräsentative Durchschnitte über den Fondsmarkt, also über die „Cross Section“ in der Vergangenheit, zu hoch. Das Sample bildet nicht alle Investitionsalternativen eines Investors zu diesem Zeitpunkt ab, sondern nur die „Survivors“.

Um diesen systematischen Fehler in Performanceanalysen zu beheben, muss man den Prozess umkehren. Der Weg zur Adjustierung, der in der vorliegenden Arbeit gewählt wird, ist der Vergleich der monatlichen Datenlieferung von Morningstar mit SQL-Abfragen (vgl. Abbildung 22). Nach einigen Überlegungen über mühsame Aktualisierungsprozeduren überlebender Fonds reifte die Erkenntnis, dass ein Fonds eigentlich nur einmal verschwinden kann und dann verschwunden bleibt. Mit dieser Annahme vereinfacht sich die denoch aufwändige Arbeit an den Daten für das Sample deutlich. Von Monat zu Monat werden die verschwundenen Fonds mit SQL-Abfragen identifiziert und gesammelt. Diese Sammlung von gestorbenen Fonds wird am Ende der aktuellsten Datenlieferung angefügt, um den Survivorship Bias zu minimieren. Die aktuellste Datenlieferung enthält die Survivors und die neu lancierten Fonds, wie Abbildung 22 verdeutlicht. Die Nonsurvivors werden als Sammlung dazugegeben.

5.2 Anwendung der Adjustierungsmethode

Tabelle 14 zeigt den monatlichen Wandel des Fondsmarktes. Die ersten Spalten stellen den Zeitbezug dar, die nächsten Spalten zeigen die absoluten Anzahlen gegenüber den prozentualen Quoten in den letzten Spalten. Es ist das Ergebnis der Herangehensweise, wie sie im vorherigen Kapitel beschrieben wurde. Im März 2003 waren in der monatlichen Datenlieferung 5.494 Fonds enthalten. Dieses Set von März 2003 wurde mithilfe von zwei SQL-Abfragen mit den 5.593 Fonds der Datenlieferung des Monats April 2003 verglichen. Eine Abfrage zeigt, dass 5.349 Fonds im April wieder vorkamen und damit überlebt haben. Die andere Abfrage zeigt, dass 145 Fonds im Monat April nicht mehr vorkommen und damit als gestorben klassifiziert werden können. Daraus ergibt sich, dass 244 Fonds neu lanciert worden sein müssen.

Tabelle 14: Veränderung der Akteure von Monat zu Monat

Zeitbezug			Anzahl *				Veränderung in %		
Monat 1	auf	Monat 2	Gesamt	überlebt	gestorben	lanciert	überlebt	gestorben	lanciert
Mrz 03	auf	Apr 03	5.494	5.349	145	244	97,4	2,6	4,4
Apr 03	auf	Mai 03	5.593	5.486	107	150	98,1	1,9	2,7
Mai 03	auf	Jun 03	5.636	5.524	112	132	98,0	2,0	2,3
Jun 03	auf	Jul 03	5.656	5.550	106	211	98,1	1,9	3,7
Jul 03	auf	Aug 03	5.761	5.683	78	113	98,6	1,4	2,0
Aug 03	auf	Sep 03	5.796	5.690	106	167	98,2	1,8	2,9
Sep 03	auf	Okt 03	5.857	5.672	185	227	96,8	3,2	3,9
Okt 03	auf	Nov 03	5.899	5.783	116	186	98,0	2,0	3,2
Nov 03	auf	Dez 03	5.969	5.819	150	213	97,5	2,5	3,6
Dez 03	auf	Jan 04	6.032	5.926	106	173	98,2	1,8	2,9
Jan 04	auf	Feb 04	6.099	6.021	78	125	98,7	1,3	2,0
Feb 04	auf	Mrz 04	6.146	5.958	188	325	96,9	3,1	5,3
Mrz 04	auf	Apr 04	6.283	6.113	170	390	97,3	2,7	6,2
Apr 04	auf	Mai 04	6.503	6.421	82	120	98,7	1,3	1,8
Mai 04	auf	Jun 04	6.541	6.435	106	74	98,4	1,6	1,1
Jun 04	auf	Jul 04	6.509	6.408	101	168	98,4	1,6	2,6
Jul 04	auf	Aug 04	6.576	6.510	66	156	99,0	1,0	2,4
Aug 04	auf	Sep 04	6.666	6.589	77	97	98,8	1,2	1,5
Sep 04	auf	Okt 04	6.686	6.589	97	143	98,5	1,5	2,1
Okt 04	auf	Nov 04	6.732	6.577	155	221	97,7	2,3	3,3
Nov 04	auf	Dez 04	6.798	6.656	142	191	97,9	2,1	2,8
Dez 04	auf	Jan 05	6.847	6.714	133	158	98,1	1,9	2,3
Jan 05	auf	Feb 05	6.872	6.648	224	227	96,7	3,3	3,3
Feb 05	auf	Mrz 05	6.875	6.737	138	240	98,0	2,0	3,5
Mrz 05	auf	Apr 05	6.977	6.667	310	390	95,6	4,4	5,6
Apr 05	auf	Mai 05	7.057	6.937	120	155	98,3	1,7	2,2
Mai 05	auf	Jun 05	7.092	6.834	258	348	96,4	3,6	4,9
Jun 05	auf	Jul 05	7.182	7.073	109	114	98,5	1,5	1,6
Jul 05	auf	Aug 05	7.187	7.013	174	205	97,6	2,4	2,9
Aug 05	auf	Sep 05	7.218	6.908	310	183	95,7	4,3	2,5
Sep 05	auf	Okt 05	7.091	6.908	183	297	97,4	2,6	4,2
Okt 05	auf	Nov 05	7.205	7.118	87	1.359	98,8	1,2	18,9
Nov 05	auf	Dez 05	8.477	8.276	201	228	97,6	2,4	2,7

Bemerkung:
* Anzahl der Fonds mit einem Track Record von mindestens 12 Monaten

Die prozentuale Veränderung ergibt sich durch Bezug der absoluten Veränderungszahlen auf den jeweiligen Basismonat. Die Angaben beziehen sich jeweils auf die Anzahl der Fonds, die mindestens ein Jahr gelebt haben. Diese Anforderung ist eine andere Betrachtung, als alle Fonds zu betrachten, egal, wie lange sie gelebt haben. Man betrachtet dabei eine andere Gesamtanzahl in allen Spalten sowohl gesamt, überlebt und neu lanciert. Ein Jahr minimale Überlebenszeit sorgt für konsistente Zahlen mit Tabelle 15. Die gleiche Darstellung wie Tabelle 14 ist in Anhang 3 ohne die Anforderung ein Jahr minimale Lebenszeit enthalten. Eine daraus resultierende Verschiebung über die Zeit in der Anzahl überlebender Fonds ist wenig überraschend bzw. zu erwarten, da ja ständig neue Fonds auf den Markt kommen. Jedoch ist die Veränderung der Anzahl gestorbene Fonds beim Vergleich der Tabellen ein wenig überraschend. Manche Fonds überstehen nicht einmal den Zeitraum von einem Jahr. Gleich im ersten Monat März 2003 sind das zum Beispiel 15 Stück, im September 2003 zeigt sich mit 44 die höchste Zahl, von November 2003 bis März 2004 pendelt die Zahl zwischen 32 und 14 und sonst immer wieder bis zu 27. Dieser Effekt weist kein zeitliches Muster auf, jedoch sollte die Größenordnung Erwähnung finden. Isoliert betrachtet beschreibt die Darstellung im Anhang die Realität in Bezug auf die reine Anzahl besser, jedoch zur Berechnung von Renditeunterschieden der Gruppen ist die Mindestanforderung an die Länge der Performance nötig.

Wie Tabelle 14 verdeutlicht, erscheint die Umwälzung im Angebotsspektrum an Fonds erheblich. Grundsätzlich ist das Angebot an Fonds, somit die Gesamtanzahl, steigend. Die Anzahl der monatlich neu lancierten Fonds ist enorm, speziell der Monatswechsel von Oktober auf November 2005 sticht ins Auge. Gleichzeitig verschwinden ungefähr 1 % bis 5 % der Fonds jeden Monat. Über das Gesamtjahr 2004 wurden insgesamt 1.368 Fonds aus dem Handel genommen, bezogen auf das Jahr 2004 sind das 21 %. Dabei wurde der Durchschnitt aus dem Anfangs- und Endbestand des Jahres zugrunde gelegt. Im Jahr 2005 sind es 2.247 Fonds, also 29 %. Diese Ergebnisse liegen deutlich über den Erwartungen.

Tabelle 15 ist die Weiterführung von Tabelle 14. Sie zeigt einen Performancevergleich zwischen Fonds, die überlebt haben und Fonds, die nicht überlebt haben. Der Aufbau von Tabelle 15 und Tabelle 14 ist ähnlich. Der erste Spaltenblock beinhaltet den Zeitbezug und der nächste die Anzahl der im Durchschnitt enthaltenen Fonds. Darauf folgt der durchschnittliche annualisierte Return der jeweiligen Gruppe über ein Jahr und die Standardabweichung des Returns über die Gruppe als Indikator für die Streuung des Durchschnitts. Schließlich folgt der Wert des Studentschen t-Tests zum Vergleich zweier ungepaarter Stichproben mit unterschiedlicher Standardabweichung. Dieser zeigt die Wahrscheinlichkeit, dass die Durchschnitte der beiden Gruppen gleich bzw. signifikant verschieden (eingerahmt) sind. Die Spaltengruppe Return und die nachfolgenden Spalten in Tabelle 15 beschäftigen sich mit der zentralen Frage des Problembereichs Survivorship Bias. Haben nicht überlebende Fonds schlechtere Renditen als überlebende Fonds?

Tabelle 15: Renditevergleich der Survivor und Non-Survivor

Zeitbezug			Anzahl *		Return in % **			Standardabweichung in % ***			t in%
Monat 1	auf	Monat 2	überlebt	gestorben	überlebt	gestorben	Delta	überlebt	gestorben	Delta	P-Value
Mrz 03	auf	Apr 03	5.349	145	-24,0	-24,7	-0,8	6,9	7,7	0,8	22,0
Apr 03	auf	Mai 03	5.486	107	-14,9	-14,7	0,2	5,9	7,3	1,4	73,5
Mai 03	auf	Jun 03	5.524	112	-7,0	-8,9	-1,9	5,8	4,4	-1,4	0,0
Jun 03	auf	Jul 03	5.550	106	3,0	1,1	-1,8	25,6	5,7	-19,8	0,6
Jul 03	auf	Aug 03	5.683	78	14,9	17,2	2,3	13,8	34,9	21,1	57,0
Aug 03	auf	Sep 03	5.690	106	18,3	17,2	-1,1	16,6	9,4	-7,2	24,9
Sep 03	auf	Okt 03	5.672	185	26,6	23,5	-3,1	12,1	9,6	-2,5	0,0
Okt 03	auf	Nov 03	5.783	116	27,6	26,6	-1,0	13,3	11,9	-1,4	38,7
Nov 03	auf	Dez 03	5.819	150	22,7	21,2	-1,5	11,4	9,8	-1,6	6,8
Dez 03	auf	Jan 04	5.926	106	33,4	32,3	-1,1	12,4	13,0	0,6	39,3
Jan 04	auf	Feb 04	6.021	78	39,5	33,1	-6,4	14,3	14,1	-0,2	0,0
Feb 04	auf	Mrz 04	5.958	188	44,1	42,1	-2,0	15,6	15,1	-0,5	7,9
Mrz 04	auf	Apr 04	6.113	170	42,1	38,7	-3,4	15,7	16,7	1,0	1,0
Apr 04	auf	Mai 04	6.421	82	28,0	28,7	0,7	11,9	10,4	-1,5	54,8
Mai 04	auf	Jun 04	6.435	106	21,0	18,6	-2,4	8,8	6,5	-2,3	0,0
Jun 04	auf	Jul 04	6.408	101	22,1	24,2	2,0	9,0	10,9	1,8	6,4
Jul 04	auf	Aug 04	6.510	66	13,4	11,9	-1,5	7,1	8,3	1,1	15,5
Aug 04	auf	Sep 04	6.589	77	9,2	7,8	-1,5	7,3	6,1	-1,2	3,9
Sep 04	auf	Okt 04	6.589	97	14,0	13,9	-0,1	7,4	7,7	0,3	87,8
Okt 04	auf	Nov 04	6.577	155	8,8	8,3	-0,4	6,6	5,8	-0,7	36,3
Nov 04	auf	Dez 04	6.656	142	12,5	12,9	0,4	7,2	6,6	-0,6	46,8
Dez 04	auf	Jan 05	6.714	133	12,6	13,5	0,8	6,4	5,6	-0,9	8,6
Jan 05	auf	Feb 05	6.648	224	7,3	7,5	0,2	6,2	6,1	-0,1	67,9
Feb 05	auf	Mrz 05	6.737	138	8,0	8,0	0,0	6,4	5,6	-0,8	96,3
Mrz 05	auf	Apr 05	6.667	310	6,6	6,5	-0,1	6,0	5,1	-0,9	75,9
Apr 05	auf	Mai 05	6.937	120	6,1	5,0	-1,1	5,7	4,8	-0,9	1,5
Mai 05	auf	Jun 05	6.834	258	9,2	10,6	1,4	5,8	6,4	0,6	0,1
Jun 05	auf	Jul 05	7.073	109	8,5	5,9	-2,6	5,9	6,1	0,2	0,0
Jul 05	auf	Aug 05	7.013	174	18,6	20,4	1,9	7,5	7,2	-0,3	0,1
Aug 05	auf	Sep 05	6.908	310	18,4	16,7	-1,8	8,1	6,7	-1,4	0,0
Sep 05	auf	Okt 05	6.908	183	18,4	15,6	-2,8	8,1	5,2	-2,9	0,0
Okt 05	auf	Nov 05	7.118	87	11,8	10,8	-1,0	5,7	6,0	0,3	12,8
Nov 05	auf	Dez 05	8.276	201	10,6	8,2	-2,4	5,3	5,3	0,0	0,0

Bemerkungen:
* Anzahl der Fonds mit einem Track Record von mindestens 12 Monaten
** Rollierender Return 12 Monate annualisiert, Durchschnitt der Cross Section
*** Standardabweichung des Returns über der Cross Section

Im März 2003 sind in Tabelle 15 die gestorben Fonds um 0,8 Prozentpunkte schlechter als überlebende, jedoch ist der Unterschied nicht signifikant. Im Monat April 2003 sind die gestorbenen Fonds bzw. jene, die aus dem Handel genommen wurden, im Schnitt sogar besser als die überlebenden. Dies liegt jedoch an einem einzelnen Fonds, der von der öffentlichen Plattform verschwunden ist. Es ist der „Prudent Safe Harbor"-Fonds, der mit 18,1 % annualisiertem Einjahresreturn den Durchschnitt von -15 % auf -14,7 % verbesserte. Es ist wenig verständlich, warum dieser Fonds verschwindet. Mit dieser Performance liegt er im Bereich der Top 20 der überlebenden Fonds.

Die Monate Mai und Juni 2003 in Tabelle 15 entsprechen nun den Erwartungen. Die sterbenden Fonds sind signifikant um 1,9 bzw. 1,8 Prozentpunkte schlechter als die überlebenden. Der Monat Juli 2003 ist wieder ein Sonderfall. Die sterbenden Fonds sind um 2,3 Prozentpunkte besser als die überlebenden. Dies lässt sich auf den Fonds namens „Principal Ptr L/G II J“ zurückführen. Er hat mit seiner Performance von überdurchschnittlichen 315 % annualisiertem Einjahresreturn den Durchschnitt verzerrt. Ohne ihn fällt der Durchschnitt auf 13,3 %, somit um 1,6 Prozentpunkte unter den Schnitt der überlebenden Fonds zurück. Warum dieser Fonds aus dem Verkehr gezogen wird, bleibt ungeklärt. In den Monaten August 2003 bis März 2004 sind die sterbenden Fonds durchgehend schlechter als die überlebenden. Drei Monate sind signifikant mit mindestens 95 %, angedeutet durch die Umrandung um die Irrtumswahrscheinlichkeit. Im Monat April 2004 sind die sterbenden Fonds unsignifikant besser. Es stehen zwar zwei Fonds der Firma Dimensional – beide mit der Kategorie Small Cap Value und mit fast gleicher Performance – an der Spitze der sterbenden Fonds. Jedoch ist deren Abstand zur Performance der anderen sterbenden Fonds nicht so groß. Dies zeigt sich auch im Vergleich der Streuungen zwischen überlebenden und sterbenden Fonds der Monate April und Juli 2003 gegenüber dem April 2004. Dieser Monat lässt sich folglich nicht durch Ausreißer erklären.

Der darauf folgende Mai 2004 in Tabelle 15 gestaltet sich dagegen wieder entsprechend den Erwartungen, die sterbenden Fonds sind signifikant um 2,4 Prozentpunkte schlechter als die überlebenden. Im Monat Juni 2004 sind die sterbenden Fonds wieder deutlich, aber nicht signifikant besser. In der Detailliste verschwinden ganze Serien von Anbietern wie GMO, JP Morgan und andere. AAL verabschiedet sich komplett als Anbieter mit einigen Small Cap Fonds von der Bühne. Von Juli bis Oktober 2004 sind die sterbenden Fonds wieder durchweg schlechter mit einem signifikanten Monat. Im November 2004 bis Februar 2005 sind die sterbenden Fonds wieder nicht signifikant besser oder gleich, die Detaillisten und die Streuungen lassen nicht auf Ausreißer schließen, jedoch kann man den Namen der Fonds relativ oft eine Affinität zu einem oder mehreren Styles wie Value, Mid-Cap und SmallCap entnehmen. Die letzten sechs Monate von März 2005 bis September 2005 sind in ihrem Bild sehr heterogen. Fünf Monate sind signifikant, davon sind 3-mal die sterbenden Fonds schlechter, aber 5-mal sind sie auch besser. Auch hier lässt sich in den Detaillisten ein übermäßiger Hang zu einzelnen Styles feststellen, der sich seit Ende 2004 verstärkt.

Zusammenfassend lässt sich aus Tabelle 15 Folgendes konstatieren: In 33 Vergleichsmonaten sind 24-mal die sterbenden Fonds schlechter als die überlebenden. Von diesen 24 Monaten sind zwölf signifikant und von den neun Monaten, in denen die sterbenden

Fonds besser waren als die überlebenden, sind nur zwei signifikant. Die Bandbreite des Performanceunterschieds zwischen den überlebenden und sterbenden Fonds liegt in Tabelle 15 zwischen –6,4 % und 2,3 %. Im Mittel sind die sterbenden Fonds um einen Prozentpunkt schlechter als die überlebenden. Zählt man nur die signifikanten Monate (positive wie auch negative Differenzen), dann sind die sterbenden Fonds um 2 Prozentpunkte schlechter als die überlebenden. Auf der Basis dieser Ergebnisse lässt sich feststellen, dass sterbende Fonds eine schlechtere Performance haben als überlebende.

Grundsätzlich scheinen Verzerrungen durch Styles vorhanden zu sein. Diese sind sowohl in den Gruppen der überlebenden Fonds als auch der sterbenden Fonds enthalten. Jedoch beträgt der zahlenmäßige Anteil der sterbenden Fonds an der Gesamtanzahl nie mehr als 5 %. Daher könnte der Einfluss von Style Shifts im Durchschnitt der Performance bei den sterbenden Fonds deutlich größer sein als bei der durchschnittlichen Performance überlebender Fonds. Darüber hinaus sind einzelne Monate durch Ausreißer geprägt. Jedoch scheint noch ein weiterer Effekt im momentanen Entwicklungsstand des Samples zu stecken, der an dieser Stelle noch nicht in Erscheinung getreten ist. Ein Indiz dafür ist die enorme Umwälzung in Tabelle 14. Im Jahr 2004 sterben 21 % der Fonds, im Jahr 2005 sind es 29 %. Da aber die Gesamtanzahl einen steigenden Trend aufweist, wurden noch höhere Neulancierungsraten als Sterberaten verzeichnet. Des Weiteren zeigt die Lancierungsrate teilweise extreme Sprünge (vgl. Oktober auf November 2005 in Tabelle 14). Die Größenordnungen der Umwälzung und Veränderung erscheinen unter ökonomischen Gesichtspunkten selbst für eine veränderliche Industrie wie Anlagefonds zu hoch.

Der Verdacht, dass die Daten an diesem Punkt der Arbeit noch ein verdecktes Problem beherbergen, bestätigte sich und wird im folgenden Kapitel beschrieben und bereinigt. Dennoch verblieb die obige Betrachtung in der Arbeit, denn der Grund liegt nicht in einem Fehler der Methodik, sondern in den Daten. Dies ist das Ergebnis, das man bei einem systematisch fehlerlos durchgeführten Vergleich der monatlichen kommerziellen Datensets von Morningstar nach obiger Methode erhält.

5.3 Bereinigung des adjustierten Samples

Durch Vergleich der monatlichen Sets mit dem jeweils nachfolgenden Monat von März 2003 bis Dezember 2005 wurde ein Set von 5.056 gestorbenen Fonds gesammelt. Im kommerziellen Set von Dezember 2005 sind 9.342 lebende Fonds enthalten. Dies ergibt ein Gesamtsample von 14.398 Fonds. Auf der Basis dieser Methode sollte man erwarten, dass dieses Set relativ frei von Survivorship Bias ist und auch sonst keine Schwierigkeiten beherbergt. Tatsächlich beinhaltet dieses Sample eine Unmenge von doppelten und fälschlicherweise für gestorben erklärten Fonds. Dies hat unterschiedliche Gründe. Um eine kommerzielle Datenbank wie die von Morningstar zu führen, bedarf es einer ziemlich rigiden Vorgehensweise, wenn Fonds nicht mehr reporten. Reportet z.B. ein Fonds zum zweiten Mal hintereinander nicht an Morningstar, wird er aus der Datenbank gelöscht. Reported er später wieder, wird er wieder neu aufgenommen und sein Name wird erneut eingetippt.

Stellt man nun ein Sample in der beschriebenen Art und Weise zusammen, kommt es zu Verdoppelungen in vielfachen Ausprägungen. Bei insgesamt 233 Fonds kommt der identische Name mehr als einmal vor. Diese Fonds haben das Reporting ausgesetzt, wurden gelöscht und haben das Reporting später wieder aufgenommen. Dabei wurde ihr Name wieder richtig von den Mitarbeitern bei Morningstar eingegeben. Diese sind anhand des Namens und des Herkunftsdatums einfach zu bereinigen. 116 Fonds sind die jeweils neuesten Fonds und wurden behalten, 117 sind älter und werden gelöscht.

Jedoch sind dies nicht die einzigen Problemfälle. Vielfach tauchen andere Schreibweisen auf wie z.B. „lg" anstatt „large", fehlende Leerzeichen oder Tippfehler, kurz: Eine Vielzahl von Variationen. Diese lassen sich aufgrund ihrer Unterschiedlichkeit nicht mit einem Textmatch abfangen. Dazu kommen vom Fonds bewusst veranlasste Namensänderungen sowie Übernahmen unter den Asset Managern wie z.B. bei PIMCO durch die Allianz Ende 1999. Im Januar und März 2005 änderte sich der Großteil der Namen der Fonds der Pacific Investment Management Company (PIMCO). PIMCO ist ein hervorragender Asset Manager, dessen Fonds ausgezeichnete Renditen haben. Die Fonds sind mit 4-5-Sternen-Ratings von Morningstar ausgezeichnet. Hier kann man eigentlich nicht von einem sterbenden Fonds sprechen, nur weil sich der Namen durch eine Übernahme ändert. Verallgemeinert kann man postulieren: Wenn der Track Record eines Fonds weiter besteht, dann ist er nicht gestorben.

Eine Verfälschung der Ergebnisse bei Querschnittsvergleichen ergibt sich auch dann, wenn mehrere Tranchen (A,B,C etc. im Namen) dessselben Fonds mit gleicher Rendite nach Gebühren im Sample vorhanden sind. Eine bestimmte Kennzahl hat keine bessere (oder schlechtere) Selektionswirkung, nur weil es einen Fonds mehrfach gibt. Denn es steht die gleiche Anlagestrategie nach Gebühren dahinter. Manchmal sind unterschiedliche Ausgabeaufschläge mit verschiedenen Mindestinvestmentvolumina der Treiber der verschiedenen Tranchen kombiniert. Manchmal sind die Verdoppelungen mit identischer Performance auch geschlossene Tranchen, in die man nicht mehr neu investieren kann. Jedoch wird Morningstar als Reportingkanal für die bestehenden Investoren weiterhin genutzt.

Die Verschiedenheit der Fondsnamen macht es unmöglich, diese als weiteres Bereinigungskriterium über die 233 doppelten Fondsnamen hinaus zu verwenden. Daher bleibt nur die Möglichkeit einer Bereinigung auf Basis der Performance. Der Statusmonat oder Herkunftsmonat ist der Monat des Sets, aus dem der Fonds stammt. Monat für Monat wird über das gesamte Set hinweg rollierend immer eine Abfrage auf Doppelte - im Sinne identische Performance in den letzten 6 Monaten - durchgeführt. Nur auf Basis der Renditen ist dieses Puzzle zu lösen. Aus der Menge der Fonds dieser ersten Abfrage (doppelte Performance) wird in einer zweiten, darauf basierenden Abfrage der entsprechende Statusmonat untersucht. Die jeweils aktuelleren Statusmonate werden behalten und die älteren Statusmonate werden gelöscht bzw. die dazugehörigen Fonds. Die erste Abfrage zieht also über das gesamte Sample alle mehrfach vorhandenen Fonds je Zeitfenster an und in der zweiten Abfrage werden die alten Fonds mit doppelter Performance herausgegriffen, die nicht in irgendeiner Weise weiter existieren und sie werden eliminiert. Die Annahme ist also: Mehrfach vorhandene Fonds mit identischer Performance sind fälschlicherweise für tot erklärt worden und die Fonds mit älteren Herkunftsdaten werden eliminiert. Die Prozedur mit dem Zeitfenster sechs Monate wurde Monat für Monat – und somit Set für Set – von hinten – angefangen im März 2003 – nach vorn – bis Dezember 2005 – durchgeführt. Damit hat sie alle jeweils alten mehrfach vorhandenen Fonds auf der Basis der Performance eliminiert. Im letzten Schritt wurden im letzten Zeitfenster noch die doppelten bzw. drei- und vierfach usw. vorhandenen Fonds auf ein Exemplar reduziert (Tranchen A, B, C etc.). Im letzten Monat gibt es keinen Vergleich der Statusmonate mehr, diese sind bei den mehrfach gepflegten Tranchen A, B, C etc. gleich. Mit dieser Gesamtprozedur hat sich die Anzahl auf 9.870 Fonds wirklich unterschiedliche Portfolios reduziert.

Tabelle 16 zeigt die Funktionsweise der Bereinigung am Beispiel der Fondspalette von Columbia im Monat September 2003. Die erste Spalte zeigt den Statusmonat des Fonds, die zweite Spalte zeigt den Namen und in den weiteren Monaten sind die monatlichen

Returns der Fonds dargestellt. Es erfolgten eine Namensänderung von „Columbia Special" in „Columbia Mid Cap Growth" sowie die Auflegung einer neuen Tranche mit der Endung „LW". Die bisherigen Fondsnamen „Columbia Special" deklarierte die Adjustierung für Survivorship Bias (vgl. Kapitel 5.2) fälschlicherweise für gestorben und sie wurden mit null Return nach Ableben dem Gesamtsample wieder zugeführt. Die Bereinigung identifiziert nun in ihrer ersten Abfrage, wie der obere Teil von Tabelle 16 zeigt, mehrfach vorhandene identische Returns über das Zeitfenster der sechs Monate von April 2003 bis September 2003 und die gesamte Fondspalette von Columbia taucht mit den Duplikaten bzw. Triplets auf. Die auf dem Inhalt von Abfrage 1 aufbauende Abfrage 2 im unteren Teil von Tabelle 16 mit dem Kriterium Statusmonat September 2003 identifiziert die fälschlicherweise für gestorben erklärten Fonds mit dem alten Namen und ermöglicht deren Löschung aus dem Datensample. Die neue Tranche LW verbleibt im Sample bis zum letzten Schritt der rollierenden Bereinigung, der Eliminierung der Duplikate (bzw. mehrfach vorhandenen Fonds) im Dezember 2005. In Tabelle 16 wird auch klar, warum die Methode zeitlich von hinten nach vorn und rollierend durchgeführt werden musste. Man muss die fälschlich als gestorben identifizierten Fonds genau im Monat des Ablebens identifizieren, sonst stellen sie in puncto Performance kein Duplikat mehr dar. Nach der Bewältigung dieses Problems stellt sich die Frage, wie andere Forscher wie Malkiel (1995) damit umgegangen sind. Darüber ist in der Literatur nichts dokumentiert, jedoch tritt dieses Problem auch auf, wenn die gestorbenen Fonds von Hand gesammelt werden. Dies lässt Zweifel an Sterblichkeitsraten und Performanceunterschieden von gestorbenen versus überlebenden Fonds anderer Autoren aufkommen.

Tabelle 16: Funktionsweise der Bereinigung

Erste Abfrage

Status	Fund Name	Apr03	Mai03	Jun03	Jul03	Aug03	Sep03	Okt03	Nov03	Dez03
200309	Columbia Special D	4,976	8,558	1,577	2,09	5,146	-5,451	0	0	0
200512	Columbia Mid Cap Growth D	4,976	8,558	1,577	2,09	5,146	-5,451	8,059	2,722	0,795
200309	Columbia Special B	4,972	8,553	1,576	2,088	5,085	-5,395	0	0	0
200512	Columbia Mid Cap Growth B	4,972	8,553	1,576	2,088	5,085	-5,395	7,995	2,722	0,795
200512	Columbia Mid Cap Growt LW	5,028	8,59	1,63	2,139	5,236	-5,362	8,061	2,757	0,894
200512	Columbia Mid Cap Growth A	5,028	8,59	1,63	2,139	5,236	-5,362	8,061	2,757	0,894
200309	Columbia Special A	5,028	8,59	1,63	2,139	5,236	-5,362	0	0	0

Zweite Abfrage

Status	Fund Name	Apr03	Mai03	Jun03	Jul03	Aug03	Sep03	Okt03	Nov03	Dez03
200309	Columbia Special D	4,976	8,558	1,577	2,09	5,146	-5,451	0	0	0
200309	Columbia Special B	4,972	8,553	1,576	2,088	5,085	-5,395	0	0	0
200309	Columbia Special A	5,028	8,59	1,63	2,139	5,236	-5,362	0	0	0

Wie so oft bei einer Bereinigung und der Arbeit mit Filtern, ist das Ergebnis nicht 100 %ig perfekt. Gewisse Fehler bleiben bei allen real beobachteten, großen Datenbeständen zurück. Zum Beispiel wurden bei dieser Prozedur jene Fonds eliminiert, die im jeweiligen Zeitfenster in Abfrage 1 doppelt vorkommen, gemeinsam in diesem Monat sterben und nicht wiederkommen. Jedoch kann man diese nicht von jenen trennen, die später weitere Doppelte haben und dementsprechend doch wieder kommen. Es handelt sich dabei – durch Stichprobentests ermittelt – in den ersten Monaten jeweils um drei bis vier Fonds, die diese Spezialität aufweisen. Jedoch wurden diese Fonds aus Gründen des geringen Einflusses der ein bis zwei Fonds nicht wieder dem Sample zugeführt, sondern es wurde strikt die beschriebene Prozedur durchgeführt und aus Transparenzgründen bewusst keinerlei manuellen Eingriffe vorgenommen.

5.4 Fondssterblichkeit

Tabelle 17 zeigt wie in Tabelle 14 die Veränderung des Fondsmarktes von Monat zu Monat. Jedoch zeigt sie nun das Bild nach der Bereinigung.

Tabelle 17: Veränderung der Akteure von Monat zu Monat nach Bereinigung

Zeitbezug			Anzahl *				Veränderung in %		
Monat 1	auf	Monat 2	Gesamt	überlebt	gestorben	lanciert	überlebt	gestorben	lanciert
Mrz 03	auf	Apr 03	7.399	7.346	53	36	99,3	0,7	0,5
Apr 03	auf	Mai 03	7.382	7.324	58	57	99,2	0,8	0,8
Mai 03	auf	Jun 03	7.381	7.319	62	88	99,2	0,8	1,2
Jun 03	auf	Jul 03	7.407	7.367	40	82	99,5	0,5	1,1
Jul 03	auf	Aug 03	7.449	7.413	36	34	99,5	0,5	0,5
Aug 03	auf	Sep 03	7.447	7.382	65	65	99,1	0,9	0,9
Sep 03	auf	Okt 03	7.447	7.371	76	58	99,0	1,0	0,8
Okt 03	auf	Nov 03	7.429	7.362	67	23	99,1	0,9	0,3
Nov 03	auf	Dez 03	7.385	7.250	135	62	98,2	1,8	0,8
Dez 03	auf	Jan 04	7.312	7.240	72	41	99,0	1,0	0,6
Jan 04	auf	Feb 04	7.281	7.230	51	35	99,3	0,7	0,5
Feb 04	auf	Mrz 04	7.265	7.265	0	13	100,0	0,0	0,2
Mrz 04	auf	Apr 04	7.278	7.217	61	32	99,2	0,8	0,4
Apr 04	auf	Mai 04	7.249	7.204	45	34	99,4	0,6	0,5
Mai 04	auf	Jun 04	7.238	7.187	51	33	99,3	0,7	0,5
Jun 04	auf	Jul 04	7.220	7.177	43	38	99,4	0,6	0,5
Jul 04	auf	Aug 04	7.215	7.186	29	61	99,6	0,4	0,8
Aug 04	auf	Sep 04	7.247	7.188	59	52	99,2	0,8	0,7
Sep 04	auf	Okt 04	7.240	7.191	49	29	99,3	0,7	0,4
Okt 04	auf	Nov 04	7.220	7.159	61	26	99,2	0,8	0,4
Nov 04	auf	Dez 04	7.185	7.104	81	82	98,9	1,1	1,1
Dez 04	auf	Jan 05	7.186	7.111	75	26	99,0	1,0	0,4
Jan 05	auf	Feb 05	7.137	7.070	67	57	99,1	0,9	0,8
Feb 05	auf	Mrz 05	7.127	7.105	22	67	99,7	0,3	0,9
Mrz 05	auf	Apr 05	7.172	7.107	65	31	99,1	0,9	0,4
Apr 05	auf	Mai 05	7.138	7.130	8	20	99,9	0,1	0,3
Mai 05	auf	Jun 05	7.150	7.094	56	76	99,2	0,8	1,1
Jun 05	auf	Jul 05	7.170	7.139	31	8	99,6	0,4	0,1
Jul 05	auf	Aug 05	7.147	7.116	31	45	99,6	0,4	0,6
Aug 05	auf	Sep 05	7.161	7.088	73	32	99,0	1,0	0,4
Sep 05	auf	Okt 05	7.120	7.090	30	25	99,6	0,4	0,4
Okt 05	auf	Nov 05	7.115	7.084	31	57	99,6	0,4	0,8
Nov 05	auf	Dez 05	7.141	7.097	44	100	99,4	0,6	1,4

Bemerkung:

* Anzahl der Fonds mit einem Track Record von mindestens 12 Monaten, rollierend je Monat.

Auffällig in Tabelle 17 ist, dass die Gesamtanzahl nun keinen ansteigenden Trend mehr zeigt. Die Systematik der Tabellen ist identisch, nur die Herangehensweise für die Grunddaten dieser Tabellen ist unterschiedlich. Dadurch zeigen sich neue Erkenntnisse. Im ersten Fall in Tabelle 14. Hier wurden die monatlichen Sets verglichen, wie sie von den CDs Set für Set exportiert wurden. Bei obiger Tabelle wurde immer das Gesamtsample bei der Gruppe der Überlebenden (mit einem Filter „jünger als") verwendet. Daher zogen die Formeln für die Gruppe der Überlebenden alle Fonds an, die Returns haben und jünger als der jeweilige Monat sind. In beiden Fällen ist die Gesamtanzahl die Anzahl Fonds, welche in Monat 1 am Leben sind (deshalb ist eine fallende Zahl überhaupt möglich) und die nächsten Spalten zeigen die Anzahl Fonds, die davon überlebt haben bzw. gestorben sind. Die Spalten der neu lancierten Fonds und die überlebenden Fonds ergeben den Anfangsbestand der nächsten Periode. Der Unterschied ist nur, dass im ersten Fall die Anzahl der Fonds ausschlaggebend ist, welche Morningstar reportet. Im zweiten Fall determiniert die Verfügbarkeit von Returndaten die Anzahl.

Der deutlich höhere Anfangsbestand in Tabelle 17 besteht somit aus Fonds, die später, als ihr Track Record vermuten lässt, im Morningstarreporting erscheinen. Dies lässt nur zwei Theorien zu: Entweder erfreut sich Morningstar wachsender Beliebtheit bzw. gewinnt neue Marktanteile im Fondsreporting oder die Assetmanager „züchten" erst einmal Track Record, bevor sie an die Öffentlichkeit gehen. Wahrscheinlich ist es eine Mischung aus beiden Effekten. Jedoch ist es eigentlich auch relativ unerheblich, denn irgendjemand muss ja investiert haben, selbst dann, wenn es nur „Seed Money" des Asset Managers selbst ist. Sonst wäre es keine historische Performance, sondern kalkulative Berechnungen einer hypothetischen Anlagestrategie. Die jetzige Darstellung in Tabelle 17 kommt der Realität der Fonds und ihrer Performance im Markt an sich auf jeden Fall näher und ist frei von Effekten durch die Morningstarorganisation, denn sie basiert rein auf der Verfügbarkeit von Returndaten.

Im Jahr 2004 sind nun insgesamt 602 und im Folgejahr 533 Fonds wirklich gestorben. Die Sterberate im Jahr 2004, wieder bezogen auf den Durchschnitt aus Anfangs- und Endbestand des Jahres, ist damit von 21,1 % auf 8,3 % zurückgegangen. Im Jahr 2005 ist die Sterberate von 29,2 % auf 7,4 % gefallen. Diese Größenordnungen erscheinen wesentlich realistischer. Der gesamte Verlauf in Tabelle 17 erscheint nun auch wesentlich geglätteter und natürlicher. Es ist eher unwahrscheinlich, dass im November 2005 plötzlich 1.359, beinahe 20 % neue Fonds auf den Markt kamen, denn die Vorjahre zeigen auch keine Ausschläge dieser Art. Auch die Monate davor oder dahinter waren nicht erhöht. Dieser sowie andere kleinere Ausreißer sind verschwunden und die Niveaus von gestorbenen und überlebenden Fonds sind deutlich zurückgekommen.

Malkiel (1995: 554) beschäftigte sich mit Survivorship Bias in US-Aktienfonds. Lipper Analytic Services stellte ihm ein seiner Ansicht nach vollständiges Datenset aus allen Fonds dieser Anlagekategorie ohne Branchenfonds, die in der Periode 1971 bis einschließlich 1991 oder Teilen der Periode existiert haben, zur Verfügung. Das Fondssample ist folglich von der Eingrenzung der Fonds her konsistent mit dem vorliegenden Sample. In einer Aufbereitung betrachtet er Sterberaten, jedoch ist die Betrachtungsweise anders gestaltet als die vorliegende. Er betrachtet über die Periode von 1982 bis einschließlich 1990 alle Fonds gegenüber jenen aus dieser Periode, die nicht bis Dezember 1991 überlebt haben, folglich spätestens irgendwann im Jahr 1991 verstorben sind. Ein 1982 als Non-Survivor klassifizierter Fonds stirbt bei Malkiel (1995: 554) irgendwann zwischen Januar 1983 und Dezember 1991. Er macht also aus seinem Fondssample zwei feste Gruppen. So steigen die Sterberaten bei ihm sukzessive vom Ende zum Anfang der Periode an. In der vorliegenden Betrachtung dagegen sind Nicht-Survivor definiert als Fonds, die jeweils im nächsten Monat nicht mehr am Leben sind. Der sterbende Fonds ist im Vormonat noch ein überlebender Fonds, da er den vorherigen Monatswechsel ja auch überlebt hat. Die vorliegende Analyse modelliert damit die Realität exakter. Das Jahr 1990 kommt bei Malkiel (1995: 554) der vorliegenden Analyse noch am nächsten und lässt sich im Hinblick auf die Systematik mit den vorliegenden Daten replizieren. Er berichtet für 1990 eine Sterberate von 5,4 % für Fonds, die im Verlauf von 1991 sterben. Berechnet man für 2004 eine Sterberate für die Fonds, die im Verlauf von 2005 sterben, ergibt sich ein Wert von 7,2 %. Die Sterberate ist somit 2004 um 1,8 Prozentpunkte höher als 1990. Ebenso hat das Fondsangebot zugenommen. 1990 berichtet Malkiel (1995: 554) von 724 „Total Funds in Existence", 2004 sind es 7.186 existierende Fonds. Es ist daher nicht nur die prozentuale Sterberate gestiegen, sondern auch die absolute Zahl von sterbenden Fonds beträgt 520 im Jahr 2004 gegenüber 39 im Jahr 1990. Die Dimensionen im Fondssegment US-Aktien haben sich deutlich erhöht. Jedoch sind 8,3 % für das Jahr 2004 und 7,4 % für das Jahr 2005 als exaktere Messungen der Sterberate zu sehen, da diese Zahlen die Anzahl gestorbener Fonds im Verlauf des Jahres berücksichtigen und sich auf den Durchschnitt aus Anfangs- und Endbestand des Jahres beziehen.

5.5 Überlebende versus sterbende Fonds

5.5.1 Vergleich der Rendite

Im Folgenden wird geprüft, wie sich die Renditebetrachtung aus Tabelle 15 in Kapitel 5.2 durch die Bereinigung in Kapitel 5.3 verändert hat. Tabelle 18 zeigt den Renditevergleich der Survivor und Non-Survivor nach Bereinigung.

Tabelle 18: Renditevergleich der Survivor und Non-Survivor nach Bereinigung

Zeitbezug			Anzahl *		Return in % **			Standardabweichung in % ***			t in%
Monat 1	auf	Monat 2	überlebt	gestorben	überlebt	gestorben	Delta	überlebt	gestorben	Delta	P-Value
Mrz 03	auf	Apr 03	7.346	53	-23,5	-26,2	-2,7	8,4	8,5	0,1	2,5
Apr 03	auf	Mai 03	7.324	58	-14,6	-15,3	-0,6	7,3	8,5	1,2	56,6
Mai 03	auf	Jun 03	7.319	62	-6,8	-9,6	-2,8	6,6	5,0	-1,6	0,0
Jun 03	auf	Jul 03	7.367	40	1,4	-0,6	-2,1	7,7	6,1	-1,6	4,2
Jul 03	auf	Aug 03	7.413	36	14,6	20,2	5,6	9,5	50,8	41,2	51,1
Aug 03	auf	Sep 03	7.382	65	18,0	17,4	-0,6	11,3	9,3	-2,0	62,6
Sep 03	auf	Okt 03	7.371	76	26,5	20,5	-6,0	12,6	6,9	-5,7	0,0
Okt 03	auf	Nov 03	7.362	67	27,6	23,0	-4,6	13,5	9,2	-4,3	0,0
Nov 03	auf	Dez 03	7.250	135	22,6	20,7	-1,9	11,6	9,6	-1,9	2,4
Dez 03	auf	Jan 04	7.240	72	33,4	30,3	-3,1	12,8	12,1	-0,7	3,5
Jan 04	auf	Feb 04	7.230	51	39,5	30,6	-8,9	14,8	16,0	1,3	0,0
Feb 04	auf	Mrz 04	7.265	0	44,1	-	-	16,0	-	-	-
Mrz 04	auf	Apr 04	7.217	61	42,2	39,6	-2,6	16,2	17,8	1,6	26,2
Apr 04	auf	Mai 04	7.204	45	28,2	25,9	-2,3	12,1	6,8	-5,3	2,9
Mai 04	auf	Jun 04	7.187	51	21,2	18,1	-3,1	9,0	6,2	-2,8	0,1
Jun 04	auf	Jul 04	7.177	43	22,3	23,5	1,2	9,3	10,7	1,4	47,2
Jul 04	auf	Aug 04	7.186	29	13,4	9,5	-3,9	7,2	9,9	2,7	4,0
Aug 04	auf	Sep 04	7.188	59	9,3	8,0	-1,3	7,3	6,0	-1,2	10,2
Sep 04	auf	Okt 04	7.191	49	14,1	12,6	-1,5	7,3	6,7	-0,7	12,7
Okt 04	auf	Nov 04	7.159	61	8,9	9,5	0,6	6,5	5,9	-0,6	44,2
Nov 04	auf	Dez 04	7.104	81	12,7	12,3	-0,3	7,2	6,6	-0,6	68,3
Dez 04	auf	Jan 05	7.111	75	12,8	13,0	0,3	6,4	5,5	-0,9	68,4
Jan 05	auf	Feb 05	7.070	67	7,4	5,6	-1,8	6,2	5,2	-0,9	0,6
Feb 05	auf	Mrz 05	7.105	22	8,1	6,5	-1,6	6,4	5,1	-1,3	14,7
Mrz 05	auf	Apr 05	7.107	65	6,7	5,6	-1,1	6,0	6,4	0,4	17,0
Apr 05	auf	Mai 05	7.130	8	6,2	5,3	-0,9	5,8	5,6	-0,2	65,7
Mai 05	auf	Jun 05	7.094	56	9,4	7,9	-1,5	5,8	5,4	-0,4	4,5
Jun 05	auf	Jul 05	7.139	31	8,5	7,4	-1,1	6,0	6,0	0,1	31,3
Jul 05	auf	Aug 05	7.116	31	18,6	18,7	0,1	7,6	6,9	-0,7	94,2
Aug 05	auf	Sep 05	7.088	73	18,5	15,2	-3,3	8,1	7,3	-0,8	0,0
Sep 05	auf	Okt 05	7.090	30	16,3	14,5	-1,8	7,0	4,6	-2,3	4,8
Okt 05	auf	Nov 05	7.084	31	11,9	9,4	-2,5	5,8	6,3	0,5	3,5
Nov 05	auf	Dez 05	7.097	44	10,5	7,5	-3,0	5,3	5,2	-0,1	0,0

Bemerkungen:

* Anzahl der Fonds mit einem Track Record von mindestens 12 Monaten.

** Rollierender Return 12 Monate annualisiert, Durchschnitt der Cross Section.

*** Standardabweichung des Returns über der Cross Section.

Hier zeigen sich ebenfalls deutliche Veränderungen durch die in Kapitel 5.3 beschriebene Bereinigungsroutine. In 33 Vergleichsmonaten sind die sterbenden Fonds jetzt 27- anstatt 24-mal schlechter und 5- anstatt 9- mal sind sterbende Fonds besser. In einem Monat haben alle Fonds überlebt. Von diesen 27 Monaten sind 14 (vorher 12) signifikant und von den 5 Monaten, in denen die überlebenden Fonds besser waren, ist keiner mehr (vorher 2) signifikant. Die Bandbreite der Differenzreturns hat sich in beide Richtungen ausgedehnt. Das Monatsmaximum, um das sterbende Fonds schlechter sind, ist von 6,4 % Renditeunterschied auf 8,9 % gestiegen und das umgekehrte Extrem ist von 2,3 % auf 5,6 % gestiegen. Das umgekehrte Extrem liegt nach wie vor am Fonds mit dem Namen „Principal Ptr L/G II J", der sich mit seinen überdurchschnittlich hohen 315 % annualisiertem Einjahresreturn per Ende Juli 2003 aus den Daten verabschiedet und sich jetzt in der kleineren Gruppe im Durchschnitt noch stärker bemerkbar macht. Der Durchschnitt aller Differenzreturns hat sich von -1 % auf -1,9 % verändert und der Durchschnitt der nur signifikanten Deltareturns ist von -2 % auf -3,3 % gewandert. Sterbende Fonds haben also deutlich schlechtere Renditen als überlebende Fonds. Dies ist durch die Bereinigung in Kapitel 5.3 noch wesentlich deutlicher geworden.

Vergleicht man die jährlichen Renditeunterschiede zwischen der Gruppe Survivor und Non-Survivor mit der Studie von Malkiel (1995: 554), dessen Betrachtung von Sterberaten in Kapitel 5.4 mit den vorliegenden Daten verglichen wurde, scheinen die Renditeunterschiede etwas zurückgegangen zu sein. Die Renditeunterschiede betrachtet er mit dem gleichen Ansatz wie die Sterberaten. Der Ansatz basiert jedoch, wie bereits angedeutet, auf einer anderen Aufbereitung der Daten. Allerdings kann man bei den Renditedurchschnitten bei Malkiel (1995: 554) im Gegensatz zu seinen Sterberaten keinen ansteigenden Trend beobachten. Bei ihm sind die Non-Survivor in allen Jahren zwischen einschließlich 1982 und 1990 immer statistisch signifikant schlechter als die Survivor. Der Renditeunterschied beträgt zwischen 2,8 % und 8,9 %. Im Jahr 1990, das mit dem vorliegenden Ansatz am ehesten vergleichbar ist, beträgt der Renditeunterschied 5,1 %. Berechnet man bei Malkiel den Schnitt der signifikanten Deltareturns über die Jahre der Periode, kommt man auf 6,2 Prozentpunkte schlechtere jährliche Performance der Non-Survivor gegenüber den vorliegenden 3,3 Prozentpunkten über die Periode März 2003 bis Dezember 2005. Berechnet man nun in der Systematik von Malkiel (1995: 554) den Renditeunterschied für das Jahr 2004 zwischen allen Fonds, die Ende 2005 noch am Leben sind gegenüber denen, die im Verlauf des Jahres 2005 sterben, beträgt der Renditeunterschied 2,4 %. Diesen Wert kann man mit den Renditeunterschieden von 5,1 % für das Jahr 1990 und 6,2 % im Durchschnitt aller Jahre bei Malkiel (1995: 554) exakt vergleichen, da die Methode identisch ist.

Brown/Goetzmann (1995: 683) berichten unter Anwendung gleicher Betrachtungsweise wie Malkiel (1995) über die Periode 1977 bis 1987 mit dem Kriterium „spätestens gestorben in 1998“ einen Renditenachteil der Non-Survivor von -4,4 % bei einer gleichgewichteten Durchschnittsbildung und -2,8 % bei einer auf Kapitalisierung gewichteten Durchschnittsbildung. Alle bisher dargestellten Werte basieren auf gleichgewichteter Durchschnittsbildung. Jedoch weisen sie darauf hin, dass ihr Sample auf Basis handgesammelter Daten aus dem jährlichen „Mutual Funds Panorama“ von Weisenberger Investment Companies Service eventuell nicht ganz frei von Survivorship Bias ist, da kleinere Fonds und Fonds mit unvollständigen Daten bei Weisenberger nicht berücksichtigt wurden. Das Sample von Brown/Goetzmann (1995: 683) besteht zum Anfang der Periode aus 372 und aus 829 Fonds am Ende der Periode. Da die Periode sehr ähnlich der von Malkiel (1995) ist, kann man aufgrund des Unterschieds im gefundenen Renditedelta davon ausgehen, dass die eigene Vermutung von Brown/Goetzmann (1995) richtig ist und ihnen ein paar gestorbene Fonds in der Analyse fehlen. Carhart (1997: 59) berichtet bezüglich seines sehr umfangreichen Datensets von insgesamt 1.310 lebenden und 582 toten Fonds über die Periode 1962 bis 1993 leider von keinen Renditeunterschieden.

Zusammenfassend lässt sich somit auch auf der Renditeseite ein klareres Bild beobachten, dass in seinem Ausmaß nach der Bereinigung mehr den Erwartungen an den Effekt Survivorship Bias entspricht. Jedoch scheint der Renditeunterschied zwischen überlebenden und sterbenden Fonds 2004 und 2005 nicht mehr so groß zu sein wie in den 80er-Jahren bzw. im Jahre 1990. Die jährliche Sterberate ist dagegen heute höher als früher. Über die Gründe lässt sich nur spekulieren. Das Angebot an Fonds ist heute deutlich größer als früher. Während Malkiel (1995) mit etwa 700 American Domestic Equity Funds in seinem Sample arbeitet, von dem er behauptet, dass es alle Fonds der Periode 1971 bis einschließlich 1991 enthält, beinhaltet das vorliegende Sample mit allen Fonds von März 2003 bis Dezember 2005 insgesamt 9.870 Fonds (ohne Anforderung Minimum Track Record). Da die Sterberate eher größer geworden ist, könnte man vermuten, dass die Institute heute einfach früher den Betrieb eines Fonds mit schlechter Performance einstellen. Höhere Datenfrequenzen lassen ja heute auch eine schnellere Evaluation zu. Jedoch könnte auch der Durchschnitt der überlebenden Fonds aufgrund der gestiegenen Größe des Fondsangebots schwächer geworden sein. Die Gründe sind jedoch nur Spekulationen, der berichtete Renditeunterschied und die Sterberate in den vorliegenden Daten sind Tatsachen. Sie beruhen auf einer rollierenden Betrachtung, welche jeweils gezielt die Performance bis zum individuellen Sterbemonat betrachtet. Diesen Präzisionsgrad leisten die Betrachtungen von Malkiel (1995) und Brown/Goetzmann (1995) nicht.

5.5.2 Vergleich der Sharpe Ratios

Wie sieht das Bild auf der Basis Rendite pro Einheit Risiko aus? Um dieser Frage nachzugehen, werden im gleichen Stil und mit der gleichen Herangehensweise wie in

Tabelle 18 nachfolgend in Tabelle 19 annualisierte Sharpe Ratios verglichen. Sie wurden ebenfalls auf der Basis von jeweils einem Jahr rollierend und anhand des gleichen Samples nach der Bereinigung in Kapitel 5.3 berechnet. Um die Berechnung etwas zu vereinfachen, wurden für die Sharpe Ratios jeweils der Gesamtreturn und nicht die Überrendite gegenüber der risikofreien Alternativanlage verwendet. Da diese Vereinfachung alle Fonds gleichermaßen betrifft und der Fokus auf der Differenz zwischen überlebenden und sterbenden Fonds liegt, hat dies keinen Einfluss auf das Ergebnis. Die Differenz verändert sich nicht, wenn man von allen Fonds die gleiche Rendite der T-Bill abzieht.

Tabelle 19: Vergleich der Sharpe Ratios von Survivor und Non-Survivor

Zeitbezug			Anzahl *		SR in % **			Standardabweichung in % ***			t in%
Monat 1	auf	Monat 2	überlebt	gestorben	überlebt	gestorben	Delta	überlebt	gestorben	Delta	P-Value
Mrz 03	auf	Apr 03	7.346	53	-1,3	-1,5	-0,2	1,4	0,8	-0,6	3,7
Apr 03	auf	Mai 03	7.324	58	-0,7	-0,7	0,0	1,2	0,5	-0,7	49,5
Mai 03	auf	Jun 03	7.319	62	-0,3	-0,5	-0,2	1,2	0,4	-0,8	0,0
Jun 03	auf	Jul 03	7.367	40	0,1	0,0	-0,1	1,1	0,4	-0,7	11,3
Jul 03	auf	Aug 03	7.413	36	0,8	0,7	-0,2	0,9	0,3	-0,6	0,5
Aug 03	auf	Sep 03	7.382	65	1,0	0,9	-0,1	1,0	0,5	-0,5	13,7
Sep 03	auf	Okt 03	7.371	76	1,8	1,4	-0,4	0,9	0,4	-0,5	0,0
Okt 03	auf	Nov 03	7.362	67	1,9	1,6	-0,2	0,9	0,5	-0,5	0,0
Nov 03	auf	Dez 03	7.250	135	1,6	1,5	-0,2	1,0	0,5	-0,5	0,2
Dez 03	auf	Jan 04	7.240	72	2,7	2,5	-0,2	1,0	0,9	-0,1	6,5
Jan 04	auf	Feb 04	7.230	51	3,5	3,0	-0,5	1,1	1,3	0,2	1,2
Feb 04	auf	Mrz 04	7.265	0	4,3	-	-	1,4	-	-	-
Mrz 04	auf	Apr 04	7.217	61	4,0	3,6	-0,4	1,4	1,3	-0,2	2,6
Apr 04	auf	Mai 04	7.204	45	2,7	2,7	0,0	1,3	0,4	-0,9	68,1
Mai 04	auf	Jun 04	7.187	51	2,3	2,0	-0,3	1,5	0,6	-0,9	0,1
Jun 04	auf	Jul 04	7.177	43	2,4	2,7	0,2	1,5	1,0	-0,5	16,9
Jul 04	auf	Aug 04	7.186	29	1,3	1,0	-0,3	0,8	0,8	0,1	3,4
Aug 04	auf	Sep 04	7.188	59	1,0	0,9	0,0	0,8	0,7	-0,1	68,2
Sep 04	auf	Okt 04	7.191	49	1,4	1,2	-0,2	0,8	0,8	0,0	3,9
Okt 04	auf	Nov 04	7.159	61	1,1	1,5	0,4	0,8	2,4	1,6	16,0
Nov 04	auf	Dez 04	7.104	81	1,3	1,3	0,0	0,8	0,8	0,0	89,0
Dez 04	auf	Jan 05	7.111	75	1,4	1,4	0,1	0,7	0,6	0,0	30,5
Jan 05	auf	Feb 05	7.070	67	0,8	0,7	0,0	0,6	0,7	0,1	62,9
Feb 05	auf	Mrz 05	7.105	22	0,8	0,7	-0,1	0,6	0,5	-0,1	27,8
Mrz 05	auf	Apr 05	7.107	65	0,7	0,5	-0,2	0,6	0,6	0,0	1,4
Apr 05	auf	Mai 05	7.130	8	0,7	0,4	-0,2	0,6	0,4	-0,2	18,6
Mai 05	auf	Jun 05	7.094	56	0,9	0,8	-0,1	0,6	0,5	-0,1	8,0
Jun 05	auf	Jul 05	7.139	31	0,8	0,6	-0,3	0,6	0,5	-0,1	0,6
Jul 05	auf	Aug 05	7.116	31	1,9	1,9	0,1	0,6	0,6	-0,1	58,0
Aug 05	auf	Sep 05	7.088	73	1,8	1,7	-0,1	0,6	0,5	-0,1	38,7
Sep 05	auf	Okt 05	7.090	30	1,6	1,3	-0,3	0,6	0,5	-0,1	0,1
Okt 05	auf	Nov 05	7.084	31	1,1	1,6	0,5	0,5	1,2	0,7	2,6
Nov 05	auf	Dez 05	7.097	44	1,1	0,8	-0,3	0,5	0,5	0,0	0,0

Bemerkungen:

* Anzahl der Fonds mit einem Track Record von mindestens 12 Monaten.

** Rollierende Sharpe Ratio 12 Monate annualisiert, Durchschnitt der Cross Section.

*** Standardabweichung der SR über der Cross Section.

Auch die Betrachtung nach Gesamtreturn pro Einheit Gesamtrisiko in Tabelle 19 zeigt bessere Ergebnisse zu Gunsten der überlebenden Fonds, jedoch in ihrem Ausmaß geringer als erwartet. In den 33 Vergleichsmonaten sind die sterbenden Fonds 26-mal schlechter und 6-mal besser als die überlebenden. Das ist ein Monat mehr zu Gunsten der sterbenden Fonds als auf Returnbasis. Es gibt daher 16 signifikante Unterschiede in den Monaten gegenüber 17 bei der Returnbetrachtung. Davon sind 15-mal die sterbenden Fonds schlechter und 1-mal die überlebenden. Bei den Returns waren durchgehend die sterbenden Fonds schlechter.

Der Mittelwert in der Differenz der Sharpe Ratios liegt bei -0,1. Die sterbenden Fonds sind also leicht schlechter. Betrachtet man nur die signifikanten Deltas, ergeben sie im Durchschnitt -0,2. Die Extreme liegen bei -0,5 und +0,5. Zusammenfassend lässt sich also sagen, dass auch die Sharpe Ratios bei sterbenden Fonds schlechter sind, jedoch der Unterschied zwischen sterbenden und überlebenden Fonds eher weniger bzw. gleich ausgeprägt ist als bei Returns, wie die Betrachtung der Anzahl der Monate zeigt. Man hätte auch erwarten können, dass sterbende Fonds bei einer Betrachtung von Return pro Einheit noch deutlich schlechter abschneiden als im Returnvergleich.

5.6 Messung des Survivorship Bias

Nach dem Vergleich von gestorbenen versus überlebenden Fonds wird in diesem Kapitel der Survivorship Bias gemessen. Der Survivorship Bias stellt die Auswirkung der gestorbenen Fonds auf das Gesamtsample dar. Dies erfordert einen anderen Schnitt durch die Daten. Der Fokus liegt nun nicht mehr rollierend auf dem Zeitpunkt des Ablebens der gestorbenen Fonds, sondern auf dem Ende des Kalenderjahres.

Tabelle 20 zeigt den Effekt von Survivorship Bias am finalen Sample mit Ende Dezember 2005 im Vergleich zum normalen kommerziellen Set von Morningstar von Dezember 2005. Die erste Spalte in Tabelle 20 zeigt das kommerzielle Set Dezember 2005, die zweite Spalte zeigt das finale adjustierte und bereinigte Sample und in der nachfolgenden Spalte ist der Survivorship Bias in jedem Jahr als Differenz dieser beiden Sets zu sehen. Die nachfolgenden Spalten zeigen das finale Set, unterteilt in überlebende und gestorbene Fonds. Dieser Schnitt der Daten ist eigentlich relativ nahe an der Herangehensweise von Malkiel (1995: 554) mit seinen zwei festen Gruppen und seinem festen Bezugspunkt am Ende der Periode, jedoch sind hier im Gegensatz zu Malkiel (1995: 554) im Folgejahr jeweils auch die gestorbenen Fonds des Vorjahres enthalten, daher steigt die Anzahl der gestorbenen Fonds.

Die Anzahlen am Ende des Jahres 2005 lassen sich mit Tabelle 17 wie folgt in Verbindung bringen: Die überlebenden Fonds von November 2005 und die in diesem Monat neu lancierten Fonds ergeben einen Bestand von 7.197 Fonds, welcher auch die Anzahl der lebenden Fonds zum Ende Dezember 2005 in Tabelle 20 darstellt. Auch hier sorgt die Anforderung von verfügbaren Returns über den Zeitbezug von einem Jahr wieder zu derselben Verschiebung gegenüber der wirklichen Gesamtanzahl an lebenden Fonds im Sample wie bisher. Bei der Anzahl gestorbener Fonds sorgt diese Anforderung für einen etwas kuriosen Effekt. In Tabelle 20 ist die Anforderung ein fixes Zeitfenster von Januar bis Dezember. In Tabelle 17 ist es ein monatlich wanderndes Zeitfenster von zwölf Monaten. In Summe sind in Tabelle 17 über den Zeitraum 1.727 Fonds gestorben. Am Ende des Jahres 2005 zeigen sich jedoch 1.919 gestorbene Fonds. Diese 192 Fonds mehr waren weniger als zwölf Monate am Leben. Daher sind sie bei den Renditevergleichen mit der rollierenden Anforderung von zwölf Monaten Track Record nicht eingegangen, aber – bezogen auf das Sample – haben sie mit ihrem Null-Return nach Ableben berechtigten Einfluss auf die Ergebnisse.

Tabelle 20: Effekt von Survivorship Bias auf das finale Sample

Zeitbezug		Set Dezember 2005			finales Sample				überlebende Fonds			gestorbene Fonds		
von	bis	E(r)	S(r)	Anzahl	E(r)	S(r)	Anzahl	Δ(r)	E(r)	S(r)	Anzahl	E(r)	S(r)	Anzahl
Jan 05	Dez 05	7,4	5,3	8.567	5,9	5,7	9.116	-1,5	7,4	5,4	7.197	0,1	2,2	1.919
Jan 04	Dez 04	12,9	6,3	7.940	11,0	7,4	8.487	-1,9	12,9	6,3	6.666	3,8	6,4	1.821
Jan 03	Dez 03	33,7	12,8	7.423	32,0	13,6	7.924	-1,7	33,8	12,9	6.231	25,2	13,8	1.693
Jan 02	Dez 02	-19,6	10,1	6.896	-20,0	10,1	7.310	-0,3	-19,5	10,1	5.787	-21,6	9,9	1.523
Jan 01	Dez 01	-6,2	14,5	6.315	-6,9	14,4	6.668	-0,7	-6,1	14,5	5.341	-10,0	13,3	1.327
Jan 00	Dez 00	4,4	15,5	5.513	3,7	15,5	5.733	-0,7	4,5	15,6	4.668	0,4	14,5	1.065
Jan 99	Dez 99	31,7	34,0	5.054	31,4	34,3	5.172	-0,3	31,7	34,2	4.286	30,0	34,7	886
Jan 98	Dez 98	19,8	17,3	4.499	19,5	17,2	4.541	-0,3	19,8	17,4	3.816	18,1	15,9	725
Jan 97	Dez 97	26,7	9,5	3.883	26,7	9,5	3.886	0,0	26,8	9,6	3.298	26,4	8,7	588
Jan 96	Dez 96	20,9	7,2	3.365	20,8	7,2	3.337	-0,1	20,9	7,2	2.860	20,4	6,7	477
Jan 96	Dez 05	10,6	3,4	3.365	10,2	3,5	3.337	-0,5	10,6	3,4	2.860	7,4	3,2	477

Bemerkungen:
Durchschnittlicher annualisierter Return der Cross Section E(r).
Standardabweichung des durchschnittlichen annualisierten Returns über die Cross Section S(r).
Differenz im Return zwischen finales Sample und Set Dezember 2005 Δ(r).
Gestorbene Fonds sind Jan 06 nicht mehr am Leben. Anzahl jeweils zum Dezember mit durchgehender Rendite (auch 0 % möglich) im jeweiligen Jahr.

Die Bereinigung selbst hat keine nennenswerte Auswirkung auf die durchschnittliche Rendite von überlebenden Fonds, wie man in Tabelle 20 am Vergleich der jährlichen

Durchschnitte der überlebenden Fonds mit dem Set vom Dezember 2005 sieht. Man schätzt den wahren durchschnittlichen Return von amerikanischen Domestic Equity Fonds in den Jahren 2004 und 2005 zu hoch, wenn man seine Schätzung aus dem kommerziellen Sample Dezember 2005 von Morningstar ableitet. Der systematische Versatz durch Nichtberücksichtigung von gestorbenen Fonds im durchschnittlichen Return des Samples – also der Survivorship Bias – beläuft sich auf 1,5 % 2005 und 1,9 % 2004 in den Daten von Morningstar, wie der Vergleich der Durchschnitte des kommerziellen Sets mit dem finalen Sample in Tabelle 20 zeigt. Da in diesen beiden Jahren wirklich alle monatlichen Sets eingegangen sind, können diese beiden Jahre als belastbare Referenz für die Daten von Morningstar gesehen werden.

Der Survivorship Bias in den vorliegenden Daten ist etwas höher, als ihn Elton/Gruber/Blake (2001: 2416) berechnen. Sie sehen den Survivorship Bias von Morningstardaten zwischen 0,4 % und 1 % – je nach Periode und Länge des Beobachtungszeitraums. Malkiel (1995: 553) ermittelt in einer zweiten Aufbereitung der Daten in seiner Studie einen Bias von 1,4 % für die Periode von 1982 bis 1991. An sich ist dieser Ansatz von Malkiel (1995: 553) systematisch konsistent mit Tabelle 20, jedoch betrachtete er einen kapitalgewichteten Durchschnitt nach Fondsvolumen und keinen gleichgewichteten Durchschnitt wie in Tabelle 20, denn er vergleicht die Performance seiner Gruppen auch gegen den S&P 500. Daher sind diese Werte nicht repräsentativ vergleichbar, jedoch wurde die entsprechende Durchschnittsbildung jeweils auf das kommerzielle und das adjustierte Sample angewendet. Die Konsistenz in sich bei jedem Ansatz mildert die Vergleichbarkeitsbeeinträchtigung etwas. Leider konnte kein exakter Referenzwert für Survivorship Bias auf gleichgewichteter Durchschnittsbildung für das Segment US-Aktienfonds über eine der vorliegenden Perioden zum Vergleich in der Literatur gefunden werden.

Im Jahr 2003 sind noch zehn monatliche Sets berücksichtigt und der Effekt ergibt sich in der gleichen Größenordnung. In den Jahren davor sinkt der Effekt im vorliegenden Sample Stück für Stück ab. Dies ist jedoch auf die fehlende Adjustierung in diesen Perioden zurückzuführen und nicht auf eine Veränderung des Survivorship Bias Effekts. Es standen nur die monatlichen Updates von Morningstar seit März 2003 zur Verfügung. Die ersichtliche Renditedifferenz in Tabelle 20 für 2002 und davor ist nur ein Teil des wahren Survivorship Bias-Effekts. Der Teileffekt resultiert aus den sterbenden Fonds mit Todestag zwischen März 2003 und Dezember 2005. Eine quantitativ belastbare

Aussage über das Ausmaß des Effekts im Jahr 2002 und davor kann auf dieser Basis leider nicht getroffen werden, jedoch kann diese Messung der Jahre 2004 und 2005 als sehr exakt eingestuft werden, da wirklich alle Fonds, die in dieser Zeit an Morningstar berichtet haben, berücksichtigt und nicht nur z.B. historische Bestenlisten einbezogen wurden.

5.7 Zusammenfassung

Zusammenfassend lässt sich erst einmal feststellen, dass die Adjustierung von Survivorship Bias in kommerziellen Daten ein sehr problematisches Unterfangen ist. Im ersten Moment erwartet man einen überschaubaren Aufwand und denkt, man könne sich die Mühe des händischen Sammelns von Fonds aus Quellen wie FundScope Magazine, United Babson Reports, Weisenberger Investment Companies oder dem Wall Street Journal – wie es z.B. Carhart (1997: 59) hinter sich gebracht hat – ersparen. Aus dem Vergleichen und Zusammensetzen von kommerziellen Datensets ergeben sich aber auch Schwierigkeiten, die denen beim händischen Datensammeln ähneln. So müssen die historischen Fondslisten mit dem aktuellen Datenset verglichen werden, um festzustellen, welche Fonds im Beobachtungszeitraum existiert haben, im Sample aus überlebenden Fonds aber nicht mehr präsent sind. Auch das Problem der bewussten Namensänderungen von Fonds und des Mergers unter Fondsmanagern bleibt hier bestehen, wenngleich dem Datensammler eventuell die Potenzierung des Problems fälschlich als gestorben identifizierter Fonds durch unterschiedliche Schreibweisen des eigentlich gleichen Namens erspart wird. Über dieses Problem findet sich in der Literatur bisher keine Dokumentation.

Aus einem Vergleich der monatlichen Datenlieferungen von Morningstar von März 2003 bis Dezember 2005 kam ein Sample von insgesamt 14.398 Fonds zusammen. Davon wurden 5.056 (35 %) per Dezember 2005 als „tot" und 9.342 (65 %) als „lebend" klassifiziert. Jedoch kam es bei der Methodik des monatlichen Vergleichs der jeweiligen Sets sowie beim Aussortieren und Sammeln der verschwindenden Namen zu erheblichen Mehrfachzählungen. Darüber hinaus enthält auch das Set von Dezember 2005, welches die lebenden Fonds repräsentiert, mehrfach vorhandene Portfolios als verschiedene Tranchen mit identischer Performance. Alle zu den verschiedenen Zeitpunkten mehrfach vorhandenen Performancezeitreihen – sowohl fälschlicherweise als tot klassifizierte als auch verschiedene Tranchen – wurden bereinigt. Damit reduzierte sich das finale Sample per Dezember 2005 auf insgesamt 9.870 Fonds mit 1.943, also 20 % toten Fonds und 7.927 und damit 80 % lebenden Fonds.[20] Tabelle 21 gibt einen Überblick über die Ergebnisse nach der Adjustierung für Survivorship Bias – einmal vor und einmal nach der Bereinigung.

Tabelle 21: Renditevergleich der Survivor und Non-Survivor

	Anzahl *				Veränderung in %			Mittelwert aller Deltareturns	Mittelwert der signifikanten Deltareturns	Anzahl signifikanter Deltareturns
	Gesamt	überlebt	gestorben	lanciert	überlebt	gestorben	lanciert			
vor Bereinigung:										
Mittelwert	6.524,6	6.381,6	143,0	234,2	97,8	2,2	3,6	-1,0	-2,0	14
Standardabw.	652,7	630,3	62,7	216,7	0,9	0,9	3,0	1,8	2,0	
nach Bereinigung:										
Mittelwert	7.255,8	7.203,4	52,3	46,2	99,3	0,7	0,6	-1,9	-3,3	17
Standardabw.	110,9	104,9	24,6	22,8	0,3	0,3	0,3	2,4	1,8	

Bemerkungen:
* Anzahl der Fonds mit einem Track Record von mindestens 12 Monaten.
Monatlicher Vergleich von März 2003 bis Dezember 2005 mit rollierendem Zeitfenster.

Die Spalten Anzahl und Veränderung in Tabelle 21 zeigen die Umwälzung im Segment US-Aktienfonds vor und nach der Datenbereinigung. Vor der Bereinigung betrug der durchschnittliche monatliche Fondsbestand 6.525 Fonds bei einer Standardabweichung von 653 Fonds und stark steigender Tendenz über die Zeit. Nach der Bereinigung liegt das monatliche Mittel bei 7.256 Fonds mit einer Standardabweichung von 111 Fonds und ohne ausgeprägten Trend. Es zeigt sich, dass der steigende Trend auf das Berichten an Morningstar im weiteren Sinne zurückzuführen ist. Die Fokussierung auf die Verfügbarkeit von Renditedatenpunkten anstatt Reportingzeitpunkten durch Morningstar als Kriterium eliminierte den steigenden Trend. Die Bereinigung eliminierte sämtliche Verdopplungen auf Basis identischer Rendite mit einem rolierenden Zeitfenster. Durch die Bereinigung reduzierten sich die vorher überhöht ermittelte Gesamtanzahl sowie die Zahl der sterbenden und neu lanciert Fonds. Die durchschnittliche monatliche Sterberate steht nach der Bereinigung bei 0,7 % gegenüber 99,3 % Überlebensrate.[21] Es werden

[20] Die Bestandszahlen in diesem Absatz sind der gesamte Bestand ohne die Anforderung einer Mindestlänge an Track Record für Renditevergleiche.

[21] Die monatlichen Sterbe- und Überlebensraten sind jeweils auf den Bestand am Monatsanfang bezogen.

durchschnittlich 0,6 % des monatlichen Bestands neu lanciert. Insgesamt sind im Jahr 2004 8,3 % und im Jahr 2005 7,4 % des durchschnittlichen Fondsbestandes gestorben.

Malkiel (1995: 554) berichtet für den Bestand Ende 1990 eine Sterberate von 5,4 % für Fonds, die irgendwann im Verlauf von 1991 sterben. Seine Aufbereitung der Daten ist anders als die vorliegende. Berechnet man als Referenzwert aus den vorliegenden Fondssdaten auf der Basis des Bestandes Ende 2004 eine Sterberate für jene Fonds, die im Verlauf von 2005 sterben, ergibt sich ein Wert von 7,2 %. Die Sterberate ist 2004 somit um 1,8 Prozentpunkte höher als 1990. Ebenso hat das Fondsangebot an US-Aktienfonds deutlich zugenommen 1990 berichtet Malkiel (1995: 554) von 724 „Total Funds in Existence“, 2004 sind es 7.186 existierende Fonds. Es ist demnach nicht nur die prozentuale Sterberate gestiegen, sondern die Dimensionen im Fondssegment US-Aktien haben sich generell deutlich erhöht.

Der Renditevergleich in Tabelle 21 zeigt, dass die sterbenden Fonds im Schnitt 1,9 Prozentpunkte schlechtere annualisierte Renditen haben als die überlebenden Fonds. Zählt man nur die 17 signifikant schlechteren der 33 Vergleichsmonate, sind die sterbenden Fonds im Schnitt sogar 3,3 Prozentpunkte schlechter als die überlebenden Fonds. Die sterbenden Fonds waren in keinem Monat signifikant besser als die überlebenden. Die vorliegende Analyse bestätigt mit einem Signifkanzniveau von 95 %, dass Fonds, die in den Jahren 2003 bis 2005 vom Markt verschwinden, durchschnittlich knapp 1,9 Prozentpunkte schlechtere annualisierte Renditen aufweisen als überlebende Fonds.

Berechnet man nun in der Systematik von Malkiel (1995: 554) mit den vorliegenden Daten als Referenz den Renditeunterschied für das Jahr 2004 zwischen allen Fonds, die Ende 2005 noch am Leben sind gegenüber denen, die im Verlauf des Jahres 2005 sterben, beträgt der Renditeunterschied im Jahr 2004 etwa 2,4 %. Malkiel (1995: 554) ermittelte einen Wert von 5,1 % für 1990. Im Durchschnitt über die Periode von 1982 bis einschließlich 1990 beträgt sein Renditeunterschied 6,2 %, jedoch sterben seine Non-Survivor immer im Folgejahr und sind nur mit dem berechneten Referenzwert direkt vergleichbar. Dennoch wird ersichtlich, dass der Renditeunterschied zwischen sterbenden und überlebenden Fonds in den Jahren 2004 und 2005 geringer geworden ist als in den 80er-Jahren (einschließlich 1990). Der einzelne Referenzwert von 2004 unterstützt diese Schlussfolgerung.

Sterbende Fonds haben darüber hinaus auch schlechtere annualisierte Sharpe Ratios als überlebende Fonds. In den 33 Vergleichsmonaten sind die sterbenden Fonds 15-mal signifikant schlechter und 1-mal signifikant besser als die überlebenden. Durchschnittlich über alle 33 Monate ist die Sharpe Ratio bei den sterbenden Fonds um 0,1 schlechter als bei den überlebenden. Zählt man nur die signifikanten Deltas, sind die sterbenden Fonds um 0,2 schlechter als die überlebenden.

Der Survivorship Bias und damit der Einfluss der gestorbenen Fonds auf das Gesamtsample, beträgt bei gleichgewichteter Durchschnittsbildung 1,5 % im Jahr 2005 und 1,9 % im Jahr 2004 in den Daten von Morningstar, wie ein Vergleich der Durchschnitte des kommerziellen Sets von Dezember 2005 mit dem finalen Sample zeigt. Da in diesen beiden Jahren wirklich alle monatlichen Sets in die Betrachtung eingegangen sind, können diese beiden Jahre als belastbare Referenz für die Daten von Morningstar gesehen werden. Der gemessene Survivorship Bias ist etwas höher als Elton/Gruber/Blake (2001: 2416) ihn schätzen. Sie sehen den Durchschnitt von Morningstardaten zwischen 0,4 und einem Prozentpunkt je nach Periode und Länge des Beobachtungszeitraums erhöht. Malkiel (1995: 553) ermittelt auf der Basis einer kapitalgewichteten Durchschnittsbildung (Fondsvolumen) einen Survivorship Bias von 1,4 % für die Periode von 1982 bis 1991 für US-Aktienfonds.

6. Ansätze zur Bestimmung von Selektionskriterien

Die Grundidee dieses Kapitels und der Arbeit insgesamt besteht in einer Wirksamkeitsprüfung verschiedener Performancekennzahlen im Hinblick auf ihre Selektionsfähigkeit erfolgreicher Aktienfonds. Im Kern wird dabei die Hypothese untersucht, dass Persistenz in der Performance von aktiven US-Aktienfonds über einen bestimmten Zeitraum besteht, jedoch überlagert wird von kapitalmarktimmanenten Trends wie denen der Styles. Zur Berechnung der verschiedenen Kennzahlen (vgl. Kapitel 3.3) kommen die Faktormodelle aus Kapitel 4 zum Einsatz und als Fondssample wird das finale Sample mit reduziertem Survivorship Bias aus Kapitel 5 benutzt. Vor der Wirksamkeitsprüfung ab Kapitel 6.3.2 besteht noch die Notwendigkeit der Festlegung einer Zeitfensterlänge für die Regression. Diese wird in Kapitel 6.3.1 an einem kommerziellen Fondssample mit Survivorship Bias durchgeführt. Vor dem Hintergrund der Wirksamkeitsprüfung verschiedener Performancekennzahlen im Hinblick auf ihre Selektionsfähigkeit werden in Kapitel 6.2 der Stand der wissenschaftlichen Forschung und in Kapitel 6.1 die Methoden der kommerziellen Fondsratings dokumentiert. Einige kommerzielle Ansätze haben mit dem Hurst-Exponenten sogar eine quantitative Maßzahl für Persistenz gefunden. Jedoch folgt der vorliegende Ansatz dieser sehr konkreten Definition des Begriffs Persistenz nicht.

6.1 Kommerzielle Fondsratings

6.1.1 Lipper

Lipper ist ein deutscher Anbieter für Fondsratings.[22] Die Methode von Lipper lässt sich in zwei Bereiche unterteilen. Der erste Bereich bezieht sich auf die Kategorisierung von Fonds in Peergroups (vgl. Lipper (2005)). Der zweite Bereich stellt das Rating der Fonds je Peergroup dar (vgl. Lipper (2002) und Lipper (2003)).

Der erste Bereich ist die Kategorisierung der Fonds. Lipper arbeitet mit Peergroups nach Assetklassen und Regionen. Dazu betreibt Lipper im Bereich Aktienfonds zwei Klassifizierungsmodelle parallel, eines für das Segment US-Aktienfonds und das andere für Fonds der internationalen Ebene (vgl. Lipper (2005)). Beide Modelle sind sich sehr ähn-

[22] Lipper ist ein Unternehmen der Reuters Gruppe.

lich, die Standards der globalen Methode werden aus Konsistenzgründen von Lipper so nah wie möglich an der Methode für das Segment US-Aktienfonds gehalten, aber es gibt Unterschiede, die sich hauptsächlich auf die Klassengrenzen beziehen. Beide Klassifizierungsmodelle verarbeiten Renditedaten der einzelnen Titel im Fondsportfolio und nicht nur die Renditedaten des Gesamtportfolios. Für diese Vorgehensweise bemüht Lipper einen über die Zeit gewichteten Ansatz.[23] Dieser Ansatz wird Monat für Monat rollierend angewendet, wobei das aktuelle Portfolio und das letzte Portfolio (T-1) mindestens sechs Monate zeitlich auseinander liegen müssen. Falls der Fonds nicht genügend Track Record – wie z.B. nach einem Wechsel des Investitionsansatzes – aufweist, wird die zeitliche Gewichtung bis zu 100 % Gewicht zu Gunsten des aktuellen Portfolios angepasst.

Der Prozess der Kategorisierung findet in zwei Stufen statt. Zuerst wird das jeweilige Größensegment festgestellt und dann das Style-Segment (Value/Growth) des Fonds ermittelt. In beiden Prozessschritten werden die Portfoliozusammensetzungen separat analysiert. Bei jedem Lauf werden alle drei Portfoliozusammensetzungen der unterschiedlichen Zeitpunkte (bei voller Verfügbarkeit) neu kategorisiert und die Kategorisierungen anschließend entsprechend über die Zeit gewichtet. Als Zeitpunkt für die Aktiendaten wird jeweils das aktuellste Portfoliodatum zugrunde gelegt. Bei der Klassifizierung des Größensegments (Marktkapitalisierung) werden entsprechend der Titel im Portfolio die prozentualen Anteile je definierter Marktkapitalisierungsbandbreite ermittelt.

In der ersten Stufe des Kategorisierungsprozesses unterteilt Lipper (offene) US-Aktienfonds in vier Größensegmente.[24] Dazu zählen Large-, Mid-, Small- und Multi-Cap.[25] Die Marktkapitalisierungsgrenzwerte für die einzelnen Größensegmente sind fließend (Untergrenze ist Obergrenze des nächsten Größensegments) und werden aus

[23] Die aktuelle Titelallokation des Fonds findet Eingang mit 60 %, die Titelallokation zum Ende des letzten Fiskaljahres des Fonds hat ein Gewicht von 30 % und die Titelallokation zum Ende des vorletzten Fiskaljahres des Fonds wird mit 10 % gewichtet.

[24] Bei geschlossenen Fonds wird keine Klassifizierung nach Marktkapitalisierung vorgenommen, weder auf der Basis amerikanischer Aktien noch auf internationaler Ebene.

[25] Daneben gibt es die separaten Kategorien „Equity Income“, „S&P 500“ und „Speciality Diversified Equity“, welche nicht weiter kategorisiert werden. Equity Income investiert mindestens 65 % seines Portfolios in Aktien mit Dividendenausschüttungen. S&P 500 ist eine Kategorie für passive Indexfonds. Speciality Diversified Equity Fonds haben signifikant andere Strategien und eine andere Performance. Speciality Diversified Equity scheint eine Art Restkategorie für besondere Exoten zu sein.

dem S&P/Citigroup-Benchmarkuniversum jeden Monat erneut abgeleitet, um die Klassifizierung dynamisch und den aktuellen Verhältnissen angepasst zu halten. Liegt ein Fonds nun mit mindestens 75 % seiner zeitlich gewichteten Holdings in einem dieser Segmente, wird er diesem Segment zugeordnet. Lässt sich ein Fonds nicht so klar einem der Segmente zuordnen, wird er als Multi-Cap verstanden.[26]

Für Fonds der internationalen Ebene werden ebenfalls Peergroups zur Größenklassifizierung entsprechend dem Investitionsuniversum der Fonds gebildet.[27] Die Klassifizierung repliziert die Abgrenzungen der verschiedenen internationalen Marktindizes von S&P/Citigroup. In manchen Regionen werden aufgrund geringer Anzahl von Fonds nicht in die Größenkategorien Small- und Mid-Cap unterschieden. Es besteht individuell je Investitionsuniversum ein umfangreiches Regelwerk, wie sich die Grenzwerte aus der Gesamtmarktkapitalisierung des jeweiligen S&P/Citigroup BMI Index errechnen.[28] In Abstimmung mit dem globalen Indexuniversum von S&P/Citigroup hat Lipper damit ein globales und in sich abgestimmtes Raster erarbeitet, um Fonds in puncto Marktkapitalisierung international konsistent zu kategorisieren.

In der zweiten Stufe des Kategorisierungsprozesses wird die Style-Klassifizierung für US-Aktienfonds in „Value“, „Core“ und „Growth“ vorgenommen. Lipper betrachtet zunächst folgende drei Kennzahlen je Aktie im Fondsportfolio als Entscheidungsmerkmale: „Price-to-Earnings Ratio“, „Price-to-Book Ratio“ und „Three-Year Sales-per-Share Growth“.[29] Aus diesen Kennzahlen für jede Aktie im Portfolio wird ein je Portfo-

---

26 Bemerkung: Durch die Gewichtung über drei Zeitpunkte fängt die Methodik wechselnde Allokationenstrategien elegant ab.

27 Dazu zählen unter anderem Global, Global ohne USA etc. oder Regionen wie Europa, Europa ohne Großbritannien, Asien, Asien ohne Japan etc. und einzelne Länder wie die USA, Japan, Deutschland, die Schweiz etc., um nur einzelne Beispiele zu nennen. Die Gesamtheit international verfügbarer Aktienfonds und variabler Versicherungsprodukte im Bereich Aktien wird bei Lipper in 24 Kategorien Aktien international, 15 Kategorien offene Aktienfonds mit U.S.-Aktien und drei Kategorien geschlossene Aktienfonds mit US-Aktien unterteilt.

28 Sie sortieren dazu die Aktien des jeweiligen Index in absteigender Reihenfolge, in manchen Investitionsuniversen streichen sie erst die größten und kleinsten Aktien, in manchen Investitionsuniversen ermitteln sie die Grenze durch eine Prozentzahl der kumulierten Marktkapitalisierung und in manchen stellt eine gewisse Nummer (z.B. die 250. Aktie) den Breakpoint dar. Zusammenfassend lässt sich feststellen, dass die Breakpoints für die Fondseinordnung nach verschiedenen Regeln je Investitionsuniversum aus dem Index abgeleitet werden.

29 Die „Price-to-Sales Ratio“ und die „Price-to-Operating Cash Flow Ratio“ bzw. außerhalb amerikanischer Aktien die “Price-to-Dividend Ratio” werden bei Grenzfällen als Ergebnis der anderen Kennzahlen konsultiert.

lioanteil gewichteter Durchschnitt für das Portfolio je Kennzahl errechnet. Der (gleichgewichtete) Durchschnitt aller drei Portfoliokennzahlen wird mit dem Durchschnitt der Portfoliokennzahl aller Fonds je Größensegment und je Zeitpunkt verglichen. Die Ergebnisse je Zeitpunkt werden anschließend entsprechend der beschriebenen zeitlichen Gewichtungsmethode aggregiert. Die Größensegmente Large-, Mid-, Small- und Multi-Cap werden also in diesem zweiten Schritt in Style-Segmente weiter heruntergebrochen. Für Fonds der internationalen Ebene besteht für die Grenzwerte der Style-Segmente (Value, Core und Growth) ebenfalls ein konsistentes Regelwerk.

Der zweite Bereich der Methode von Lipper beinhaltet das Rating. Es ist ein rein quantitatives Rating (vgl. Lipper (2002)) und besteht aus vier einzelnen Bewertungen bzw. Kennzahlen, die entsprechend den Anlegerbedürfnissen miteinander kombiniert werden können. Die Bewertungen basieren auf quantitativen Formeln, die Fonds nach definierten Kriterien analysieren. Die Ergebnisse werden für die Bewertung in Relation zu den Ergebnissen der anderen Fonds der verschiedenen Peergroups gesetzt und es wird eine Note auf einer Skala von 1 bis 5 vergeben.[30] Die Bewertungen werden monatlich mit der Klassifizierung aktualisiert und für drei, fünf und zehn Jahre sowie seit Auflegung berechnet.[31] Fonds mit Vertriebsbewilligung in einem Land werden ausgewählt und anschließend werden die Bewertungen in der jeweiligen Landeswährung für alle Peergroups mit mindestens fünf Fonds ausgerechnet. Auf Basis der Vertriebsbewilligungen stellt Lipper jedem Investor eine Ratingperspektive in seiner Landeswährung für jede Peergroup mit jeweils vier Zeiträumen, getrennt pro Kennzahl, zur Verfügung. Das Rating umfasst jeweils eine Kennzahl bzw. Bewertung für „absoluten Ertrag“, „konsistenten Ertrag“, „Kapitalerhalt“ und „Kosten“.[32]

Die Bewertung für den absoluten Ertrag ist definiert als Ertrag des Investors inklusive wiederangelegter Ausschüttungen nach Kosten (vgl. Lipper (2002)). Der absoluter Ertrag ist demnach die historische Rendite des Fonds (vgl. Kapitel 3.3.1).

Die Bewertung für den konsistenten Ertrag besteht nach Lipper (2002) aus den Kompo-

---

30 Die besten 20 % einer Vergleichsgruppe erhalten den Status „Lipper Leaders“, die nächsten 20 % erhalten eine „2“, die mittleren 20 % erhalten eine „3“, die nächsten 20 % werden mit einer „4“ und die letzten 20 % schließlich mit einer „5“ bewertet.

31 Für die Berechnung seit Auflegung wird, falls anwendbar, der gleichgewichtete Durchschnitt der Perzentile drei, fünf und zehn Jahre vor Vergabe der Note gebildet.

32 Für Investoren aus den USA gibt es noch ein Kriterium „Steuereffizienz“.

nenten risikoadjustierter Rendite, verknüpft mit einem Maß für die Konsistenz des Fonds. Die risikoadjustierte Rendite misst Lipper mit dem so genannten effektiven Return und die Konsistenz des Fonds mit dem Hurst-Exponenten (H-Exponent). Beide werden auf Basis des aktiven Returns gegenüber der Peergroup berechnet. Lipper (2003) ermittelt hierfür einen Index aus dem durchschnittlichen Verlauf der Peergroup.

Der effektive Return wurde mit dem Fokus höchster Verlust, den ein Investor erleiden kann und mithilfe linearer Optimierung konstruiert (vgl. Clark (Mai 2003) und Dacorogna et al. (1999)). Der Algorithmus arbeitet mit verschiedenen Graden der Risikoaversion: Ein niedriger Grad für positive Zeitintervalle und ein hoher Grad für Zeitintervalle mit negativer Rendite. Der Algorithmus durchläuft dabei alle verschiedenen Zeitintervalle unterschiedlicher Länge innerhalb des Berechnungszeitfensters. Es handelt sich also beim effektiven Return generisch um eine ganz normale Rendite über einen Zeitraum in Prozent, welche alle unterschiedlichen Zeitintervalle innerhalb des Zeitraums berücksichtigt und negative Zeitintervalle jedoch stärker gewichtet.

Als Maß für die Konsistenz der Rendite verwendet Lipper den Hurst-Holder-Exponent. Auckenthaler/Mettler (1994) sehen in seiner Analyse eine mögliche Methode, um Zeitreihen auf chaotisches Verhalten zu prüfen. Nimmt der nach Edwin Hurst benannte Koeffizient den Wert 0,5 an, liegt der betrachteten Zeitreihe ein Zufallsprozess zugrunde. Bei Werten zwischen 0 und 0,5 ist die Zeitreihe antipersistent: Auf eine Aufwärtsbewegung folgt wahrscheinlich eine Abwärtsbewegung und vice versa. Je näher der Koeffizient an 0 liegt, desto ausgeprägter zeigt die Zeitreihe dieses Verhalten. Zeigt der Koeffizient einen Wert zwischen 0,5 und 1, wird die Zeitreihe als persistent verstanden, d. h. es ist ein Trend vorhanden. Je näher der Koeffizient an 1 liegt, desto ausgeprägter ist die persistente Eigenschaft der Zeitreihe. Es muss jedoch beachtet werden, dass es sich dabei nicht um die Autokorrelation einer Normalverteilung handelt bzw. diese daraus abgeleitet werden kann.

Lipper (2002) setzt den effektiven Return und den Hurst-Exponent folgendermaßen zum Merkmal konsistenter Ertrag zusammen: Alle Fonds einer Kategorie werden in absteigender Reihenfolge nach ihrem Hurst-Exponenten geordnet. Bei 0,55 und 0,45 wird die Reihe in drei Gruppen unterteilt. Innerhalb der Gruppe mit einem Hurst-Exponent über 0,55 werden die Fonds nach effektivem Return geordnet. Die Fonds mit negativem effektive Return (und hohen H-Exponenten) werden zu einer vierten Gruppe separiert. Die Gruppen werden nun in ihrer originalen Reihenfolge wieder vereinigt, jedoch wird die vierte Gruppe mit den negativen effektiven Returns und hohen H-Exponenten hinter den drei anderen Gruppen als unterstes Segment angesiedelt. Diese Fonds haben eine starke Trendindikation, jedoch mit negativer Ausprägung.

Für das Ratingkriterium Kapitalerhalt betrachtet Lipper (2002) die Summe negativer monatlicher Erträge pro Periode. Sie tragen damit der Besorgnis von Investoren Rechnung, einen Geldverlust zu erleiden.

Schließlich ratet Lipper noch die Kosten der Fonds. Höhere Gebühren, die das Fondsmanagementinstitut bezieht, führen zu einem niedrigeren Ertrag nach Kosten beim Investor. Lipper verweist hier auf eine Studie von William F. Sharpe, der neben dem offensichtlichen Zusammenhang auch quantitative Hinweise fand, wonach Fonds mit geringen Gebühren generell eher höhere Sharpe Ratio zeigen.

Lipper stellt einem Investor ein umfangreiches Ratingpaket zur Verfügung, das durchgehend auf den Vergleich des Fonds mit der Peergroup ausgelegt ist. Der Investor kann es seinen Anforderungen entsprechend als Baukasten für seine Investitionsentscheidung nutzen.

6.1.2 Morningstar Sternerating

Der Klassiker unter den Anlagefondsratings ist das Morningstar Sternerating. Auch diesem Rating geht eine Klassifikation nach Style voraus. Morningstar arbeitet mit Peergroups nach Assetklasse und Investmentuniversum. Morningstar führt seit Mai 2002 eine so genannte Morningstar Style Box für das Aktienuniversum Amerika (vgl. Morningstar (Januar 2006)). Es ist eine Matrix mit neun Feldern, die auf der vertikalen Achse – gestaffelt nach der Größe der investierten Aktien in Large-, Mid- sowie Small-Cap – die Marktkapitalisierung des Portfolios unterteilt. Auf der horizontalen Achse werden die Segmente Value, Blend und Growth unterschieden. Die Kategorisierung bzw. die unterliegenden Charakteristika basieren bei beiden Kategorisierungen auf den Titeln im Portfolio und werden jeweils mit einem gewichteten Durchschnitt nach dem Anteil investierten Kapitals zu einem Wert für das Portfolio verdichtet. Auch Morningstar fährt einen holdingsbasierten Ansatz. Die Style Box wird monatlich aktualisiert und basiert jeweils auf der aktuellsten verfügbaren Portfoliozusammensetzung. Für die Unterscheidung der Style Box nach Value und Growth verwendet Morningstar zehn verschiedene Aktiencharakteristika. Dazu zählen sowohl historische als auch zukunftsorientierte Aktiencharakteristika. Seit April 2004 verwendet Morningstar dieses Charakterisierungsraster auch für Investmentuniversen außerhalb von Amerika.

Die Style Box ist im Prinzip ähnlich wie bei Lipper das USDE bzw. das Lipper World Equity Fund Classification Model, jedoch verwendet Morningstar ein anderes Länderraster und andere, einfacher abgeleitete Grenzwerte. Morningstar unterscheidet in sieben so genannte Style-Zonen (vgl. Morningstar (Januar 2006)).[33]

Die Style-Zonen werden in Größensegmente nach Marktkapitalisierung unterteilt. Jene Aktien, welche die oberen 70 % der Marktkapitalisierung repräsentieren, stellen das Large-Cap Segment dar. Die nächsten 20 % markieren das Segment Mid-Cap und die kleinsten 10 % das Segment Small-Cap. Morningstar arbeitet also mit regionalen Grundabgrenzungen und festen Prozentzahlen als Grenzwerten. Dabei orientiert sich Morningstar im Gegensatz zu Lipper nicht an der Aufteilung oder an dynamischen Grenzwerten von Indexfamilien, sondern an statischen Prozentansätzen bezogen auf eine Morningstar eigene Marktabgrenzung. Ein Klassifizierungsraster – konsistent mit einer Benchmarkfamilie – hat Vorteile bei der Performanceevaluation. Mit fünf Value- und fünf Growth-Charakteristika wird von Morningstar die Einordnung auf der horizontalen Achse je Größensegment vorgenommen. Aus den jeweils unterschiedlichen Faktoren der Styles werden zwei gewichtete Scores ermittelt. Die Faktoren und Gewichtungen (in Klammern) für den Value-Score sind „Price/Projected Earnings“ (50.0 %), „Price/Book“ (12.5 %), „Price/Sales“ (12.5 %), „Price/Cash Flow“ (12.5 %), „Dividend Yield” (12.5 %). Die Faktoren und Gewichtungen für den Growth-Score werden repräsentiert durch „Long-term Projected Earnings Growth” (50.0 %), „Book Value Growth” (12.5 %), „Sales Growth” (12.5 %), „Cash Flow Growth” (12.5 %), „Historical Earnings Growth“ (12.5 %). Die beiden Charakteristika mit dem Wort „projected” sind die zukunftsorientierten Charakteristika im Gegensatz zu Lipper, der nur historische Kennzahlen einbezieht. Diese beiden Scores werden zu den anderen Fonds des Größensegments ins Verhältnis gesetzt und daraus werden dann die Gruppen Value und Growth sowie Blend als mittlere Gruppe zwischen den Extremen geformt. Nach Aussage von Morningstar kann die Abgrenzung leicht fluktuieren, jedoch macht jede Gruppe zirka ein Drittel der Marktkapitalisierung des Größensegments aus.

Die Equity Style Box ist die Basis für die Morningstar-Kategorien (vgl. Morningstar

---

[33] Dazu zählen „United States”, „Latin America”, „Canada”, „Europe”, „Japan”, „Asia ex-Japan”, „Australia/New Zealand”.

(Januar 2006)). Die Style Box ist zeitlich gesehen eine Momentaufnahme auf der Basis der letzten verfügbaren Portfolioallokation. Die Kategorien bzw. Peergroups basieren auf dem Style des Fonds der letzten drei Jahre, die nach der gleichen Methodik quartalsweise rollierend aktualisiert werden. Auf der Ebene von US-Aktien führt Morningstar neben den Kategorien der Style Box noch Spezialkategorien.[34] Wenn ein Fonds mehr als 40 % Nicht-U.S.-Aktien enthält, kategorisiert ihn Morningstar als ausländischen Aktienfonds.[35] Diese Kategorien nach Regionen sind nicht kongruent mit den Regionen, welche für die Style Box angegeben werden. Nur manche Kategorien haben Unterkategorien entsprechend den Styles als Peergroupebene. Insgesamt wirkt die Kategorisierung von Morningstar international gesehen nicht ganz so umfangreich und konsistent in sich wie die Kategorisierung von Lipper. Es gibt bei Morningstar auch insgesamt weniger Kategorien als bei Lipper.

Auf der Basis der Kategorien führt Morningstar sein „Morningstar Risk-Adjusted Rating" durch (vgl. Morningstar (Januar 2006)). Das Sterne-Rating erfuhr zum Juli 2002 fundamentale Änderungen. Man wechselte von den Selbstkategorisierungen der Fonds auf die oben beschriebenen Morningstar-Kategorien zur Bildung der Peergroups. Außerdem veränderte man die Kennzahlen, mittels derer die Fonds mit der jeweiligen Peergroup verglichen werden. Der alte Ansatz betrachtete Rendite und Risiko getrennt voneinander. Morningstar rankte damals den Return und das Risiko gegen die Peergroup. Beide Rankings verknüpfte Morningstar durch Subtraktion der Scores zu einem finalen Ranking. Diese finale Reihenfolge innerhalb der Peergroup klassierte Morningstar mit seiner Sterneskala zum Morningstar Sternerating.[36] Als Renditekomponente verwendete Morningstar den annualisierten Return nach allen Gebühren, Ausgabeaufschlag etc. (vgl. Kapitel 3.3.1). Zur Risikomessung verwendete Morningstar früher

---

[34] Zu den Kategorien zählen: „Specialty Heath Care", „Specialty Technology", „Specialty Utilities", „Specialty Communications", „Specialty Financials", „Specialty Real Estate", „Specialty Natural Resources", „Convertible Bond", „Domestic Hybrid", „Bear Market" und „Moderate Allocation".

[35] Zu den Kategorien zählen: „Europe", „Japan", „Latin America", „Diversified Pacific", „Pacific ex. Japan", „Specialty Precious Metals", „Diversified Emerging Markets", „World Allocation", „World Stock" und „Foreign Stock". Fonds der Kategorie World Allocation investieren auch in Anleihen. Fonds der Kategorie World Stock haben typischerweise 20 % bis 60 % ihres Portfolios in US-Aktien und Foreign Stocks hat weniger als 20 % seines Portfolios in US-Aktien investiert. Die Kategorie Foreign Stocks von Morningstar scheint ähnlich der Kategorie Global ex USA zu sein.

[36] Die besten 10 % erhielten fünf Sterne, die nächsten 22.5 % vier Sterne, die mittleren 35 % drei Sterne, die nächsten 22.5 % zwei Sterne und die unteren 10 % erhalten schließlich einen Stern.

das so genannte Downside Risk, auch Shortfall Risk genannt. Sie ist die Wahrscheinlichkeit, unter eine bestimmte Mindestrendite zu fallen. Als Mindestrendite verwendete Morningstar die Rendite der 90 Tage-T-Bill. Früher betrachtete Morningstar den historischen Return des Investors, den er für das historische Risiko bekommt, unter die risikofreie Verzinsung zu fallen.

Bei ihrem neuen heutigen Ratingansatz berechnen sie den so genannten „Risk-Adjusted Return" (vgl. Morningstar (April 2002)). Hier handelt es sich um eine annualisierte Durchschnittsrendite der Monate – mit unterschiedlicher Gewichtung von positiven und negativen Monaten. Betrachtet wird dabei die Differenzrendite zur risikofreien Anlagemöglichkeit (Proxy ist die 90 Tage-T-Bill). Die einzelnen Monatsreturns finden über die Nutzenfunktion des typischen Retailinvestors Eingang in die Berechnung. Dieser, so unterstellt Morningstar, hat eine Aversion gegen negative Monatsrenditen. Er schätzt positive Renditen nicht so sehr, wie er negative fürchtet (Nutzenfunktion mit $\gamma = 2$). Über die Nutzenfunktion bekommen die negativen monatlichen Returns ein höheres Gewicht in der Durchschnittsbildung und ziehen den Durchschnitt damit nach unten, je stärker und öfter sie auftreten. Da der Morningstar Risk-Adjusted Return eine annualisierte Rendite ist, lässt er sich auch als Differenz der risikoneutralen Rendite und der risikoaversen Renditebildung (Nutzenfunktion mit $\gamma=2$) darstellen. Daher wird in manchen Quellen von der Subtraktion einer Strafe für Risiko gesprochen (vgl. Morningstar (Januar 2006)). Auf diese Rendite sortieren sie die Fonds jetzt innerhalb des neuen Kategorien- bzw. Peergrouprasters.

Im Vergleich zu Lipper verknüpft Morningstar seine Rankings über die Zeit. Während Lipper den zeitlich gewichteten Ansatz bereits in der Klassifizierung hat, arbeitet Morningstar bei der Langzeiteinschätzung mit einer Gewichtung aus alten und neuen Ratings. Die alten und neuen Ratings über die verschiedenen Perioden werden entsprechend dem Alter des Fonds und der Repräsentativität der Vergangenheit für die aktuelle Strategie des Fonds gewichtet (vgl. Morningstar (Januar 2006)).[37]

[37] Fonds werden auf bis zu drei Perioden geratet. Monatlich rollierend, raten sie drei, fünf und zehn Jahre. Je nachdem, wie lange ein Fonds in der gleichen Kategorie von Morningstar residiert, werden folgende Gewichte angewendet: Zwischen drei und fünf Jahren sind 100 % Gewicht auf dem 3-Jahresrating. Zwischen fünf und zehn Jahren werden das 3-Jahresrating mit 40 % und das 5-Jahresrating mit 60 % gewichtet. Über zehn Jahre liegen die Gewichte mit 50 %, 30 % und 20 % auf dem 10-, 5- und 3-Jahresrating im finalen Rating. Falls der Fonds seine Strategie ändert, ändert Morningstar die Gewichte entsprechend der Tragweite der Änderung nach Ermessen.

Parallel zum Rating versus Peergroup bietet Morningstar als einzigster Ratinganbieter zusätzlich eine Vielzahl von Fondsinformationen an, um dem Investor eine weitere Entscheidungshilfe zu geben (vgl. Morningstar (Januar 2006)).[38] Ein weiterer Unterschied bei den Ratinganbietern besteht im Kategorienraster, das verschiedenen Investoren je nach Herkunft angeboten wird. Die beschriebenen Ratings von Lipper und S&P betreiben ihr Kategorienraster global konsistent. Morningstar Deutschland geht dagegen bei der Peergroupbildung nach Regionen einen anderen Weg als Morningstar in den USA (vgl. Morningstar (Oktober 2006)).[39] Dennoch werden Unterscheidungen in Styles auch bei Morningstar Deutschland gemacht.

6.1.3 Standard & Poor's Fondsrating

Seit S&P im Jahre 1997 Micropal akquiriert hat, weitet das Unternehmen seine Aktivitäten auch im Bereich Anlagefonds aus. S&P arbeitet ebenfalls mit Peergroups und unterscheidet Fonds nach Assetklassen und Investmentuniversen. Es wird in „U.S. Domestic Equity" und „Global Equity" unterschieden.[40] Innerhalb beider Gruppen führt S&P dann eine Style-Analyse zur weiteren Klassifizierung in Styles durch. S&P betreibt dabei im

---

[38] Die Morningstarsoftware ist ein umfangreiches Informationssystem, das vom Geldvolumen in den Fonds (Assets under Management), über Gebühren, Performancecharts, Portfolioallokation mit Regionen- sowie Branchendarstellung bis zum Namen des Fondsmanagers und seinen Jahren an Anlageerfahrung, dem Investor ein umfangreiches Informationsangebot zur Verfügung stellt. Im Portfoliomodus lassen sich Portfolios aus Fonds zusammenstellen und gegen Benchmarks verfolgen. Es werden im Sinne der modernen Portfoliotheorie auch Alpha, Beta und R2 als 1-Faktorregression versus dem S&P 500 und dem so genannten Best Fit Index dargestellt. Der Best Fit Index ist der jeweilige Marktindex, welcher gegen diesen Fonds das höchste R^2 zeigt. Darüber hinaus berechnet Morningstar den Erwartungswert, die Standardabweichung, aktive Returns und die Sharpe Ratio. Es werden aber keine Mehrfaktorregression oder Information Ratio berechnet.

[39] Bei Morningstar Deutschland werden einzelne Länderkategorien für die Länder des europäischen Kontinents - bis auf Irland, Griechenland und Portugal - hat. Viele der Länder bei Morningstar Deutschland haben zwei Größenkategorien, Großbritannien hat sogar drei Größenkategorien und die Large-Caps haben jeweils eine Unterscheidung in Value, Blend und Growth. Auf Ebene der aggregierten Regionen wie Global, Amerika, Europa und Asien (innerhalb Asiens existieren auch manche Länderkategorien) existieren bei Morningstar Deutschland sowohl Größen- als auch Value/Growth-Segmentierungen. Daneben gibt es Branchenkategorien.

[40] Global Equity unterscheidet S&P weiter in die Investmentuniversen global, international (ohne Amerika), Europa, Japan, China, Asia Pazifik, Asia Pazifik ohne Japan, Lateinamerika, Emerging Markets, Developed Single Country, Emerging Single Country und Equity Regional. Bei der Einordnung global und international gibt es noch eine Unterscheidung in Small Company. Daneben gibt es acht bzw. neun Branchenkategorien wie bei Morningstar, jedoch mit anderer Branchengliederung. S&P repliziert bei Aktienfonds die Branchengliederung entsprechend den hauseigenen Aktienindizes.

Gegensatz zu den bisher beschriebenen Ratings keinen rein holdingsbasierten Ansatz (vgl. Standard & Poor's (September 2003)), sondern arbeitet mit renditebasierter Style-Analyse nach Sharpe, um die Fonds einem bestimmten Style zuzuordnen. Die Selbstbeschreibung des Fonds und verfügbare Portfolioallokationen werden zwar betrachtet, aber letztlich wird der wirkliche Investmentstyle nach S&P im Vergleich der Fondsrendite zu einer Serie von Benchmarks identifiziert. Mit einem Zeitfenster von 36 Monaten verwendet S&P eine Regression, um festzustellen, welche Benchmark die Returns des Fonds am besten beschreibt.[41] Als Benchmarks zur Klassifizierung verwenden sie ihre hauseigenen Marktindizes. S&P unterscheidet, wie auch Lipper, das Segement U.S. Domestic Equity nach der Größendimension Large-, Mid-, Small- und All-Cap. In der anderen Dimension ist es die Unterscheidung – wie bei Lipper und auch bei Morningstar – nach Value, Blend und Growth. Innerhalb der Gruppe „Global Equity" ist hier die Segmentierung in Stylekategorien begrenzter.

Wie die anderen Fondsratinghäuser führt auch S&P seine Ratings auf Basis der Klassifikation der Fonds durch. Auch S&P betrachtet Fonds im Vergleich zu deren Wettbewerbern derselben Kategorie, jedoch nach anderer Methode. Mit den Fund Stars und dem Fund Management Rating bietet S&P zwei verschiedene Ratings an (vgl. Standard & Poor's Fund Services).

Das Rating von S&P repräsentiert eine unabhängige und objektive Beurteilung eines Fonds im Vergleich zu seinen Mitbewerbern (vgl. Standard & Poor's Fund Services). Kriterium ist dabei die risikoadjustierte Wertentwicklung über drei Jahre im Vergleich zu den Wettbewerbern derselben Kategorie. Dieses durch eine Sterneskala klassierte Ranking ist rein quantitativ. Es werden aktive Returns (vgl. Kapitel 3.3.1) gegenüber dem durchschnittlichen Return der Peergroup (entsprechend Kategorisierung von S&P) berechnet. Ob beim durchschnittlichen Return der Peergroup eine Gleichgewichtung oder eine Gewichtung nach „Assets under Management" vorgenommen wird, geht aus der Dokumentation nicht hervor. Auf der Basis der aktiven Returns wird der Quotient aus Erwartungswert und Standardabweichung gebildet. S&P versteht darunter die risikoadjustierte Wertentwicklung und bezeichnet den Quotienten als „Consistency Ratio". Der Quotient legt die Reihenfolge der Fonds in jeder Peergroup fest. Nach einem pro-

[41] Dies ist nicht exakt die Originalmethode von Sharpe (1992), welche auf Optimierung basiert, aber bei Verwendung nur zur Zuordnung einer Gruppe sollte der Unterschied keine Auswirkung haben.

zentualen Schlüssel werden daraufhin die S&P Stars vergeben.[42]

Das zweite Fondsrating von S&P ist das so genannte Fund Management Rating (vgl. Standard & Poor's (Oktober 2003)). Das Vorgehen erinnert an die Credit Analysis des Hauses. Die Einschätzung ist rein qualitativ und die Analyse der historischen Performance wird dabei nur als erster Schritt zum Screening der Fonds verstanden. Es gilt nach der Auffassung von S&P, das Managementteam, die Philosophie und den Anlageprozess zu verstehen, die für historische und zukünftige Performance verantwortlich sind.

Das Fund Management Rating wird in fünf Schritten vollzogen. Am Anfang steht die quantitative Analyse der historischen Rendite. Als Kriterium werden die drei letzten Jahre einzeln betrachtet. Für jedes Jahr wird der Quotient Consistency Ratio entsprechend der obigen Methode berechnet und gerankt. Aus den drei einzelnen Rankings wird der gleichgewichtete Durchschnitt genommen. Zusätzlich werden gleitende Durchschnitte der Consistency Ratio über jeweils sechs Monate betrachtet, um den Effekt von kurzfristigen Höhenflügen zu eliminieren. Die besten 20 % der Fonds werden in den Fund Management Rating-Prozess aufgenommen. Schritt 2 wird als vorangegangene Hintergrundprüfung bezeichnet. Dabei werden alle verfügbaren Informationen wie aktuelle Portfoliobewertung, testierte Jahres- und Zwischenberichte, Lebensläufe der Teammitglieder, Liste der Anteilseigener, Marketingunterlagen etc. gesichtet. Schritt 3 ist ein qualitätsorientiertes, persönliches Interview. Zu den Faktoren, die bewertet werden, zählen die Fondsgesellschaft, Fondsmanager bzw. das Team und die Fondscharakteristika. Zur Fondsgesellschaft gehören die Aspekte Stellung des Unternehmens, Investmentphilosophie und Anlagedisziplin. Zum Faktor Fondsmanager bzw. Team werden Investmentstil bzw. -talent, Beständigkeit und Effizienz, weitere Verantwortungsbereiche wie Anzahl der verwalteten Fonds oder Marketingaufgaben und letztlich das Team selbst unterschieden. Unter dem Faktor Fondscharakteristika werden die Aspekte Fondsvolumen, Umschlaghäufigkeit, Liquidität des Portfolios, Nutzung von Kreditfinanzierungen und Derivativen, Kundenstamm und Kostenstruktur zusammengefasst. Schritt 4 im Ratingprozess ist die Einschaltung des Rating-Komitees. Die Analysten, welche das Interview und das Research durchgeführt haben, müssen diesem Gremium ihre Ergebnisse

[42] Die besten 10 % der Fonds erhalten fünf Sterne, die nächsten 20 % erhalten vier Sterne und die nächsten 20 % erhalten drei Sterne. Die unteren 50 % der Fonds werden in zwei Kategorien zu 25 %

präsentieren. Das Komitee prüft und bewertet sowohl die quantitativen als auch die qualitativen Beurteilungen des Fonds und verleiht dem Fonds ein Rating.[43] Schritt 5 ist die Überwachung des Fonds. Jährlich werden die bisher beschriebenen Ratings vollständig erneuert, vierteljährlich werden Berichte für Fonds mit signifikanter Outperformance erstellt und monatlich werden Performancelisten zur Überwachung anfertigt.

Sharpe/Alexander/Bailey (1999: 726) bemängeln an den gängigen und bisher dargestellten Ratingmethoden, dass der Survivorship Bias nicht berücksichtigt wird. Fonds, die sterben, verlassen die Peergroups. Ihre Nichtberücksichtigung verfälscht den Durchschnitt. Die Kritik ist durchaus berechtigt. Standard & Poor's (Oktober 2006) scheint diese Kritik aufgenommen zu haben und. veröffentlicht quartalsweise die so genannte „Standard & Poor's Indices Versus Aktive Funds Scorecard“ (SPIVA). Hier wird über Performanceergebnisse passiver Indizes versus aktive Fonds, adjustiert für Survivorship Bias, berichtet. S&P informiert jedoch lediglich darüber, wie viel Prozent der Fonds der einzelnen Kategorien den entsprechenden Index geschlagen haben und wie viele dahinter zurückfallen.[44] Bislang verknüpft S&P diese Ergebnisse bzw. Vorgehensweise in keinerlei Weise mit ihren Ratings.

6.1.4 FERI

Seit 1999 bietet die FERI Trust Gesellschaft für Fondsanalyse, Managerselektion und Portfolioberatung mbH, Bad Homburg, auch Ratings für Investmentfonds mit Zulassung für deutschsprachige Länder an (vgl. FERI Trust (2003) und FERI Trust (2006)). FERI ratet nur Fonds mit Vertriebslizenz in Deutschland, Österreich und die Schweiz. Damit

---

mit zwei bzw. einem Stern eingeteilt.

[43] S&P unterscheidet im Bereich Fonds die Klassen AAA, AA, A, NR und UR. Ein Rating mit der Note AAA ist die beste und A die schlechteste Auszeichnung, aber A stellt bei 80 % Aussortierung immer noch eine Auszeichnung dar. NR steht für „not rated“ und UR steht für „under review“. Not rated bedeutet: Dieser Fonds erfüllt die Performancestandards nicht oder wurde in der quantitativen Vorauswahl aussortiert. Under review kennzeichnet Fonds, bei denen eine Managementveränderung stattgefunden hat, deren Auswirkung aber noch nicht beurteilt werden konnte.

[44] Diese Information geben sie, kumuliert für das laufende Jahr und für Perioden von drei und fünf Jahren. Dieser Bericht gibt Aufschluss über die Informationseffizienz der verschieden Marktsegmente, jedoch lässt er sich aufgrund der Orientierung an den hauseigenen Kategorien nicht mit den Daten dieser Arbeit vergleichen. Entgegen den Erwartungen waren mehr Mid-Cap-Manager – kumuliert bis September 2006 – in der Lage waren, den S&P MidCap 400 zu schlagen, als Small-Cap-Manager den S&P SmallCap 600. Darüber hinaus sind die Prozentzahlen der gegenüber dem passiven Index zurückfallenden Fondsmanager für längere Perioden tendenziell höher. Die Prozentzahlen variieren zwischen 54 % und 84 % zu Lasten der aktiven Manager gegenüber den Indizes.

haben sie ein deutlich kleineres Fondsspektrum gegenüber den bisher dargestellten Ratinghäusern, die global agieren und Investoren bzw. das Fondsspektrum aus der ganzen Welt abdecken. FERI arbeitet mit Peergroups und unterscheidet Fonds nach Assetklassen und Investmentuniversen.[45]

Das Ergebnis der Methode von FERI ist eine Einschätzung, unterteilt in fünf Klassen von A bis E. A ist die beste und E die schlechteste Einstufung. Die Methode von FERI unterscheidet sich deutlich von den bisher beschriebenen Konkurrenzanbietern. Sie raten Fonds rein quantitativ und betrachten grundsätzlich einen Zeitraum von fünf Jahren. FERI betreibt ein Scoring-Modell mit verschiedenen Kriterien. Das Modell gliedert sich auf der obersten Ebene in 70 % „Performanceindikator" und 30 % „Risikoindikator". Der Performanceindikator setzt sich aus den Komponenten „relative Performance" mit 35 %, „langfristige Ertragskraft" mit 25 % und „Stabilität" mit 40 % zusammen. Es existieren jeweils zwei Kennzahlen pro Komponente. Relative Performance besteht aus einer Outperformance gegen einen Marktindex und dem Durchschnittsrang innerhalb ihrer Kategorien in rollierenden 3-Monatsperioden. Die langfristige Ertragskraft setzt sich aus den Kriterien positive Elastizität und Differenz zur negativen Elastizität zusammen. Positive Elastizität und negative Elastizität beschreiben das Verhalten des Fonds in Auf- und Abschwungphasen des Marktes. Das Kriterium Stabilität setzt sich aus der Wahrscheinlichkeit der Outperformance gegen den Index und der Peergroup zusammen. Der Riskoindikator hat ebenfalls drei Unterkategorien. Das „Timingrisiko" hat 25 % Gewicht, das Verlustrisiko hat 60 % und das Verhaltensrisiko hat 15 %. FERI versteht unter Timingrisiko die Volatilität bzw. Standardabweichung p. a. Unter Verlustrisiko subsumieren sie die Kriterien maximaler Verlust innerhalb von sechs Monaten, die Wahrscheinlichkeit eines Verlustmonats, durchschnittlicher Verlust der Verlustmonate und Verhalten in Marktabschwungsphasen (negative Elastizität). Unter Verhaltensrisiko versteht FERI die Standardabweichung des aktiven Returns.

Als einziger Ratinganbieter zeigt FERI Informationen bezüglich der Wirksamkeit der FERI-Ratings. Sie zeigen einen Performancevergleich der Klassen A, B und alle Fonds über den Zeitraum von Dezember 1999 bis Juni 2003 für die Regionen Europa, USA und Welt (vgl. FERI Trust (2003)). Im Bereich Europa weisen ihre A-Fonds mit weni-

[45] Kategorien Aktienfonds: Deutschland, Europa, Welt, USA, Japan, Großbritannien, Schweiz, Schwellenländer, Mittel-/Osteuropa, Pazifik (in- und exklusive Japan) und Lateinamerika. Mit Europa und

ger Verlust auf als die B-Fonds, im Bereich Amerika haben ihre A-Fonds höhere Verluste als die B-Fonds und im globalen Segment haben die A-Fonds wieder ein bisschen weniger Verlust als die B-Fonds. Ein Vergleich mit Marktindizes wird nicht gezeigt. Jedoch sollte festgehalten werden, dass im Performancevergleich die beiden Klassen A und B gleich oder besser dem Durchschnitt der Fonds je Region sind. Es gibt bei diesem Vergleich jedoch auch keine Angabe, zu welchem Zeitpunkt die Fonds gerankt wurden oder wie viele über diesen Zeitraum gestorben sind bzw. mit welchem Rating. Es ist für einen Investor hilfreich, dass FERI solch einen Performancevergleich zeigt, jedoch ist die Transparenz des Vergleichs sehr begrenzt. Ein großer Mangel der Methode von FERI ist die fehlende Berücksichtigung von Value/Growth und Größe (vgl. FERI Trust (2006)). Diesem Thema wird weder in der Zusammenstellung der Peergroups noch im Modell oder in der Bereinigung der Kennzahlen Rechnung getragen. Weiterhin ist kritisch anzumerken, dass die Peergroups im Vergleich zu den bisherigen Ratings auch im Hinblick auf Investmentuniversen relativ begrenzt sind. Der Vergleich mit Morningstar Deutschland zeigt, dass die Anzahl Fonds je Kategorie mit Vertriebslizenz Deutschland nicht der limitierende Faktor ist.

6.1.5 Aptimum

Der französische Anbieter Aptimum arbeitet mit einem APT-Modell, um über eine sehr enge Formierung von Peergroups eine möglichst hohe Selektionsgenauigkeit zu erreichen (vgl. Amenc/Le Sourd (April 2005: 10-12)).[46]

Zur Entwicklung ihres APT-Modells verfolgen die Analysten von Aptimum die Veränderungen von ungefähr 30.000 Aktien, Anleihen und Rohstoffen und generieren aus dieser großen Datenbasis quartalweise homogene Gruppen, welche die Charakteristika der Titel repräsentieren. Aus diesen Gruppen werden etwa 20 Faktoren zur Beschreibung der Märkte extrahiert. Es wird mit wöchentlichen Daten und einem Zeitfenster von 180 Wochen gearbeitet. Anhand dieser Faktoren werden die Fonds den jeweiligen Peergroups zugeordnet. Dabei werden die Faktorenexposures und die Gesamtvolatilität berücksichtigt. Diese Methodik resultiert in etwa 200 verschiedenen Peergroups. Diese

den USA haben sie ein Segment Small-/Mid-Cap.

46 Aptimum ist eine französische Tochtergesellschaft der amerikanischen Firma Advanced Portfolio Technology. Das Rating wird regelmäßig in den Zeitungen „Le Monde“, „El Pais“, „Süddeutsche Zeitung“, „La Stampa“, „Tageblatt“ und „Le Jeudi“ veröffentlicht.

Art der Formierung von Peergroups ist nicht statisch, sondern versucht dynamisch die aktuellen Marktentwicklungen möglichst zeitnah abzubilden. Dadurch werden Styles besser berücksichtigt als bei den Methoden von Lipper, Morningstar und S&P.

Als Selektionskriterium verwendet Aptimum ihr so genanntes APT Risk-Adjusted Performance Measurement (APT-RAP). Sie bilden zur Berechnung einen Index aus dem Durchnitt aller Fonds der Peergroup. Bei dem APT-RAP handelt sich dann um die Rendite des Fonds dividiert durch das Beta aus der Entwicklung des Fonds und dem Peergroupindex. Ist das APT-RAP kleiner als die historische Rendite, hatte der Fonds ein höheres Risiko als die Peergroup. Entsprechend dem APT-RAP werden die Fonds je Peergroup geratet.[47]

Der Vorteil der Aptimummethode liegt vor allem darin, dass durch die starke Fragmentierung des Fondsspektrums eine höhere Gleichartigkeit der Fonds innerhalb der Peergroup und damit eine bessere Risikomodellierung gewährleistet wird. Dies erhöht die Genauigkeit des Ratings gegenüber der gängigen Vorgehensweise mit wenigen definierten statischen Klassen wie bei bei Lipper, Morningstar und S&P. Nachteilig ist, dass die große Anzahl Peergroups wenig Transparenz für den Investor bietet. Dieser empfindet die große Anzahl an Kategorien wahrscheinlich nicht als Entscheidungshilfe, zumal selbst die Zeitungen nur etwa die 30 gängigsten der 200 Kategorien veröffentlichen. Außerdem sind die Ratingergebnisse zwischen Peergroups nicht vergleichbar. Das aufwändige Modell von Aptimum sehen Amenc/Le Sourd (April 2005: 12) als interesanten Ansatz, bedauern jedoch, dass Aptimum dieses Modell nur zur Klassifizierung benutzt und das Rating nicht konsequent gemäß dem Mehrfaktoralpha durchführt. Damit würde ein konsistenter Bewertungsmaßstab über alle Assetklassen, Regionen, Branchen und Styles hinweg zur Verfügung stehen. Diesen Gedanken sind Amenc/Le Sourd (April 2005) mit ihrem Ratingansatz gefolgt, der im Folgenden beschrieben wird.

6.1.6 Europerformance-EDHEC Style Rating

Europerformance sind ein sehr junger französischer Ratinganbieter, der seit dem Jahr 2004 das Fondsangebot an französiche Investoren ratet (vgl. Amenc/Le Sourd (April

---

[47] Die besten 25 % erhalten fünf Sterne, die nächsten 10 % vier Sterne, in 10 %-Schritten geht es bis zu einem Stern. Zwischen 65 % und 75 % vergibt Aptimum ein Minus und die schlechtesten 25 % der Fonds erhalten ein doppeltes Minus.

2005: 32)).[48] Europerformance (April 2006: 4-9) basieren ihr Rating in erster Linie auf dem Alpha aus einem Mehrfaktorenmodell nach Elton et al. (1993). Europerformance verwenden für ihren Ratingansatz wöchentliche Daten über eine Periode von drei Jahren und nutzten das MSCI-Indexuniversum zur Auswahl ihrer Regressoren. Ihre Vorgehensweise beinhaltet zwei Regressionen. Um die Kolinearität im Modell zu begrenzen, werden in der ersten Regression mithilfe einer Style-Analyse nach Sharpe die „richtigen" Indizes für die zweite Regression selektiert. In der zweiten Regression wird dann das effektive Alpha für das Rating berechnet.[49] Europerformance (April 2006: 4-9) eliminieren mit ihrer Style-Analyse Indizes mit geringer oder keiner Aussagekraft aus der zweiten Regression in der gleichen Periode, ihrer so genannten Alpharegression. Es scheint, dass die Style-Analyse nach Sharpe (1992) abgewandelt wurde, um mit weniger Track Record auszukommen. Dieses Problem ist in der Perfomanceanalyse allgegenwärtig.

Obwohl Europerformance ein Mehrfaktorenmodell verwendet, kommen sie nicht ganz ohne Peergroups aus. Sie gruppieren Fonds nach Assetklassen und nach länderspezifischen Investmentuniversen.[50] Für fast alle der Aktienkategorien existieren MSCI-Länderindizes nach Growth und Value sowie bei den größeren Märkten ein Index für Small-Cap.

Der zweite Baustein des Ratings von Europerformance (April 2006: 10-11) ist die Konsistenz der Rendite, die mit der so genannten „Gain Frequency" und dem Hurst-Exponent gemessen werden. Als Berechnungsbasis dient der „excess return compared to

---

[48] Europerformance ist eine Kooperation mit der EDHEC Business School (Ecole De Hautes Etudes Commerciales du Nord).

[49] Jedoch muss an dieser Stelle bemerkt werden, dass dies nicht der Style-Analyse nach Sharpe (1992) entspricht. Die orginale Style-Analyse nach Sharpe (1992) basiert auf nicht-linearer Optimierung, welche eine individuelle Benchmark als Output hat, zusammengesetzt aus verschiedenen Indizes. Diese Benchmark kann dann in einer Einfaktorregression in einer nachfolgenden Periode verwendet werden (vgl. Ende Kapitel 3.2.4).

[50] Dazu zählen Südafrika, Deutschland, Australien, Österreich, Belgien, Kanada, China, Korea, Dänemark, Emerging Markets, Spanien, Finnland, Frankreich, Hongkong, Indien, Irland, Israel, Italien, Japan, Malaysia, Marokko, Norwegen, Niederlande, Portugal, UK, Russland, Skandinavien, Singapore, die Schweiz, Schweden, Taiwan, Thailand, Türkei und die USA. Darüber hinaus existieren die aggregierten Kategorien Welt, Asien, Asien ohne Japan, Europa, Europa ohne UK, EMU, Lateinamerika, Emerging Europe und die Amerikas, sowie diverse Anleihen- und Balanced-Kategorien. Für Branchenfonds verwenden sie Branchenindizes als Regressoren.

the customised benchmark“ (Europerformance (April 2006: 10)).[51] Auf Basis dieser Zeitreihe definieren sie die Gain Frequency als Prozentsatz der positiven Datenpunkte in den 156 Wochendatenpunkten – also wie oft der Fonds besser war als seine Benchmark. Sie betrachten auch den Hurst-Exponenten dieser Zeitreihe wie Lipper (vgl. Kapitel 6.1.1). Ihre Einschätzung für Hurst-Exponent und Gain Frequency ist: Ein Ergebnis größer als 0,5 ist ein Zeichen für persistente Performance und kleiner 0,5 ist antipersistent. In Bezug auf den Hurst-Exponent ist der Ansatz von Lipper etwas differenzierter. Ob es sich bei einer persistenten Performance wirklich um eine Aufwärtsbewegung handelt oder ob eine maskierte Abwärtsbewegung in Teilen des Zeitfensters steckt, kann der Ansatz von Europerformance nicht verifizieren. Hierzu kann aber der Ansatz von Lipper mit seiner Multiperiodenbetrachtung des effektiven Returns innerhalb des Betrachtungszeitraums eine Aussage machen.

Der dritte Baustein im Rating von Europerformance (April 2006: 12-13) ist das Potenzial des Fonds für extreme Verluste, gemessen mit dem Value-At-Risk. Sie lassen dabei 1 % Irrtumswahrscheinlichkeit zu. Damit betrachten sie als Value-At-Risk genau jene Minimumrendite, welche der Fonds mit 99 %iger Wahrscheinlichkeit übertrifft.

Europerformance verwendet die drei Bausteine ihres Ratings nicht auf kontinuierliche Weise, sondern staffelt deren Anwendung bei der Vergabe ihrer Einschätzung auf einer Sterneskala. Europerformance (April 2006: 14-15) hat zwei K.o.-Kriterien. Sie vergeben überhaupt keine Sterne, wenn der Fonds beim Value-At-Risk schlechter als zwei Standardabweichungen – entfernt vom Kategoriendurchschnitt – abschneidet oder das R^2 der Style-Analyse unter 70 % (60 % bei internationalen Kategorien) liegt. Einen bis vier Sterne vergeben sie in Abhängigkeit des Alphas des Fonds.[52] Fünf Sterne erhalten Fonds mit den besten und deutlich positiven Alphas, die außerdem auch eine Gain Frequency größer gleich 50 % aufweisen. Eine besondere Auszeichnung erhalten Fonds, die über-

---

51 In der Dokumentation von Europerformance (April 2006) wird keine Definition des Begriffs „customised benchmark“ gegeben. Die knappen Ausführungen könnten dahingehend interpretiert werden, dass es sich um eine Addition der Zeitreihen der Regressoren des Faktormodells (Style-Indizes) nach Anpassungen um die entsprechenden Faktorsensitivitäten handelt.

52 Einen und zwei Sterne erhalten Fonds mit negativem Alpha nach Gebühren. Die Fonds mit negativem Alpha werden auf Alpha sortiert und die oberen 50 % erhalten zwei Sterne, die unteren einen Stern. Drei Sterne erhalten Fonds mit einem Alpha nach Gebühren von ungefähr null. In die Berechnung fließen die durchschnittlichen Gebühren der Kategorie ein. Fonds, die ihre Benchmark in der Performance nach Gebühren erreichen, erhalten also drei Sterne. Ab vier Sterne weisen die Fonds nach Gebühren ein deutlich positives Alpha auf.

dies noch einen Hurst-Exponenten größer als 0,5 zeigen.

Der Vorteil der Methode von Europerformance gegenüber den bisher beschriebenen Ratingsmethoden liegt in der stetigen Adjustierung der Styles durch die Sensitivitäten des Mehrfaktorenmodells. Die Bildung von Peergroups ist besser als keine Adjustierung wie bei FERI, jedoch stellen die Peergroups selbst bei Aptimum noch eine Klassierung eines eigentlich stetigen Merkmals dar. Amenc/Le Sourd (April 2005: 22-27) führen eine quantitative Style-Analyse verschiedener Morningstar-Kategorien durch und untermauern ihre Einschätzung bezüglich der Angemessenheit des Kategoriendurchschnitts als Benchmark deutlich mit ihren Ergebnissen. Sharpe/Alexander/Bailey (1999: 725) sehen in Peergroupvergleichen bzw. der Anwendung des Durchschnitts als Benchmark ebenfalls konzeptionelle und praktische Schwierigkeiten in der Risikodarstellung. Sharpe/Alexander/Bailey (1999: 725) sehen die Bemühung von Morningstar positiv, das Problem durch möglichst eng definierte Peergroups zu minimieren, aber halten solch eine Kategorisierung als „far from perfect".

Verbesserungspotenzial besteht im verwendeten Faktorenmodell des Ansatzes gegenüber dem Ansatz nach Fama und French (vgl. French (2006)). Denn die Regressoren werden nicht durch Differenzbildung von Benchmarkportfolios konstruiert, sondern die Indizes werden ohne weitere Modifikation als Regressoren verwendet (vgl. Europerformance (April 2006: 17)). Dadurch hat Europerformance das Problem hoher Kolinearität im Modell (vgl. Tabelle 3 in Kapitel 4.2.1, die Korrelationen zwischen den S&P-Indizes weichen nicht wesentlich von den Korrelationen der MSCI-Indizes ab). Darüber hinaus ist bei der Fondsanalyse eine Aufschlüsselung der Performance eines Fonds in einer Assetkategorie in allgemeine Marktbewegung, Value/Growth-Bewegung und Größentrend vorteilhaft. Dies leistet ihr Faktormodell nicht, wie die Indexauswahl für die USA zeigt. Für die USA verwenden sie den MSCI USA Value, den MSCI USA Growth und den MSCI USA Small-Cap. Der Value/Growth-Trend lässt sich in dieser Faktorkombination nicht von der Marktentwicklung separieren. Auf diese Verbesserungspotenziale und Variationen des Selektionskriteriums wird in Kapitel 6.3 weiter eingegangen.

6.1.7 Zusammenfassung

- Lipper, Morningstar, S&P und Aptimum betrachten Fonds aufgrund von Kennzahlen, die relativ zum Durchschnitt anderer Fonds berechnet werden. Sie berücksichtigen dabei die Styles Value/Growth und Größe durch Bildung verschiedener Peergroups. Feri hat einen gewichteten Ansatz aus Kennzahlen relativ zum Durchschnitt anderer Fonds (jedoch ohne Berücksichtigung von Styles) und relativ zu einem einzelnen, gängigen Marktindex. Europerformance ist der einzige Anbieter mit einem Mehrfaktorenmodell aus passiven Style-Indizes zur Berechnung der Ratingkennzahl. Reine Peergroupvergleiche nach Styles wie bei Lipper, Morningstar, S&P und Aptimum stellen eine Klassierung der Styles dar und bringen damit Nachteile als Benchmark.

- Alle Ratinganbieter haben einen rein quantitativen Rankingansatz auf der Basis der historischen Performance. Nur S&P bietet zusätzlich nach Vorsortierung auf der Basis der historischen Perfromance ein qualitatives Fondsmanagementrating an, indem es den zukünftigen Investitionsprozess hinterfragt.

- Lipper bietet fünf einzelne Ratings auf der Basis von Total Return, Persistenz der Rendite, Downsiderisiko, Steuereffizienz (nur für die USA) und Gebühren an. Die Kategorisierung ist global differenziert nach Assetklassen und Styles in Anlehnung an S&P/Citigroup-Indizes.

- S&P ratet gemäß einer risikoadjustierte Rendite, berechnet aus dem Quotienten aktiver Returns zu aktivem Risiko. Sortierungen nach Quotienten als Merkmal haben Schwierigkeiten beim Übergang in den negativen Bereich. Zusätzlich bieten sie ein qualitatives Fondsmanagementrating an. Die Fondskategorisierung ist global nach Assetklassen und Styles in Anlehnung an S&P/Citigroup-Indizes differenziert.

- Morningstar bietet heute ein Rating auf risikoadjustiertem Return mit stärkerer Gewichtung der Renditeausschläge nach unten an. Die Kategorisierung ist ebenfalls global nach Assetklassen und Styles differenziert, jedoch nicht ganz so ausdifferenziert wie bei Lipper und S&P.

- Feri hat ein Scoring-Modell aus vielen verschiedenen eindimensionalen Rendite- und Risikokennzahlen im Einsatz. Die Kategorisierung ist wenig differenziert.

- Das Rating von Europerformance basiert auf Alphas aus einem style-adjustierten Mehrfaktorenmodell nach Elton et al. (1993) im Gegensatz zum Ansatz nach Fama/French (1993). Europerformance verwendet mit MSCI-Indizes. Flankiert wird das Alpha-Ranking mit einer Persistenzbetrachtung und Berechnung des Value-At-Risk. Dieses Rating ist methodisch weiterentwickelt gegenüber den anderen Ratinganbietern, hat aber noch Verbesserungspotenzial im Faktormodell. So könnte noch die Multikollinearität im Faktorenmodell durch die Methode der Differenzenbildung bei der Faktorkonstruktion gesenkt werden.
- Aptimum erreicht mit dem APT-Modell eine wesentlich feinere Segmentierung der Kategorien als Lipper, Morningstar und S&P. Die Risikoadjustierung im Return wird dann jedoch durch Division mit Kategorienbeta erreicht. Aptimum hat ein sehr interessantes Modell, jedoch ist es wirklich schade, dass sie es nur zur Kategorisierung und nicht zur Berechnung von Kennzahlen verwenden. Die Anzahl von über 200 Kategorien reduziert die Transparenz.
- Kein Anbieter zeigt Prognosegüten oder Erfolgswahrscheinlichkeiten seiner Ratings.
- Keiner der Ratinganbieter berücksichtigt Survivorship Bias. Nur bei S&P sind Ansätze von Analysen des Survivorship Bias erkennbar, jedoch werden die Untersuchungen nicht mit den Ratings in Verbindung gebracht.

6.2 Theoretische Ansätze zur Bestimmung von Selektionskriterien

6.2.1 Theoretische Ansätze

Die Studien an Mutual Funds haben eine lange Historie. Bereits in den 60er-Jahren untersuchten Wissenschaftler wie Sharpe (1965) und Jensen (1969) Mutual Funds. Sharpe analysierte in diesen Tagen 34 Fonds über die Periode 1954 bis 1963 gegenüber dem Dow Jones Industrial Average und kam auf ein durchschnittliches Alpha von -0,4 %. Es sah damit die strenge Form der Effizienztheorie bestätigt. Jensen bestätigte seine Ergebnisse mit einem durchschnittlichen Alpha von -1,1 % in seiner Studie. Er untersuchte 56 Fonds über die Periode 1945 bis 1964 gegenüber dem S&P 500. Beide Forscher ahnten noch nichts von Survivorship Bias. Unter anderem mit diesen beiden Studien nahm die weit in Teilaspekte verzweigte und bis heute andauernde Diskussion um aktives Portfoliomanagement ihren Lauf. Ein Zweig dieser Diskussion ist die Persistenz von Performance bei aktivem Portfoliomanagement, welche im Folgenden näher beleuchtet wird.

Dunn/Theisen (1983: 47-49) untersuchten jährliche Renditen von 201 Institutional Funds über die Periode 1973 bis 1982. Sie erkannten bereits den Bias hin zu überlebenden Fonds in ihren Daten von der Frank Russell Company, aber konnten nur in Bezug auf ihre Ergebnisse einschränkend darauf hinweisen. Für jedes einzelne Jahr ihrer 10-Jahresperiode sortierten sie die Fonds auf den annualisierten Return und vergaben Quartil- und Dezilränge. Sie vergleichen verschiedene Kombinationen aus jeweils zwei Jahren miteinander, verwendeten Chi-Quadrat-Tests sowie den Rang-Korrelationskoeffizienten von Spearman, aber fanden keine Hinweise auf die Persistenz der Performance von Fonds.

Lehmann/Modest (1987: 233-265) untersuchten monatliche Returns von 130 Fonds über die Periode 1968 bis 1982. Auch ihre Studie hat Survivorship Bias, aber sie schätzen den Einfluss auf die Ergebnisse als gering ein. Sie unterteilen die Gesamtperiode in drei 5-Jahresperioden. Sie testen den Einfluss unterschiedlicher Benchmarks und Faktormodelle auf Alpha und Information Ratios innerhalb der Teilperiode sowie die von einer Teilperiode auf die nächste Teilperiode. Als verschiedene Benchmarks im Rahmen eines Market-Modells verwenden sie zwei Durchschnitte aller am NYSE gelisteten Aktien aus der Datenbank von CRSP. Sowohl der gleichgewichtete Durchschnitt als auch der nach Marktkapitalisierung gewichtete Durchschnitt dienen als Proxy für den Markt. Als weitere Betrachtungsalternative entwickeln sie verschiedene APT-Ansätze mit statistisch extrahierten Faktoren. Dazu zählen „Maximum Likelihood", „Restricted Maximum Likelihood, „Instrumental Variables" und „Principal Component". Neben den verschiedenen Extraktionsverfahren variierten sie auch die Zahl der Faktoren als Eingangsgröße für diese Methoden zwischen 5, 10 und 15 sowie die Größe des verwendeten Aktienuniversums. Die APT-Methoden sind sehr nahe an dem Kategorisierungsmodell von Aptimum (vgl. Kapitel 6.1.5). Bei den Betrachtungen innerhalb der einzelnen Teilperioden kommen sie zu dem Schluss, dass die Wahl der Benchmark bzw. des Modells starken Einfluss auf die Ergebnisse von Alpha und Information Ratio hat. Sie vergleichen Korrelationskoeffizienten zwischen Rankings innerhalb der gleichen Periode nach den beiden Kennzahlen mit verschiedenen Berechnungsmethoden und sind in der damaligen Zeit sehr überrascht über die Instabilität und Sensitivität gegenüber der Berechnungsmethode. Während die Wahl der verschiedenen APT-Methoden und die Größe des Aktienuniversums als Basis große

Unterschiede im Ranking produzieren, hat die Anzahl der Faktoren – ob fünf, zehn oder 15 – keinen großen Einfluss. Jedoch der Schritt zu nur einem Faktor auf das Market-Modell mit den verschiedenen CRSP-Indizes produzierte wieder erhebliche Unterschiede. Ihre Persistenzbetrachtungen von Teilperiode auf Teilperiode berichten über Korrelationskoeffizienten von Information Ratios. Hier zeigen die Berechnungen mit dem Market-Modell Werte zwischen 0,14 bis 0,25 gegenüber den APT-Ansätzen mit Werten zwischen 0,17 bis 0,45. Darüber hinaus betrachten sie prozentuale Anteile der Fondsanzahl mit signifikant positivem Alpha in einer Periode und zwei Perioden. Auch hier produzieren die APT-Ansätze deutlich bessere Ergebnisse als das Market-Modell, dessen Werte für jeweils zwei Perioden, also die Persistenzindikation, wirklich vernichtend gering sind, während sie bei den APT-Ansätzen teilweise ein sehr akzeptables Niveau haben. Jedoch sind die Ergebnisse in der zweiten Periode von 1973 bis 1977 auf 1978 bis 1982 durchweg schwächer. Zeiteffekte scheinen folglich auch bei einem APT-Ansatz immer noch eine Rolle zu spielen. Darüber hinaus sind zehn Jahre eine lange Zeit für einen Fonds, um konstant erfolgreicher zu sein als andere Fonds bzw. nicht erfolgreich zu sein und am Leben zu bleiben. Diesen Anspruch stellt diese Analyse an die Fonds.

Grinblatt/Titman (1992: 1977-1984) analysierten ein Sample von 279 Mutual Funds über die Periode von 1974 bis 1984, welche die Periode von Anfang bis Ende überlebt haben. Sie berechnen Alphas über zwei Teilperioden mit fünf Jahren mit einem Faktormodell auf Basis von acht passiven Portfolios als Faktoren. Diese acht passiven Portfolios konstruieren sie aus dem Aktienuniversum von CRSP. Die Portfolios werden monatlich angepasst und stellen gleichgewichtete Durchschnitte verschiedener Sortierungen des Aktienuniversums dar. Vier Portfolios sind dabei verschiedene „Sizes", repräsentieren somit verschiedene Niveaus der Marktkapitalisierung. Drei Portfolios resultieren aus einer Sortierung auf Dividendenausschüttungen. Dies ist einer der vielen Faktoren, die heute zur Unterscheidung in Value und Growth dienen. Das achte Portfolio sind die Aktien mit den schlechtesten Renditen in der Vergangenheit. Das ist heute die eine Hälfte der allgemein verwendeten Konstruktion für einen Momentumfaktor. Die derart berechneten Alphas aus beiden Perioden regressieren Grinblatt und Titman auf einander als Cross-Sectional-Regression. Auf diese Weise finden sie ihrer Ansicht nach Hinweise auf die Persistenz auf Basis eines positiven Betas aus der Cross-Sectional-Regression, jedoch zeigt diese ein sehr niederes R^2 zwischen 0,06 und 0,15. Darüber hinaus ist nach der Erfahrung des Autors in diesem Faktormodell aufgrund dessen Konstruktion mit hoher Kolinearität zu rechnen. Sie verwenden keinerlei Differenzenbildung bei der Konstruktion der Faktoren, sondern verwenden die passiven Portfolios so, wie sie sind, als Faktoren.

Brown et al. (1992: 553-580) haben sich dem Survivorship Bias in Performancestudien verschrieben. Sei zeigen in einem Simulationsansatz, dass Survivorship Bias auch persistenzinduzierend wirkt. Sie untersuchen 600 theoretische Fondsmanager unter simulierten Umweltbedingungen. Der Marktverlauf wird mit einem zufälligen Prozess normalverteilt generiert. Die Betas der Fondsmanager sind fest über den Betrachtungszeitraum definiert und unterliegen über die Cross-Section der Fondsmanager hinweg ebenfalls einer Normalverteilung. Neben dem Einfluss des Marktverlaufs wirkt auf jeden Fonds ein individuelles, unsystematisches Risiko, das jedoch in seinem Ausmaß von der Abweichung von Beta gegenüber 1 abhängt. Es wird unterstellt, dass Fonds mit einem größeren aktiven Beta auch mehr Residualrisiko haben. Dies ist tendentiell in der Realität auch so zu beobachten. Die Rendite eines Fonds ergibt sich aus der Addition der risikofreien Verzinsung und der Überrendite des Marktes, multipliziert mit Beta und dem residualen Return. Die Kapitalmarktparameter haben sie aus dem Verlauf des amerikanischen Marktes zwischen 1926 bis 1989 abgeleitet und die Annahmen bezüglich der Fonds lehnen sich an das Fondssample von Goetzmann/Ibbotson (1994) an. Im laufenden Experiment werden über einen Zeitraum von acht Jahren nach beschriebenem Schema Fondsrenditen generiert. In den ersten vier Jahren wird jedes Jahr eine bestimmte Anzahl Manager eliminiert. Neben dem Referenzlauf ohne Eliminierung werden in verschiedenen Betrachtungen jeweils 5 %, 10 % und 20 % der schlechtesten Manager eliminiert. Für die beiden Perioden berechnen sie die Alphas und Information Ratios der Manager. Daraufhin betrachten sie Übergangshäufigkeiten bei Klassierung in zwei Klassen (Gewinner/Verlierer) und Cross-Sectional-Regression. Beim Referenzlauf ohne Eliminierung zeigt sich keinerlei Persistenz. Je höher die Eliminierungsrate, desto höher die Persistenzerscheinung in diesen Betrachtungsweisen. Bei der Cross-Sectional-Regression ist der Einfluss höher als bei den Übergangshäufigkeiten. Die Information Ratios erscheinen etwas weniger anfällig als die Alphas. Survivorship Bias hat deshalb nicht nur Einfluss auf den durchschnittlichen Return eines Samples, sondern auch auf die Persistenzerscheinungen, jedoch „whether these results suffice to explain the strenght of the results reported by Goetzmann and Ibbotson (among others) is at this point an open question". (Brown et al. (1992: 576)) Unabhängig von ihren Resultaten kritisieren Brown et al. (1992) die Betrachtungsweise mit Übergangswahrscheinlichkeiten bei Klassierung in nur zwei Klassen und Cross-Sectional-Regression, da in beiden Fällen die wiederkehrende, schlechte Performance einiger Fonds die weniger interessante Triebfeder der Ergebnisse sein kann. Bei nur zwei Klassen sind die Gewinner automatisch Gewinner, wenn die Verlierer Verlierer bleiben. Eine feinere Klassierung bringt mehr Transparenz. Insgesamt stellt dieser Artikel einen Meilenstein der Studien zur Fondsperformance dar. Er zeigt deutlich auf, dass eine Adjustierung von Survivorship Bias für Performancestudien unabdingbar ist.

Hendricks/Patel/Zeckhauser (1993: 93-130) prägten mit ihrer Studie den Begriff „Hot Hands“. Wie der Name schon vermuten lässt, fanden sie Persistenz in ihrem Datensample, welche sich besonders auf die jüngste Vergangenheit bezieht. Sie untersuchen insgesamt Quartalsrenditen von 165 Aktienfonds der Selbstkategorisierung Growth in ihrem Sample. Davon waren 94 am Ende der Periode 1974 bis 1988 noch am Leben. Sie berechnen Residuen mit einem Market-Modell gegenüber dem gleichgewichteten Durchschnitt aller NYSE-Aktien, dem kapitalisierungsgewichteten Durchschnitt aller NYSE- sowie AMEX-Aktien und dem gleichgewichteten Durchschnitt aller Fonds in ihrem Sample. Die Residuen untersuchen sie mit einer Cross-Sectional-Regression von acht Quartalen als Regressoren auf das nachfolgende Quartal als Regressand. Sie schätzen auf diese Art den Einfluss der vorherigen acht Quartale auf jedes Quartal von 1976 bis 1988 und berechnen die durchschnittlichen Sensitivitäten aus diesen Regressionen. Die Quartale 1 bis 4 (jüngste Vergangenheit) zeigen durchweg bei allen Benchmarks positive Sensitivitäten und die Quartale 5 bis 8 meist negative. Die Quartale 2 und 4 zeigen sich signifikant. Diese Entdeckung bezeichnen sie als „Hot Hands“-Phänomen. In einem zweiten Schritt untersuchen sie die Investierbarkeit dieses Phänomens. Sie verwenden eine quartalsweise Klassierung in acht Klassen und kommen zu dem Schluss, dass eine quartalsweise Anlage in die Topperformer der letzten vier Quartale im Hinblick auf deren Alpha eine Möglichkeit ist, den Durchschnitt der Fonds signifikant zu übertreffen. Jedoch übertrifft die Strategie Marktindizes nur knapp. Bei der Investierbarkeitsuntersuchung verwenden sie auch den P8-Ansatz von Lehmann/Modest (1987) zur Alphaberechnung mit ebenfalls positiven Ergebnissen. Interessant ist auch, dass sie nach der Analyse des Subsamples aus rein überlebenden Fonds mit Verweis auf die Studie auf Brown et al. (1992) der Meinung sind, dass Survivorship Bias keinen Einfluss auf Persistenzphänomene hat.

Goetzmann/Ibbotson (1994: 9-18) untersuchen über die Periode 1976 bis 1988 ein Sample mit insgesamt 728 überlebenden Fonds.[53] Sie betrachten verschiedene Ansätze von Übergangshäufigkeiten, Übergangswahrscheinlichkeiten sowie Cross-Sectional-Regression. Für die Analyse der Übergangshäufigkeiten bzw. -wahrscheinlichkeiten betrachten sie Klassierungen in zwei und vier Gruppen. Als Kriterien benutzen sie absolute Returns und Alphas gegenüber dem S&P 500. Sie testen sowohl ein, zwei als auch drei Jahre und einen Monat als rollierende Zeitfenster innerhalb der Gesamtperiode (ein Jahr und monatlich nur absolute Returns). Sie sind überzeugt ein Muster gefunden zu haben, bei welchem Gewinner der ersten Teilperiode meistens ihren Erfolg in der zweiten Teilperiode wiederholen. Jedoch treten in manchen Jahren bzw. bei manchen Übergängen komplette Umwälzungen des Fondsspektrums auf. In diesen Jahren trifft die Regel also nicht zu. Jedoch aggregiert man die Teilergebnisse überwiegt dieses Muster in allen Zeitfenstern. Bei der Klassierung in zwei Klassen ist das Muster deutlicher als bei vier Klassen. Die Cross-Sectional-Regression schneidet deutlich schlechter ab. Es zeigt sich positive Sensitivität, aber ein sehr geringes R^2. Die Betrachtung von Alphas glätten die Unterschiedlichkeit der Ergebnisse über die einzelnen Jahre bzw. Zeitfenster etwas.

Sie sind der Meinung, dass jenes Muster wenig durch Survivorship Bias beeinflusst ist, da sie in einer Analyse Fonds mit hoher Volatilität getrennt von Fonds geringer Volatilität betrachten. Survivorship Bias ist ihrer Meinung nach höher bei Fonds mit hoher Volatilität, aber das Muster taucht in beiden Gruppen auf.

Brown/Goetzmann (1995: 679-698) analysieren Übergangshäufigkeiten mit Klassierung in jeweils zwei Klassen – Gewinner und Verlierer – an einem teilweise für Survivorship Bias adjustierten Sample. Sie verwenden ein Zeitfenster von einem Jahr jeweils auf das nächste Jahr über die Gesamtperiode von 1976 bis 1987. Sie betrachten absolute Returns, Alpha und Information Ratio gegenüber dem S&P 500, Information Ratios über ein 3-Faktorenmodell und eine style-adjustierte Kennzahl. In ihrem 3-Faktorenmodell verwenden sie jedoch nur den S&P 500, einen Small Firm Index und einen Government Bond Index. Demnach haben sie keinen Value/Growth-Faktor. Da sie auch keine Differenzenbildung anwenden, ist hohe Kolinearität im Modell zu erwarten. Die Definition Style-Adjustierung von Brown/Goetzmann (1995) ist auch sehr speziell.

[53] Die Anzahl steigt von Anfang bis zum Ende der Periode von 258 bis auf 728 Fonds.

Damit bezeichnen sie die Differenz aus absoluter Rendite und der Rendite des Fondsstyles. Damit meinen sie wohl einen entsprechenden Peergroupdurchschnitt. Bei diesen Betrachtungen stellen Gewinner die Fonds mit der entsprechenden Kennzahl besser als der Median des Samples dar. Als weitere Variationen definieren sie einmal Gewinner als Fonds mit einem Alpha größer null, einmal schließen sie Fonds mit sehr schlechter Rendite aus. Auf der Basis dieser Analysekombinationen sind sie der Ansicht, Beweise für Persistenz gefunden zu haben, jedoch schränken sie ein, dass das Phänomen stark von der Periode abhängt. Abhängig von der Kennzahl finden sie in fünf bis sieben Jahren signifikante Persistenz in der Gesamtperiode von 1976 bis 1987. In den Jahren von 1980 auf 1981 und von 1987 auf 1988 zeigen sich signifikante Reversals des Fondspektrums. Durch Ausschließen der schlechtesten Fonds und der Definition von Gewinnern als Fonds mit positivem Alpha stellen sie fest, dass sich die Anzeichen für Persistenz deutlich stärker auf das Wiederholen von schlechter als von guter Performance beziehen. Eine Klassierung in nur zwei Klassen verschleiert somit diesen Sachverhalt. Sie betrachten ebenfalls Renditen von simulierten Allokationsstrategien. Positive Alphas konnten allerdings mit solch einer Strategie nur in drei von zwölf Jahren generiert werden. Ihre Schlussfolgerung besteht darin, dass ein deutlicher Renditeunterschied zwischen den besten und schlechtesten Fonds besteht. Jedoch ist dieser Renditeunterschied hauptsächlich von der schlechten Performance der im Vorjahr schlechten Fonds getrieben. Hierauf sollten Investoren achten. Insgesamt sehen sie ihre Ergebnisse als klares Indiz für Persistenz in Fondsreturns, die Investoren nutzen können, um den durchschnittlichen Fonds zu schlagen. Um jedoch den S&P 500 zu schlagen und positive Information Ratios oder Alphas zu generieren, sind die Indizien wesentlich schwächer und hängen sehr stark von der Periode ab.

Malkiel (1995: 549-572) repliziert für Persistenzuntersuchungen den Ansatz von Brown/Goetzmann (1995) mit Gewinner/Verlierer-Übergangswahrscheinlichkeiten an seinen Daten über die Periode von 20 Jahren von 1971 bis 1990. Seine Daten sind nach eigener Angabe frei von Survivorship Bias und seine Ergebnisse zu diesem Themenkomplex wurden bereits in den Kapiteln 5.4 bis 5.7 dargestellt. Er betrachtet im Performancebereich absoluten Return und Alphas und resümiert, dass es schwierig ist, die Hypothese, dass Persistenz in der Performance von Fondsmanagern besteht, in Daten der 70er-Jahre zu verwerfen. In den 80er-Jahren zeigt sich jedoch ein anderes Bild. In dier Betrachtungsweise – jeweils auf das nächste Jahr – lässt sich die Nullhypothese, dass keine Persistenz vorliegt, von 1971 bis 1979 nur in zwei Perioden nicht verwerfen. Ähnliche Ergebnisse zeigen sich, egal, ob man die Rendite über ein Quartal oder zwei Jahre misst, Alpha (Market-Modell) oder bloße Renditen verwendet. Seiner Meinung nach ist es kein Wunder, dass viele Forscher, die Daten der 70er-Jahre studierten, den Eindruck von Persistenz in Fondsrenditen gewannen. Aggregiert zeigt sich eine Wahrscheinlichkeit von 65 %, dass Gewinner ihren Erfolg wiederholen. Dieser Wert fällt jedoch in den 80er-Jahren auf 52 %. In den einzelnen Übergangen zeigt sich nur noch 4-mal signifikant positive Persistenz, 3-mal signifikant negative Persistenz und 4-mal unsignifikantes Verhalten. Malkiel betrachtet ebenfalls Allokationsstrategien und findet, dass in den 70er-Jahren Investoren durchaus überdurchschnittliche Renditen auf Basis des Persistenzphänomens generieren konnten, jedoch nicht in den 80er-Jahren. Eine Analyse von Verwaltungsgebühren und Ausgabeaufschlägen zeigt, dass Investoren keinen Mehrwert aus aktiven Anlagefonds bekommen. Malkiel ist der Meinung, dass die Erkenntnisse aus seiner Studie keinen Anlass geben, Kapitalmärkte nicht als bemerkenswert effizient zu sehen.

Kahn/Rudd (1995: 43-52) untersuchen ein Sample aus 300 überlebenden Aktien- und 195 überlebenden Bondsfonds. Den Survivorship Bias in ihrem Sample nehmen sie zur Kenntnis. Sie überprüften ihre Daten von Morningstar mit den Daten von Micropal, jedoch ohne wesentliche Inkonsistenzbefunde. Für die Aktienfonds verwendeten sie die Periode von 1983 bis 1987 für eine Style-Analyse nach Sharpe (1992) und berechneten für jeden Fonds eine individuelle Benchmark. Für die Style-Analyse und die Benchmarkberechnung verwendeten sie folgende Indizes: S&P 500/Barra Value und Growth, S&P MidCap 400 /Barra Value und Growth, S&P SmallCap 600 sowie die T-Bill. Die Perioden von 1988 bis 1990 und von 1991 bis 1993 verwendeten sie dann zur eigentlichen Analyse. Sie berechneten für diese Perioden jeweils absolute Returns, Alphas und Information Ratios mit einem Market-Modell gegenüber der fondsindividuellen Benchmark. Für jede Kennzahl vergleichen sie die Werte zwischen den zwei Perioden mit Übergangshäufigkeiten auf der Basis von jeweils zwei Klassen (Gewinner und Verlierer gegenüber Median) und Cross-Sectional-Regression. Dieser methodisch konsistente Ansatz verarbeitet jedoch einen Beobachtungszeitraum bzw. Track Record von ingesamt elf Jahren mit konstanten Verhältnissen bei den Fonds. Die Fonds müssen über den gesamten Zeitraum ihrem Style treu bleiben und die Persistenzphänomene, falls es sie wirklich gibt, müssen sich über sechs Jahre erstrecken. Die Persistenzbetrachtungen von

Kahn/Rudd (1995: 43-52) stellten sich als nicht signifikant positiv heraus. Das Chi-Quadrat ihrer Übergangswahrscheinlichkeiten erreicht nur bei absolutem Return eine signifikante Wahrscheinlichkeit, was bedeutet, dass die Verteilung kein Zufall ist. Jedoch zeigt der absolute Return einen Reversal, Gewinner werden damit zu Verlierern. Dies liegt an einem Style-Umschwung im Kapitalmarkt von Growth nach Value, von einer Periode auf die andere. Die style-adjustierten Alphas und Information Ratios können dies abfangen und zeigen Gewinnerwiederholungswahrscheinlichkeiten von 52,7 % und 53,3 %, jedoch kein signifikantes Chi-Quadrat. Bei dem Ansatz Cross-Sectional-Regression zeigte nur die Information Ratio eine signifikante Sensitivität in der Höhe von 0,141. Die Ergebnisse bei den Anleihenfonds sind dagegen etwas erfreulicher. Hier zeigen sich bei Alphas und Information Ratios signifikante Zeichen von Persistenz, jedoch werden diese bei einer Bruttobetrachtung vor Gebühren schwächer. Daraufhin untersuchen sie die Aktienfonds bezüglich Gebühren und stellen fest, dass die schlechten Fonds tendenziell höhere Gebühren haben. Resümierend stellen sie sich die Frage, wie es sein kann, dass die Ergebnisse der verschiedenen Studien der Vergangenheit zu solch unterschiedlichen Ergebnissen kommen. Sie schlussfolgern, dass fehlende Berücksichtigung von Styles in manchen Perioden Persistenzerscheinungen hervorrufen kann. Ebenso könnten hohe Gebühren bei Verliererfonds mit anhaltend extrem schlechter Performance unter anderem durch die hohen Gebühren Persistenzerscheinung hervorrufen. Jedoch von Kahn/Rudd (1995) nicht erwähnt, kann dem auch mit einer feineren Klassierung als der von Gewinner/Verlierer abgeholfen werden. Ihre Investmentempfehlung auf Basis ihrer Ergebnisse lautet: Für beide Assetklassen Indexfonds kaufen. Bei Aktienfonds aufgrund der nicht vorhandenen Persistenz und bei Anleihenfonds begründet sich dies in einem negativen Erwartungswert der relativen Performance zur Benchmark nach Gebühren. Nur mit weiteren Informationen über historische Renditezeitreihen hinaus macht es in ihren Augen Sinn, sich für aktive Anlagefonds zu entscheiden.

Carhart (1997: 57-80) analysiert ein Datenset von 1962 bis 1993. Es besteht aus 1.310 lebenden und 582 toten Fonds der Selbstkategorisierung American Domestic Equity von Micropal Investment Company Data, Inc. (heute im Besitz von S&P). Tote Fonds wurden unter anderem durch FundScope Magazine, United Babson Reports, Weisenberger Investment Companies und Wall Street Journal gesammelt. Von diesem sehr umfangreichen Datenset berechnet er jährliche Renditen. Er sortiert diese in jedem Jahr der Periode in absteigender Reihenfolge und klassiert sie in Dezile. Aus den jährlichen Dezilen entstehen durch gleichgewichtete Durchschnittsbildung Dezilportfolios über den gesamten Beobachtungszeitraum. Dezil 1 und 10 bricht er in drei Subportfolios weiter herunter, um die Extreme genauer analysieren zu können. Die 16 Portfolios regressiert er jeweils separat mit einem Market-Modell, dem Fama/French-Modell (vgl. Kapitel 4.4) und seinem 4-Faktorenmodell (vgl. Kapitel 4.5). Seine Studie fokussiert den Vergleich dieser Ergebnisse. Das Beta des Market-Modells zeigt dabei kaum Variation über die Portfolios hinweg, dafür das entsprechende Alpha umso mehr. Die 3-Faktoralphas und die 4-Faktoralphas dagegen zeigen über die Portfolios hinweg deutlich weniger Variation. Sie haben die Variation an die anderen Sensitivitäten der Mehrfaktorenmodelle abgegeben. Des Weiteren untersucht er weitere Fondscharakteristika wie Ausgabeaufschläge, Verwaltungsgebühren, Fondsgröße, Alter und Turnover je Portfolio sowie Übergangswahrscheinlichkeiten dieser Klassierung. Seine Studie ist ein deutlich andersartiger Ansatz als die bisher dargestellten Studien. Carhart (1997) bildet Klassen des eigentlichen Prognoseergebnisses, nämlich der Performance der Fonds und regressiert diese mit den Faktormodellen. Er resümiert, die Topdezilfonds des letzten Jahres zu kaufen und die Flopdezilfonds zu verkaufen, gemessen auf Basis eines 4-Faktoralphas über drei Jahre, generiert seiner Ansicht nach etwa 8 % Überrendite (gegenüber dem Risk-Free). Diese Rendite erklärt sich mit 4,6 % durch Momentum und Size, die Differenz in Gebühren erklärt 0,7 % und der Unterschied in Transaktionskosten erklärt 1 %. Hohe 4-Faktoralphas wiederholen sich in der Folgeperiode, jedoch ist dieses Ergebnis aufgrund der Verwendung des gleichen Modells in beiden Perioden nicht robust. Die Indizien sprechen dafür, dass Topanlagefonds ihre Gebühren bzw. ihren Aufwand zur Informationsbeschaffung wieder vom Markt zurückverdienen. Jedoch fällt der Großteil der Fonds in der Größenordnung seiner Gebühren hinter dem Markt zurück. Die Schlusslichter versagen etwa um den doppelten Betrag. Letztlich empfiehlt er drei Daumenregeln bezüglich Anlagefonds. Ein Investor solle die Fonds mit konstant schlechter Performance meiden. Fonds mit hoher Rendite haben hohe Renditen im Folgejahr, aber nicht mehr in den Jahren danach. Die Investmentkosten wie Verwaltungsgebühren, Ausgabeaufschläge und Transaktionskosten haben alle direkten negativen Einfluss auf die Performance.

Gupta/Prajogi/Stubbs (1999: 33-39) analysierten Fonds für institutionelle Anleger über die Periode von 1993 bis 1997 von sechs verschiedenen Assetklassen von J.P. Morgan Investment Management und dem Plan Sponsor Network. Sie geben keinen Kommentar bezüglich Survivorship Bias, daher ist davon auszugehen, dass ihr Sample aus rein überlebenden Fonds besteht. Sie untersuchen 419 Manager der Kategorie US-Large-Cap mit der Benchmark S&P 500, 234 Small-Cap-Manager mit der Benchmark Russel 2000. Darüber hinaus analysieren sie vier weitere Gruppen versus entsprechende Indizes. Dazu zählen US-Anleihen, internationale Anleihen und Aktien sowie Aktien Schwellenländer. In einem ersten Schritt betrachten sie Korrelationen zwischen Alpha und aktivem Risiko je Fonds – entsprechend den genannten Assetklassen über den Gesamtzeitraum. Sie bemerken, dass im oberen Quartil in allen Assetklassen die Korrelationen deutlich höher sind als im Durchschnitt über alle Fonds der Assetklasse. Sie sehen darin Indikationen für das Fundamental Law of Active Management. Topmanager haben ihr aktives Risiko im Griff und können damit ihr Alpha skalieren, je nachdem, wie viel aktives Risiko sie eingehen. Gupta/Prajogi/Stubbs (1999: 33-39) definieren die Information Ratio gegenüber der Definition von Grinold/Kahn (1999: 112) als Quotient aus Alpha und aktivem Risiko. In einem nächsten Schritt interessieren Gupta/Prajogi/Stubbs (1999: 33-39) sich für Persistenz. Sie teilen ihre Periode in drei und zwei Jahre, dann betrachten sie die Übergangswahrscheinlichkeit auf den absoluten Return (Performance nach ihrer Aussage) mit Gewinner/Verlierer-Klassierung, aber ohne Erfolg. Daraufhin überlegen sie einen etwas anderen Ansatz, um den besten Indikator für Persistenz zu finden, jedoch hat dieser Ansatz eine Inkonsistenz. Sie betrachten Korrelationen je Assetklasse von der Anzahl der Quartale mit Outperformance der Benchmark mit alternativ Alpha, aktivem Risiko sowie Information Ratio. Sie trennen nicht in In-Sample- und Out-of-Sample-Periode. Sie vergleichen je Fonds die Zahl der Quartale und die Höhe der Kennzahlen über die gleiche Periode. Der Output kann eigentlich kein Indikator sein, sondern sie analysieren den Zusammenhang. Dennoch ist interessant, dass die Information Ratio höher als Alpha abschneidet. Das aktive Risiko zeigt tiefe und im Vorzeichen wechselnde Korrelationen. Diese Erkenntnisse motivierten sie, die Zusammenhänge von aktivem Risiko und Alpha bzw. Information Ratio grafisch näher zu betrachten. Interessant ist, dass in diesen Grafiken keine geraden Linien zu finden sind. Die Information Ratios (Y-Achse) steigen zuerst mit einem steigenden aktiven Risiko (X-Achse) und fallen tendenziell bei einem bestimmten Niveau aktivem Risiko (X-Achse) stark ab. Dannach steigen sie meist – mehr oder weniger in den verschiedenen Assetklassen – wieder eher flacher an. Die Alphas (Y-Achse) steigen mit einem steigenden aktiven Risiko (X-Achse) bis zu einer Art Sättigungspunkt und verlaufen dann horizontal, bis sie dann mit einem steigenden aktiven Risiko wieder weiter eher flacher ansteigen. Sie schlussfolgern, dass man diesen Zusammenhang vor dem Hintergrund der Steuerung oder Budgetierung aktiver Risikos genauer analysieren sollte. Manch zusätzliches aktives Risiko ist effizienter in puncto Renditesteigerung eingesetzt als manch anderes.

Bollen/Busse (2001: 1075-1094) widmen sich der Fähigkeit des Benchmarktimings von Fondsmanagern. Sie sind der Ansicht, dass in Zeitreihen mit täglichen Daten Fondsmanager die Fähigkeit Benchmarktiming zeigen. In monatlichen Daten ist dies den Forschern ihrer Ansicht nach bisher verschlossen geblieben. Sie analysieren 239 Fonds der Kategorie US Domestic Equity über die Periode von 1985 bis 1995. Dafür sammelten sie die Zeitreihen aller Fonds, welche in der Dezemberausgabe des Weisenberger's Mutual Funds Panorama erschienen sind. Dies stellt durch Einbeziehung aller Investitionsalternativen zum Zeitpunkt 1985 eine gewisse Adjustierung des Survivorship Bias dar, jedoch ist diese Datenbasis auch nicht ganz vollständig. Es fehlen die Zeitpunkte dazwischen. Sie verwenden das Faktormodell von Carhart (1997) als Basis und erweitern es um einen quadratischen Term mit dem Faktor Markt und alternativ mit einem stochastischen Diskontierungsfaktor. Bei der Anwendung dieser beiden Modelle auf monatliche und tägliche Daten finden sie signifikante Benchmarktimingfähigkeiten der Fonds in täglichen Daten.

Ibbotson/Patel (Februar 2002: 1-27) sind der Meinung, dass Persistenz existiert. Sie finden Persistenz in style-adjustierten Alphas sowohl auf relativer als auch absoluter Basis. Die höchsten Persistenzerscheinung finden sie bei Fonds mit einem Alpha größer 10 % oder alternativ bei den besten 5 % der Fonds. Sie analysieren ein Fondssample über die Periode von 1975 bis 2000 von Weisenberger, das die meisten Fonds der Kategorie US Domestic Equity beinhaltet. Zur Reduktion von Survivorship Bias wurden nach ihren Angaben alle Fonds aufgenommen, die über die Periode gestorben sind. Genauere Angaben bezüglich des Samples werden leider nicht gemacht, daher sind keine Details ersichtlich wie viele lebende und tote Fonds ihr Sample enthält. Jedoch lässt sich aus der Angabe „8.042 funds ranked in the top half" schließen, dass ihr Sample 16.084 Fonds umfassen muss. Sie führen eine Style-Analyse nach Sharpe (1992) aus und berechnen für jeden Fonds eine fondindividuelle Benchmark. Als Basis verwenden sie eine Sammlung von passiven Indizes. Dazu zählen vier S&P Barra Indizes (Value- und Growth-Subindizes von Large-Caps und Small-Caps), der MSCI EAFE Index, Lehmann

Brothers Government/Credit Index und Salomon Brothers U.S. 30-day T-Bill. Sie verwenden eine In-Sample-Periode von 36 Monaten zur Berechnung der Benchmark. Mit dieser Benchmark berechnen sie für jeden Fonds den aktiven Return im Monat danach (Out-of-Sample-Periode). Diese Methode wenden sie rollierend auf die Gesamtperiode von 25 Jahren an. Den ersten monatlichen, aktiven Return berechnen sie also für Januar 1978 und rollierend weiter. Aus diesen monatlichen aktiven Returns berechnen sie annualisierte aktive Returns für jedes Jahr von 1978 bis 2000 und untersuchen diese auf Persistenz von einem Jahr auf das andere mit Übergangshäufigkeiten auf der Basis von zwei Klassen Gewinner und Verlierer. Sie definieren Gewinner in der absoluten Betrachtung als Fonds mit einem positiven aktiven Return (Verlierer mit einem negativen aktiven Return). In der relativen Betrachtung definieren sie Gewinner als Fonds in der oberen Hälfte eines Rankings auf aktivem Return (Verlierer die untere Hälfte). Im Schnitt wiederholen rund 54 % bis 55 % ihres Erfolgs im Folgejahr sowohl in der relativen als auch in der absoluten Betrachtungsweise. In der absoluten Betrachtungsweise erreicht die Klassierung in zwölf aus 22 Jahren eine Trefferwahrscheinlichkeit größer 50 % und in der relativen Betrachtungsweise in 17 aus 22 Jahren. Auf dieser Basis schlussfolgern Ibbotson/Patel (Februar 2002), dass Persistenz vorliegt. Wenn sie die Kriterien – wie eingangs angedeutet – verschärfen (Fokussierung auf die besten Fonds als Gewinner), steigen die Prozente auf über 60 % in Richtung Persistenz.

6.2.2 Zusammenfassung

Im Rahmen einer Zusammenfassung der theoretischen Ansätze zur Persistenz in der Performance aktiver US-Aktienfonds steht zunächst als Meilenstein der Artikel von Brown et al. (1992). Die Studie zeigt anhand einer Simulation, bei der die Performance von 600 theoretischen Fondsmanagern mit einem dem Kapitalmarkt nachempfundenen Prozess zufällig generiert wird, dass Survivorship Bias auch persistenzinduzierend wirkt. Dazu vergleichen sie verschiedene Läufe des Ansatzes mit unterschiedlichen Niveaus der Eliminierung der jeweils schlechtesten Manager in einzelnen Jahren. Bei den berechneten Alphas und Information Ratios steigen die Übergangswahrscheinlichkeiten und die Werte einer Cross-Sectional-Regression, je höher die Eliminierungsrate gewählt wird. Eliminiert man aus einem zufälligen Prozess die extremen Ergebnisse einer Richtung, zeigt sich eine gewisse Stabilität in die andere Richtung. Isoliert betrachtet ist dieser Zusammenhang logisch, aber es bedurfte erst der Simulation von Brown et al. (1992), bevor dieser Zusammenhang in der Performance von aktiven Fondsmanagern gesehen wurde. Vor diesem Hintergrund ist die Adjustierung von Survivorship Bias elementar für Studien von Fondsperformance.

Ein Überblick über die Analysen an realen Zeitreihen von aktiven US-Aktienfonds, die für die vorliegende Arbeit relevant sind, findet sich in Tabelle 22.

Tabelle 22: Übersicht der theoretischen Ansätze

Autor	Periode	Anzahl Aktienfonds	Survivorship Bias	Style-Adjustierung	Zeitfenster	Persistenz
Dunn/Theisen (1983)	1973-1982	201	ja	nein	2/ 2 Jahre	nein
Lehmann/Modest (1987)	1968-1982	130	ja	via APT	5/5 Jahre	nein
Grinblatt/Titman (1992)	1974-1984	279	ja	Size, V/G, Mom.	5/5 Jahre	ja
Hendricks/Patel/Zeckhauser (1993)	1974-1988	165	ja	nein	8/1 Quartal	ja
Goetzmann/Ibbotson (1994)	1976-1988	258-728	ja	nein	1;2;3/1;2;3 Jahre	ja, mit Reversals
Brown/Goetzmann (1995)	1976-1987	372-829	teilweise	Size	1/1 Jahr	ja, mit Reversals
Malkiel (1995)	1971-1990	331-724	nein	nein	1;4;8/1;4;8 Qartale	ja (70iger), nein (80iger)
Kahn/Rudd (1995)	1983-1993	300	ja	Size, V/G	3/3 Jahre	nein
Carhart (1997)	1962-1993	1.893	nein	Size, V/G, Mom.	1/1 Jahr	ja
Gupta/Prajogi/Stubbs (1999)	1993-1997	653	ja	nein	3/2 Jahre	nein
Ibbotson/Patel (Februar 2002)	1975-2000	16.084	nein	Size, V/G	1/1 Jahr	ja

Bemerkungen:
Value/Growth (V/G), Momentum (Mom.).

6.3 Entwicklung eines neuen Ansatzes zur „style-resistenten" Selektion

Aus dem Studium der vorhandenen Literatur ergeben sich für die Entwicklung eines neuen Ansatzes zur Selektion von US-Aktienfonds drei zentrale Parameter der Analyse, die variiert werden können. Die Kennzahl oder Kennzahlen zur Selektion, die Epoche und das verwendete Zeitfenster innerhalb der Epoche. In Anbetracht dieser drei Parameter ergibt sich eine Fülle von Permutationen der Analyse.

Das Ziel der Arbeit ist die Auswahl eines besonders effizienten Selektionskriteriums, das sich bei unterschiedlicher Marktentwicklung (Epochen) bewährt. Es gibt am Aktienmarkt gleichförmige Perioden und Umbruchsperioden. Beides scheint Auswirkungen auf Persistenzphänomene zu haben. Malkiel (1995: 549) beschreibt, dass es bei Verwendung von Daten der 70er-Jahre sehr schwer ist, nicht von Persistenz zu reden. Dagegen kommt es bei Daten der 80er-Jahre immer wieder zu signifikanten Reversals des Fondsspektrums. Die Reversals im Fondsspektrum scheinen eine Verbindung mit Veränderungen der Trends am Aktienmarkt zu haben, wie die Ergebnisse von Kahn/Rudd (1995: 43-52) zeigen. Ein Mittel zur Anpassung könnte die Berücksichtigung von Styles wie Value/Growth und Size bei der Kennzahlenberechnung sein. Eine Kennzahl zur Selektion von US-Aktienfonds sollte daher bei der Berechnung Styles berücksichtigen und sie sollte in einer Epoche mit einem Reversal im Fondsspektrum getestet werden. Dies wird in Kapitel 6.3 untersucht. Hier werden Kennzahlen spezifisch in Epochen stabiler und instabiler Marktentwicklung mit einem signifikanten Reversal im Fondsspektrum getestet. Darüber hinaus erfolgt anschließend eine Langzeitbetrachtung, um eine generelle Handlungsempfehlung für einen Investor abzuleiten.

Die Aussagekraft von Marktinformationen hängt auch von der Wahl des jeweiligen Zeitfensters ab. Im Folgenden wird deshalb zunächst untersucht, welches Zeitfenster sich am besten für eine derartige Analyse eignet.

6.3.1 Festlegung des Parameters Zeitfenster

Bei der Festlegung des Parameters Zeitfenster besteht ganz allgemein ein Dilemma hinsichtlich der Periodenlänge. Einerseits ist es für statistische Analysen vorteilhaft, möglichst lange Perioden mit möglichst vielen Datenpunkten zu verwenden, damit statische Verfahren signifikante Messergebnisse liefern können. Andererseits sind real beobachtete Daten wechselnden Umweltbedingungen mit strukturellen Veränderungen unterworfen, d.h., je länger die Periodelänge gewählt wird, umso geringer ist die Wahrscheinlichkeit, konstante Rahmenbedingungen innerhalb der In-Sample- und Out-of-Sample-Periode zu haben. Dadurch können vorhandene Signale in den Daten unter Umständen nicht erkannt werden, weil sie nur über einen kurzen Zeitraum bestehen.

Bei der Festlegung des Parameters Zeitfenster speziell bei Fonds kommen die Struktureffekte hauptsächlich von den Fonds selbst. Die Fondsindustrie ist ein sehr lebhafter Industriezweig, wie alleine die Umwälzung im Fondsspektrum in Kapitel 5.4 zeigt. Neben Sterben, Mergen, Lancierung etc. gibt es noch weitere strukturelle Effekte, wie Hendricks/Patel/Zeckhauser (1993: 102) anmerken: Erstens wechseln Fondsmanager, Analysten und Teammitglieder ihren Arbeitgeber, weil sie attraktivere Angebote erhalten, sobald sie einen positiven Track Record aufgebaut haben. Zweitens fließt Kapital vermehrt in erfolgreiche Fonds. Diese müssen entsprechend ihrem Fondsvolumen wachsen. Daraus resultieren oft eine ineffiziente Organisation oder weniger gute Investmentideen pro investierten Dollar, wenn das Organisationswachstum mit dem Wachstum des Fondsvolumens nicht Schritt halten kann. Drittens können der Erfolgsdruck und die Motivation sinken, wenn der entsprechende Ruf etabliert ist. Viertens kann der erfolgreiche Umgang der Teammitglieder mit dem Marktgeschehen sich nur auf die vorliegende Marktphase beschränken. Letztlich gibt es Fonds, die Gehälter und Gebühren erhöhen, um den Erfolg im jüngsten Track Record zu kapitalisieren.

All diese Strukturveränderungen innerhalb eines Fonds in der Analyse können mit möglichst kurzen Perioden etwas abgemildert werden. Viele der Studien im vorherigen Kapitel zerlegen den Gesamtzeitraum in einzelne, kürzere Perioden und arbeiten mit rollierenden Zeitfenstern. Je kürzer die Perioden sind, desto größer ist die Chance, konstante Rahmenbedingungen innerhalb der Fonds zu haben, sodass der untersuchte Track Record auch die Verhältnisse in der Zielperiode widerspiegelt. Jedoch arbeitet die statistische Methode des Mehrfaktorenmodells mit längeren Zeitfenstern der Regression zuverlässiger als mit kürzeren.

Vor den Hintergrund dieses Spannungsfeldes wurden die Zeitfenster ein, zwei, drei und fünf Jahre exemplarisch in einer Epoche getestet, um festzustellen, bei welcher Periodenlänge die Aussagekraft der Marktsignale vorhanden ist, das Mehrfaktorenmodell aber noch zuverlässig funktioniert. Als Fondssample dient ein kommerzielles Datenset von Morningstar per Ende Dezember 2005. Das Verhalten des Faktormodells, dokumentiert durch seine Charakteristika und der Einfluss der Periodenlänge auf die Selektionswirkung, dokumentiert durch die Übergangswahrscheinlichkeiten, stehen im Fokus. Es werden die Übergangswahrscheinlichkeiten einer Information Ratio, berechnet mit dem 3-Faktorenmodell (vgl. Kapitel 4.4), auf den annualisierten Return im Folgejahr untersucht. Als Folgejahr dient immer das Jahr 2005 und variiert werden verschiedene, vorgelagerte Periodenlängen der Information Ratio. Die detaillierte Untersuchung befindet sich in Anhang 5.

Als Fazit der Variation des Zeitfensters lässt sich feststellen, dass die Selektionsfähigkeit der Information Ratio anhand von Übergangswahrscheinlichkeiten im 2-Jahreszeitfenster am höchsten ist und die Aussagefähigkeit des Faktormodells noch als ausreichend erachtet wird. Das Faktormodell funktioniert mit längerem Zeitfenster besser, jedoch besteht keine so ausgeprägte Abhängigkeit von der bloßen Anzahl der Datenpunkte, wie man zunächst erwarten kann. Die Anzahl Datenpunkte ist zwar für den Freiheitsgrad maßgebend, aber das Geschehen in der Periode zeigt sich als Haupteinfluss. Der Faktor *MARKT* ist erwartungsgemäß in jeder Periode der dominante Faktor und schwankt kaum in Abhängigkeit von der Periodenlänge. Der Faktor *KMG* ist insgesamt weniger einflussreich als der Faktor *MARKT*, verhält aber sich ebenfalls relativ konstant über verschiedene Zeitfenster. Ein deutlicher Unterschied in Abhängigkeit der Periodenlänge zeigt sich beim Faktor *HMN**. Dies ist jedoch auch damit erklärbar, dass die längeren Zeitfenster immer näher an das Ende des Technologiebooms Ende der 90er-Jahre heranreichen. Anfang des aktuellen Jahrzehnts hatte Value eine deutlich weniger negative Rendite gegenüber Growth. Damit ist die Abhängigkeit des dritten Faktors ebenfalls mit einer inhaltlichen Entwicklung wie bei den beiden anderen Faktoren erklärbar. Der Mittelwert über die Zeit und das Risiko des Faktors in den entsprechenden Perioden stellen sich als stärkerer Treiber für die Signifikanz der T-Tests heraus als die bloße Anzahl der Datenpunkte. Die F-Tests sind wider Erwarten durchweg auf hohem Niveau, selbst bei einem Zeitfenster von einem Jahr.

Die T-Tests am Faktormodell für das 2-Jahreszeitfenster sind nicht überdurchschnittlich gut, aber akzeptabel. Der F-Test validiert das Faktormodell bei einem Zeitfenster von 24 Monaten deutlich. Das R^2_{adj} unterstützt das Zeitfenster von 24 Monaten ebenfalls. Aus der Sicht des Autors ist die Sachlage ausreichend belastbar, um das Zeitfenster von 24 Monaten für die folgenden Performanceanalysen nach Adjustierung des Survivorship Bias zu verwenden. Sicherlich wären mehr Beobachtungen aus Modellsicht wünschenswert, aber dies ginge zu Lasten der Persistenzerscheinung und wäre damit für den Gesamtzusammenhang des Ansatzes nachteilig. Daher wird das Zeitfenster von 24 Monaten verwendet und stellt einen Kompromiss zwischen Modellgenauigkeit und den Zielen der Gesamtanalyse dar.

6.3.2 Performanceanalysen nach Adjustierung des Survivorship Bias

In diesem Kapitel wird die Selektionswirkung verschiedener Kennzahlen (vgl. Kapitel 3.3) an Fonds der Selbstkategorisierung Domestic Equity (vgl. Kapitel 2.2 bis 2.3) des finalen Fondssamples nach der Adjustierung des Survivorship Bias (vgl. Kapitel 5.2) und nach Bereinigung dieses Samples (vgl. Kapitel 5.3) untersucht. Die „In-Sample"-Periode beträgt zwei Jahre und die Selektionswirkung der Kennzahlen wird jeweils vor dem Hintergrund des annualisierten Returns im anschließenden Jahr untersucht. Bei den Kennzahlen zur Selektion finden sowohl das 3- als auch das 4-Faktorenmodell aus Kapitel 4.4 und 4.5 sowie klassische Kennzahlen ohne Regression Anwendung. Untersucht werden einzelne Epochen in der Kapitalmarktperiode von 1996 bis 2005 sowie die Gesamtperiode. Zur Analyse der Selektionswirkung werden die Ergebnisse der „In-Sample"- und der „Out-of-Sample"-Periode in Klassen von 1 bis 10 zusammengefasst (Klasse 1 enthält jeweils die besten Ergebnisse) und Übergangswahrscheinlichkeiten dieser beiden Verteilungen werden ausgewertet. Diese Methodik erscheint vor dem Hintergrund der bestehenden theoretischen Ansätze (vgl. Kapitel 6.2) am effektivsten. Nur die Methode von Übergangswahrscheinlichkeiten ermöglicht die unabhängige Betrachtung einzelner Bereiche des Spektrums. Rangkorrelationskoeffizienten und Cross-Sectional-Regression bewerten in ihrem Output immer das gesamte Spektrum der Verteilungen. Dabei bleiben Muster, die sich nur auf einzelne Bereiche beziehen, unter Umständen verborgen. Die Größe des Samples erlaubt eine größere Anzahl Klassen (genügend Wertedichte pro Klasse). Somit wurde eine Einteilung in zehn Klassen gewählt, um einen relativ feinen Aufriss des Spektrums und eine Unabhängigkeit der Übergänge zu haben (2 Klassen Gewinner/Verlierer bedingen eine hohe Wiederholungsrate von Gewinnern bei einer hohen Wiederholungsrate von Verlierern).

6.3.2.1 Summary Statistics

Die Entwicklung des finalen Fondssamples mit Adjustierung für Survivorship Bias und Bereinigung der doppelten Zeitreihen jeglichen Ursprungs ist in Kapitel 5 bereits eingehend behandelt worden. Auch die Abweichung des Samples gegenüber dem kommerziellen Set Dezember 2005 wurde gemessen und alle gefundenen Effekte rund um den Survivorship Bias wurden dargestellt. Daher wird in Tabelle 23 nur das Essenzielle – im Sinne von Summary Statistics des Samples als Basis der weiteren Analysen – noch einmal kurz dargestellt. Das Sample umfasst insgesamt 7.927 wirklich unterschiedliche lebende und 1.943 wirklich unterschiedliche tote Fonds zum Zeitpunkt Dezember 2005. Die 1.943 toten Fonds sind im Verlauf von März 2003 bis November 2005 gestorben. Das Sample umfasst grundsätzlich monatliche Returns von Januar 1986 bis Dezember 2005, jedoch haben die Fonds unterschiedlich lange Track Records, daher variiert die Anzahl der Fonds in der jeweiligen Analyse je nach betrachteter Periode. Die Analysemethodiken ignorieren Fonds mit zu kurzen Track Records für die jeweilige Betrachtung grundsätzlich. Sie werden ignoriert, wenn sie nach dem Beginn der jeweiligen Analyseperiode geboren sind. Es gab sie ja zu diesem Zeitpunkt auch noch nicht. Wenn sie gestorben sind, werden sie weiterhin mit null Return geführt und in den Berechnungen berücksichtigt. Da die Adjustierung für Survivorship Bias im Sample zeitlich später deutlicher ausgeprägt ist, das Fondsangebot generell eine über die Zeit steigende Gesamtanzahl zeigt und letztlich die Verfügbarkeit von Style-Indexrenditen eingeschränkt ist, wurde schließlich der Zeitraum von 1996 bis 2005 zu weiteren Analysezwecken gewählt. Diese Gesamtperiode enthält die Zeit des Technologiebooms vom Aufkeimen bis zum Zusammenbruch bzw. die Jahre der Konsolidierung und die durchaus positive Börsenphase der letzten Jahre. Diese Zeit sollte genügend strukturelle Veränderung von der Seite des Kapitalmarkts mit sich bringen, um einen Reversal im Fondsspektrum in der Gesamtperiode beobachten zu können und die Wirkung der Style-Adjustierung im Faktormodell zu sehen.

Tabelle 23: Jährliche Renditeerwartungswerte der Fonds und deren Streuung

	1996	1997	1998	1999	2000	2001	2002	2003	2004	2005
finales Sample										
E(r)	20,8	26,7	19,5	31,4	3,7	-6,9	-20,0	32,0	11,0	5,9
S(r)	7,2	9,5	17,2	34,3	15,5	14,4	10,1	13,6	7,4	5,7
Anzahl	3.337	3.886	4.541	5.172	5.733	6.668	7.310	7.924	8.487	9.116
überlebende Fonds										
E(r)	20,9	26,8	19,8	31,7	4,5	-6,1	-19,5	33,8	12,9	7,4
S(r)	7,2	9,6	17,4	34,2	15,6	14,5	10,1	12,9	6,3	5,4
Anzahl	2.860	3.298	3.816	4.286	4.668	5.341	5.787	6.231	6.666	7.197
gestorbene Fonds										
E(r)	20,4	26,4	18,1	30,0	0,4	-10,0	-21,6	25,2	3,8	0,1
S(r)	6,7	8,7	15,9	34,7	14,5	13,3	9,9	13,8	6,4	2,2
Anzahl	477	588	725	886	1.065	1.327	1.523	1.693	1.821	1.919

Bemerkungen:
Durchschnittlicher annualisierter Return der Cross Section E(R).
Standardabweichung des durchschnittlichen annualisierter Returns über die Cross Section S(R).
Anzahl pro Jahr jeweils zum Dezember mit durchgehender Rendite (auch 0 % nach Ableben).

Tabelle 23 und Tabelle 24 zeigen jährliche annualisierte Mittelwerte der Renditen von Fonds und Faktoren. Die Tabellen und die anderen Abbildungen in diesem Kapitel dienen im weiteren Verlauf bei der Analyse einzelner Perioden dieses Gesamtzeitraums zum Nachschauen bzw. Verstehen, was in dieser Periode passiert ist. Zu diesem Zweck ist eine zeitlich kontinuierliche Betrachtung Jahr für Jahr wesentlich hilfreicher als ein rollierendes Zeitfenster von 2 Jahren. Aus diesem Grund gehen auch beide Tabellen bis einschließlich 2005, obwohl diese nicht mehr regressiert werden. Für die Faktoren sind in Tabelle 24 im Gegensatz zu den Fonds auch die Variabilitäten der Zeitreihen dargestellt. An ihnen sieht man am deutlichsten, wie der amerikanische Markt 2004 und 2005 nach und nach zum Erlahmen kommt und regelrecht in einen „Dornröschenschlaf" fällt. Diese Entwicklung zieht sich wie ein roter Faden durch alle weiteren Ergebnisse.

Tabelle 24: Jährliche Erwartungswerte der Faktoren

	1996	1997	1998	1999	2000	2001	2002	2003	2004	2005
Rendite										
MARKT	17,5	28,2	25,2	16,4	-13,4	-13,5	-21,8	28,1	9,6	1,8
HMN*	-0,3	4,3	-16,4	-22,8	9,0	4,3	10,2	0,2	2,0	1,7
KMG	-1,0	-5,8	-22,4	-6,5	25,3	21,1	9,7	8,5	11,3	3,4
UMD	5,9	10,1	23,1	31,6	21,6	-4,0	32,5	-16,9	0,3	15,4
Risiko										
MARKT	10,9	15,9	21,5	13,1	17,1	20,0	20,6	11,4	7,2	7,9
HMN*	6,8	7,9	10,6	11,3	16,0	11,9	7,3	3,5	2,7	1,5
KMG	10,8	14,0	8,7	14,0	24,6	11,0	15,2	8,1	8,2	7,0
UMD	6,0	10,3	13,0	20,2	31,2	37,1	25,3	16,1	10,4	5,5

Bemerkungen:
Zahlendarstellung in Prozent; Return und Risiko annualisiert je Jahr.

Auf die Darstellung der durchschnittlichen Variabilitäten der Fondszeitreihen wurde hier verzichtet. Ob die Fonds- und Faktorzeitreihen für eine Regression zusammen harmonieren, lässt sich in Tabelle 23 und Tabelle 24 auch auf dieser Basis deuten.[54] Sämtliche Darstellungen in diesem Kapitel sind auf die Persistenzfrage fokussiert, jedoch wird die Überwachung der wirklich kritischen Charakteristika der Faktorenmodelle natürlich weitergeführt. Die jährlichen Mittelwerte der Faktoren in Tabelle 24 haben in ihrer Addition abermals in allen Perioden genügend Potenzial, um die Fondsrenditen in Tabelle 23 zu erklären. Die deutlichen Änderungen von Jahr zu Jahr sowie die Standardabweichungen selbst zeigen, dass genügend Variabilität für sinnvolle Regressionen in allen Zeitreihen vorhanden ist.

Tabelle 25 zeigt die Korrelationen der vier verwendeten Faktoren. Diese sind je Dezember und jeweils mit rollierendem Zeitfenster 2 Jahre dargestellt, so wie sie Eingang in die Regression finden. Hier macht eine jährliche Darstellung wenig Sinn, jedoch sind beide Modelle mit dieser Tabelle abgedeckt. Die drei Faktoren zeigen weniger Korrelation untereinander als mit Berücksichtigung des vierten Faktors. Jedoch kann man den Einfluss von Multikollinearität in einigen Perioden in beiden Modellen nicht ganz ausschließen.

*HMN** ist gegen Ende der 90er-Jahre sehr hoch negativ korreliert mit *MARKT*. Der stei-

[54] Darüber hinaus stehen ja auch die Erkenntnisse aus den Summary Statistics der Kapitel 4.4, 4.5 und 6.3.1 zur Verfügung. Diese differieren um einige Fonds sowie in der Periode, sind aber prinzipiell derselben Natur und wurden im klassischen Sinne mit dem zur Regression passenden Zeitfenster sowie der Untersuchung aller Standardabweichungen für gut befunden.

gende Markt in diesen Jahren fußte bekanntermaßen auf einer Growth-Bewegung. Der Abschwung der Märkte ab 2001 war ebenfalls eine Growth-Bewegung. Die steigenden Märkte seit 2003 haben eine Tendenz zu Value. *KMG* zeigt sich in seinen Abhängigkeiten ebenfalls veränderlich über die Zeit. Gemeinsamkeiten der Marktbewegung mit der Differenzrendite Small-Caps abzüglich Large-Caps sind eine Entwicklung der letzten drei Jahre.

Der Faktor *UMD* ist dagegen noch deutlich unabhängiger von den anderen Faktoren über die Zeit. Über die gesamte Periode von zehn Jahren gesehen (letzte Spalte), sieht es zwischen allen vier Faktoren relativ ausgeglichen aus.[55] Jedoch ist der Faktor *UMD* in den einzelnen Perioden wechselnd abhängig. In den ersten beiden Perioden ist er am stärksten mit *KMG* korreliert. Dann zu den Hochzeiten des Technologiebooms ist er sehr stark mit *HMN** korreliert. Ab 2001 ist er dann stark mit *MARKT* korreliert, gepaart mit einer abermalig steigenden Abhängigkeit von *HMN** 2002. In den letzten Jahren schließlich entwickelt er steigende Abhängigkeit von *KMG* in der positiven Phase der Small-Caps. Der Faktor scheint somit tatsächlich die Eigenschaft zu haben, mit allen Trends zu korrelieren, die längere Zeit anhalten. Diese Eigenschaft macht *UMD* aus quantitativer Sicht wenig attraktiv.

Tabelle 25: Korrelationsmatrix von *MARKT*, *KMG*, *HMN** und *UMD*

	1997	1998	1999	2000	2001	2002	2003	2004	2005	1/96-12/2005
HMN* & Markt	-0,59	-0,68	-0,64	-0,44	-0,56	-0,72	-0,35	0,34	0,13	-0,52
KMG & Markt	-0,32	0,06	0,14	-0,32	-0,19	-0,22	-0,23	0,27	0,57	-0,16
KMG & HMN*	-0,26	-0,16	-0,16	-0,27	-0,39	0,25	0,40	0,02	0,32	-0,10
UMD & Markt	0,27	0,04	0,05	0,15	-0,42	-0,78	-0,79	-0,37	0,22	-0,31
UMD & HMN*	0,01	-0,20	-0,61	-0,78	-0,03	0,76	0,40	-0,13	0,40	-0,10
UMD & KMG	-0,49	-0,35	-0,06	0,48	0,41	0,14	0,31	0,39	0,59	0,21

Bemerkung:
Rollierendes Zeitfenster 2 Jahre jeweils per Ende Jahr; letzte Spalte Gesamtzeitraum.

[55] Das ist die Betrachtungsweise des Faktors von Carhart (1997: 57-80) mit einer sehr langen Periode.

6.3.2.2 Eigenschaften der angewendeten Faktormodelle

In Abbildung 23, Abbildung 24 und Abbildung 25 sind die F- und T-Test des 3- sowie des 4-Faktorenmodells zusammengestellt. Die Abbildungen decken die Gesamtperiode durch Läufe per jeweils Dezember mit rollierendem Zeitfenster 2 Jahre ab. Die Idee hinter der Abbildungen ist eine Aggregation der bisherigen Darstellung – wie zuletzt in Tabelle 66 – über die Gesamtperiode. Die jeweils prozentual signifikante Anzahl pro Test bzw. Faktor oder Konstante ist auf der Y-Achse abgetragen. Die Signifikanztests wurden mit einer zweiseitigen T-Verteilung getestet.[56] Abbildung 23 zeigt die Ergebnisse des 3-Faktorenmodells über alle Fonds des gesamten Samples.

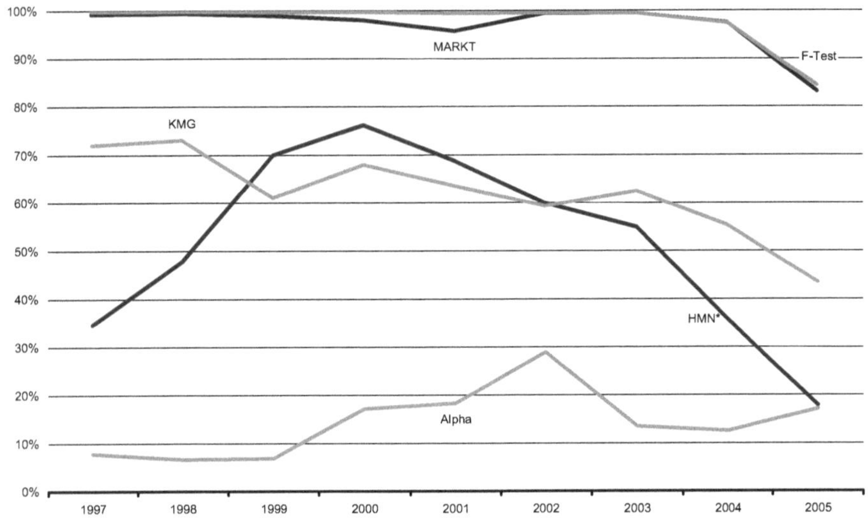

Quelle: Eigene Darstellung

Abbildung 23: F- & T-Test des 3F-Modells am Gesamtsample

Betrachtet man Abbildung 23 von links nach rechts, eröffnet sich ein erwartetes Bild: Eine niedrige prozentuale Anzahl an signifikanten Alphas, die meisten wahrscheinlich negativ, jedoch kommen die Vorzeichen der Faktorsensitivitäten und der Konstante erst in Abbildung 26. Diese und die nächsten beiden Abbildungen sind die prozentuale An-

[56] Signifikanzniveau 95 %

zahl signifikanter Fonds. Die Anzahl signifikanter Alphas steigt mit dem Technologieboom an und steigt weiter in den fallenden Märkten danach. Mit dem Jahr 2003 kommt die Anzahl wieder zurück. In stark steigenden und fallenden Märkten scheint es einfacher zu sein, signifikante Alphas zu generieren. Am reinen Timing mit Cash kann es jedoch nicht liegen. Die Timingkomponente des Returns beeinflusst Alpha nicht. *HMN** ist zu Anfang noch nicht sehr wirkungsvoll, aber zeigt bis zum Jahr 2000 eine stark steigende Tendenz. Im Jahr 2000 erreicht der Value/Growth-Faktor erwartungsgemäß den Höhepunkt und hat dann fallenden Einfluss. *KMG* erweist sich als relativ konstant starker Faktor. *MARKT* hat den höchsten Einfluss mit meist über 90 %. Er knickt nur 2001 auf 95 % ein. Der F-Test ist konstant nahe der 100 %-Linie. Grundsätzlich fallen jedoch beinahe alle Linien 2004 und 2005 deutlich ab. Dieser Effekt hat zwei Komponenten, wie Abbildung 24 offenlegt. Hier werden nur die lebenden Fonds des finalen Samples separat betrachtet. In Anhang 6 werden unter anderem die gestorbenen Fonds isoliert betrachtet.

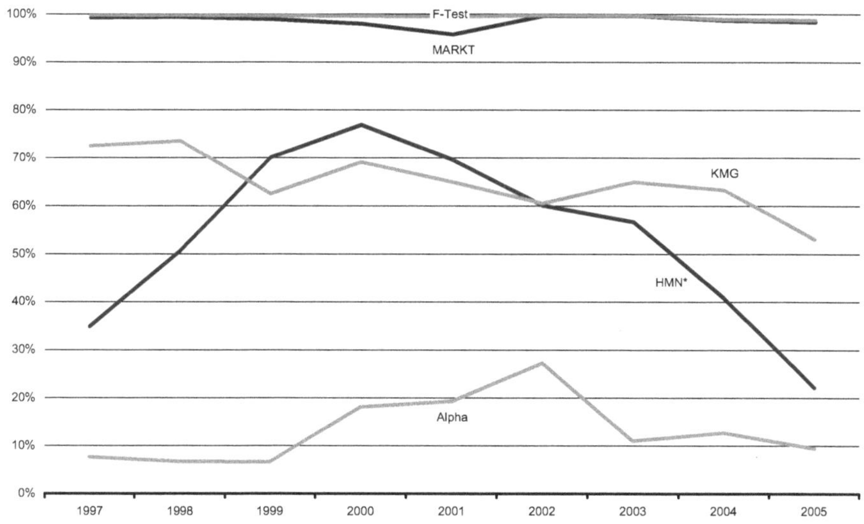

Quelle: Eigene Darstellung

Abbildung 24: F- & T-Test des 3F-Modells nur an überlebenden Fonds

Im Vergleich der isolierten lebenden Fonds in Abbildung 24 mit Abbildung 23 sieht man, dass ein Großteil des Effekts 2004/2005 auf die gestorbenen Fonds zurückzuführen ist. Das Absinken beim F-Test und *MARKT* verschwindet fast gänzlich. Jedoch verlieren *KMG* und *HMN** dennoch prozentuale Anteile. Bei diesen Faktoren spielt wohl auch noch eine zeitliche Komponente eine Rolle. Sie scheinen seit 2003 zunehmend an Wirksamkeit zu verlieren. So stellt sich die Be-obachtung aus den Summary Statistics der Faktoren im vorherigen Kapitel nun in den T-Tests dar. Die fallenden Renditeerwartungswerte in den Zeitreihen spiegeln sich in nachlassender prozentualer Signifikanz am Sample wider.[57]

In Abbildung 25 kommt der Momentumfaktor mit dazu. Das 4-Faktorenmodell ist zur Analyse der Wirkung von *UMD* wieder am gesamten Sample mit allen Fonds dokumentiert.

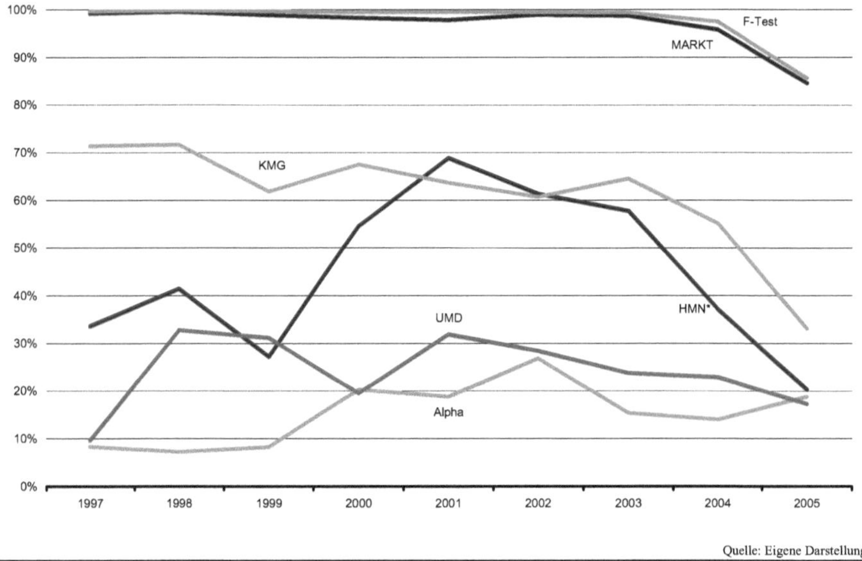

Abbildung 25: F- & T-Test des 4F-Modells am Gesamtsample

[57] Jetzt ist auch klar, warum der T-Test von *HMN** bei einem Zeitfenster mit Ende 2004 in Kapitel 6.3.1 bei drei Jahren um so viel besser war als bei zwei Jahren. Denn bei *KMG* zeigte sich der Effekt nicht in diesem Ausmaß. Daher kamen Zweifel auf, dass diese Schwäche von *HMN** im Modell begründet ist. Die Zweifel haben sich bestätigt, es ist ein Zeiteffekt kein Modelleffekt und das Zeitfenster von 24 Monaten bestätigt sich noch einmal in seiner Validität.

Vergleicht man Abbildung 23 und Abbildung 25, sieht man interessante Zusammenhänge mit den Korrelationen in Tabelle 25. *KMG* ist relativ unbeeinflusst von *UMD* bis 2005, in 2005 jedoch deutlich mehr, wie Tabelle 25 zeigt. Entsprechend hat er in 2005 einen deutlich geringeren Wert in Abbildung 25, als ohne *UMD* in Abbildung 23. *HMN** ist noch deutlicher beeinflusst. Die Linie macht nach 1998 einen Knick nach unten, der ohne *UMD* nicht vorhanden ist. Das sind genau die Perioden, in denen sich in Tabelle 25 hohe Korrelationen zeigen. *MARKT*, Alpha und F-Test zeigen keine nennenswerten Veränderungen in Abbildung 23 und Abbildung 25. Der Faktor *UMD* selbst hat 1998, 1999 und 2001 seine Höhepunkte. Das lässt sich ebenfalls gut nachvollziehen und veranschaulicht das Wesen von *UMD*. In den Zeiten des Technologiebooms zeigte sich Momentum, im Crash von 2000 haben sich die Verhältnisse gedreht und im zweiten Jahr der Abwärtsphase zeigt sich ebenfalls wieder Momentum.

In Abbildung 26 wird die Frage untersucht, ob die Vorzeichen der Faktoren bzw. Konstanten positiv oder negativ waren.

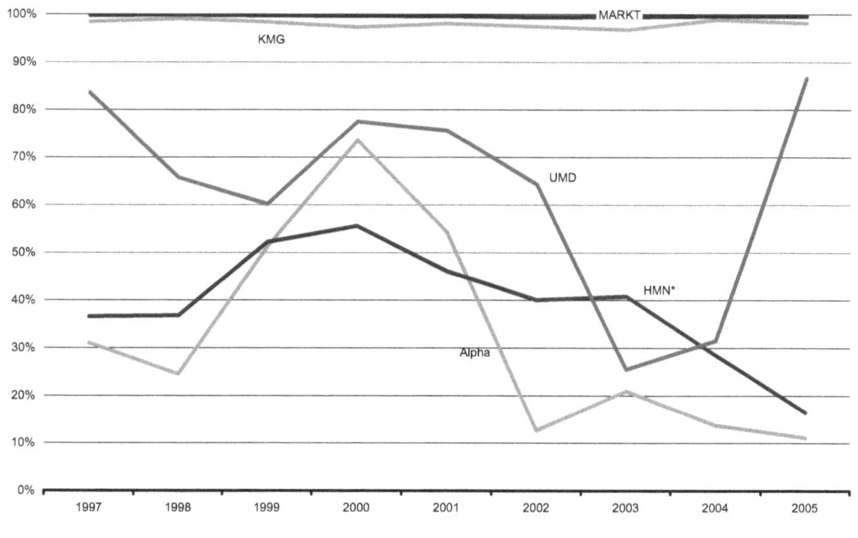

Quelle: Eigene Darstellung

Abbildung 26: Anteil positiv signifikanter Vorzeichen beim 4-Faktorenmodell

Das 4-Faktorenmodell wurde zur Darstellung in Abbildung 26 vorgezogen, da sich die

Faktorexposures nicht wesentlich im Vorzeichen von Modell zu Modell unterscheiden und die Darstellung der 4 Faktoren das vollständige Bild bietet. Ebenso ähnlich verhalten sich lebende und tote Fonds – isoliert betrachtet. Die gesamte Palette der Abbildungen zeigt Anhang 6. Grundlage dieser Darstellung ist die Anzahl signifikanter Fonds von Abbildung 25 nun als 100 %-Basis.

Abbildung 26 ist auf den ersten Blick etwas schwierig. Die Skalierung der Y-Achse zeigt den Anteil der signifikanten Fonds an der Gesamtanzahl der signifikanten Fonds mit positivem Vorzeichen. Im Vergleich zu den vorhergehenden Abbildungen des Kapitels sind die nicht signifikant von null verschiedenen Faktorsensitivitäten nicht mehr berücksichtigt. Bei *MARKT* und *KMG* sind über den gesamten Zeitraum fast 100 % der signifikanten Vorzeichen positiv. In keiner Periode gibt es nennenswerte negative Size-Exposures, also hin zu Large. Sonst würde die Linie tiefer liegen. Das könnte aber auch an der Konstruktion von *MARKT* nur mit dem Large-Caps und *KMG* als Small-Caps minus Large-Caps liegen. Reine Large-Caps könnten sich unter dieser Konstruktion mit hoher Sensitivität *MARKT* und unsignifikantem Verhalten gegenüber *KMG* darstellen. Jedoch ist zu bemerken, dass der Small-Cap-Trend unter den Fonds ausgeprägter ist, als es Fonds mit der Selbstkategorisierung „Small Company“ gibt.

Alpha dreht in volatilen Märkten auf mehr als 50 % positive Alphas. Jedoch darf man hier die ziemlich geringe prozentuale Anzahl an signifikanten Alphas an der Gesamtanzahl nicht unberücksichtigt lassen. *HMN** zeigt 1999 und 2000 eine Tendenz zu Growth, sonst überwiegt das Value-Exposure. Letztlich bleibt noch *UMD*. Er hält sich bis 2002 mit überwiegend positivem Momentum. 2003 und 2004 gibt es ein mehr negatives Exposure gegenüber Momentum unter den Fondsmanagern. 2005 wechseln die Fondsmanager, die ein signifikantes Momentumexposure haben, wieder auf ein positives Vorzeichen wie vor 2003. Zum Abschluss des Kapitels ist in Tabelle 26 noch die R^2_{adj}-Verteilung nach dem Lauf der verschiedenen Modelle mit rollierendem Zeitfenster 2 Jahre je Dezember dargestellt.

Sehr beachtlich ist in Tabelle 26 das Market-Modell mit nur einem Faktor. Es liefert in manchen Perioden sehr hohe Ergebnisse, jedoch fällt es in manchen Perioden wie im Jahr 2000 auch sehr weit ab. Es ist zu vermuten, dass sich das Jahr 2000 als Reversal im Fondsspektrum entpuppt. Die 3- und 4-Faktorenmodelle zeigen sich sehr robust über die Zeit und lassen vermuten, dass die Style-Adjustierung durch das Mehrfaktorenmodell die Selektionsergebnisse zumindest positiv beeinflusst. Das 4-Faktorenmodell liegt dabei meist 1 bis 2 Prozentpunkte höher als das 3-Faktorenmodell, jedoch dokumentiert sich sein zusätzliches Varianzerklärungspotenzial gegenüber dem 3-Faktorenmodell damit als enttäuschend begrenzt. Auch hier zeigt sich ein nachlassender Trend in der Erklärungskraft in den Jahren 2004 und 2005. Dieser Trend ist ein marktseitiger Einfluss, denn die Werte der Gruppe der lebenden Fonds fallen ebenfalls. Dieser Trend ist also nicht auf den steigenden Einfluss der Adjustierung gegen Survivorship Bias zurückzuführen, welche genau in diesen Jahren die Gegebenheiten am Markt wirklich realitätsgetreu abbildet.

Tabelle 26: R^2_{adj} von 1, 3 und 4 Faktoren

R2 adj.	Dez 97	Dez 98	Dez 99	Dez 00	Dez 01	Dez 02	Dez 03	Dez 04	Dez 05	Ø
1F (alle Fonds)										
Mittelw.	0,66	0,81	0,75	0,47	0,60	0,78	0,81	0,73	0,65	0,696
St.-abw.	0,26	0,14	0,16	0,27	0,24	0,17	0,16	0,20	0,31	0,213
1F (nur lebendige Fonds)										
Mittelw.	0,66	0,81	0,75	0,46	0,59	0,78	0,81	0,77	0,78	0,713
St.-abw.	0,26	0,14	0,16	0,27	0,24	0,16	0,15	0,16	0,14	0,189
3F (alle Fonds)										
Mittelw.	0,88	0,91	0,88	0,83	0,86	0,90	0,91	0,82	0,69	0,852
St.-abw.	0,10	0,09	0,10	0,12	0,12	0,11	0,11	0,20	0,35	0,144
3F (nur lebendige Fonds)										
Mittelw.	0,88	0,91	0,88	0,83	0,85	0,90	0,92	0,87	0,84	0,876
St.-abw.	0,10	0,09	0,10	0,12	0,12	0,10	0,09	0,13	0,15	0,112
4F (alle Fonds)										
Mittelw.	0,88	0,92	0,89	0,84	0,87	0,91	0,92	0,84	0,71	0,863
St.-abw.	0,11	0,09	0,10	0,12	0,12	0,10	0,10	0,18	0,33	0,138
4F (nur lebendige Fonds)										
Mittelw.	0,88	0,92	0,89	0,83	0,87	0,91	0,93	0,88	0,85	0,884
St.-abw.	0,11	0,09	0,10	0,13	0,11	0,09	0,09	0,13	0,14	0,110

Bemerkung:
Zeitfenster jeweils 2 Jahre, Gesamtsample.

6.3.2.3 Selektionskriterien bei stabiler Marktentwicklung

Dieses Kapitel betrachtet Übergangswahrscheinlichkeiten verschiedener Selektionskriterien der Periode von 1/2003 bis 12/2004 auf den annualisierten Return der Periode

1/2005 bis 12/2005.[58] Tabelle 27 und Tabelle 28 zeigen das Ergebnis der Anwendung der Information Ratio auf Basis von drei Faktoren mit dem Zeitfenster 2 Jahre am finalen Fondssample mit adjustiertem Survivorship Bias.[59]

In Tabelle 27 sind zunächst die Übergangshäufigkeiten dargestellt. Jene toten Fonds, die vor Dezember 2004 gestorben sind, haben über das Jahr 2005 einen Return von genau null. Da es deutlich mehr als eine Klassenbreite ist, kann man nicht alle Fonds innerhalb der Matrix der linken Seite der Abbildung betrachten. Zur Lösung dieses Problems wurden die Fonds, welche bis einschließlich Dezember 2004 gestorben sind, separat gerankt. Genau diese sind in Tabelle 27 in der rechten Spalte dargestellt. Da alle diese Fonds in der Zielperiode durchgehend tot sind und daher Null-Return haben, reduziert sich deren Übergangsmatrix auf eine Spalte. Zum separaten Ranking dieser Fonds wurden jedoch die Klassengrenzen der Information Ratio der restlichen Fonds verwendet, daher passt die Klassenbezeichnung an der linken Seite und beide Matrizen (quadratische Ubergangsmatrix links und die eine Spalte rechts) sind vergleichbar. Die Matrix im linken Bereich der Abbildung ist in der klassischen Methodik der Übergangshäufigkeiten dargestellt. Dabei handelt es sich um alle die Fonds aus dem Sample, welche 2005 mindestens einen Datenpunkt haben, also diejenigen, welche zwischen Februar und November 2005 gestorben sind und diejenigen, die im Dezember 2005 noch am Leben sind. Beide Bereiche der Abbildung zusammen ergeben die Gesamtanzahl der Fonds des Samples in dieser Periode.

Die rollierende Performanceanalyse bis zum Moment ihres Ablebens wurde in Kapitel 5.5.1 und 5.5.2 durchgeführt. In diesem Zusammenhang muss man sie wie jeden anderen lebenden Fonds betrachten. Der einzige Unterschied ist ihr Return von genau null nach ihrem Ableben. Würde man die toten Fonds komplett separat betrachten, hätte man keine Adjustierung für Survivorship Bias vollzogen. Nur im Hinblick auf die Periode, in welcher sie durchgehend tot sind, kann bzw. muss man sie als eine eigene Klasse be-

---

[58] Dieses Kapitel knüpft methodisch an die Zeitfensterauswahl in Kapitel 6.3.1 und Anhang 5 an.

[59] Diese beiden Tabellen sind der Tabelle 58 und der Tabelle 59 in Anhang 5 sehr ähnlich, Der Unterschied besteht in den verwendeten Daten. Tabelle 58 und Tabelle 59 wurden mit dem kommerziellen Set vom Dezember 2005 berechnet. Bei diesem Schritt beeinflussen grundsätzlich zwei Effekte die Veränderung des Ergebnisses: Die gestorbenen Fonds, die das Sample nun erweitern und die Bereinigung der doppelten Zeitreihen im Set Dezember 2005. Die bloße Bereinigung der doppelten Zeitreihen hatte dabei kaum Einfluss, wie Anhang 2 bestätigt. Die Veränderungen können somit fast vollständig auf die Adjustierung des Survivorship Bias (vgl. Tabelle 23) zurückgeführt werden.

handeln, aber kann sie wie vorliegend vergleichbar halten. Man könnte die Spalte „vor 2005" auch als „durchgehend gestorben" oder „komplett tot" bezeichnen. Jedoch wäre diese Bezeichnung zweideutig. Daher verweist die Spaltenbezeichnung auf die Zuordnung aus welchem Set (entsprechend des Zusammenstellungsprozesses in den Kapiteln 5.5.1 und 5.5.2) die Fonds stammen.

Tabelle 27: Übergangshäufigkeiten 2Y 3F-IR (12/2004) auf 1Y Return (12/2005)

	Return (Sets 1/2005 bis12/2005)											
3F-IR	1	2	3	4	5	6	7	8	9	10	Σ	vor 2005
1	91	115	92	85	65	44	40	60	39	34	665	21
2	85	60	60	90	94	74	64	61	46	32	666	42
3	78	81	90	77	49	74	83	60	36	36	664	100
4	91	80	77	69	63	51	57	62	65	50	665	150
5	69	82	85	48	87	72	52	54	53	63	665	189
6	50	78	82	69	60	85	51	57	67	66	665	254
7	55	45	43	70	53	81	101	65	86	66	665	236
8	52	63	47	58	68	66	75	69	81	86	665	129
9	60	28	61	62	75	51	57	80	85	106	665	78
10	34	33	29	36	51	67	86	96	107	127	666	74
Σ	665	665	666	664	665	665	666	664	665	666		1.273

Bemerkungen:
Return: Annualisiert über Zeitraum 1/2005 bis 12/2005.
3-Faktor-IR: Annualisiert über Zeitraum 1/2003 bis 12/2004, berechnet mit S&P/Citigroup-Indizes.
Sample: Bereinigtes Sample ohne Survivorship Bias aus Sets 3/2003 bis 12/2005.

Tabelle 27 beherbergt zwei Verteilungen und es gibt zwei Sets Charakteristika. Die Freiheitsgrade betragen 97 links und 7 rechts. Die Matrix auf der linken Seite, also die 6.651 Fonds, die mindestens den Januar 2005 erlebt haben, zeigen einen Erwartungswert von 66,5. Die 1.273 Fonds, die im Dezember 2004 und davor gestorben sind, haben einen Erwartungswert von 127,3. Diesen Spezifika unterliegen auch die weiteren Tabellen in diesem Kapitel, da sie sich mit der gleichen Periode des Samples beschäftigen. Die Chi-Quadrate betragen hier 581,5 links und 446,1 rechts. Bei den genannten Freiheitsgraden ergibt sich für beide Verteilungen null Prozent Wahrscheinlichkeit für Zufälligkeit.

Tabelle 28 zeigt die entsprechenden Übergangswahrscheinlichkeiten. Die Verteilungen haben beide einen Erwartungswert von 10,0 % bei einer Standardabweichung von 3,0 % links und 6,2 % rechts. Tabelle 28 zeigt eine sehr gute Selektionsfähigkeit der 3F-IR.

Die Hauptdiagonale zeigt fast durchgehend Werte über 10 %. Die Quadranten links oben und rechts unten zeigen hohe Übergangswahrscheinlichkeiten und die Quadranten links unten und rechts oben zeigen tendenziell Werte unter dem Erwartungswert. Die Verläufe der Übergangswahrscheinlichkeiten von Klasse zu Klasse sind harmonisch und wirken nicht clusterhaft. Die individuell signifikanten Dezilübergänge (eingerahmt) zeigen sich bei den Übergangen der Extremquantile (die besten und die schlechtesten Fonds). Die Selektionswirkung wurde durch die Adjustierung des Survivorship Bias verbessert.[60]

Tabelle 28: Übergangsmatrix 2Y 3F-IR (12/2004) auf 1Y Return (12/2005)

	Return (Sets 1/2005 bis12/2005)										
3F-IR	1	2	3	4	5	6	7	8	9	10	vor 2005
1	13,7	17,3	13,8	12,8	9,8	6,6	6,0	9,0	5,9	5,1	1,6
2	12,8	9,0	9,0	13,5	14,1	11,1	9,6	9,2	6,9	4,8	3,3
3	11,7	12,2	13,5	11,6	7,4	11,1	12,5	9,0	5,4	5,4	7,9
4	13,7	12,0	11,6	10,4	9,5	7,7	8,6	9,3	9,8	7,5	11,8
5	10,4	12,3	12,8	7,2	13,1	10,8	7,8	8,1	8,0	9,5	14,8
6	7,5	11,7	12,3	10,4	9,0	12,8	7,7	8,6	10,1	9,9	20,0
7	8,3	6,8	6,5	10,5	8,0	12,2	15,2	9,8	12,9	9,9	18,5
8	7,8	9,5	7,1	8,7	10,2	9,9	11,3	10,4	12,2	12,9	10,1
9	9,0	4,2	9,2	9,3	11,3	7,7	8,6	12,0	12,8	15,9	6,1
10	5,1	5,0	4,4	5,4	7,7	10,1	12,9	14,4	16,1	19,1	5,8

Bemerkungen:
Zahlendarstellung erfolgt in Prozent der jeweiligen Gesamtanzahl; signifikante Werte sind eingerahmt.
Return (oben): Annualisiert über Zeitraum 1/2005 bis 12/2005.
3F-IR (links): Annualisiert über Zeitraum 1/2003 bis 12/2004.
Sample: Bereinigtes Sample ohne Survivorship Bias aus Sets 3/2003 bis 12/2005.

In der der rechte Spalte in Tabelle 28 erscheint kein Dezil als individuell signifikant,

[60] Im Vergleich von Tabelle 59 aus der Zeitfensterauswahl am kommerziellen Set aus Anhang 5 und Tabelle 28 zeigen sich folgenden Effekte: Die Standardabweichung der Matrix ist leicht gestiegen und die Bereiche links oben und rechts unten in der Matrix sind stärker geworden. Die höheren Übergangswahrscheinlichkeiten wanderten mehr zur Hauptdiagonale. Das in beiden Abbildungen signifikante Dezil von Klasse 1 3F-IR auf Klasse 2 Return hat um 0,5 % zugelegt. In der Ecke rechts unten erscheint nun Klasse 9 auf Klasse 10 zusätzlich auch signifikant und die beiden anderen signifikante Dezile haben leicht zugelegt. Als Randerscheinung zeigen sich die beiden signifikant niederen Dezile Klasse 10 auf Klasse 3 und Klasse 2 auf Klasse 10 aus Tabelle 59 nun in Tabelle 28 nicht mehr als signifikant. Sie haben sich leicht verändert, aber der Effekt rührt hauptsächlich aus der höheren Standardabweichung der vorliegenden Tabelle 28 her.

obwohl dort die höchsten Wahrscheinlichkeiten der Abbildung auftreten. Der Grund ist, dass diese separat zu betrachtende Verteilung eine deutlich höhere Standardabweichung besitzt. Es zeigt sich, dass die vor 2005 verstorbenen Fonds hauptsächlich aus Dezil 6 und 7 Information Ratio stammen. In diesem Bereich liegt die Nulllinie der Information Ratios. Der Effekt hat zwei Ursachen. Einerseits steigt die Anzahl der Null-Returns im Berechnungszeitraum, je länger die Fonds tot sind. Andererseits ist jedoch der Haupteffekt ein anderer, der eine Schwäche aller Kennzahlen aus Quotienten – wie z.B. Information Ratio und der Sharpe Ratio – aufzeigt. Steht ein negativer Return über dem Bruchstrich, wird der Quotient besser, also weniger negativ, je höher das Risiko ist. Dies trifft bei der Information Ratio im Besonderen zu, da die meisten Alphas negativ sind. Die Fonds, welche in einem Ranking auf Information Ratio ganz unten im negativen Bereich stehen, sind natürlich für den Investor besonders unerfreulich. Sie haben es geschafft, mit wenig Residualrisiko besonders viel negatives Alpha zu generieren. Die besonders risikoreichen Verlierer mit negativem Alpha rangieren in einem Ranking auf Information Ratio besser, je mehr Risiko sie haben, nämlich dichter an der Nulllinie im negativen Bereich. Die Wirkung dreht sich somit beim Übergang in den negativen Bereich. Die Versuche, diesen Zusammenhang in der Kennzahl zu berücksichtigen, sind in Anhang 4 dargestellt. Diese Eigenschaft im negativen Bereich macht Quotienten als Basis für ein anreizkompatibles Entlohnungsschema (vgl. Trost (1999: 484)) nicht uneingeschränkt geeignet.

Versucht man, als Principal zur Motivation eines Fondsmanagers als Agent eine erfolgsabhängige Entlohnung zu installieren, die dem Fondsmanager den Anreiz gibt, mit möglichst wenig Risiko möglichst viel Rendite zu generieren, müsste man die variable Komponente auf den positiven Bereich begrenzen. Denn im negativen Bereich gibt sie dem Fondsmanager den falschen Anreiz. Dennoch eignen sich Quotienten mit diesen Einschränkungen immer noch besser als Alphas oder andere reine Renditekennzahlen, denn diese skalieren das Risiko nicht, welches der Fondsmanager für die Rendite eingeht. Alphas sind nur im Rahmen der Faktorrisiken angepasst und nicht im Residualrisiko.

Tabelle 29 zeigt nun das Ergebnis der Berechnung der Information Ratio mit nur einem Faktor (*MARKT*). Dabei steigen beide Standardabweichungen jeweils auf 4,0 % und 7,5 %. Die Chi-Quadrate steigen ebenfalls beide auf jeweils 1.056,9 und 639,8. Damit sinkt die Zufälligkeitswahrscheinlichkeit noch weiter gegen null. Zufall ist damit abermals ausgeschlossen. Die Wahrscheinlichkeiten im linken oberen und rechten unteren Bereich nehmen zu. Aufgrund der höheren Standardabweichung ist Dezil 1 auf 2 nicht mehr signifikant, aber betragsmäßig höher. In der rechten Spalte sind die höheren Wahrscheinlichkeiten weiter heruntergerutscht. Betrachtet man das Ergebnis insgesamt, manifestiert sich der Eindruck, dass die 1-Faktor-Information Ratio in dieser Periode besser in der Selektion funktioniert als die sophistiziertere 3-Faktor-Version.

Tabelle 29: Übergangsmatrix 2Y 1F-IR (12/2004) auf 1Y Return (12/2005)

	Return (Sets 1/2005 bis12/2005)										
1F-IR	1	2	3	4	5	6	7	8	9	10	vor 2005
1	14,6	17,6	14,7	13,1	10,7	7,2	5,9	6,0	4,7	5,6	1,4
2	17,1	12,8	9,5	13,7	11,3	9,5	8,7	9,2	3,3	5,0	2,7
3	11,3	13,7	14,6	14,6	12,6	7,4	8,6	7,5	7,4	2,4	3,7
4	13,5	15,2	13,1	8,4	9,8	11,6	9,2	6,5	6,9	5,9	6,6
5	10,1	11,3	15,3	10,2	9,9	8,9	9,6	8,6	9,0	7,1	6,6
6	9,5	8,1	12,5	13,7	10,1	10,2	8,6	9,8	7,2	10,4	8,7
7	5,9	9,5	7,8	8,7	10,1	15,6	9,2	9,0	10,4	13,8	12,6
8	8,1	5,6	4,8	5,9	8,7	14,7	13,5	14,0	11,6	13,1	22,7
9	6,5	3,0	2,9	8,0	10,1	8,4	13,5	11,4	19,2	17,0	21,4
10	3,5	3,3	5,0	3,6	6,8	6,5	13,4	17,9	20,3	20,0	13,7

Bemerkungen:
Zahlendarstellung erfolgt in Prozent der jeweiligen Gesamtanzahl; signifikante Werte sind eingerahmt.
Return: Annualisiert über Zeitraum 1/2005 bis 12/2005.
1-Faktor-IR: Annualisiert über Zeitraum 1/2003 bis 12/2004 berechnet mit S&P 500.
Sample: Bereinigtes Sample ohne Survivorship Bias aus Sets 3/2003 bis 12/2005.

Im Vergleich dazu ist in Tabelle 30 die Information Ratio über vier Faktoren, also inklusive Momentum berechnet. Dabei sind die Standardabweichungen unter die 3-Faktorvariante auf 1,2 % und 5,3 % gefallen. Die Chi-Quadrate sind auf 98 und 320 zurückgegangen. Damit ist die linke Verteilung nicht mehr signifikant unzufällig, sondern könnte zufällig entstanden sein. Wie die geringere Standardabweichung andeutet, sind die Wahrscheinlichkeiten auch allgemein gefallen. In der linken oberen Ecke rangieren die oberen Dezile Information Ratio nur noch um die 9 % bis 12 %. Rechts unten liegt das Maximum nur bei knapp 14 %. In der rechten Spalte sind die Ausschläge auch nicht mehr so extrem und das Maximum liegt bei knapp 16 % in Dezil 8.

Tabelle 30: Übergangsmatrix 2Y 4F-IR (12/2004) auf 1Y Return (12/2005)

	Return (Sets 1/2005 bis12/2005)										
4F-IR	1	2	3	4	5	6	7	8	9	10	vor 2005
1	10,5	10,8	10,8	9,8	10,5	11,7	8,7	8,7	8,4	9,9	1,2
2	12,0	9,6	9,9	11,6	11,3	9,2	9,0	10,2	9,8	7,4	3,5
3	9,6	9,2	10,7	10,7	8,9	12,2	10,2	9,8	10,7	8,3	4,5
4	8,9	10,2	9,9	8,6	8,7	10,2	10,1	12,2	10,2	10,8	8,9
5	11,4	10,8	9,0	8,0	9,2	11,7	11,7	9,9	9,5	8,7	10,8
6	9,6	9,2	10,4	9,5	12,8	9,3	9,0	10,7	10,1	9,5	15,2
7	8,7	11,7	10,2	11,0	9,6	8,9	9,0	9,0	11,6	10,2	12,6
8	10,5	11,1	11,6	9,2	10,2	9,3	10,5	9,2	9,6	8,7	15,6
9	8,9	8,9	8,4	10,5	10,7	8,1	9,6	10,5	11,6	12,8	15,0
10	9,8	8,4	9,2	11,1	8,1	9,3	12,2	9,6	8,6	13,8	12,8

Bemerkungen:
Zahlendarstellung erfolgt in Prozent der jeweiligen Gesamtanzahl; signifikante Werte sind eingerahmt.
Return (oben): Annualisiert über Zeitraum 1/2005 bis 12/2005.
4F-IR (links): Annualisiert über Zeitraum 1/2003 bis 12/2004.
Sample: Bereinigtes Sample ohne Survivorship Bias aus Sets 3/2003 bis 12/2005.

Diese Ergebnisse werfen einige Fragen auf. Sind die Information Ratios weniger aussagekräftig, je mehr Faktoren zur Berechnung benutzt werden? Oder muss man die Ergebnisse gerade anders herum verstehen, sodass der Erklärungsgehalt steigt, wenn die Übergangswahrscheinlichkeiten geglätteter und sogar zufällig werden, weil man die Performancetreiber durch die Faktoren erklärt hat? Inwieweit spielt die Quotientenbildung mit dem Residualrisiko eine Rolle? Inwieweit ist das hier ein Periodenphänomen? Diese Fragen können an dieser Stelle noch nicht geklärt werden und werden im Weiteren immer wieder aufgegriffen.

Um diesen Fragen weiter nachzugehen, erfolgt der nächste Schritt in Tabelle 31 ganz ohne Bereinigung der Zeitreihe um verschiedene Faktoren mithilfe einer Regression. Die Tabelle zeigt den Einfluss der Sharpe Ratio auf den Return 2005. Die Verteilungen haben die bisher höchsten Chi-Quadrats mit 1.106,9 und 3.681,1. Die Zufälligkeit ist demgemäß ausgeschlossen. Die Standardabweichungen sind mit 4,1 und 17,9 ebenfalls am höchsten. Das Dezil 1 Sharpe Ratio auf Dezil 2 Return ist wieder signifikant und erreicht mit 18,6 % den bisher höchsten Wert. Auch Dezil 1 auf 1 ist gestiegen. Jedoch bleibt es hinter der Wahrscheinlichkeit von Dezil 1 auf 2 weiterhin zurück. Es könnte sich grundsätzlich manifestieren, dass Fonds mit gutem Verhältnis von Rendite pro Einheit Risiko es nicht auf die absoluten Spitzeplätze in der Rendite schaffen, da diese von wenig systematisch arbeitenden Fonds mit großen Risikoexposures besetzt werden. Aber diese Vermutung muss sich erst noch bestätigen.

Tabelle 31: Übergangsmatrix 2Y SR (12/2004) auf 1Y Return (12/2005)

	Return (Sets 1/2005 bis12/2005)										
SR	1	2	3	4	5	6	7	8	9	10	vor 2005
1	16,7	18,6	15,8	14,3	9,2	5,0	4,7	6,5	4,1	5,3	0,9
2	14,0	13,5	11,4	14,6	12,8	10,8	7,7	9,2	2,9	3,2	2,2
3	11,3	10,4	13,5	12,8	15,2	11,1	9,8	7,1	6,0	2,9	1,6
4	9,6	12,8	11,3	10,1	10,4	10,2	13,2	9,8	7,1	5,6	2,0
5	9,5	11,1	11,7	9,9	9,5	14,3	11,0	9,5	7,7	5,9	3,5
6	6,8	9,3	9,8	9,3	11,3	13,1	11,7	10,4	12,3	6,0	2,4
7	7,2	5,4	9,2	9,5	10,8	10,7	16,7	11,1	11,0	8,4	4,5
8	5,4	4,8	5,4	8,0	8,3	12,2	9,3	14,0	14,9	17,7	8,1
9	9,3	9,3	8,0	6,5	7,4	6,8	7,8	11,4	17,3	16,2	15,2
10	10,2	4,7	4,1	5,0	5,3	5,9	8,3	11,0	16,8	29,0	59,5

Bemerkungen:
Zahlendarstellung erfolgt in Prozent der jeweiligen Gesamtanzahl; signifikante Werte sind eingerahmt.
Return: Annualisiert über Zeitraum 1/2005 bis 12/2005.
SR: Annualisiert über Zeitraum 1/2003 bis 12/2004.
Sample: Bereinigtes Sample ohne Survivorship Bias aus Sets 3/2003 bis 12/2005.

Der Verliererbereich von Tabelle 31 ist ebenfalls sehr interessant. Im rechten und linken Bereich schneiden Fonds mit den schlechtesten Verhältnissen von Gesamtreturn zu Gesamtrisiko im Folgejahr am schlechtesten ab bzw. sind schon gestorben. Grundsätzlich lässt sich feststellen, dass vor dem Hintergrund der Selektion mit dem Ziel, gute von schlechten Fonds zu trennen, die Sharpe Ratio in dieser Periode bisher am besten funktionierte. Sie schlägt bisher alle Faktormodelle. Das war so nicht unbedingt zu erwarten. Die Vermutung liegt nahe, dass dies an der Periode liegt. Es könnte eine dieser Perioden sein, in denen es schwer ist, Persistenz zu verwerfen. Jedoch muss sich auch diese Vermutung an dieser Stelle im Fortgang der Untersuchung erst noch bestätigen. Ein Indiz hierfür liefert Tabelle 24 im Kapitel 6.3.2.1 „Summary Statistics". Ganz rechts in dieser Tabelle ist auch 2005 dargestellt. Die Erwartungswerte der ersten drei Faktoren kommen zwar in ihrer Höhe gegenüber 2004 deutlich zurück, jedoch bleiben sie in ihrer Struktur zueinander relativ ähnlich und der Momentumfaktor legt deutlich zu. Es scheint, als ob 2005 eine Marktphase ist, in der die Trends der beiden Vorjahre wirken, jedoch langsam am Ausklingen sind. Der Momentumfaktor war 2003 stark negativ, zeigt also eine Umkehr der Marktströmungen an, die in den Vorjahren abwärts gerichtet waren. Jedoch waren Value-Positionen noch die beste Wahl. Dann setzt in 2003 eine Aufwärtsphase im Markt ein, die im Small-Cap-Bereich am vorteilhaftesten war. In 2004 ist der Momentumfaktor ungefähr null. Die anderen Faktoren ähneln dem Trendverhalten des Jahres 2003. Im Jahr 2005 zeichnet sich das Ausklingen der Welle ab, dokumentiert durch den stark positiven Momentumfaktor. So viel zum Marktverhalten an dieser Stelle, was die Einschätzung der Ergebnisse der verschiedenen Faktormodelle stützt, sich jedoch in anderen Marktphasen erst noch bestätigen muss, um als wirkliche Erklärung Bestand zu haben.

Zunächst bleibt jedoch diese Periode im Fokus und der Einfluss der Quotientenbildung wird untersucht. In den folgenden Tabellen werden die Pendants zu den Quotienten aus diesem Kapitel dargestellt. Tabelle 32 zeigt den Einfluss von Alpha, berechnet über drei Faktoren, auf den Return 2005.

Tabelle 32: Übergangsmatrix 2Y 3F-Alpha (12/2004) auf 1Y Return (12/2005)

	Return (Sets 1/2005 bis12/2005)										
3F-Alpha	1	2	3	4	5	6	7	8	9	10	vor 2005
1	18,3	19,4	13,4	11,9	6,9	5,0	5,4	6,8	5,6	7,4	3,5
2	12,2	9,6	9,5	14,7	15,0	11,4	7,7	9,5	6,8	3,6	4,9
3	9,8	9,9	14,6	12,6	8,0	10,8	13,7	9,2	6,5	5,0	8,2
4	10,1	11,6	9,9	8,6	12,6	9,8	10,5	11,3	9,2	6,5	6,4
5	9,5	8,9	10,4	9,3	12,9	15,3	10,7	7,7	9,3	6,0	7,5
6	5,4	7,8	10,5	9,3	11,3	12,0	14,3	11,9	10,4	7,1	10,9
7	4,7	10,2	7,2	11,6	9,3	7,5	11,9	12,9	13,4	11,3	14,1
8	8,0	7,4	9,0	8,9	9,9	11,4	9,3	11,0	11,6	13,5	15,9
9	11,7	7,1	8,3	5,7	6,2	7,5	8,4	12,5	15,9	16,7	16,7
10	10,4	8,1	7,4	7,2	7,8	9,2	8,3	7,2	11,4	23,2	11,8

Bemerkungen:
Zahlendarstellung erfolgt in Prozent der jeweiligen Gesamtanzahl; signifikante Werte sind eingerahmt.
Return: Annualisiert über Zeitraum 1/2005 bis 12/2005.
3-Faktor-Alpha: Annualisiert über Zeitraum 1/2003 bis 12/2004 berechnet mit S&P/Citigroup-Indizes.
Sample: Bereinigtes Sample ohne Survivorship Bias aus Sets 3/2003 bis 12/2005.

Bei den 3-Faktor-Alphas betragen die Chi-Quadrate 710,4 und 243,2 und ergeben damit zwei signifikant unzufällige Verteilungen. Die Standardabweichungen betragen 3,3 % und 4,6 %. Damit liegt der linke Bereich etwas über der Information Ratio mit drei Faktoren und der rechte Bereich ein Stück darunter. Ebenso stellen sich die Übergangswahrscheinlichkeiten dar. Im linken Bereich haben die Extreme links oben und rechts unten deutlich zugelegt und in der rechten Spalte ist die Klumpenbildung mit 20 % in Dezil 6 verschwunden. Das Maximum liegt in Dezil 9, jedoch ist die Verteilung wesentlich ausgeglichener. Man bekommt den Eindruck, dass Alpha gegenüber der Information Ratio bei drei Faktoren geeigneter ist, Gewinner und Verlierer zu selektieren, jedoch bei Sterbekanditaten weniger gut funktioniert. Allerdings fand der grundsätzlich höhere Ausschlag der 3-Faktor-Information Ratio in Dezil 6 und nicht in Dezil 10 statt. Die Sharpe Ratio lieferte bei den Sterbekandidaten noch bessere und besser interpretierbarere Ergebnisse mit Dezil 10. Dies hat jedoch auch eine systematische Komponente. Grundsätzlich ist durch höhere Bandbreite der Returns gegenüber den Alphas in der Sharpe Ratio mehr Spanne zwischen den Fonds und mehr Abstand zur Nulllinie gegeben. Der Grund ist teilweise auch mit der Periode verknüpft, denn wenn das allgemeine Renditeniveau nicht so positiv ist, hat die Sharpe Ratio das gleiche Problem in ausgeprägterer Weise als in dieser Periode, da auch sie ein Quotient ist. Andere Perioden werden hierzu bestimmt auch noch weitere Erkenntnisse liefern.

Tabelle 33 zeigt das klassische Alpha nur mit dem Faktor *MARKT*.

Tabelle 33: Übergangsmatrix 2Y 1F-Alpha (12/2004) auf 1Y Return (12/2005)

	Return (Sets 1/2005 bis12/2005)										
1F-Alpha	1	2	3	4	5	6	7	8	9	10	vor 2005
1	22,9	19,8	12,8	11,0	7,8	5,6	5,4	3,9	3,9	7,1	1,6
2	15,6	14,4	14,4	13,5	9,6	6,9	7,1	8,6	5,3	4,4	4,7
3	10,7	17,4	11,7	15,3	12,6	9,0	4,4	9,2	5,7	3,9	3,7
4	9,8	9,6	15,0	9,8	12,8	11,6	10,7	6,3	8,1	6,5	5,5
5	9,2	9,6	14,9	12,5	10,7	10,1	12,5	7,1	7,8	5,6	6,5
6	7,4	6,8	9,9	10,7	11,6	13,8	11,1	12,9	7,8	8,0	6,3
7	3,0	6,5	6,2	8,4	10,5	16,8	14,3	12,6	12,0	9,6	10,6
8	6,3	4,4	4,2	6,8	9,8	11,0	16,2	11,3	14,6	15,5	11,9
9	6,8	7,2	5,9	7,7	9,9	8,7	9,6	14,7	15,0	14,4	21,8
10	8,4	4,2	5,1	4,2	4,7	6,5	8,9	13,2	19,7	25,3	27,3

Bemerkungen:
Return: Annualisiert über Zeitraum 1/2005 bis 12/2005.
1-Faktor-Alpha: Annualisiert über Zeitraum 1/2003 bis 12/2004, berechnet mit S&P 500.
Sample: Bereinigtes Sample ohne Survivorship Bias aus Sets 3/2003 bis 12/2005.

Die Verteilungen in Tabelle 33 haben ein Chi-Quadrat von 1.230,9 und 796,6, was sie signifikant unzufällig macht. Die Standardabweichungen liegen bei 4,3 % und 8,3 %.

Damit liegt das Alpha mit einem Faktor über den 3-Faktorvarianten und über der Information Ratio auf Basis von einem Faktor. Die Übergangswahrscheinlichkeiten liegen im linken Bereich der Abbildung am höchsten. Links oben und rechts unten zeigen sich die höchsten und signifikanten Übergangswahrscheinlichkeiten. In der rechten Spalte liegt das 1-Faktor-Alpha ebenfalls über dem 3-Faktor-Alpha, aber nach wie vor hinter der Sharpe Ratio.

Tabelle 34 stellt das 4-Faktor-Alpha dar.

Tabelle 34: Übergangsmatrix 2Y 4F-Alpha (12/2004) auf 1Y Return (12/2005)

	Return (Sets 1/2005 bis12/2005)										
4F-Alpha	1	2	3	4	5	6	7	8	9	10	vor 2005
1	18,9	20,7	13,1	11,3	6,9	4,4	5,4	6,2	5,7	7,4	2,3
2	13,7	9,2	11,4	15,3	13,2	11,1	7,4	10,5	4,8	3,3	2,5
3	9,6	10,8	11,7	12,0	11,0	12,5	14,0	7,4	7,4	3,6	3,8
4	10,8	9,9	11,7	10,7	9,6	9,5	11,3	10,5	8,9	7,1	5,6
5	7,1	10,7	11,6	8,9	14,1	13,7	9,6	10,5	7,8	6,0	6,2
6	4,7	8,4	9,0	9,6	11,3	12,8	14,7	11,0	12,3	6,2	7,0
7	5,3	6,8	7,1	11,1	10,4	10,2	11,0	11,9	13,5	12,8	11,3
8	9,5	9,6	9,0	7,7	10,8	8,1	8,7	11,9	12,2	12,5	15,9
9	12,2	5,4	8,1	7,1	5,1	8,6	9,6	12,3	14,1	17,4	23,1
10	8,3	8,4	7,4	6,2	7,5	9,2	8,4	7,7	13,2	23,9	22,3

Bemerkungen:
Zahlendarstellung erfolgt in Prozent der jeweiligen Gesamtanzahl; signifikante Werte sind eingerahmt.
Return (oben): Annualisiert über Zeitraum 1/2005 bis 12/2005.
4F-Alpha (links): Annualisiert über Zeitraum 1/2003 bis 12/2004.
Sample: Bereinigtes Sample ohne Survivorship Bias aus Sets 3/2003 bis 12/2005.

Beide Chi-Quadrat-Verteilungen hinter Tabelle 34 sind mit Werten von 784 und 638 ebenfalls signifikant unzufällige Verteilungen. Die Standardabweichungen liegen mit 3,4 % und 7,8 % im linken Bereich unwesentlich höher als die 3-Faktor-Variante, jedoch liegt die rechte Spalte ein Stück höher als die 3-Faktor-Variante. Ergebnisseitig verhalten sich die Alphas ähnlich wie ihre Quotientenpendants relativ zu einander, nur eben ein deutliches Stück besser in ihrer Selektionsfähigkeit. Das 4-Faktor-Alpha stellt hier einen leichten Ausreißer dar. Es legt gegenüber drei Faktoren sowohl im links oberen Bereich als auch im links unteren Bereich zu. Die gleichen Dezile bleiben signifikant und auch die rechte Spalte legt im unteren Bereich zu. Jedoch bleibt es hinter dem klassischen Alpha über einem Faktor, der bisher führenden Methode, zurück.

Tabelle 35 zeigt das Pendant der Sharpe Ratio, nämlich den ganz normalen, absoluten annualisierten Return.

Tabelle 35: Übergangsmatrix 2Y Return (12/2004) auf 1Y Return (12/2005)

	Return (Sets 1/2005 bis12/2005)										
Return*	1	2	3	4	5	6	7	8	9	10	vor 2005
1	19,5	12,3	11,7	9,8	8,1	6,2	5,4	7,2	7,2	12,5	0,8
2	14,3	12,8	13,1	12,9	11,1	10,7	8,3	6,0	4,2	6,6	1,3
3	12,0	22,7	14,6	11,9	10,5	5,3	5,9	4,4	7,7	5,1	2,2
4	14,1	17,6	18,8	11,9	6,5	6,9	5,9	7,8	3,8	6,8	3,5
5	10,7	10,8	10,4	15,0	10,7	9,5	8,6	8,3	6,6	9,5	2,5
6	7,7	6,5	12,2	9,2	13,4	13,5	11,1	10,1	9,3	7,1	4,6
7	5,7	6,5	8,0	11,3	11,9	17,9	15,2	8,7	8,3	6,8	3,8
8	5,7	5,0	4,5	9,0	11,4	14,6	15,9	13,5	12,6	7,7	7,5
9	5,6	2,9	2,7	5,3	11,9	11,0	13,2	17,0	16,7	13,7	7,8
10	4,7	3,0	4,2	3,6	4,5	4,5	10,7	16,8	23,6	24,5	66,1

Bemerkungen:
Return: Annualisiert über Zeitraum 1/2005 bis 12/2005.
Return*: Annualisiert über Zeitraum 1/2003 bis 12/2004.
Sample: Bereinigtes Sample ohne Survivorship Bias aus Sets 3/2003 bis 12/2005.

Die Verteilungen hinter Tabelle 35 sind mit Chi-Quadrats von 1.421,7 und 4.510,1 deutlich unzufälliger Natur. Die Standardabweichungen von 4,6 % für den linken Bereich und 19,8 % für den rechten Bereich liegen weit über allen anderen. In den Ergebnissen liegt der Return im linken Bereich am oberen Ende der Selektionsfähigkeit, jedoch übertrifft er das 1-Faktor-Alpha nicht, sondern liegt nur relativ knapp über den 3- und 4-Faktor-Alphas. Die rechte Spalte jedoch reißt deutlich nach oben hin aus. Mit 66,1 %iger Übergangswahrscheinlichkeit, dass Fonds mit schlechten Returns in der nächsten Periode tot sind, übertrifft er das 1-Faktor-Alpha und auch die Sharpe Ratio. Eigentlich sollte man erwarten, dass Fonds mit schlechtem Rendite-zu-Risiko-Verhältnis mit höheren Wahrscheinlichkeiten sterben. Jedoch haben die Ergebnisse in Kapitel 5.5.2 diese Erwartung bereits widerlegt. Der Unterschied in den Sharpe Ratios war nicht so deutlich wie bei dem Renditevergleich in Kapitel 5.5.1. Es war in dieser Darstellung nur nicht so deutlich ersichtlich wie hier. Absolute Rendite, also die Platzierung in einer der Bestenlisten, zeigt sich in der vorliegenden Arbeit als der stärkste Grund für das Schließen eines Fonds. Jedoch muss das nicht unbedingt am wahren Verhältnis Rendite zu Risiko liegen. Die Quotiententhematik könnte hier Einfluss haben. In

Tabelle 19 liegen die ersten Monate in 2003 Sharpe Ratio sogar im Schnitt über allen Fonds im negativen Bereich. Trotzdem ist die Sharpe Ratio in ihrer definierten Berechnung ein schlechterer Indikator als der absolute Return – ganz gleich, aus welchem Grund. Das zeigt diese Analyse.

Auffällig sind generell die Bereiche links unten und rechts oben des jeweils linken Bereichs der Tabellen bei einigen Kennzahlen. Bei 1-Faktor-Alphas und 1-Faktor-Information Ratios sowie besonders bei annualisiertem Return befinden sich die höheren Wahrscheinlichkeiten eher bei den Hauptdiagonalen. Bei 3- und 4-Faktor-Alphas sowie 4- und 3-Faktor-Information Ratios trifft dies weniger zu. Hier ist das Bild eher zerrissen und es gibt immer wieder höhere Cluster an Übergangswahrscheinlichkeiten. Die Sharpe Ratio stellt so eine Art Zwitter dar und fällt mit Ausreißern in der Übergangswahrscheinlichkeit von Dezil 10 auf Dezil 1 in Höhe von 10,2 % auf. Betrachtet man dies vor dem Hintergrund der Marktphase in diesen Perioden mit starken, gleich bleibenden Faktortrends, lernt man viel über die Wirkungsweise der Faktoren. Bereinigt man diese nicht und benutzt somit 1-Faktor-Kennzahlen oder verwendet absolute Returndurchschnitte, selektiert man Fonds, die durch hohes oder niedriges Exposure gegenüber diesen Trends arbeiten. Offensichtlich waren diese Trends in dieser Periode stärker als die residualen Returns daneben, die man mit faktorbereinigten Kennzahlen aussiebt. Die Betrachtung ist eigentlich systematisch unfair, denn die faktorbereinigten Kennzahlen selektieren, ohne Returnzuwächse aus Faktortrends zu berücksichtigen.

Es lässt sich für diese in Bezug auf Markttrends gleichförmige Periode konstatieren (vgl. Tabelle 24), dass eine Bereinigung der Style-Trends in den Selektionskriterien geringere Wahrscheinlichkeiten liefert, einen Topperformer zu selektieren, als von Style-Trends unbereinigte Selektionskriterien. Aufgrund des systematischen Nachteils bliebe zu testen, ob man mit einer Trendallokation, kombiniert mit einer Selektion auf residualen Return neben den Trends, auch in einer so gleichförmigen Periode nicht noch besser abschneiden kann als durch Selektion mit nicht trendbereinigten Kennzahlen. Jedoch ist zu bezweifeln, dass die Selektion in anderen Perioden mit einer Umkehr der Markttrends solche Ergebnisse zu Gunsten der unbereinigten Kriterien wie annualisierter Return und 1-Faktoralpha zeigt.

Auf Basis der Ergebnisse dieser Periode mit stabiler Marktenticklung, also gleichförmiges Style-Verhalten, ist folglich zu resümieren: Eine Selektion ohne Style-Adjustment ist eine bessere Handlungsempfehlung für einen Investor als mit Style-Adjustment und reine Renditekennzahlen funktionieren bei der Fondsselektion besser als Quotienten aus Rendite durch Risiko.

6.3.2.4 Selektionskriterien bei instabiler Marktentwicklung

Bei weiterer Betrachtung der Faktorenverläufe in Tabelle 24 erscheinen die Perioden von 1998/1999 auf 2000 sehr interessant zu sein, um zu untersuchen, ob ein Ranking Return auf Return immernoch erfolgreicher ist als ein style-adjsutiertes Ranking bei instabiler Marktentwicklung. In dieser Periode vollzog sich zum Ende des Technologiebooms eine Umkehr fast aller Faktoren. Die Periode 1/1998 bis 12/1999 auf 1/2000 bis 12/2000 wird in diesem Kapitel untersucht.

Tabelle 36 zeigt die Übergangswahrscheinlichkeiten von Return auf Return in dieser Periode.

Tabelle 36: Übergangsmatrix 2Y Return (12/1999) auf 1Y Return (12/2000)

	Return									
Return*	1	2	3	4	5	6	7	8	9	10
1	4,4	2,6	5,5	5,1	9,7	13,0	6,8	6,8	13,9	32,2
2	4,4	2,6	4,6	6,6	6,6	10,8	16,7	13,7	18,9	15,0
3	0,4	2,9	5,7	4,8	7,9	5,7	15,4	10,4	24,2	22,5
4	5,9	4,8	3,7	7,9	5,7	10,6	20,5	18,3	15,2	7,3
5	3,1	5,5	4,6	4,4	5,9	15,0	14,8	22,7	13,7	10,4
6	5,9	13,0	9,2	10,6	14,3	11,7	7,5	15,9	7,9	4,0
7	9,0	13,4	9,7	12,3	17,8	13,4	9,7	4,4	3,3	6,8
8	15,2	13,4	13,9	22,7	16,5	7,3	4,0	3,1	2,4	1,5
9	15,6	18,3	25,8	18,5	10,6	5,5	2,9	2,4	0,0	0,4
10	35,9	23,3	17,2	7,0	4,8	7,0	1,8	2,4	0,4	0,2

Bemerkungen:
Zahlendarstellung erfolgt in Prozent der Gesamtanzahl; signifikante Werte sind eingerahmt.
Return (oben): Annualisiert über Zeitraum 1/2000 bis 12/2000.
Return* (links): Annualisiert über Zeitraum 1/1998 bis 12/1999.
Sample: Bereinigtes Sample ohne Survivorship Bias aus Sets 3/2003 bis 12/2005.

Tabelle 36 zeigt eine völlige Umwälzung bei den Fondsrenditen. Es ist eine Diagonale aus hohen Übergangswahrscheinlichkeiten zu erkennen, jedoch ist diese nicht die Hauptdiagonale von links oben nach rechts unten. Die Verteilung hat systematisch bedingt wieder einen Erwartungswert von 10 % pro Matrixelement, eine individuelle

Standardabweichung von 7,1 % und ist nicht zufällig (vgl. Tabelle 78 im Anhang 7).

In Tabelle 37 ist das Alpha nur mit dem Faktor *MARKT* berechnet. Es zeigt ein ähnliches Bild wie in Tabelle 36. Die Verteilung hat eine Standardabweichung von 6,8 %, also etwas geringer als das Return-Ranking. Die Verteilung ist mit einem Chi-Quadrat von 2.089 bei einem Freiheitsgrad von 97 nicht zufällig.

Tabelle 37: Übergangsmatrix 2Y 1F-Alpha (12/1999) auf 1Y Return (12/2000)

	Return									
1F-Alpha	1	2	3	4	5	6	7	8	9	10
1	4,8	2,4	4,4	5,1	9,7	11,9	4,6	11,2	15,0	31,3
2	3,1	1,8	3,1	8,1	4,8	10,6	20,0	8,4	19,8	19,8
3	2,6	4,6	6,8	1,3	4,6	9,0	14,3	16,1	23,6	17,0
4	3,5	5,7	4,2	11,7	12,8	11,0	18,7	13,4	12,1	6,8
5	5,1	4,2	1,1	7,5	11,9	16,3	15,2	16,1	13,2	9,5
6	8,4	8,6	9,9	8,6	13,2	9,9	9,5	17,8	7,9	6,2
7	5,3	12,8	17,8	22,0	11,9	8,4	7,0	8,1	3,5	3,1
8	15,4	16,5	19,6	12,8	16,1	6,8	5,5	2,6	1,5	3,1
9	15,9	23,8	17,0	16,7	9,5	7,0	1,5	3,7	2,4	2,4
10	35,9	19,6	16,1	6,2	5,5	9,0	3,5	2,4	0,9	1,1

Bemerkungen:
Zahlendarstellung erfolgt in Prozent der Gesamtanzahl; signifikante Werte sind eingerahmt.
Return: Annualisiert über Zeitraum 1/2000 bis 12/2000.
3F-Alpha: Annualisiert über Zeitraum 1/1998 bis 12/1999.
Sample: Bereinigtes Sample ohne Survivorship Bias aus Sets 3/2003 bis 12/2005.

In dieser Periode versagen die Methoden ohne Berücksichtigung von Styles auf breiter Front. Es bleibt zu prüfen, welche Selektionsergebnisse ein 3-Faktor-Alpha liefert. Dies zeigt Tabelle 38. Sie hat eine Standardabweichung von 3,6 % und sieht im Ergebnis deutlich besser aus. Die äußeren Dezile 1 auf 10 und 10 auf 1 sind zwar immer noch relativ hoch, verglichen mit einer gleichförmigen Periode, aber deutlich besser als die Selektionsergebnisse ohne Style-Adjustierung in der vorliegenden Periode. Es zeigt sich, dass es eine sehr anspruchsvolle Periode für ein Ranking ist, jedoch ist beim 3-Faktor-Alpha die Hauptdiagonale wieder mit höheren Übergangswahrscheinlichkeiten besetzt und hat wiederum signifikante Elemente. Die Verteilung ist nicht zufällig (vgl. Tabelle 148).

Tabelle 38: Übergangsmatrix 2Y 3F-Alpha (12/1999) auf 1Y Return (12/2000)

	Return									
3F-Alpha	1	2	3	4	5	6	7	8	9	10
1	13,7	9,2	9,7	6,8	7,7	11,9	11,0	5,1	8,6	16,3
2	16,7	12,8	10,1	7,7	10,1	11,9	5,5	9,0	7,0	9,0
3	14,3	18,1	18,3	14,8	11,5	3,7	8,8	3,5	4,2	2,9
4	7,5	9,5	14,1	21,4	12,6	5,9	9,7	8,4	8,8	2,2
5	9,0	5,9	9,5	9,9	10,8	12,1	8,8	13,2	13,4	7,3
6	8,1	6,6	11,5	9,7	13,9	10,4	9,0	12,6	10,6	7,7
7	9,0	9,7	10,6	7,0	8,6	9,5	9,9	11,9	12,6	11,2
8	4,8	7,9	7,9	9,5	11,7	10,1	13,2	13,4	10,8	10,6
9	6,2	8,4	4,0	8,4	9,7	12,1	11,2	10,1	15,2	14,8
10	10,6	11,9	4,4	4,8	3,5	12,3	12,8	12,8	8,8	18,3

Bemerkungen:
Zahlendarstellung erfolgt in Prozent der Gesamtanzahl; signifikante Werte sind eingerahmt.
Return: Annualisiert über Zeitraum 1/2000 bis 12/2000.
3F-Alpha: Annualisiert über Zeitraum 1/1998 bis 12/1999.
Sample: Bereinigtes Sample ohne Survivorship Bias aus Sets 3/2003 bis 12/2005.

In dieser Periode bietet dem Investor eine Selektion mit Style-Adjustment eine wesentlich bessere Entscheidungshilfe bei der Auswahl seiner Fonds. Tabelle 39 zeigt die Wirkung der zusätzlichen Berücksichtigung des Momentumfaktors bei der Alphaberechnung. Die Verteilung hat die gleiche Standardabweichung wie die 3-Faktorenversion und ist nicht zufällig (vgl. Tabelle 116). Das 4-Faktoralpha in Tabelle 39 schneidet im Ergebnis nicht so gut ab. Die Hauptdiagonale ist in den Übergangswahrscheinlichkeiten schwächer geworden. Dabei sind vor allem die oberen und unteren Dezile betroffen und die Ecken links unten und rechts oben haben wieder zugelegt.

Tabelle 39: Übergangsmatrix 2Y 4F-Alpha (12/1999) auf 1Y Return (12/2000)

	Return									
4F-Alpha	1	2	3	4	5	6	7	8	9	10
1	11,9	9,0	9,7	7,0	8,1	12,6	11,5	4,2	9,0	17,0
2	19,6	11,7	9,0	7,0	9,2	12,1	5,7	9,9	7,0	8,6
3	12,8	19,8	18,7	14,1	11,5	2,6	9,5	4,0	4,2	2,9
4	7,0	8,8	11,9	20,5	11,5	5,9	10,4	8,4	10,4	5,7
5	9,0	5,7	11,7	11,9	11,7	13,0	7,5	12,6	11,9	4,6
6	7,0	7,3	10,8	9,2	13,2	10,4	9,9	13,4	11,9	6,8
7	8,6	7,9	9,7	6,4	10,4	9,0	11,2	12,3	12,3	12,1
8	6,8	8,4	9,0	10,4	10,4	10,1	11,5	12,8	9,9	10,8
9	5,7	9,2	5,1	7,9	10,1	13,4	9,2	9,0	15,2	15,0
10	11,5	12,1	4,4	5,5	4,0	10,8	13,7	13,4	8,1	16,7

Bemerkungen:
Zahlendarstellung erfolgt in Prozent der Gesamtanzahl; signifikante Werte sind eingerahmt.
Return (oben): Annualisiert über Zeitraum 1/2000 bis 12/2000.
4F-Alpha (links): Annualisiert über Zeitraum 1/1998 bis 12/1999.
Sample: Bereinigtes Sample ohne Survivorship Bias aus Sets 3/2003 bis 12/2005.

In Tabelle 40 ist die Sharpe Ratio dargestellt.

Tabelle 40: Übergangsmatrix 2Y SR (12/1999) auf 1Y Return (12/2000)

	Return									
SR	1	2	3	4	5	6	7	8	9	10
1	2,6	2,0	2,4	4,8	8,1	10,1	10,1	12,8	17,6	29,7
2	5,7	1,8	3,1	5,3	4,0	11,5	15,6	7,3	21,8	23,6
3	1,1	3,5	6,4	4,6	9,9	8,1	14,5	18,9	20,7	12,1
4	1,5	4,6	5,5	9,2	9,5	14,1	16,5	13,9	14,8	10,4
5	4,0	3,3	2,9	10,6	11,2	14,8	18,5	16,5	10,6	7,7
6	6,2	15,4	8,4	7,7	12,8	12,1	7,5	16,5	7,5	5,9
7	11,2	13,0	12,8	12,8	16,1	7,7	9,7	6,8	3,5	6,4
8	14,3	14,3	18,5	21,1	13,7	7,9	2,9	1,8	2,4	3,1
9	18,1	19,4	22,2	16,5	9,5	6,6	2,9	3,1	0,7	1,1
10	35,2	22,7	17,8	7,3	5,3	7,0	1,8	2,4	0,4	0,2

Bemerkungen:
Zahlendarstellung erfolgt in Prozent der Gesamtanzahl; signifikante Werte sind eingerahmt.
Return (oben): Annualisiert über Zeitraum 1/2000 bis 12/2000.
SR (links): Annualisiert über Zeitraum 1/1998 bis 12/1999
Sample: Bereinigtes Sample ohne Survivorship Bias aus Sets 3/2003 bis 12/2005.

Die Verteilung der Sharpe Ratios in Tabelle 40 hat eine Standardverteilung von 6,9 %.

Die Standardverteilung liegt damit auf einem ähnlichen Niveau wie die des 4F-Alphas in Tabelle 39. Die Verteilung ist nicht zufällig (vgl. Tabelle 100). Wie das Return-Ranking in Tabelle 36 leidet die Sharpe Ratio ebenfalls ohne Style-Adjustment. Jedoch ist ihre Hauptdiagonale noch schlechter als beim Return-Ranking. Im oberen Bereich zeigen die besseren Klassen noch schlechtere Werte und die mittleren Klassen haben höhere Werte. Die Quadranten links unten und rechts oben sind ähnlich hoch wie beim Return-Ranking.

Tabelle 41 zeigt, dass die Information Ratio, wenn sie nur über den Faktor *MARKT* berechnet wird, das gleiche Problem wie die anderen Kennzahlen ohne Style-Adjustment hat. Die Wahrscheinlichkeiten über 10 % grenzen regelrecht die Quadranten ab, jedoch spiegelbildlich. Sie zeigen einen Reversal. Die 1-Faktor-Information Ratio zeigt die niedrigsten Werte des Kapitels bei Dezil 1 auf 1 und schneidet damit am schlechtesten ab. Die Verteilung hat eine etwas geringere Standardabweichung mit 5,5 % und ist mit einem Chi-Quadrat von 1.395 bei einem Freiheitsgrad von 97 nicht zufällig.

Tabelle 41: Übergangsmatrix 2Y 1F-IR (12/1999) auf 1Y Return (12/2000)

	Return									
1F-IR	1	2	3	4	5	6	7	8	9	10
1	1,5	1,3	1,8	5,3	3,5	9,7	11,5	13,4	21,8	30,2
2	6,4	2,2	3,5	5,5	8,1	10,4	13,7	10,4	17,6	22,2
3	1,8	4,2	8,4	4,8	9,2	9,9	13,4	14,1	19,4	14,8
4	7,3	7,5	5,1	11,0	9,5	11,0	19,2	9,7	12,1	7,9
5	6,8	8,1	7,3	7,5	7,3	10,6	15,0	15,2	9,2	12,8
6	13,9	16,3	11,2	5,5	11,7	15,4	6,2	9,7	4,6	5,5
7	12,8	16,5	14,8	19,4	12,6	7,3	5,1	5,7	4,4	1,8
8	17,8	13,7	17,6	13,7	11,2	6,8	3,3	9,5	3,7	2,4
9	18,1	14,8	19,2	13,9	11,7	6,6	4,8	6,4	3,5	1,3
10	13,7	15,4	11,2	13,4	15,2	12,3	7,9	5,9	3,5	1,3

Bemerkungen:
Zahlendarstellung erfolgt in Prozent der Gesamtanzahl; signifikante Werte sind eingerahmt.
Return: Annualisiert über Zeitraum 1/2000 bis 12/2000.
3F-IR: Annualisiert über Zeitraum 1/1998 bis 12/1999.
Sample: Bereinigtes Sample ohne Survivorship Bias aus Sets 3/2003 bis 12/2005.

Die folgenden Tabellen untersuchen die Quotienten mit Style-Adjustment. Tabelle 42 zeigt die Information Ratio über drei Faktoren. Die Ergebnisse sind deutlich besser als die Quotienten ohne Style-Adjustment. Sie liegen sogar über den entsprechenden Alphas mit Style-Adjustment. Ihre 3,3 % Standardabweichung ist gegenüber 6,9 % bis 7,1 % die niedrigste des Kapitels bisher. Die Verteilung ist nicht zufälliger Natur (vgl. Tabelle 165 in Anhang 12).

Tabelle 42: Übergangsmatrix 2Y 3F-IR (12/1999) auf 1Y Return (12/2000)

	Return									
3F-IR	1	2	3	4	5	6	7	8	9	10
1	18,3	15,9	14,1	5,1	6,6	10,1	7,7	9,9	5,5	6,8
2	10,8	9,7	11,0	14,3	17,6	10,8	8,6	3,7	5,3	8,1
3	12,3	12,6	9,5	16,5	9,2	9,0	10,1	4,0	8,6	8,4
4	9,5	10,8	17,6	16,5	7,5	5,3	9,0	9,7	8,4	5,7
5	10,8	6,8	9,5	7,7	11,7	10,6	8,6	10,8	14,1	9,2
6	9,9	6,8	13,2	11,5	10,4	9,7	10,8	10,4	8,1	9,2
7	10,1	13,0	8,4	4,8	12,6	9,5	7,3	10,6	10,8	13,2
8	6,8	9,0	5,7	9,9	10,8	8,6	10,1	13,0	11,7	14,1
9	7,3	5,7	7,5	6,6	8,1	15,2	13,2	13,2	14,5	8,6
10	4,2	9,7	3,5	7,0	5,5	11,2	14,5	14,8	13,0	16,7

Bemerkungen:
Zahlendarstellung erfolgt in Prozent der Gesamtanzahl; signifikante Werte sind eingerahmt.
Return: Annualisiert über Zeitraum 1/2000 bis 12/2000.
3F-IR: Annualisiert über Zeitraum 1/1998 bis 12/1999.
Sample: Bereinigtes Sample ohne Survivorship Bias aus Sets 3/2003 bis 12/2005.

Tabelle 43 zeigt die Information Ratio über vier Faktoren (mit Momentum) berechnet. Die Verteilung in Tabelle 43 ist nicht zufällig und hat ebenfalls eine geringe Standardabweichung mit 3,2 % (vgl. Tabelle 132). Die Information Ratio mit vier Faktoren zeigt ebenfalls hervorragende Ergebnisse in dieser Periode. Ihr Dezil 1 auf 1 ist etwas geringer als bei drei Faktoren, aber im mittleren und unteren Bereich der Hauptdiagonale ist die Information Ratio mit vier Faktoren stärker besetzt.

Tabelle 43: Übergangsmatrix 2Y 4F-IR (12/1999) auf 1Y Return (12/2000)

	Return									
4F-IR	1	2	3	4	5	6	7	8	9	10
1	17,8	13,9	12,3	5,1	5,7	14,3	7,7	10,1	5,5	7,5
2	10,8	12,8	11,5	10,6	17,4	5,9	11,0	4,0	7,7	8,4
3	13,9	11,0	10,8	18,3	9,5	9,7	7,7	3,7	6,6	8,8
4	6,2	11,0	14,5	17,2	8,1	5,9	10,8	10,1	10,6	5,5
5	11,7	6,4	11,9	8,6	11,0	11,7	7,3	10,6	12,1	8,8
6	9,7	7,7	11,2	10,1	11,5	7,9	11,7	10,6	9,5	10,1
7	10,6	11,0	10,6	6,4	12,1	9,7	5,9	9,7	9,9	14,1
8	6,6	10,8	6,6	8,8	9,2	11,2	10,8	15,0	11,2	9,7
9	8,1	6,4	6,2	6,4	9,2	13,2	14,3	10,8	15,2	10,1
10	4,6	9,0	4,4	8,6	6,2	10,4	12,8	15,4	11,7	17,2

Bemerkungen:
Zahlendarstellung erfolgt in Prozent der Gesamtanzahl; signifikante Werte sind eingerahmt.
Return (oben): Annualisiert über Zeitraum 1/2000 bis 12/2000
4F-IR (links): Annualisiert über Zeitraum 1/1998 bis 12/1999
Sample: Bereinigtes Sample ohne Survivorship Bias aus Sets 3/2003 bis 12/2005

Aus dieser Periode mit instabiler Marktentwicklung durch Umkehr der Style-Trends kann man resümieren: Mit Style-Adjustment liefert bessere Selektionsergebnisse als ohne Style-Adjustment und Quotienten aus Rendite durch Risiko funktionieren zur Fondsselektion besser als reine Renditekennzahlen. Die Periode mit instabiler Marktentwicklung zeigt somit komplett gegensätzliche Ergebnisse im Hinblick auf die Auswahl der Selektionskriterien als eine Periode mit stabiler Marktentwicklung, wie die Periode 1/2003 bis 12/2004 auf 1/2005 bis 12/2005 in Kapitel 6.3.2.3.

6.3.2.5 Wahrscheinlichkeiten der Kriterien bei Langfristbetrachtung

Die Perioden 1/2003 bis 12/2004 auf 1/2005 bis 12/2005 und die Perioden 1998/1999 auf 2000 wurden im Rahmen dieses Ansatzes zuerst untersucht und in den beiden vorhergehenden Kapiteln gezeigt. Sie stellen sich völlig gegensätzlich dar und lassen keine abschließende Konsequenz im Hinblick auf die Selektionskriterien zu. Aus diesem Grund wurden die Summary Statistics in Kapitel 6.3.2.1 und die Eigenschaften der Faktormodelle in Kapitel 6.3.2.2 bereits auf mehrere Perioden ausgelegt. Der maximale Testbarkeitszeitraum dieses Ansatzes wird dabei angestrebt.[61] Dies ermöglicht eine

[61] Die monatlichen Renditen der Style-Indizes stehen erst ab 1994 zur Verfügung.

Auswertung der Übergangsmatrizen über den Gesamtzeitraum 1/1996 bis 12/2005. Die beiden 1-Faktorkennzahlen werden nicht mehr weiter verfolgt, da sie wie die beiden anderen Kennzahlen ohne Style-Adjustment reagieren. In den Anhängen 6 bis 11 sind die Übergangswahrscheinlichkeiten der anderen sechs Kennzahlen dargestellt, rollierend Jahr für Jahr über alle Perioden. Die Übergangshäufigkeiten sind im bisherigen Schema mit dem Zeitfenster 2 Jahre auf 1 Jahr berechnet. Zu den sechs Kenzahlen zählen im Einzelnen die Rendite, Sharpe Ratio, die 4- und 3-Faktorenversionen von Alpha und Information Ratio.

Um diese Informationsflut aus den verschiedenen Kennzahlen und den verschiedenen Perioden vergleichbar zu machen, wird eine weitere Methode benötigt. Aus dem Studium der bisherigen Tabellen von Übergangswahrscheinlichkeiten erscheint die Hauptdiagonale der Übergangsmatrix einen möglichen Bewertungsmaßstab zu repräsentieren. Der Gedanke dabei ist: Wäre ein Ranking perfekt, so wären auf der Hauptdiagonale in jeder Zelle 100 % zu sehen und alle anderen Zellen würden 0 % zeigen. Nachdem jede Zeile und jede Spalte der Matrix in Summe 100 % ergeben, die Übergangsmatrix also auf die Übergange je Klasse als 100 % fokussiert, ist der Durchschnitt der Hauptdiagonalen eine repräsentative und anschauliche Maßzahl für die Güte der Selektionsfähigkeit im Ganzen. In der Konstellation des vorliegenden Ansatzes – verschiedene Kennzahlen in Periode 1 und immer gleicher Bezug in Periode 2 je Zeitfenster – ist es auf diese Art möglich, die Prognosegüte der verschiedenen Kennzahlenrankings in Periode 1 auf den Return im Folgejahr vergleichbar zu machen.

Bei der Umsetzung dieses Plans machen jedoch die Zeitfenster „auf 2004" und „auf 2005" mit ihrer Spalte von Null-Return-Fonds wieder etwas Schwierigkeiten systematischer Natur. Würde man deren Dezil 10 gleichgewichtet mit in den Durchschnitt zählen, wäre dessen Einfluss eventuell in Bezug auf die Anzahl Fonds verfälschend. Am Beispiel von 2002 bis 2003 auf 2004 sind in der linken Hauptmatrix 6.709 und in der rechten Spalte 601 Fonds. Hier wäre der Einfluss im Erwartungswert von ca. 67 gegenüber 60 Fonds pro Zelle der Matrix. Eine Abhängigkeit von der Gesamtanzahl ist exakter. Aus diesem Grund sind die Perioden „auf 2004" und „auf 2005" in diesem Kapitel nach dem Schema in Tabelle 44 aufbereitet. Tabelle 44 ist nur eine andere Aufbereitung der gleichen Grunddaten und somit der absoluten Häufigkeiten wie bisher (vgl. Tabelle 123). Die einzelnen absoluten Häufigkeiten wurden durch die Gesamtanzahl von hier 7.310 geteilt und die umrandeten Elemente in Tabelle 44 aufsummiert. Auf diesem Weg gelangt man bei Anwendung in den Jahren vor 2004 („auf 2003“ und davor) zum selben Ergebnis wie durch Anwendung von gleichgewichteter Durchschnittsbildung der Hauptdiagonalen der Übergangsmatrix. Bei der Anwendung der beschriebenen Prozedur in den Perioden „auf 2004“ und „auf 2005“ ergibt sich ein nach der Gesamtanzahl gewichteter Durchschnitt.

Tabelle 44: Bezug Gesamtanzahl 2Y 4F-IR (12/2003) auf 1Y Return (12/2004)

	Return (Sets 1/2004 bis12/2005)										
4F-IR	1	2	3	4	5	6	7	8	9	10	vor 2004
1	3,2	1,4	0,8	0,8	0,8	0,5	0,5	0,2	0,4	0,7	0,1
2	1,4	1,4	1,1	0,9	1,1	1,1	0,7	0,5	0,3	0,8	0,2
3	1,0	1,4	1,3	0,9	1,2	0,9	0,7	0,5	0,5	0,8	0,1
4	1,1	1,2	1,1	0,9	1,0	0,9	0,8	0,5	0,8	0,8	0,3
5	0,7	0,9	0,9	1,2	1,2	1,0	1,0	0,7	1,1	0,6	0,2
6	0,6	1,1	1,3	1,1	0,8	0,7	1,1	1,0	0,7	0,7	0,7
7	0,6	0,8	0,8	1,0	0,7	0,8	1,2	1,4	1,0	0,8	0,7
8	0,2	0,7	0,8	1,1	0,9	1,1	1,0	1,3	1,0	1,1	1,4
9	0,2	0,1	0,5	0,8	1,0	1,2	0,9	1,6	1,4	1,3	1,6
10	0,2	0,2	0,5	0,4	0,5	1,0	1,3	1,5	2,1	1,6	2,9

Bemerkungen:
Zahlendarstellung erfolgt in Prozent der Gesamtanzahl. Umrandete Zellen werden aufsummiert zur Übergangswahrscheinlichkeit von einem 4F-IR-Ranking 2Y auf 2004.
Return: Annualisiert über Zeitraum 1/2002 bis 12/2003;
4F-IR: Annualisiert über Zeitraum 1/2005 bis 12/2004.
Sample: Bereinigtes Sample ohne Survivorship Bias aus Sets 3/2003 bis 12/2005.

Mit dieser Methodik gelangt man im Folgenden zu einer quantitativ vergleichbaren Maßzahl für die Prognosegüte je Kennzahlen-Ranking je Periode. Dies ist in Tabelle 45 dargestellt. Wie ist nun diese Zahl zu interpretieren? Es ist die durchschnittliche Übergangswahrscheinlichkeit der Klassen 1 bis 10. Die Übergangswahrscheinlichkeiten in ihrer Gesamtheit werden auf eine Zahl reduziert. Sie ist die (durchschnittliche) Prognose- bzw. Selektionswahrscheinlichkeit der Kennzahlen-Rankings in Periode 1 auf absoluten Return in Periode 2 dem Folgejahr. In Anbetracht der 11,7 % des 4F-Alphas in 1998 ist das nicht viel, wenn man betrachtet, dass es mit 88,3 % Wahrscheinlichkeit nicht eintrifft. Jedoch muss man dies dezidierter betrachten. Es ist in Anführungszeichen nur die Wahrscheinlichkeit, dass diese Klassenverteilung wieder genauso auftritt und alle anderen Dezilkombinationen aus den zwei Perioden nicht auftreten. Bei 10 mal 10 Klassen sind das 90 andere Kombinationen, die nicht auf der Hauptdiagonale liegen –

gegenüber 10 Kombinationen auf der Hauptdiagonale.

Betrachtet man die Problematik Hauptdiagonale ein bisschen anders und sieht nicht die Elemente neben der Hauptdiagonale in Summe, sondern Zelle für Zelle, so muss man auch deren Durchschnitt bilden. Der Durchschnitt aus allen Elementen der Übergangsmatrix, die nicht auf der Hauptdiagonale liegen, fällt unter 10 %, sobald die Hauptdiagonale im Schnitt über 10 % liegt. Er ist nur mittels Masse wesentlich träger in der Entwicklung. Aus diesem Zusammenhang lässt sich für die Prognosewahrscheinlichkeit des Kennzahlen-Rankings folgende Handlungsempfehlung ableiten: Ab 10 % Prognosewahrscheinlichkeit selektiert das Ranking besser als eine zufällige Auswahl. Bei einer Prognosewahrscheinlichkeit unter 10 % sollte man besser den Zufall selektieren lassen. Das theoretische Maximum der Prognosewahrscheinlichkeit liegt bei 100 %, jedoch ist der Verlauf der Prognosewahrscheinlichkeit aufgrund der ungleichen Anzahl der beiden Gruppen, Hauptdiagonale und nicht Hauptdiagonale, nicht linear.

Betrachtet man das Jahr 1998 in Tabelle 45, geht die durchschnittlich annualisierte Rendite der zwei Jahre davor als knapper Sieger hervor. Betrachtet man jedoch die einzelnen Tabellen, ist das Ergebnis noch etwas deutlicher. Das Dezil 1 auf 1 weist für die Übergangsmatrix der annualisierte Rendite 17,4 % in Tabelle 81 aus. Dieser und folgende Verweise beziehen sich auf Tabellen in den Anhängen 6 bis 11. Bei allen anderen Kennzahlen sind die Ergebnisse nicht so gut. Die Sharpe Ratio zeigt sogar nur 1,2 % in Dezil 1 auf 1 in Tabelle 103 im diesem Jahr. Alle Quotienten sind ziemlich schlecht und die Sharpe Ratio schwingt mehr mit den trendbereinigten Information Ratios als mit der Rendite. Die Alphas liegen leicht über 10 %. Dahinter steckt die 1998 einsetzende Growth-Bewegung, wie man in den Summary Statistics der Faktoren in Tabelle 24 sieht. In dieser Periode keimt der Technologieboom gerade langsam auf. Diese Bewegung zeigt sich als Faktorpremium des Faktors *HMN**. Quotienten scheinen in steigenden Märkten deutlich schwächer zu selektieren. Die Gewinner der letzten Periode scheinen in solch einer Aufwärtsperiode ein gutes Selektionsmerkmal zu sein.

Tabelle 45: Hauptdiagonale der Übergangswahrscheinlichkeiten

	Return im Folgejahr								
Kriterium 2 Jahre	1998	1999	2000	2001	2002	2003	2004	2005	Durchschnitt
4F-IR	9,0	10,1	13,1	15,9	17,8	10,9	17,0	(10,6)	13,0
3F-IR	9,5	10,7	12,7	13,2	17,1	12,1	16,5	11,8	13,0
4F-Alpha	11,7	9,3	14,1	19,4	19,9	11,7	20,3	15,1	15,2
3F-Alpha	11,2	11,9	14,4	17,4	20,1	12,4	19,9	13,5	15,1
SR	9,0	9,2	5,6	10,5	17,1	16,2	24,2	22,4	14,3
AnRet	12,6	11,1	5,1	9,8	22,2	12,9	25,2	23,4	15,3

Bemerkungen:
( ) Bei der betroffenen Häufigkeitsverteilung kann der Zufall nicht signifikant abgelehnt werden.

Im Jahr 1999 mit weiterer Aufwärtsbewegung und 2000 mit dem Einbruch ist der Gewinner das 3F-Alpha in Tabelle 45. Dies macht vor dem Hintergrund der Marktphase Sinn. Der Growth-Trend ist eine am Markt bekannte Entwicklung. Die Hauptbewegung ist im Faktor *HMN** abgebildet und ausschlaggebend ist es für Portfoliomanager zu dieser Zeit, die „Nischen" dieses Trends und weitere unbekannte Returnquellen zu nutzen. Die „Nischen" bezeichnen einzelne, überdurchschnittliche Highflyer dieses Trends, die *HMN** als Durchschnitt vieler Aktien nicht abzubilden vermag. Das Style-Adjustment mit den zwei zusätzlichen Faktoren für Value/Growth und Size, das den Trend in der Breite herausfiltert, zeigt zu dieser Zeit seine volle Entfaltung. Die Höhe des Alpha, die ein Manager neben diesen Trends noch gefunden hat, war der beste Gradmesser für die Selektion von Fonds. Die Kennzahlen ohne Style-Adjustment liefern schlechtere Prognoseergebnisse. Die einzelnen Tabellen der Kennzahlen für das Jahr 1999 in Anhang 7 bis 12 zeigen ein ähnliches Bild wie das Jahr 2000 im vorherigen Kapitel. Im Jahr 2001 entfaltet das Momentum bzw. seine Bereinigung seine Wirkung, nachdem es den Technologieboom als wiederkehrendes „Gewinnen" der Aktien der Vorperiode als Signal zunehmend abbildet. Man sieht in Tabelle 24, wie sich der Faktor über die Vorjahre aufbaut. 2000 ist der Faktor etwas niedriger, da dieses Jahr bereits ein paar Crash-Monate beinhaltet. In einer monatlich rollierenden Betrachtung würde man den Umschwung genauer sehen. Bei der jährlichen Betrachtung hat das 4F-Alpha 2001 die höchste Prognosewahrscheinlichkeit. Dies ist angesichts der crashenden Marktphase ein sehr plausibles Ergebnis. Die Residuen abseits all dieser Bewegungen inklusive Momentum sind das beste Selektionsmerkmal.

Im Jahr 2002 übertrifft das 3F-Alpha die 4-Faktorvariante wieder, aber der Return hat in dieser Periode knapp die höchste Prognosewahrscheinlichkeit. Dies könnte man dahingehend deuten, dass hauptsächlich die Zeit nach dem Technologieboom den Memory des 2-Jahres-Zeitfensters darstellt. In dieser Periode scheint es vorteilhafter zu sein, Momentum im Selektionsmerkmal zu belassen. Ab 2002 dominieren eher die Kennzahlen ohne Style-Adjustment als die Kennzahlen mit Style-Adjustment. Man sieht es auch in den T-Tests der Faktoren in Abbildung 23 und Abbildung 26. In den aussagekräftigen Jahren dieser Trends, also den zwei Jahresregressionsperioden mit Ende 1998 bis 2001, haben zwischen 60 % und 80 % der Fonds signifikante Sensitivitäten zu den Faktoren *HMN** und *KMG*. In den Jahren danach fällt ihre Wirksamkeit. Interessant ist in Abbildung 26 der Schwenk der Vorzeichen in *HMN** im Jahr 2001 und danach. Der Anteil der Fondsmnager mit einem signifikanten Growth-Exposure verändert sich von 55 % auf 45 % und fällt weiter in den Jahren danach. Die Mehrzahl der Fonds hat 2001 von einem Jahr auf das andere ein signifikantes Value-Exposure und ein weiterhin steigender Trend stellt sich ein. Es ist fraglich, ob die Fondsmanager dies auch kommunizieren. Eine Rankingmethode auf der Basis von Peergroups ist von solch einer Entwicklung deutlich beeinträchtigt. Entlang der Dimension Value/Growth klassieren Lipper, Morningstar und S&P (vgl. Kapitel 6.1.7) in drei Gruppen. Die Peergroups sind nicht in der Lage, eine kontinuierliche Anpassung solch einer Entwicklung wie die der stetig adjustierenden Sensitivität zu einem Faktor in einem Faktorenmodell zu leisten.

In der Ergebnisperiode 2003 hat nach dem Durchschnittsreturn 2002 jedoch die Sharpe Ratio ihre große Stunde und stellt sich als besten Indikator dar. Die Information Ratios können ihre Alphas jedoch nicht überholen. 2004 legen die Kennzahlen ohne Style-Adjustment noch mal deutlich in ihrer Prognosegüte zu. Das 4F-Alpha liefert jedoch mit 20,3 % auch ein sehr gutes Ergebnis. Es liegt 2004 und 2005 über der 3-Faktorvariante. Das Jahr 2005 wurde in Kapitel 6.3.2.3 bereits eingehend diskutiert. Diese Periode ging mit deutlichen Vorteilen für die Kennzahlen ohne Style-Adjustierung aus. Generell steigt die Prognosegüte über alle Kennzahlen hinweg 2004 und 2005 deutlich an, im Gegenzug kommt der Markt generell in seinem Return zum Erlahmen. Es entsteht der Eindruck, dass in einem zunehmend seitwärts gehenden Markt die Reihenfolge in den Fonds eher stabiler ist als in Perioden hoher Volatilität.

Betrachtet man das Ergebnis Tabelle 45 im Schnitt über die Jahre, zeigt sich die annualisierte Rendite als bester Selektionsindikator. Auf demselben Niveau liegt das Ergebnis des Alphas auf der Basis von vier Faktoren. Betrachtet man die Jahre im Verlauf, ist die Selektion nach vergangenen Renditen solch hohen Schwankungen in der Selektionsgüte ausgesetzt, so dass in manchen Jahren hätte sogar der Zufall ein besseres Selektionsergebnis liefern würde. Die Alphas mit drei und vier Faktoren zeigen sich hier wesentlich stabiler über die Zeit hinweg und bleiben mit einer geringfügigen Ausnahme auch über 10 %. Jedoch spricht die jüngere Vergangenheit deutlich für die Returnrankings. Die Ratios bleiben im Durchschnitt über die Jahre hinter ihren Pendants ohne Bruchstrich zurück. Einerseits spielt hier mit Sicherheit teilweise das Grundsatzproblem der Skalierbarkeit im negativen Bereich eine Rolle. Andererseits spielt sicher die Methode des vorliegenden Ansatzes eine Rolle. Die Zielgröße ist eine Rendite und kein Quotient. Würde man hier einen Quotienten einsetzen und damit nach dem Selektionsmerkmal für Rendite pro Einheit Risiko suchen, würde sich höchstwahrscheinlich ein anderes Ergebnis einstellen. Fonds mit dem Fokus auf Return pro Einheit Risiko folgen eher einem konservativeren Anlagestil und generieren per se nicht die höchsten Renditen.

Das Ergebnis in Tabelle 45 behandelt jeden Klassenübergang gleich. Ob sich ein Fonds nun von Klasse 5 in Klasse 6 bewegt oder nicht, ist aus Investorsicht nicht so interessant wie z.B. das Dezil 1 auf 1. Auf der anderen Seite ist es natürlich genauso wichtig, die absoluten Verlierer zu identifizieren. Die Extreme sind der Hauptfokus des Investors. Aus diesem Grund ist in Tabelle 46 eine Gewichtung in den Durchschnitt Hauptdiagonale nach dem Schema von Tabelle 45 gelegt.

Tabelle 46: Hauptdiagonale der Übergangswahrscheinlichkeiten gewichtet

	Return im Folgejahr								
Kriterium 2 Jahre	1998	1999	2000	2001	2002	2003	2004	2005	Durchschnitt
4F-IR	8,1	8,5	15,5	16,9	21,0	12,2	22,9	(12,9)	14,7
3F-IR	8,8	10,7	14,8	14,8	20,1	10,2	22,3	12,4	14,3
4F-Alpha	10,5	9,3	14,3	23,6	25,6	13,5	20,2	20,0	17,1
3F-Alpha	9,0	10,9	12,1	16,5	20,1	11,2	28,3	16,6	15,6
SR	7,9	8,7	2,4	11,8	23,4	18,5	33,6	35,7	17,7
AnRet	14,5	11,7	2,9	8,6	30,4	13,6	34,4	37,7	19,2

Bemerkung:
( ) Bei der betroffenen Häufigkeitsverteilung kann der Zufall nicht signifikant abgelehnt werden.

Klassen 5 und 6 in Tabelle 46 haben das Gewicht 1, Klassen 4 und 7 haben das Gewicht

4, Klassen 3 und 8 haben das Gewicht 8, Klassen 2 und 9 haben das Gewicht 16, Klassen 1, 10 und 10 bei Jahren mit Null-Renditefonds haben ein Gewicht von 32. Damit ergibt sich dieses Bild in Tabelle 46.

Es hat sich damit eigentlich nichts grundlegend verändert, die Ergebnisse treten jetzt noch deutlicher hervor. Dies ist im Sinne einer Sensitivitätsbetrachtung sehr positiv zu bewerten. Die Alphas mit drei und vier Faktoren zeigen sich sehr zuverlässig über die Zeit. Das 4-Faktor-Alpha hat im Schnitt bessere Prognoseergebnisse. Jedoch liegt es nicht in allen Perioden vorne. 2001 bis 2003 ist es deutlich besser als die 3-Faktorvariante, jedoch schlägt dies in 2004 kurzzeitig um, aber schwingt in 2005 wieder zurück. Die durchschnittliche Rendite als Indikator für Gewinner und Verlierer zeigt sich 2000 und 2001 jetzt noch schlechter, die Ergebnisse der Übergangsmatrizen in Tabelle 77 und Tabelle 75 der einzelnen Jahre in Anhang 7 sind ein deutlicher Reversal im Fondsspektrum und durchschnittliche Rendite als Selektionskriterium versagt völlig. Allerdings zeigt sich die Rendite in den Jahren 2002 sowie 2004 und 2005 mit hervorragenden Selektionsergebnissen vor allem im Extrembereich.

Jedoch sind die Ergebnisse der Hauptdiagonal nicht aussagekräftig interpretierbar. Die Verteilungen haben zwar fast alle – außer einer einzigen – ein signifikantes Chi-Quadrat, jedoch lassen sich aufgrund der Durchschnittsbildung auf der Hauptdiagonalen keine individuellen Signifikanzen der einzelnen Dezile bewerten. Deshalb wird in Anlehnung an die wissenschaftlichen Artikel in Kapitel 6.2 in Tabelle 47 die Selektionsfähigkeit von Gewinnern isoliert betrachtet. Gewinner werden im Folgenden definiert als der Dezilübergang 1 zu 1. Es werden die Fonds von Dezil 1 in der jeweiligen 2-Jahresperiode und Dezil 1 in der nachfolgenden 1-Jahresperiode betrachtet. Das 4F-Alpha erreicht in fünf von acht Periodenübergängen eine signifikante Übergangswahrscheinlichkeit bei den Gewinnern. Das sind 62,5 % der Perioden mit signifikant positiven Selektionsergebnissen für Gewinner. In allen acht Perioden liegt das Ergebnis über dem Erwartungswert von 10 %. Im Schnitt über den Gesamtzeitraum hinweg erreicht es eine Selektionswahrscheinlichkeit von 22 %. Das 3F-Alpha ist im Topdezil interessanterweise noch ein wenig besser als das 4F-Alpha – im Gegensatz zum Ergebnis derr Betrachtung der gesamten Hauptdiagonale. Das 3F-Alpha liefert in sechs von acht Perioden signifikante Selektionsergebnisse für Gewinner. Das sind 75 % der Perioden und ebenfalls liegen alle Perioden über dem Erwartungswert von 10 %. Der Schnitt erreicht 22,5 %. Bemerkenswert ist auch, dass der Einfluss von Survivorship Bias auszuschließen ist. Denn die Übergänge auf die Jahre 2004 und besonders 2005 sind sicher vollkommen frei von Survivorship Bias. Ebenso können Gebühren oder sonstige Treiber schlechter Performance der schlechtesten Fonds keinen Einfluss auf eine Klassierung in Dezile haben. Darüber hinaus ist ein Sample aus 3.000 bis 9.000 Fonds je nach Periode statistisch aussagekräftig. Es kann somit keine Kausalität von einer Klasse auf die andere vorliegen, dazu ist der vorliegende Ansatz mit Dezilen zu granular, aber bei einer Größe von 300 bis 900 Fonds je Dezil ist der vorliegende Ansatz trotzdem mit der nötigen Kraft ausgestattet.

Tabelle 47: Selektionsfähigkeit Gewinner

	Dezil 1 Return im Folgejahr								
Dezil 1 Kriterium 2 Jahre	1998	1999	2000	2001	2002	2003	2004	2005	Ø
4F-IR	8,4	7,5	[17,8]	15,1	[29,3]	15,3	[35,0]	(10,5)	17,4
3F-IR	8,4	10,3	[18,3]	14,7	[29,5]	15,7	[35,2]	13,7	18,2
4F-Alpha	10,5	15,7	11,9	[28,5]	[32,1]	[22,2]	[35,9]	[18,9]	22,0
3F-Alpha	11,1	[21,4]	13,7	[25,3]	[30,2]	[23,5]	[36,4]	[18,3]	22,5
SR	[1,2]	3,3	2,6	[21,3]	[48,3]	[24,7]	[48,1]	16,7	20,8
AnRet	[17,4]	11,1	4,4	6,4	[41,7]	[21,4]	[50,8]	[19,5]	21,6

Bemerkungen:
( ) Bei der betroffenen Häufigkeitsverteilung kann der Zufall nicht signifikant abgelehnt werden.
Eingerahmte Werte sind signifikant mit 95 % Wahrscheinlichkeit.

Jedoch sind auch die Selektionsergebnisse des annualisierten Returns in Tabelle 47 beeindruckend. Auch diese erreichen 2004 und 2005 signifikante Wahrscheinlichkeiten. Es ist durchaus nachzuvollziehen, warum manche Forscher auf Persistenz in Fondsreturns schließen. Wie man sieht, ist diese phasenweise stark vorhanden, selbst bei vollständiger Adjustierung gegen Survivorship Bias und Dezilbetrachtung. Es scheint, sie liegt vor, solange sich die marktbeherrschenden Trends gleichförmig verhalten. Um die style-bereinigten Kenzahlen diesem Effekt auszusetzen, wurden bewusst die Perioden 2000 und 2001 als Umbruchsphasen – mit der Erwartung eines Reversal im Fondsspektrum – in die Untersuchung aufgenommen. Hier liefert der annualisierte Return Ergebnisse, die deutlich unter dem Erwartungswert liegen. Dennoch erreicht er mit fünf von acht Perioden ebenfalls signifikant überdurchschnittliche Selektionsergebnisse. Jedoch gehören die Perioden 1999 bis 2001 mit Werten teilweise unter dem Erwartungswert nicht dazu. Hier versagt die Selektion auf vergange Rendite völlig. Die Information Ratios bleiben hinter den Alphas zurück, jedoch gelingt es nur der Information Ratio 2000, signifikante Ergebnisse zu generieren. Insgesamt sind die Ergebnisse sehr erfreulich, jedoch kann man nicht von absoluter Persistenz sprechen. Es sind zwar nach wie vor zwei Perioden über dem Erwartungswert, aber nicht individuell signifikant. Grundsätzlich sind auch zehn Jahre etwas kurz, aber mehr Vergangenheit ist für die Style-Indizes von S&P-Citigroup nicht verfügbar.

Tabelle 48 zeigt die Selektionsfähigkeit der Verlierer als das Gegenstück zu Tabelle 47.

Tabelle 48: Selektionsfähigkeit Verlierer

	Dezil 10 Return im Folgejahr									Nicht lebendig		
Dezil 10 Kriterium 2 Jahre	1998	1999	2000	2001	2002	2003	2004	2005	Ø	2004	2005	Ø
4F-IR	5,1	6,7	17,2	18,9	12,0	12,7	17,1	(13,8)	12,9	34,8	12,8	23,8
3F-IR	4,8	9,5	16,7	16,8	11,7	12,3	17,0	19,1	13,5	32,9	5,8	19,4
4F-Alpha	9,9	6,2	16,7	29,0	29,0	9,3	17,7	23,9	17,7	57,1	23,3	40,2
3F-Alpha	10,5	9,3	18,3	24,2	29,1	9,3	17,7	23,2	17,7	58,6	11,8	35,2
SR	12,3	11,3	0,2	6,8	9,6	16,8	21,3	29,0	13,4	62,2	59,5	60,9
AnRet	15,0	14,2	0,2	8,1	35,2	7,0	24,0	24,5	16,0	58,3	66,1	62,2

Bemerkungen:
( ) Bei der betroffenen Häufigkeitsverteilung kann der Zufall nicht signifikant abgelehnt werden.
Eingerahmte Werte sind signifikant mit 95 % Wahrscheinlichkeit.

Die durchschnittlichen Selektionswahrscheinlichkeiten sind in Tabelle 48 wesentlich geringer, auch die Signifikanzen sind etwas spärlicher gesät als bei den Gewinnern. Interessant ist, dass sich das 3F-Alpha von 2000 bis 2002 durchgehend als signifikant zeigt. Abermals ist dieser style-adjustierte Indikator auch im Verlierersegment in der Umbruchsphase stabil. Der annualisierte Return zeigt sich auch bei der Identifizierung der Verlierer in den Jahren 2000 und 2001 schwach. Kontrovers ist das Ergebnis bei den toten Fonds. Hier zeigt sich der annualisierte Return als sehr stark in der Selektionswahrscheinlichkeit. Dies ist konsistent mit der Erkenntnis aus Kapitel 5, der zufolge sterbende Fonds schlechtere Renditen haben als überlebende Fonds. Jedoch liegt in dieser Zeit eben auch eine gleichförmige Markphase vor. Interessant wäre es noch, die Jahre 2000 und 2001 – völlig ohne Survivorship Bias und nicht nur teiladjustiert, wie vorliegend – zur Verfügung zu haben. Dann könnte man diesen Zusammenhang genauer untersuchen. Ein Indiz zeigt sich schon hier. Dezil 10 überlebende Fonds verhält sich 2004 und 2005 stark wie das Dezil der toten Fonds. Daher könnte man vermuten, dass der annualisierte Return in der Umbruchsperiode 2000 und 2001 auch bei der Identifikation zukünftig sterbender Fonds versagt.

Abschließend lässt sich feststellen: Es gelang nicht, Persistenz in Fondsrenditen auf Basis von style-adjustierten Alphas absolut zweifelsfrei zu beweisen, jedoch erscheinen style-adjustierte Alphas als wesentlich zuverlässigeres Werkzeug zur Fondsselektion als nicht style-adjustierte Renditen. Eine Auswahl auf Basis der absoluten Renditegewinner der Vorjahre ist je nach Periode großen Schwankungen bis hin zu einem extremen Reversal unterworfen. Style-adjustierte Alphas scheinen in der Lage, diesen Effekt zu eliminieren und liefern signifikante Gewinnerselektionsergebnisse in Reversal-Perioden. Sie sind in allen Perioden über dem Erwartungswert, jedoch nicht in 100 % der Fälle signifikant, aber sie sind in 75 % der Perioden signifikant. Die Alphas und Information Ratios auf der Basis von drei und vier Faktoren stellen sich als style-resistente Selektionsmerkmale dar.

6.3.2.6 Renditen der Kriterien bei Langfristbetrachtung

Nach Analyse der statistischen Erklärungsgüte im vorherigen Kapitel liegt der Fokus in diesem Kapitel auf Renditen, die eine Anlagestrategie auf Basis der bisher analysierten Kennzahlen generiert hätte. Dies ist eine andere Sicht auf die Effekte, die das Ausmaß des Vorteils oder des Schadens einer Selektion berücksichtigt. Diese weitere Betrachtung wird in manchen Artikeln vernachlässigt und andere Artikel unterlassen die Analyse von Übergangshäufigkeiten, Regressionen der Cross-Section oder Korrelationen. Die Kombination beider Sichten ergibt ein ausgewogenes Bild und ermöglicht es erst, eine fundierte Handlungsempfehlung an Investoren abzuleiten.

Zu diesem Zweck wird im Folgenden auf der Basis jeder Kennzahl ein Portfolio über den Untersuchungszeitraum simuliert. Jeweils die zehn besten Fonds je Kennzahl werden gleichgewichtet zu einem Portfolio zusammengefasst. Zu jedem Jahresende wird jedes Portfolio auf Basis der Kennzahlenrankings der abgelaufenen zwei Jahre neu für das nächste Jahr formiert. Dabei werden keine Transaktionskosten berücksichtigt. Man kann erwarten, dass diese bei allen Fondsstrategien in den gleichen Größenordnungen anfallen würden. Diese Portfolios werden im Folgenden als z. B. „Top 2Y An. Return" bezeichnet und deren Verlauf ist Abbildung 27 im Vergleich zum S&P 500 sowie dem Durchschnitt des gesamten Samples dargestellt.

Abbildung 27 zeigt den S&P 500 als dunkelgraue Linie im Sinne eines Marktvergleichs. Bewusst wurde hier nicht die Überrendite benutzt, denn bei Aktienfondsrenditen müsste man sonst gerechterweise auch die Überrendite darstellen. Die jährlichen Durchschnitte des gesamten finalen Samples sind die hellgraue Linie. Sie bewegen sich relativ eng um den Markt bzw. sogar ein wenig darüber. Aktienfondsinvestitionen erwirtschaften demnach im Durchschnitt inklusive Berücksichtigung des Ablebens mancher Fonds ungefähr die Marktrendite. Dabei wird sowohl ihre schlechtere Rendite vor Ableben (vgl. Ergebnisse von Kapitel 5) als auch ihre Nullrendite nach Ableben berücksichtigt.

Quelle: Eigene Darstellung

Abbildung 27: Simulation von Portfolioallokationen auf Basis der Kennzahlen

Abbildung 27 ist durch die Anzahl der Linien recht unübersichtlich. Daher sind die Ergebnisse in Tabelle 49 im Folgenden noch einmal tabellarisch in Zahlen dargestellt. Dennoch ist die grafische Darstellung für den Überblick sehr hilfreich. Alle Allokationsstrategien bleiben 1998 hinter dem Markt und dem Sampledurchschnitt zurück. Die Signale des aufkeimenden Technologiebooms vermag keine kennzahlenbasierte Allokation in diesem Jahr einzufangen. Im Folgejahr ist das anders und „Top 2Y An. Return" als gelbe Linie generiert noch weit bessere Returns gegenüber den anderen Strategien, als die gewichteten Prognosewahrscheinlichkeiten in Tabelle 47 im Kapitel zuvor erwarten lassen, jedoch zeigt „Top 2Y An. Return" entsprechend der Erwartungen große Schwankungen in den Folgejahren. Die Tendenz stimmt generell – mit Ausnahme der Sharpe Ratio – mit den Prognosegüten überein. Die Sharpe Ratio überrascht mit relativ positiven Renditeergebnissen ab 2000 gegenüber den starken Ausschlägen des Portfolios „Top 2Y An. Return" nach unten. Die 3-Faktorkennzahlen liegen entsprechend der Gewinnerselektionsfähigkeit in Tabelle 47 leicht vor den 4-Faktorkennzahlen. Der weitere Vergleich bezieht sich auf die Gewinnerselektionsfähigkeit in Tabelle 47, auch wenn dies nicht jedes Mal erwähnt wird. Es wurden, um eine Investorensicht möglichst realitätsnah abzubilden, nur die zehn besten Fonds zu einem Portfolio allokiert und nicht das gesamte Dezil 1.

Im Jahr 2000 stürzt das Portfolio „Top 2Y An. Return" in Abbildung 27 erwartungsgemäß drastisch ab. Die „Top 2Y SR" als orangefarbige Linie rutscht ebenso in den negativen Bereich. Die Alpha-Strategien als grüne Linien halten sich knapp über der Nulllinie, während die Information Ratios, die als grüne Linien dargestellt sind, gute Renditen generieren. Dies ist entsprechend der Gewinnerselektionsfähigkeit erwartungsgemäß, dieser Renditeunterschied war jedoch nicht zu erwarten. Im Jahr 2001 ergibt sich ein ähnliches Bild bei den Renditen in der Reihenfolge wie im Vorjahr, jedoch entspricht dies nicht den Erwartungen. Das Portfolio „Top 2Y An. Return" kommt langsam zurück, die Alphas rutschen auch in den negativen Bereich, obwohl sie die höchsten Gewinnerselektionsfähigkeiten haben. Die Sharpe Ratios ist leicht im positiven Bereich entsprechend ihrer hohen Selektionsfähigkeit in diesem Jahr. Die Information Ratios jedoch generieren weiterhin die höchsten Returns, obwohl ihre Prognosegüten eigentlich im hinteren Mittelfeld liegen. 2002 generiert dann das Portfolio „Top 2Y An. Return" wieder den besten Return. Dies ist entsprechend den Prognosegüten, wobei diese eigentlich die Sharpe Ratio favorisieren. Jedoch fallen die Renditen gegenteilig aus. Danach würden die Selektionswahrscheinlichkeiten die Alpha-Strategien vor den Information Ratios platzieren, jedoch ist die Reihenfolge bei den Renditen ebenfalls umgekehrt. Im Jahr 2003 liegen die Alphas, Sharpe Ratio und annualisierter Return bei den Selektionswahrscheinlichkeiten auf signifikantem Niveau relativ dicht beisammen. Die Renditen der Alpha-Portfolios sind sehr hoch, deutlich darunter Information Ratios sowie Sharpe Ratio, jedoch stürzt das Portfolio „Top 2Y An. Return" völlig ab. Bei disem Portfolio sind die besten zehn Fonds scheinbar nicht sehr repräsentativ für die über 660 Vertreter von Dezil 1. 2004 liegen alle Strategien wieder deutlich näher beisammen, die Alpha-Strategien und das Portfolio „Top 2Y An. Return" liegen über den anderen Strategien. Jede der beiden Gruppen hat ähnliche Returns. Dies würde man aufgrund der Prognosewahrscheinlichkeiten nicht unbedingt so erwarten. Die Sharpe Ratio würde man deutlich besser erwarten und das Portfolio „Top 4F-Alpha" würde man schlechter erwarten. 2005 liegen alle Renditen näher beieinander denn je, jedoch dominieren nicht entsprechend den Erwartungen die Returns, sondern wiederum die Alpha-Strategien.

Es zeigt sich, dass neben dem reinen Ausmaß durch die Renditen in diesem Kapitel auch die Reduktion auf nur zehn Fonds im Portfolio in manchen Perioden deutlich andere Ergebnisse hervorbringt, als es die Prognosewahrscheinlichkeit im vorherigen Kapitel vermuten lässt. Die Betrachtung nur der Top 10 ist eine weitere Einengung des Selektionskriteriums im Extrembereich. Dies macht die Ergebnisse nicht unbedingt direkt vergleichbar und isoliert die Betrachtung des Renditeausmaßes, aber ist im Sinne einer Handlungsempfehlung für einen normalen privaten Investor wesentlich relevanter. Bei seiner Vermögenslage würde er nicht unbedingt in mehr als zehn Fonds investieren. Die Analyse stellt also eine Weiterentwicklung der Analyse im Sinne einer Fokussierung plus Renditebetrachtung dar. Die Renditeergebnisse der style-adjustierten Kenzahlen, die meist über den Erwartungen der Selektionswahrscheinlichkeiten lagen, erhärten die Hypothese von style-resistenten Selektionsmerkmalen weiter. Mit Negativüberraschungen wie im Jahr 2003 präsentierte sich nur das „Top 2Y An. Return". Wie bereits angedeutet, stellt Tabelle 49 die Renditen der Portfolios noch einmal tabellarisch in Zahlen dar.

Neben den Renditen der einzelnen Jahre sind in Tabelle 49 in der Spalte „Rendite" die Durchschnitte je Portfolio über die Zeit abgebildet. Da die einzelnen Jahre bereits annualisierte Renditen beherbergen, stellt diese Spalte den durchchnittlichen annnualisierten Return über die Periode von 1998 bis 2005 dar. Hier schneidet das Portfolio „Top 2Y An. Return" deutlich am schlechtesten ab. Trotz höchster Werte in mehreren Perioden und guter Renditen in anderen sind die schlechten Perioden einfach so schlecht, dass sich der niedrigste Schnitt über die Gesamtzeit einstellt. Dies konnte man erahnen und lässt sich trotz Reduktion auf nur zehn Fonds als Renditeausmaßeffekt im Vergleich zu den Prognosewahrscheinlichkeiten als deutliches Zeichen interpretieren. Die Sharpe Ratio liegt etwas höher und ungefähr auf dem Niveau von Sample und Markt. Ein deutliches Stück darüber liegen die style-adjustierten Information Ratios und wieder ein kleines Stück darüber liegen die style-adjustierten Alphas. Interessant ist hier die Tatsache, dass die 3-Faktorversionen jeweils besser abschneiden.

Tabelle 49: Realisation der Portfolioallokationen auf Basis der Kennzahlen

	1998	1999	2000	2001	2002	2003	2004	2005	Rendite (1)	Risiko (2)	SR (3)
Top 2Y 4F-IR	-5,3	43,0	37,0	10,3	-11,8	14,7	2,3	6,2	12,0	19,2	0,63
Top 2Y 3F-IR	-5,0	54,5	37,0	10,3	-10,1	12,2	2,3	6,2	13,4	21,8	0,61
Top 2Y 4F-Alpha	0,6	50,3	1,0	-7,3	-18,8	45,0	21,1	11,9	13,0	24,5	0,53
Top 2Y 3F-Alpha	-12,4	57,4	1,0	-8,5	-19,3	71,8	19,7	11,0	15,1	33,2	0,45
Top 2Y SR	-2,3	57,6	-10,8	2,8	-2,0	7,7	2,3	7,8	7,9	21,0	0,38
Top 2Y An. Return	-0,2	103,8	-28,7	-11,0	12,4	-43,5	18,8	1,3	6,6	44,3	0,15
Sample	19,5	31,4	3,7	-6,9	-20,0	32,0	11,0	5,9	9,6	18,0	0,53
S&P 500	31,4	22,0	-7,9	-10,2	-20,5	29,4	11,1	5,2	7,6	19,3	0,39

Bemerkungen:
Darstellung in Prozent annualisierter Return.
(1) Durchschnittliche annualisierte Rendite über den Beobachtungszeitraum.
(2) Durchschnittliche annualisierte Standardabweichung über den Gesamtzeitraum auf Basis von (1).
(3) Sharpe Ratio auf Basis des Quotienten aus (1) und (2) ohne Berücksichtung Risk-Free.

In der nächsten Spalte in Tabelle 49 ist die Standardabweichung dieser jährlichen Renditen als „Risiko" berechnet. Hier zeigt das Returnranking deutlich seine hohe Volatilität. Jedoch zeigen auch die Alpha-Strategien eine etwas höhere Standardabweichung als die Information Ratios. Bildet man nun den Quotienten aus Rendite und Risiko wie in der letzten Spalte, zeigen sich die Information Ratios als vorteilhafter als die Alphas. Die Information Ratios selektieren also style-resistent wie die Alphas, jedoch mit höherer Rendite pro Einheit Risiko. Man kann aufgrund dieses Ergebnisses erwarten, dass die Information Ratios höhere Selektionswahrscheinlichkeiten generieren, wenn in der Zielperiode ein Quotient aus Rendite und Risiko verwendet wird. Insgesamt bestätigen sich die style-adjustierten Kennzahlen durchweg als style-resistente Selektionsmerkmale.

7. Schlussbetrachtung

Das Ziel dieser Arbeit bestand in der Untersuchung der Fragestellung, inwieweit die Selektion von Aktienfonds aus der der Sicht eines Investors verbessert werden kann. Anhand der Marktdaten von aktiven US-Aktienfonds konnte gezeigt werden, dass die Verwendung von Selektionsmodellen unzureichende Ergebnisse bei den Selektionswahrscheinlichkeiten und der Renditesimulation bringt, wenn sie die Markteinflussfaktoren zu wenig berücksichtigt. Deshalb wurde unter Einbezug der für die Selektionswirkung als wichtig erachteten Einflussfaktoren wie Marktentwicklung, Unternehmensgröße (Size), Value/Growth und Momentum ein 3- und ein 4-Faktorenmodell entwickelt. In einem ersten Schritt wurden diese Modelle durch eine Performanceanalyse von US-Aktienfonds ex post kalibriert und im zweiten Schritt wurde die Selektionswirkung der Kennzahlen, die mithilfe der Faktorenmodelle berechnet wurden, ex ante untersucht. Dabei konnte gezeigt werden, dass mit dem in dieser Arbeit entwickelten style-resistenten Ansatz eine wesentlich konstantere Selektionswahrscheinlichkeit durch wechselnde Marktphasen hindurch und eine deutlich höhere Portfoliorendite erzielt werden kann. Die verwendeten Methoden wurden mithilfe statistischer Prüfverfahren abgesichert und die gefundenen Ergebnisse erwiesen sich als signifikant. In diesem Zusammenhang galt es auch, auf das Problem des Survivorship Bias einzugehen. Es wurde eine Adjustierungsmethode aus kommerziellen Datensets entwickelt und angewendet. Die Selektionsergebnisse sind frei von Survivorship Bias.

Im Einzelnen wurden folgende Ergebnisse in dieser Arbeit festgestellt:

1. Es ist möglich, mit kommerziell angebotenen Indizes von S&P/Citigroup in einem 3-Faktorenmodell nach Fama und French für Fonds der Gattung US Domestic Equity einen Großteil der gemeinsamen Fondstrends zu bereinigen (vgl. Kapitel 0). Die verbleibenden paarweise vorhandenen Korrelationen der Residuen bewegen sich optisch sehr nahe an einer Normalverteilung. Die drei Faktoren sind Proxys für die Marktbewegung, Value/Growth und Firmengröße in Form von Marktkapitalisierung (vgl. French (2006)). Mit diesem Ansatz lässt sich (vgl. Kapitel 6.3.2.2) auf der Basis eines Regressionszeitfensters von 24 Monaten über die Periode von 1996 bis 2005 im Schnitt über 87 % und in jeder Subperiode

immer mindestens 83 % der durchschnittlichen Schwankung in den Fondsrenditen (R^2_{adj}) erklären. Das Zeitfenster von 24 Monaten ist sicherlich kritisch kurz, aber es bestätigt seine Funktionstüchtigkeit mit T- und F-Tests (vgl. Kapitel 6.3.2.2). Mehr Beobachtungen wären wünschenswert, aber die Vorgehensweise stellt einen Kompromiss aus Modellgenauigkeit und den Zielen der Gesamtanalyse dar (vgl. Kapitel 6.3.1). Die Berücksichtigung von Momentum als vierter Faktor nach Carhart (1997) bringt je nach Periode wechselnde Korrelationen mit den anderen Faktoren mit sich und hebt den Schnitt von R^2_{adj} auf 88 %.

2. In den kommerziellen Fondsdaten von Morningstar per Dezember 2005 ist Survivorship Bias enthalten (vgl. Kapitel 5.7). Seine Präsenz lässt Analysten der Fonds die durchschnittliche, annualisierte Rendite aller Fonds der Gattung US Domestic Equity um 1,5 Prozentpunkte im Jahr 2005 und 1,9 Prozentpunkte im Jahr 2004 überschätzen. Die sterbenden Fonds zeigen in den Daten von Morningstar bei einem Vergleich von Monat zu Monat über die Periode März 2003 bis Dezember 2005 im Schnitt 1,9 Prozentpunkte schlechtere (annualisierte) Renditen als die überlebenden Fonds. Die Unterschiede sind signifikant schlechter in 17 von 33 Vergleichsmonaten und in keinem Monat signifikant besser. Sterbende Fonds haben darüber hinaus um durchschnittlich 0,1 schlechtere, annualisierte Sharpe Ratios als überlebende Fonds. In den 33 Vergleichsmonaten sind die sterbenden Fonds 15-mal signifikant schlechter und 1-mal signifikant besser.

3. Die kommerziellen Fondsratinganbieter Lipper, Morningstar, S&P und Aptimum bewerten Fonds auf der Basis von Kennzahlen, die auf Peergroups ausgerichtet sind (vgl. Kapitel 6.1.7). Obwohl die Bildung der Peergroups bei diesen Anbietern ähnlich ist, sind die Ratingkriterien sehr unterschiedlich. Mit dem Peergroup-Ansatz wird nur eine diskrete Style-Adjustierung erreicht. Dagegen erfolgt bei FERI durch seinen gewichteten Ansatz auf der Basis von Kennzahlen im Vergleich zu einer sehr breiten Peergroup und einem einzelnen, üblichen Marktindex überhaupt keine Style-Adjustierung. Nur Europerformance betreibt verschiedene Mehrfaktorenmodelle nach dem Prinzip von Elton et al. (1993) für verschiedene Assetklassen und erreicht damit eine kontinuierliche Style-Adjustierung. Die Mehrfaktorenmodelle nach Elton et al. (1993) verzichten aber im Gegensatz zu French (2006) auf Differenzenbildung und haben damit mit höherer Multikolli-

nearität zu kämpfen. Fast alle Ratinganbieter haben einen rein quantitativen Rankingansatz auf der Basis von historischer Performance. Nur S&P bietet zusätzlich ein qualitatives Fondsmanagementrating an. Kein Anbieter zeigt Erfolgswahrscheinlichkeiten seiner Ratings oder berücksichtigt Survivorship Bias.

4. Die wissenschaftlichen Diskussion zeigt nach wie vor ein uneinheitliches Bild bezüglich des Phänomens Persistenz von Fondsrenditen (vgl. Kapitel 6.2). Daraus können für die Betrachtung von Persistenz folgende Anforderungen abgeleitet werden, die bei der Entwicklung des style-resistenten Ansatzes berücksichtigt wurden. Erstens: Eine Style-Adjustierung scheint unbedingt erforderlich zu sein. Zweitens: Übergangshäufigkeiten zur Betrachtung guter Fonds sollten aufgrund von sich eventuell wiederholender schlechter Performance schlechter Fonds aus Unabhängigkeitsgründen der Wahrscheinlichkeiten in mehr als zwei Gruppen klassiert sein. Drittens: Die Cross-Sectional-Regression ist keine valide Analysemethode von Persistenz, da sie keinen Einblick in sich unterschiedlich verhaltende Bereiche der Verteilung der Übergangshäufigkeiten erlaubt. Viertens: Survivorship Bias sorgt neben dem Effekt der Überschätzung des Sampledurchschnitts für nicht reale Persistenzerscheinungen und sollte unbedingt adjustiert werden. Fünftens: Der Beobachtungszeitraum sollte Umbruchsperioden des Marktgeschehens enthalten.

5. Im Rahmen der Persistenzuntersuchungen (vgl. Kapitel 6.3.2.5) wurde die Selektionswirkung eines wandernden Zeitfensters von zwei Jahren auf Basis verschiedener Kennzahlen auf die annualisierte Rendite im Folgejahr mithilfe von Klassierung in Dezile untersucht. Zu den Kennzahlen zählen Alphas und Information Ratios, die mit dem 3- und 4-Faktorenmodell berechnet wurden sowie Sharpe Ratios und annualisierte Renditen. Betrachtet man die Sortierfähigkeit der Kennzahlen im Ganzen, also die Hauptdiagonale der Übergangsmatrix, liegen diese – über den Gesamtzeitraum betrachtet – mit einer Selektionswahrscheinlichkeit von im Schnitt 13 % bis 15,3 % je Dezil relativ dicht beisammen. Die reinen Renditekennzahlen wie Alphas und annualisierte Rendite schneiden etwas besser ab als die Quotienten wie Information Ratios und Sharpe Ratio. Hinzu kommt, dass die annualisierte Rendite und die Sharpe Ratio – beide ohne Style-Adjustierung – deutlich stärkeren Schwankungen unterliegen als die style-adjustierten Kennzahlen. In den Umbruchsjahren 2000 und 2001 ist die Selekti-

onsfähigkeit von annualisierter Rendite und Sharpe Ratio nicht vorhanden und in einigen anderen Jahren dagegen ist sie höher als die Selektionsfähigkeit der style-adjustierten Kennzahlen. Die style-adjustierten Kennzahlen weisen somit deutlich weniger Schwankung in ihrer Selektionsfähigkeit auf und zeigen sich stabil. Sie können damit als style-resistente Selektionskriterien interpretiert werden. Gewichtet man die Daten am oberen und unteren Ende der Hauptdiagonale bei der Durchschnittsbildung stärker, wird der Schwankungseffekt noch deutlicher. Betrachtet man nur die Selektionswahrscheinlichkeit für Gewinner isoliert, also Dezil 1 auf Dezil 1 im Folgejahr, so erreicht das 3F-Alpha in 75 % der Perioden eine signifikante Selektionswahrscheinlichkeit mit Werten über dem Erwartungswert von 10 % in allen acht Perioden. Das 4F-Alpha liegt ebenfalls immer über dem Erwartungswert, jedoch signifikant nur in 62,5 % der Perioden. Der annualisierten Rendite gelingt es ebenfalls in 62,5 % der Perioden, signifikant Gewinner zu selektieren, jedoch versagt sie in dieser Hinsicht wieder deutlich in den Umbruchsjahren. Die Quotientenkennzahlen sind abermals schwächer in den Gewinnerselektionswahrscheinlichkeiten und in weniger Perioden signifikant, jedoch zeigen sich die Information Ratios ebenfalls stabiler als Sharpe Ratios. Betrachtet man die Verlierer isoliert, also Dezil 10 auf Dezil 10, so liegen die Selektionswahrscheinlichkeiten allgemein auf geringerem Niveau. Die Alphas sind mit 37,5 % der Perioden am häufigsten signifikant. Auch bei der Verliererselektionswahrscheinlichkeit zeigt sich das Versagen der beiden Kennzahlen ohne Style-Adjustierung in den Umbruchsjahren 2000 und 2001. Die style-adjustierten Kennzahlen weisen dagegen in diesen Perioden ihre höchsten Werte auf. Das 3F-Alpha ist von 2000 bis 2002 durchgehend signifikant in der Verliererselektion. Annualisierte Rendite und Sharpe Ratio zeigen signifikant hohe Werte in den Jahren 2004 und 2005 bei der Identifikation von toten Fonds. Alle Selektionsergebnisse sind robust gegen Survivorship Bias. Auf Basis dieser Ergebnisse wird die Hypothese bezüglich Persistenz in der Performance bestätigt. Aktive US-Aktienfonds zeigen in der Periode 1998 bis 2005 über ein Zeitfenster von drei Jahren persistentes Verhalten, wenn die Einflüsse von Styles berücksichtigt werden.

6. Simuliert man Renditen von Portfolios aus den jeweils zehn besten Fonds je Selektionskriterium, dann machen sich die Schwankungen der Selektionsmethoden

ohne Style-Adjustierung deutlich negativ in der Portfoliorendite bemerkbar (vgl. 6.3.2.6). Das Portfolio der besten 3F-Alphas in der Vorperiode erwirtschaftet eine annualisierte Rendite von durchschnittlich 15,1 % pro Jahr über den Zeitraum von 1998 bis 2005. Das Portfolio der Gewinner bei Anwendung des Selektionskriteriums annualisierte Rendite generiert dagegen nur 6,6 % p.a. im gleichen Zeitraum. Die Renditen der Portfolios auf Basis der anderen Selektionskriterien liegen zwischen diesen Werten. Die Rendite des S&P 500 beträgt zum Vergleich 7,6 % über diesen Zeitraum hinweg. Bei Berücksichtung der Schwankungen der jährlichen Renditen dieser Portfolios verändert sich das Bild zu Gunsten der Information Ratio. So haben die Portfolios auf Basis der Quotienten – also der beiden Information Ratios und dem Sharpe Ratio – ein deutlich geringeres Risiko. Bildet man einen Quotienten aus den durchschnittlichen Renditen und dem Risiko dieser Portfolios, dann bietet das Portfolio der besten zehn Fonds des Selektionsmerkmals 4F-Information Ratio die höchste Verzinsung für jede Einheit Risiko mit einem Wert von 0,63. Beinahe den gleichen Wert erzielt das Portfolio 3F-Information Ratio mit 0,62. Bei Selektion gemäß annualisierter Rendite beträgt das Verhältnis von Rendite zu Risiko dagegen nur 0,15. Das Portfolio auf der Basis der Sharpe Ratio liegt mit dem Wert von 0,38 ebenfalls unter dem Wert des S&P 500 von 0,39. Zusammengefasst lässt sich feststellen, dass die Alpha-Portfolios die besten Renditen erbringen, während die beiden Information Ratios dagegen die besten Verhältnisse von Portfolioreturn zu -risiko zeigen. Die Niveaus liegen dabei deutlich über dem Marktniveau. Die Ergebnisse der Renditesimulation sind ebenfalls robust gegen Survivorship Bias.

Auf der Basis der Ergebnisse der vorliegenden Arbeit kann man folgende Handlungsempfehlung für einen Investor in aktive US-Aktienfonds ableiten: Der Investor sollte seine Fondsauswahl auf das 3-Faktorenalpha stützen, falls seine Präferenz auf der höchsten erzielbaren Rendite liegt. Bevorzugt er dagegen ein optimales Verhältnis aus Rendite pro Einheit Risiko, sollte er die Information Ratio, berechnet über vier Faktoren, als Selektionskriterium verwenden.

Weitere Forschungen könnten sich mit der Verlagerung des Fokus auf die Styles selbst bzw. die Faktoren der Faktorenmodelle beschäftigen. Da sie mehr als 80 % der Varianz in den Fondsrenditen erklären, könnte man sie auch als Quelle für Rendite wie die Marktrendite sehen. Unter der Annahme, man würde die Entwicklung der Faktoren richtig prognostizieren, würde sich durch eine rein sensitivitätenbasierte Selektion mit dem Faktormodell ohne weitere Optimierung eine Rendite von über 25 % mit einem Rendite-Risiko-Verhältnis von über 1 einstellen. Das Ergebnis dieses rein hypothetischen ersten Versuchs in dieser Richtung zeigen die Ausführungen in Anhang 13. Jedoch wäre im Gegensatz zur unabhängigen Betrachtung von Faktoren und 4F-Alpha, wie in diesen Ausführungen dargelegt wird, eine kombinierte Betrachtung mit einer Vorselektion auf Alpha noch viel versprechender. Unabhängig davon haben die Mehrfaktorenmodelle nur noch ein minimales Optimierungspotenzial in ihrer jetzigen Form durch die Verwendung der Composite-Indizes von S&P und Citigroup (vgl. Kapitel 0). Ein größeres Optimierungspotenzial der Mehrfaktorenmodelle ergibt sich vielmehr durch Berücksichtigung von Branchen und anderen Ländern. Im Sinne dieses Ansatzes mit seinen viel versprechenden Ergebnissen wäre eine Bewertung sämtlicher Aktienfonds (nicht nur US-Aktien) mit einem globalen Mehrfaktorenmodell mit Branchenberücksichtung der konsequente Weg weiterer Forschungen. Damit wäre ein durchgehendes Schema zur Bewertung der Performance aller Fonds gewährleistet und die Entwicklung eines style-resistenten Selektionskriteriums konsistent über alle Assetklassen von Aktienfonds ermöglicht.

Anhang 1: Das Mid-Cap-Segment

In Tabelle 50 ist die Korrelationsmatrix einer Faktorkombination dargestellt, die das Mid-Cap-Segment berücksichtigt und vertretbare Korrelationen untereinander aufweist.

Tabelle 50: Korrelationsmatrix von vier Faktoren mit Mid-Caps

	MARKT	MMG	KMG - MMG	HML*
MARKT	1,000			
MMG	-0,124	1,000		
KMG - MMG	-0,153	0,309	1,000	
HML*	-0,075	0,130	0,390	1,000

Bemerkung:
Zeitraum 1/2001 bis 12/2003

Die ersten drei Faktoren bzw. deren Elemente berechnen sich nach:

MARKT = S&P 500 – 3 Month T-Bill,

MMG = 1/3(Barra MidCap Growth + S&P MidCap 600 + Barra MidCap Value)
- 1/3(Barra LargeCap Growth + S&P 500 + Barra LargeCap Value),

KMG = 1/3(Barra SmallCap Growth + S&P SmallCap 600 + Barra SmallCap Value)
- 1/3(Barra LargeCap Growth + S&P 500 + Barra LargeCap Value).

KMG – MMG ist die Differenz von *KMG* und *MMG*. Die Mid-Caps und die Small-Caps sind grundsätzlich miteinander hochkorreliert (vgl. Tabelle 3), somit auch *KMG* und *MMG*, die ja beide nur um den S&P 500 bereinigt sind. Eine vernünftige Korrelationsstruktur unter den Faktoren gelang nur durch weitere Differenzbildung. Damit enthält der Faktor nur noch die abweichende Bewegung der Bewegungen Small-Caps versus Large-Caps und Mid-Caps versus Large-Caps.

Der Faktor *HMN* erfuhr ebenfalls eine Erweiterung um die Mid-Caps:

HMN = 1/3(BarraLargeCapValue + BarraMidCapValue + BarraSmallCapValue)*
- 1/3(BarraLargeCapGrowth + BarraMidCapGrowth + BarraSmallCapGrowth).

In Abbildung 28 ist die Verteilung der Determinationskoeffizienten dargestellt und Abbildung 29 zeigt die Verteilung der Residuen.

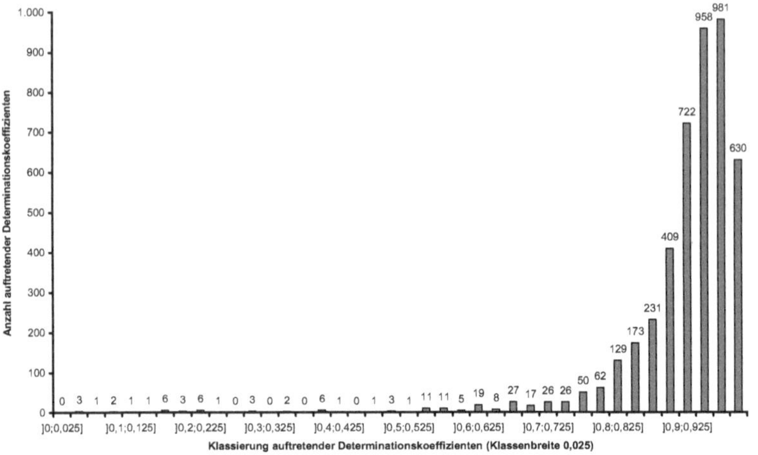

Quelle: Eigene Darstellung

Abbildung 28: R^2-Verteilung von *MARKT, MMG, KMG-MMG, HMN*

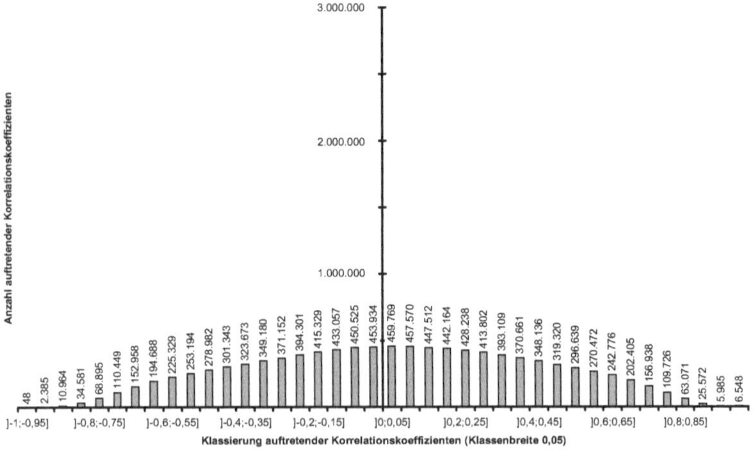

Quelle: Eigene Darstellung

Abbildung 29: Residuen, Faktoren: *MARKT, MMG, KMG-MMG, HMN*

Die Determinationskoeffizienten weisen folgende Verteilungsparameter auf:

Mittelwert = 0,9108, Varianz = 0,0089, Standardabweichung = 0,0944.

Die Korrelationsverteilung nimmt folgende Parameter an:

Durchschnittliche Korrelation = 0,0312, Varianz der Korrelationen = 0,1524, Standardabweichung der Korrelationen = 0,3903.

Nachdem Mid-Caps als zusätzlicher Faktor ungeeignet erscheinen, wie Abbildung 29 deutlich zeigt, bleibt durch die Arbeit der Gedanke, ob in manchen Perioden die Mid-Caps in *KMG* besser funktionieren würden als die Small-Caps. Tabelle 51 bestätigt das Gegenteil. Die Mid-Caps im Faktor *KMG* sind maximal genauso gut wie die Small-Caps. Tabelle 51 ist zu einem wesentlich späteren Zeitpunkt entstanden als die Untersuchungen vor diesem Absatz. Das 3-Faktorenmodell in Tabelle 51 umfasst die Faktoren *MARKT*, *HMN** und *KMG*, das 4-Faktorenmodell beherbergt noch zusätzlich den Momentumfaktor *UMD*. Beide Modelle in ihrer Variation in Tabelle 51 basieren auf einem rollierenden Zeitfenster von 24 Monaten. Die Variation besteht in *KMG*. *KMG* wurde einmal auf Basis Small-Caps minus Large-Caps und einmal auf Basis Mid-Caps minus Large-Caps berechnet. Tabelle 51 vergleicht die resultierenden Determinationskoeffizienten.

Tabelle 51: R^2-Analyse verschiedener Faktormodelle mit Mid-Caps

Mittleres R2 am finalen Sample	1997	1998	1999	2000	2001	2002	2003	2004	2005
4F KMG Mid	0,87	0,91	0,88	0,85	0,89	0,92	0,93	0,86	0,75
3F KMG Mid	0,86	0,90	0,87	0,84	0,88	0,91	0,92	0,84	0,72
4F KMG Small	0,90	0,94	0,91	0,87	0,89	0,92	0,93	0,87	0,76
3F KMG Small	0,89	0,92	0,90	0,85	0,87	0,91	0,92	0,84	0,73

Bemerkung:
Zeitfenster von 24 Monaten jeweils zum Jahresende

Anhang 2: Eliminierung doppelter Zeitreihen im Set 12/2005

Dieser Anhang zeigt, dass die bloße Eliminierung der doppelten Zeitreihen in Tabelle 52 gegenüber der Anwendung des regulären Sets vom Dezember 2005 in Tabelle 59 keine wesentliche Veränderung gebracht hat.

Der Erwartungswert der Häufigkeitsverteilung beträgt aufgrund der Gesamtanzahl von 6.231 zirka 62,3. Die Gesamtanzahl ist gegenüber Tabelle 59 um 1.192 doppelte Zeitreihen reduziert. Die Verteilung hat ein Chi-Quadrat von 462,6 bei einem Freiheitsgrad von 97 und ist damit signifikant nicht durch Zufall entstanden.

Der Erwartungswert der Matrix von Übergangswahrscheinlichkeiten in Tabelle 52 beträgt 10,0 % bei einer Standardabweichung von 2,7 %.

Tabelle 52: Übergangswahrscheinlichkeiten 2Y IR auf 1Y Return in Prozent

	Return (nur Set 12/2005)									
IR	1	2	3	4	5	6	7	8	9	10
1	13,8	16,9	13,6	13,0	10,0	7,9	5,8	7,7	6,7	4,7
2	11,4	8,2	9,5	14,0	13,2	12,8	9,0	9,3	8,0	4,7
3	11,9	11,6	13,2	10,4	8,0	10,1	10,1	11,6	7,1	6,1
4	13,2	11,9	12,7	10,1	8,8	8,2	9,3	8,8	7,7	9,3
5	10,9	13,3	10,6	8,8	11,6	11,2	8,0	8,0	8,0	9,5
6	7,7	11,1	11,6	11,1	8,8	11,6	8,8	7,7	10,6	11,1
7	9,3	7,4	6,1	10,4	10,8	10,0	14,3	10,3	12,5	9,0
8	7,2	9,5	7,9	7,7	9,8	10,3	13,2	9,3	12,2	13,0
9	9,1	4,8	9,6	10,0	11,1	8,3	8,5	13,2	10,9	14,4
10	5,5	5,5	5,3	4,5	8,0	9,8	13,2	13,8	16,2	18,5

Bemerkungen:
Return: Annualisiert über Zeitraum 1/2005 bis 12/2005.
3-Faktor-IR: Annualisiert über Zeitraum 1/2003 bis 12/2004, berechnet mit S&P/Citigroup-Indizes.
Sample: Bereinigtes Sample mit wenig Survivorship Bias aus Set 12/2005 und Sets 3/2003 bis 12/2004.

Anhang 3: Veränderung der Akteure durch Survivorship Bias

Tabelle 53: Veränderung der Akteure ohne Minimum Track Record

Zeitbezug			Anzahl				Veränderung in %		
Monat 1	auf	Monat 2	Gesamt	überlebt	gestorben	lanciert	überlebt	gestorben	lanciert
Mrz 03	auf	Apr 03	5.935	5.775	160	249	97,3	2,7	4,2
Apr 03	auf	Mai 03	6.024	5.917	107	115	98,2	1,8	1,9
Mai 03	auf	Jun 03	6.032	5.918	114	99	98,1	1,9	1,6
Jun 03	auf	Jul 03	6.017	5.909	108	186	98,2	1,8	3,1
Jul 03	auf	Aug 03	6.095	6.013	82	172	98,7	1,3	2,8
Aug 03	auf	Sep 03	6.185	6.077	108	164	98,3	1,7	2,7
Sep 03	auf	Okt 03	6.241	6.012	229	301	96,3	3,7	4,8
Okt 03	auf	Nov 03	6.313	6.191	122	236	98,1	1,9	3,7
Nov 03	auf	Dez 03	6.427	6.245	182	182	97,2	2,8	2,8
Dez 03	auf	Jan 04	6.427	6.307	120	183	98,1	1,9	2,8
Jan 04	auf	Feb 04	6.490	6.399	91	196	98,6	1,4	3,0
Feb 04	auf	Mrz 04	6.595	6.385	210	324	96,8	3,2	4,9
Mrz 04	auf	Apr 04	6.709	6.525	184	300	97,3	2,7	4,5
Apr 04	auf	Mai 04	6.825	6.738	87	157	98,7	1,3	2,3
Mai 04	auf	Jun 04	6.895	6.782	113	106	98,4	1,6	1,5
Jun 04	auf	Jul 04	6.888	6.785	103	175	98,5	1,5	2,5
Jul 04	auf	Aug 04	6.960	6.888	72	126	99,0	1,0	1,8
Aug 04	auf	Sep 04	7.014	6.927	87	131	98,8	1,2	1,9
Sep 04	auf	Okt 04	7.058	6.959	99	141	98,6	1,4	2,0
Okt 04	auf	Nov 04	7.100	6.920	180	307	97,5	2,5	4,3
Nov 04	auf	Dez 04	7.227	7.081	146	156	98,0	2,0	2,2
Dez 04	auf	Jan 05	7.237	7.103	134	212	98,1	1,9	2,9
Jan 05	auf	Feb 05	7.315	7.069	246	219	96,6	3,4	3,0
Feb 05	auf	Mrz 05	7.288	7.145	143	211	98,0	2,0	2,9
Mrz 05	auf	Apr 05	7.356	7.026	330	417	95,5	4,5	5,7
Apr 05	auf	Mai 05	7.443	7.296	147	223	98,0	2,0	3,0
Mai 05	auf	Jun 05	7.519	7.248	271	309	96,4	3,6	4,1
Jun 05	auf	Jul 05	7.557	7.440	117	158	98,5	1,5	2,1
Jul 05	auf	Aug 05	7.598	7.423	175	197	97,7	2,3	2,6
Aug 05	auf	Sep 05	7.620	7.307	313	330	95,9	4,1	4,3
Sep 05	auf	Okt 05	7.637	7.454	183	336	97,6	2,4	4,4
Okt 05	auf	Nov 05	7.790	7.699	91	1.617	98,8	1,2	20,8
Nov 05	auf	Dez 05	9.316	9.114	202	228	97,8	2,2	2,4

Bemerkung:
Anzahl auf Basis des wirklichen Erscheinens in den Daten.

Anhang 4: Ansätze zur Lösung des Quotientendilemmas

Ein grundsätzliches Problem stellt sich bei der Verwendung von Quotienten aus Return pro Risiko bei einem Vergleich ein. Die Quotienten werden im negativen Bereich besser – also weniger negativ, je mehr Risiko der Fonds hat. Diese Tatsache ist sehr unbefriedigend und im Folgenden wurden anhand der Information Ratio mit drei Faktoren zwei Möglichkeiten getestet, mit diese Tatsache umzugehen.

Eine Möglichkeit ist, Return und Risiko getrennt voneinander zu ranken und den Mittelwert aus beiden Rankings zu verwenden. Diese Variante wurde ebenfalls über drei Faktoren berechnet und hier I-Score genannt. Die Ergebnisse sind in Tabelle 54 dargestellt. Auf die Darstellungen der 2005 bereits toten Fonds wurde hier in Anbetracht des unatraktiven Ergebisses verzichtet.

Tabelle 54: Übergangswahrscheinlichkeiten 2Y I-Score auf 1Y Return in Prozent

	Return (Sets 1/2005 bis12/2005)									
I-Score	1	2	3	4	5	6	7	8	9	10
1	3,0	7,5	11,1	13,8	16,7	13,1	12,3	12,2	6,9	3,3
2	5,3	8,9	10,4	10,7	12,8	15,5	14,7	12,6	6,8	2,6
3	7,5	9,5	9,9	13,1	11,1	11,6	13,1	12,0	6,8	5,3
4	10,4	6,8	10,4	11,3	11,9	11,0	10,4	9,5	11,4	7,1
5	9,3	11,9	8,0	7,8	11,0	9,0	10,8	10,4	13,4	8,4
6	14,6	14,0	10,2	9,9	6,8	5,9	7,7	7,4	12,2	11,4
7	12,8	11,7	10,2	9,9	7,1	6,9	8,9	8,1	10,1	14,3
8	11,0	9,8	11,4	9,5	7,8	10,4	7,8	11,9	10,1	10,4
9	15,0	10,1	10,5	6,5	8,4	6,6	6,6	9,3	11,0	15,9
10	11,1	9,9	8,0	7,4	6,5	10,1	7,8	6,5	11,4	21,5

Bemerkungen:
Return: Annualisiert über Zeitraum 1/2005 bis 12/2005
I-Score (3F): Zeitraum 1/2003 bis 12/2004, Mittelwert aus Reihenfolge getrennt.
Sample: Bereinigtes Sample ohne Survivorship Bias aus Sets 1/2005 bis 12/2005.

Der Erwartungswert der Haüfigkeitsverteilungen beträgt 66,5. Damit zeigt sich ein Chi-Quadrat von 598,4 bei einem Freiheitsgrad von 97. Daraus ergibt sich eine Wahrscheinlichkeit für Zufälligkeit der Verteilung von 0,0 %. Die Verteilung hat einen Erwartungswert 10 % bei einer Standardabweichung von 3,0 %. Die Übergangswahrscheinlichkeit von Dezil 10 auf Dezil 10 ist gegenüber der „normalen" 3-Faktor-IR von 19,1 % auf 21,5 % angestiegen. Jedoch ist auch die Selektionswirkung im Spitzenbereich drastisch zurückgegangen.

Ein weiterer Versuch der Behebung des Quotientendilemmas war die Berechnung der 3-Faktor-IR über eine Wenn-Verknüpfung. Wenn Alpha kleiner null ist, dann soll eine Multiplikation von Alpha und Residualrisiko erfolgen. Diese Kennzahl ist im Folgenden 3F-IR* genannt und ist in Tabelle 55 dargestellt. Die Erwartungswerte der Haüfigkeitsverteilungen betragen 66,5 und 127,3. Damit zeigen sich Chi-Quadrats von 598,4 und 537,5 bei Freiheitsgraden von 97 und 7. Daraus ergeben sich Wahrscheinlichkeiten für die Zufälligkeit der Verteilung von 0,0 % in beiden Verteilungen. Die Gesamtanzahlen betragen 6.651 und 1.273. Die Erwartungswerte in Tabelle 55 betragen jeweils 10,0 % bei Standardabweichungen von 3,0 % und 6,8 %.

Tabelle 55: Übergangswahrscheinlichkeiten 2Y 3F-IR* auf 1Y Return in Prozent

	Return (Sets 1/2005 bis12/2005)										
IR*	1	2	3	4	5	6	7	8	9	10	vor 2005
1	13,7	17,3	13,8	12,8	9,8	6,6	6,0	9,0	5,9	5,1	1,6
2	12,8	9,0	9,0	13,5	14,1	11,1	9,6	9,2	6,9	4,8	3,3
3	11,7	12,2	13,5	11,6	7,4	11,1	12,5	9,0	5,4	5,4	7,9
4	9,6	10,8	10,7	10,5	11,4	9,8	10,8	9,8	9,6	6,9	9,0
5	8,7	7,2	8,0	9,3	13,5	14,4	13,8	9,5	10,5	5,0	4,8
6	4,7	5,1	9,2	9,8	10,7	12,3	13,7	13,4	12,5	8,7	5,9
7	5,0	10,8	7,5	8,9	10,8	8,1	9,9	12,2	13,7	13,1	10,8
8	9,3	10,8	10,8	9,0	8,1	8,6	6,3	11,1	12,9	12,9	15,5
9	12,2	7,4	10,7	7,4	7,5	8,1	10,2	10,2	10,7	15,6	21,6
10	12,3	9,3	6,9	7,1	6,6	9,8	7,2	6,5	11,9	22,6	19,6

Bemerkungen:
Return: Annualisiert über Zeitraum 1/2005 bis 12/2005.
IR*: Zeitraum 1/2003 bis 12/2004, wenn Alpha < 0, dann Multiplikation Alpha und Residualrisiko
Sample: Bereinigtes Sample ohne Survivorship Bias aus Sets 3/2003 bis 12/2005.

Bei diesem Ansatz steigt die Übergangswahrscheinlichkeit von Dezil 10 auf 10 in Tabelle 55 sogar auf 22,6 %. Der Spitzenbereich bleibt unverändert gegenüber der „normalen", da sich bei der Berechnung über 0 ja auch nichts geändert hat. Ein weiterer, sehr interessanter Effekt zeigt sich in der ersten Spalte. Die Dezile 4 und 5 auf 1 lagen vorher bei 13,7 % und 10,4 %. Die Dezile darunter in Spalte 1 fielen sukzessive immer weiter ab. Jetzt sind 4 und 5 bereits unter 10% und ab 8 steigen sie wieder an. Ähnlich ist dieses Muster in Spalte 2, jedoch um eine Reihe nach oben versetzt. Diese Spreizung zeigt sehr gut, woraus sich das 1. Dezil Return zusammensetzt: Einerseits aus Fonds mit sehr hohen historischen Information Ratios und andererseits aus Fonds mit sehr schlechten Alphas und sehr hohen Residualrisiken. Bei den Letztgenannten sollte man vermuten, dass hier weniger systematisches Asset Management vorliegt und die Spitzenplatzierung mit einer „glücklicherweise" richtigen Allokation erreicht wurde. Es ist wahrscheinlich, dass diese nicht wiederholt werden kann. Alle Dezile dazwischen haben deutlich geringere Übergangswahrscheinlichkeiten auf die Spitzenplätze. Diese Möglichkeit, das Quotientendilemma zu lösen, erscheint als das beste Mittel, jedoch wurde die Methode nicht weiter verfolgt, da in der vorliegenden Analyse die Identifikation der Topfonds im Fokus steht und die Sortierung des gesamten Spektrums eher am Rande interessiert. In diesem Bereich haben die Quotienten kein Problem und eine besondere Berechnung dieser Art sorgt für Verwirrung. Von Interesse wäre, wie S&P in seinem Rating, das auf einem Quotienten basiert, mit diesem Problem umgeht (vgl. Standard & Poor's Fondsrating im Kapitel 6.1.3).

Anhang 5: Festlegung des Parameters Zeitfenster

Summary Statistics

Es wird unter Berücksichtigung der Strukturproblematik innerhalb der Fonds versucht, ein möglichst kurzes Zeitfenster für die Regression zu finden, bei dem das Faktormodell quasi „gerade noch funktioniert". Als Prognosezeitraum wird ein Jahr gewählt und als Kriterium für den Erfolg des Portfoliomanagers wird der durchschnittliche annualisierte Return benutzt. Dieser ist zwar wenig sophistiziert, er ist nicht um Styles bereinigt und auch nicht risikoadjustiert, aber er hat den Vorteil, bei der Berechnungsperiode von einem Jahr quantitativ belastbar zu sein. Es kommen damit bei der absoluten Rendite über ein Jahr keine statistischen Zweifel auf, ob die berechnete Zahl von der wirklichen Zahl abweicht, wie es bei Alpha der Fall wäre. Darüber hinaus repräsentiert er das Interesse des normalen Investors. Dieser will im Normalfall die maximale Rendite mit seiner Anlage erzielen und vor dem Hintergrund von Transaktionskosten auch nicht ständig sein Portfolio umschichten.

Diesem relativ einfachen Ansatz sind im Vorfeld viele Versuche des Autors mit komplexeren Ansätzen vorweggegangen. Es wurde versucht, dem Problem der Periodenlänge durch Differenz zweier verschieden langer Perioden zu begegnen, die sich überlappen – z.B. eine Information Ratio mit drei Faktoren über vier Jahre der 2000 bis 2004 und eine über drei Jahre von 2000 bis 2003. Die Differenz spiegelt die Veränderung wider, die sich im Jahr 2004 vollzogen hat. Jedoch selektiert diese Methode nur die schlechtesten Fonds, denn diese haben die größten Zuwächse bei der Veränderung von ganz schlecht auf hinteres Mittelfeld. Es gelang also weder gute Fonds noch aufstrebende Fonds, die sich dann in irgendeiner Weise weiter verbessern, zu isolieren. Es zeigten sich keinerlei verwertbaren Zusammenhänge, die einem Investor irgendwie bei der Entscheidungsfindung hilfreich sein könnten.

Im Folgenden wird der Einfluss von Information Ratios – mit verschiedenen Zeitfenstern über das 3-Faktorenmodell berechnet – auf den Return im Jahr 2005 untersucht. Der letzte Monat, der somit Eingang in alle Information Ratios findet, ist der Dezember 2004. Die Information Ratios werden über die Zeitfenster von fünf, drei und zwei Jahren sowie einem Jahr berechnet. Als Fondssample dient ein letztes Mal vor der Persistenzanalyse in Kapitel 6.3.2 ein kommerzielles Datenset. Der Einfluss von Survivorship Bias wird für die pure Festlegung des Zeitfensters als nicht störend empfunden. Die Fondsdaten stammen von Ende Dezember 2005.

Tabelle 56 zeigt das Verhalten der Faktoren und Fonds über die verschiedenen Zeitfenster. Diese Betrachtung orientiert sich entlang der Zeit vor dem Hintergrund der anzuwendenden Regressionen. Rendite und Risiko in Tabelle 56 beschreiben den Durchschnitt und die Standardabweichung der Zeitreihen entlang der Zeit. Bei den Fonds, die zum Vergleich mit den Faktoren dargestellt sind, müsste man eigentlich für jede einzelne Regression den jeweiligen Fonds gegenüberstellen. Als Aggregat sind hier der jeweilige Mittelwert und die Standardabweichung über die Cross Section des jeweiligen Samples sowohl für Rendite und Risiko dargestellt. Rein statistisch würden an dieser Stelle normalerweise keine annualisierten Werte dargestellt, da die Regression im vorliegenden Fall die einzelnen rohen Monatswerte verwendet. Jedoch hat die Annualisierung keine verzerrende Wirkung, da alle dargestellten Werte (Regressoren und Regressanden sowie Rendite und Risiko) annualisiert wurden. In der ganzen Arbeit wurden immer annualisierte Werte verwendet und es besteht mehr Bezug zu deren Größenordnungen.

Grundsätzlich zeigt sich der Vergleich der Faktoren gegenüber Durchschnitt und Streuung der Fonds in Bezug auf Renditehöhe und Variabilität der Zeitreihen aus Regressionssicht sehr viel versprechend. Alle bewegen sich in ähnlichen Größenordnungen. Die Renditen der Faktoren lassen vermuten, dass sie mit einem Multiplikator (der Faktorsensitivität) und in Addition die Renditen der Fonds durchaus erklären können. Die Risiken der Faktoren unterstreichen diese Vermutung, insbesondere das relativ hohe Risiko von *MARKT* und *KMG* könnte die Vermutung entstehen lassen, dass diese erhebliche Anteile der Fondszeitreihen erklären können. *HMN** hat in dieser Marktphase weniger Risiko und ist wahrscheinlich in seiner Wirksamkeit den beiden anderen Faktoren unterlegen.

Der hintere Teil von Tabelle 56 zeigt die Korrelationen der Faktoren untereinander. Diese sind beim Zeitfenster zwei Jahre am besten bzw. am geringsten. Das Maximum liegt hier bei 0,34. Jedoch sind alle Korrelationswerte, die sich in Tabelle 56 zeigen, noch im Rahmen, der noch keinen substanziellen Einfluss von Multikollinearität vermuten lässt (vgl. Carhart (1997)).

Tabelle 56: Summary Statistics je Zeitfenster der Regression

				Korrelationen		
Zuordnung	Bezeichnung	Rendite	Risiko	MARKT	HMN*	KMG
1 Jahr bis 12/2004						
Faktor:	MARKT	9,59	7,23	1,00		
Faktor:	HMN*	2,03	2,71	0,13	1,00	
Faktor:	KMG	11,30	8,17	0,45	0,45	1,00
Fonds:	Mittelwert	12,90	10,51			
Fonds:	Stand.-abw.	6,29	3,75			
2 Jahre bis 12/2004						
Faktor:	MARKT	18,50	9,62	1,00		
Faktor:	HMN*	1,10	3,09	0,34	1,00	
Faktor:	KMG	9,91	7,99	0,27	0,02	1,00
Fonds:	Mittelwert	22,79	11,95			
Fonds:	Stand.-abw.	8,12	3,26			
3 Jahre bis 12/2004						
Faktor:	MARKT	3,31	15,08	1,00		
Faktor:	HMN*	4,06	4,93	-0,32	1,00	
Faktor:	KMG	9,82	10,69	-0,14	0,40	1,00
Fonds:	Mittelwert	6,56	16,30			
Fonds:	Stand.-abw.	5,96	4,04			
5 Jahre bis 12/2004						
Faktor:	MARKT	-3,71	16,44	1,00		
Faktor:	HMN*	5,08	9,44	-0,45	1,00	
Faktor:	KMG	15,00	14,36	-0,18	-0,20	1,00
Fonds:	Mittelwert	3,15	19,66			
Fonds:	Stand.-abw.	8,12	6,26			

Bemerkung:
Rendite und Risiko annualisiert in Prozent.

Tabelle 57 zeigt etwas abgewandelte Summary Statistics über die Cross-Section der Fonds. Die jeweils linke Spalte beschreibt das jeweilige Zeitfenster. Die jeweils rechte Spalte ist aufgrund des jeweils leicht anderen Samples, induziert durch die verschiedenen Anforderungen an die Länge des Track Records der Fonds, auch leicht unterschiedlich.

Der untere Teil bricht das gesamte Spektrum der Renditen und Information Ratios der einzelnen Perioden mithilfe einer Zerlegung in eine 10er-Klasseneinteilung auf. Die Klassengrenzen berechnen sich durch eine beinahe konstant gehaltene Anzahl an Fonds pro Klasse. Eine konstante Anzahl von Fonds je Klasse ist nur beinahe gelungen und nicht vollständig, da die Gesamtanzahl des jeweiligen Samples geteilt durch 10 keine ganze Zahl ergibt. Es existieren nur zwei Möglichkeiten: Entweder man löscht eine Anzahl von Fonds nach zufälliger Methode, bis die Gesamtanzahl geteilt durch die Klassenanzahl eine natürliche Zahl ergibt oder die Analyse hat leicht fluktuierende Klassengrößen. In diesem Fall verfälschen Unterschiede von ein bis zwei Fonds bei mehr als 500 Fonds pro Klasse das Ergebnis nicht. Der Autor wollte keine Fonds löschen, da sonst immer die Frage entsteht, ob nun gute oder schlechte Fonds gelöscht wurden bzw. ob die Methode wirklich zufälliger Natur war.

Auffällig bei der Betrachtung der Klassengrenzen des Returns im Jahr 2005 ist die Spannweite der ersten und letzten Klasse. 80 % der Fonds realisierten einen Return zwischen ungefähr 2 % und 13 %. 10 % der Fonds realisierten Returns unter 2 % mit bis zu -67 %. Die restlichen 10 % generierten Renditen über 13 % bis zu 51 %. In der oberen Klasse zeigt sich die nächste Auffälligkeit: Je kürzer die Anforderung an die Länge des Track Records bei der Selektion des Samples ist, desto höher die Rendite des Spitzenreiters im Jahr 2005. Dies unterstreicht die Kurzlebigkeit und schnelle Veränderlichkeit der Fondsindustrie. Entgegen der Erwartung ist es allerdings, dass das Schlusslicht der Fonds 2005 wohl über einen mindestens 5-jährigen Track Record verfügt. Die Beobachtungen korrespondieren mit der Wölbung. Alle Verteilungen zeigen positive Werte, d.h. die Verteilungen sind spitzer als die Normalverteilung, was eine höhere Wertedichte im Zentrum der Verteilung darstellt, wie man auch an den Schritten der Klassengrenzen sieht. Bei den Returns ist dies erheblich ausgeprägter als bei den Information Ratios.

Die Information Ratios steigen und fallen ebenfalls am oberen und unteren Ende der Verteilung, je kürzer die Berechnungsperiode ist. Es gelingt damit keinem Fonds, langfristig so gut zu sein, wie es im kurzfristigen Bereich möglich ist. Da die Spalten jeweils unabhängig voneinander sind, liegt die Vermutung nahe, dass der Effekt am unteren Ende der Information Ratio sowie die Veränderung des Mittelwerts auf Survivorship Bias zurückzuführen ist. Kein Fonds kann es sich wohl erlauben, langfristig so schlecht zu sein und zu überleben. Damit kann der Verlierer im Return 2005 langfristig nicht so schlecht sein. Die Schiefe zeigt nur geringe Abweichungen in der Symmetrie der Verteilungen. Der Median ist die untere Grenze der Klasse 5 und liegt auch sichtbar relativ nahe am Mittelwert.

Tabelle 57: Summary Statistics der Cross-Section

Merkmal	3F-IR 5Y '00-'04	An. Ret. 1Y '05	3F-IR 3Y '02-'04	An. Ret. 1Y '05	3F-IR 2Y '03-'04	An. Ret. 1Y '05	3F-IR 1Y '04	An. Ret. 1Y '05
Anzahl	5.513	5.513	6.896	6.896	7.423	7.423	7.940	7.940
Mittelwert	-0,14	7,35	-0,34	7,44	-0,37	7,38	-0,80	7,41
Stand.-abw.	0,80	5,12	0,88	5,06	1,16	5,10	1,89	5,13
Schiefe	-0,02	-0,38	-0,13	-0,27	-0,21	-0,18	-0,38	0,02
Wölbung	0,65	12,39	1,05	10,64	0,94	9,92	1,07	10,52
Bester Fonds	2,50	31,49	3,11	31,49	3,80	44,71	5,91	51,10
Ende Klasse 1	0,89	13,49	0,77	13,60	1,13	13,64	1,50	13,62
Ende Klasse 2	0,60	11,06	0,38	11,12	0,60	11,06	0,81	11,09
Ende Klasse 3	0,32	9,31	0,12	9,41	0,22	9,35	0,27	9,39
Ende Klasse 4	0,05	7,98	-0,13	8,09	-0,10	8,05	-0,27	8,05
Ende Klasse 5	-0,19	6,87	-0,34	6,97	-0,37	6,91	-0,77	6,91
Ende Klasse 6	-0,42	5,98	-0,54	6,03	-0,66	5,98	-1,22	6,00
Ende Klasse 7	-0,62	4,89	-0,79	4,95	-0,96	4,87	-1,77	4,90
Ende Klasse 8	-0,85	3,71	-1,08	3,75	-1,32	3,69	-2,31	3,72
Ende Klasse 9	-1,11	1,89	-1,42	2,04	-1,81	1,90	-3,18	1,94
Ende Klasse 10	-5,41	-67,24	-6,11	-67,24	-8,37	-67,24	-14,83	-67,24

Bemerkung:
Außer Merkmale Anzahl, Schiefe und Wölbung alle Angaben in Prozent.
Fondszeitreihen aus Set 12/2005 ohne Adjustierung Survivorship Bias.

Zeitfensterauswahl

Um der Fragestellung des Erklärungsgehalts der verschiedenen Zeitfenster nachzugehen, werden in einem ersten Schritt Korrelationskoeffizienten betrachtet. Beim Vergleich der Korrelationskoeffizienten der jeweiligen Information Ratios mit Ende 12/2004 mit dem annualisierten Return über das Jahr 2005 fällt auf, dass dieser mit 0,21 den höchsten Ausschlag bei dem 2-Jahreszeitraum zeigte. Das Zeitfenster 1 Jahr zeigt 0,15, das Zeitfenster 3 Jahre zeigt ebenfalls 0,15 und das Zeitfenster 5 Jahre zeigt 0,01. Dies ist ein erstes Indiz auf das 2-Jahreszeitfenster. Die Korrelationskoeffizienten sind alle nicht besonders hoch. Jedoch berücksichtigt ein Korrelationskoeffizient auch immer alle Werte, also das Gesamtspektrum. Diese Methode berücksichtigt nicht, dass zum Beispiel besonders gute oder schlechte Fonds, also Teile des Gesamtspektrums, mehr oder weniger Affinität aufweisen können.

Interessant ist damit eine Methode, die unterschiedliche Verhaltenweisen im Spektrum der Fonds zu Tage fördert. Vor diesem Hintergrund dient die Klasseneinteilung in Tabelle 57 nicht nur dem tieferen Einblick in die Verteilung im Sinne von Summary Statistics, sondern sie stellt auch den nächsten Schritt in der Analysemethodik auf dem Weg zu Übergangswahrscheinlichkeiten dar. Hier wurde eine Anforderung an diese Methode aus dem Studium der bestehenden Literatur in Kapitel 6.2 umgesetzt. Die Klasseneinteilung ist wesentlich differenzierter als nur eine Gewinner/Verlierer-Unterscheidung. Auf der Basis der Klassengrenzen in Tabelle 57 werden Ränge von 1 bis 10 für jeweils beide Zeiträume bzw. Merkmale für jeden Fonds vergeben. Beim Vergleich der Ränge je Fonds in Periode 1 und 2 bzw. Information Ratio und annualisierter Return ergeben sich in Tabelle 58 absolute Übergangshäufigkeiten von Klasse zu Klasse. Tabelle 58 startet mit dem viel versprechendsten Zeitfenster von zwei Jahren. Die Übergangshäufigkeiten entstehen durch Aufsummieren der Kombinationen der beiden Perioden von Klasse 1 und Klasse 1, Klasse 1 und Klasse 2, ... bis Klasse 10 und Klasse 10. Dadurch entsteht die quadratische Matrix in Tabelle 58 mit 100 Elementen. Diese Methode wird auch Kontigenztafel genannt. Die 1. Zeile zeigt für Klasse 1 Information Ratio (zeitlich frühere Periode), wie sich die ihr angehörenden Fonds auf die Klassen 1 bis 10 Return (zeitlich spätere Periode) verteilen. Klasse 1 Information Ratio waren insgesamt 742 Fonds, wie die Summenspalte am Ende zeigt. Andersherum zeigt die erste Spalte, aus welchen Klassen Information Ratio sich die Klasse 1 Return zusammensetzt. Dies sind in Summe ebenfalls 742 Fonds, wie die letzte Zeile zeigt.

Die leicht fluktuierende Gesamtanzahl pro Klasse in der letzten Zeile bzw. Spalte hat zwei Gründe. Der erste Grund ist die Gesamtanzahl von 7.423. Wie im letzten Kapitel angedeutet, entstehen Verwerfungen, da diese Gesamtanzahl nicht durch zehn teilbar ist. Daher sind drei Klassen um einen Fonds größer als die anderen, wie man in der letzten Spalte bei den Information Ratios sieht. Diese Verschiebungen werden mit der selbst programmierten Methodik möglichst symmetrisch auf das Spektrum verteilt. Bei einer Gesamtanzahl, die mit fünf endet, würde die Methodik z.B. jede zweite Klasse um eins größer machen. Dieser Weg wurde, wie erwähnt, vom Autor bevorzugt. Der zweite Effekt, der für unsystematische Verschiebungen, wie sie in der unteren Zeile beim Return zu sehen sind, sorgt, sind doppelte Werte. Manche Fonds haben 2005 gleiche Returns. Rankingmethodik funktioniert folgendermaßen: Die Ränge bzw. Klassengrenzen ergeben sich durch die Gesamtanzahl Fonds, geteilt durch die Klassenanzahl, der Quotient wird auf null Kommastellen abgerundet, mit der Klassennummer multipliziert und der Return bzw. die Information Ratio dieses Fonds als Klassengrenze benutzt. Ist ein Wert einer Klassengrenze gleich groß dem ersten Wert der nächsten Klasse, rutscht dieser Wert bzw. Fonds eine Klasse höher als geplant. Für dieses systematische Problem konnte methodisch keine Lösung gefunden werden. Jedoch ist der Einfluss auf das relativ große Sample sehr gering und ebenfalls vernachlässigbar. Außerdem erledigt sich das Problem in der Persistenzanalyse in Kapitel 6.3.2. Inhaltlich ist dieser Effekt hauptsächlich auf einzelne Tranchen des eigentlich gleichen Fonds zurückzuführen, die als separate Fonds gelistet sind. Große Fondsanbieter arbeiten mit den verschiedenen Tranchen mit unterschiedlichen Ausgabeaufschlägen und sonstigen Kaufbeschränkungen wie z.B. Minimuminvestmentbetrag etc. Dies hat keine Auswirkungen auf die vorliegenden Returns nach Gebühren und die Fonds erscheinen gewissermaßen doppelt. Dies war auch einer der ausschlaggebenden Gründe, warum in der Bereinigung des finalen Samples in Kapitel 5.3 so restriktiv wirklich alle doppelt vorhandenen Zeitreihen – egal, aus welchem monatlichen Set sie stammen – eliminiert wurden. Deshalb erledigt sich das Problem in Kapitel 6.3.2. Hinter diesen mehrfachen Tranchen steckt ein Aktienportfolio, das seine Platzierung im Vergleich zu den anderen Fonds im Sinne der Persistenzanalyse nicht öfters wiederholt bzw. dabei versagt, weil es in mehreren Tranchen verkauft wird.

Tabelle 58: Absolute Übergangshäufigkeiten 2Y 3F-IR auf 1Y Return

	Return										
IR	1	2	3	4	5	6	7	8	9	10	Σ
1	102	124	98	95	70	53	43	57	55	45	742
2	83	63	68	102	101	97	67	74	54	33	742
3	98	94	96	82	58	71	68	83	51	41	742
4	96	87	97	74	64	64	71	65	58	67	743
5	80	94	85	62	87	84	60	59	58	73	742
6	59	80	87	86	67	78	70	59	80	76	742
7	66	51	47	76	76	82	110	77	91	67	743
8	53	71	57	58	69	76	97	66	97	98	742
9	66	36	72	74	82	65	62	100	79	106	742
10	39	43	34	35	68	73	94	101	119	137	743
Σ	742	743	741	744	742	743	742	741	742	743	

Bemerkungen:
Return: Annualisiert über Zeitraum 1/2005 bis 12/2005.
3-Faktor-IR: Annualisiert über Zeitraum 1/2003 bis 12/2004 berechnet mit S&P/Citigroup-Indizes.
Sample: Set 12/2005 mit Survivorship Bias.

Der Kontingenztabelle in Tabelle 58 liegt eine Gesamtanzahl von 7.423 zugrunde. Damit hat jede Zeile oder Spalte einen Erwartungswert von 742,3 und jede Zelle der Matrix einen Erwartungswert von 74,2. Daraus ergibt sich die Summe der quadrierten

Abweichungen, also Chi-Quadrat von 555,5 bei einem Freiheitsgrad von 97. Die Wahrscheinlichkeit, dass diese Verteilung zufälliger Natur ist, beträgt damit 0,00 %.

Die Kontingenztafel in Tabelle 58 zeigt nun genau die jeweilige Anzahl Fonds, die sich von Klasse zu Klasse bewegt hat. Sie ist der Basisoutput der Analysemethodik, die im Folgenden verwendet wird, um einen Eignungsvergleich verschiedener Kennzahlen in Kapitel 6.3.2 durchzuführen. Sie ist der klassische und einzige Weg, einzelne Bereiche einer Verteilung betrachten zu können. In diesem ersten Schritt besteht die Variation erst einmal in verschiedenen Zeitfenstern an der generisch gleichen Kennzahl. Jedoch ist der Basisoutput als absolute Häufigkeit wenig anschaulich und auch nicht vergleichbar bei unterschiedlicher Gesamtanzahl. Daher werden die Kontigenztafeln wie Tabelle 58 noch zu einer Matrix von relativen Übergangswahrscheinlichkeiten wie Tabelle 59 verfeinert. Der Erwartungswert einer Übergangswahrscheinlichkeit beträgt bei zehn Klassen 10 % pro Klasse. Jede Reihe und Spalte beträgt in Summe 100 %, da sich jede Klasse der einen Periode bzw. des einen Merkmals in irgendeiner Kombination komplett auf die Klassen 1 bis 10 der zweiten Periode bzw. Merkmal verteilt. Es wird bei Übergangswahrscheinlichkeiten nicht auf die Gesamtanzahl Fonds als 100 % abgestellt, sondern auf jede Klasse als 100 %.

Bei den Übergangswahrscheinlichkeiten in Tabelle 59 ergibt sich eine Standardabweichung von 2,7 %. Auf deren Basis stellen sich die eingerahmten Übergangswahrscheinlichkeiten als signifikante Abweichungen vom Erwartungswert dar. Dies wurde über einen 2-seitigen T-Test mit der Irrtumswahrscheinlichkeit von 5 % bei einem Freiheitsgrad von 97 ermittelt. Jedoch erscheinen in Anbetracht der großen Anzahl Werte auch genau dieselben standardisierten Abweichungen als signifikant, wenn man eine Normalverteilung unterstellt.

Tabelle 59 zeigt deutlich, dass im vorliegenden Betrachtungszeitraum hohe Information Ratios grundsätzlich bessere Returnerwartungen haben. Die Klasse 1 der Information Ratios hat jeweils überdurchschnittliche Chancen, in den Returnklassen 1 bis 4 zu landen. Die Klasse 2 zeigt sich sogar als individuell signifikant. Eine hohe, aber nicht signifikante Übergangswahrscheinlichkeit von 1 nach 1 war zu erwarten. Aus der Arbeit mit den einzelnen Fonds bei der Berechnung der Kennzahlen konnte man schon vermuten, dass die Spitzenreturns unter Eingehen größerer Risikopositionen gemacht werden und die Fonds mit systematischem Ansatz von Rendite pro Einheit Risiko nicht auf den ganz vordersten Plätzen rangieren. Interessant ist auch der Blickwinkel von der Returnseite her, z.B. Spalte 1. Die erste Klasse Returns rekrutiert sich mit überdurchschnittlichen Wahrscheinlichkeiten aus Information Ratio Klasse 1 bis 5. Die Downside entspricht ebenfalls den Erwartungen und bestätigt die Information Ratio. Die 10. Klasse Information Ratios hat signifikant hohe Übergangswahrscheinlichkeiten zu den letzten beiden Returnklassen und niedere Übergangswahrscheinlichkeiten zu guten Returnklassen. Zu Returnklasse 3 bestehen sogar signifikant niedere Übergangswahrscheinlichkeiten.

Tabelle 59: Übergangswahrscheinlichkeiten 2Y 3F IR auf 1Y Return

	Return									
IR	1	2	3	4	5	6	7	8	9	10
1	13,7	16,7	13,2	12,8	9,4	7,1	5,8	7,7	7,4	6,1
2	11,2	8,5	9,2	13,7	13,6	13,1	9,0	10,0	7,3	4,4
3	13,2	12,7	12,9	11,0	7,8	9,6	9,2	11,2	6,9	5,5
4	12,9	11,7	13,1	10,0	8,6	8,6	9,6	8,8	7,8	9,0
5	10,8	12,7	11,5	8,4	11,7	11,3	8,1	7,9	7,8	9,8
6	7,9	10,8	11,7	11,6	9,0	10,5	9,4	7,9	10,8	10,2
7	8,9	6,9	6,3	10,2	10,2	11,0	14,8	10,4	12,3	9,0
8	7,1	9,6	7,7	7,8	9,3	10,2	13,1	8,9	13,1	13,2
9	8,9	4,8	9,7	10,0	11,0	8,8	8,4	13,5	10,6	14,3
10	5,3	5,8	4,6	4,7	9,2	9,8	12,7	13,6	16,0	18,5

Bemerkungen:
Alle Angaben in Prozent.
Return: Annualisiert über Zeitraum 1/2005 bis 12/2005.
3-Faktor-IR: Annualisiert über Zeitraum 1/2003 bis 12/2004 berechnet mit S&P/Citigroup-Indizes.
Sample: Set 12/2005 mit Survivorship Bias.

Nach der inhaltlichen Betrachtung des Outputs des Faktormodells im Sinne der Selektionsfähigkeit werden nun die Charakteristika des Modells selbst betrachtet. Der adjustierte Determinationskoeffizient des 3-Faktorenmodells (adjustiertes R^2) erreicht beim Zeitfenster von zwei Jahren durchschnittlich 0,87. Er hat eine Standardabweichung von 0,13 über das Sample.

Tabelle 60 zeigt den üblichen Testkatalog mit F- und T-Tests für den Lauf des Faktormodells mit dem Zeitfenster 2 Jahre wie in Kapitel 4.3. Jedoch wurde er mit einem Unterschied berechnet. Es wurde eine zweiseitige T-Verteilung zugrunde gelegt, um bei diesen Signifkanztests der Anzahl Datenpunkte kleiner 30 gerecht zu werden. Wie durchgehend in der gesamten Arbeit wird ein Signifikanzniveau von 95 % verwendet. Ganz unten in dieser Tabelle befindet sich der F-Test. Dieser hinterfragt das Faktormodell in seiner Gesamtheit. Ergeben die unabhängigen Variablen gemeinsam eine Verbesserung der Vorhersage im Vergleich zur reinen Schätzung des Mittelwertes? Beim Zeitfenster von zwei Jahren in Tabelle 60 trifft dies bei fast 99 % der Fonds zu. Dabei wurden ein Zählerfreiheitsgrad von 3 und ein Nennerfreiheitsgrad von 32 benutzt.

Tabelle 60: T-Test und F-Test am Zeitfenster 2 Jahre

		Signifikant mit 95% Wahrscheinlichkeit?			
		Nein!	Ja!		
Bezug	Gesamtanzahl	Gesamt	Gesamt	>0	<0
		T-Test			
Alpha	7.423	6.482	941	167	774
MARKT	7.423	108	7.315	7.281	34
HMN*	7.423	4.388	3.035	865	2.170
KMG	7.423	2.734	4.689	4.577	112
		F-Test			
Faktormodell	7.423	95	7.328		

Bemerkung:
Zeitraum 1/2003 bis 12/2004; Signifikanztest mit T-Verteilung (FG 21).

Die individuellen T-Tests der Faktoren Tabelle 60 ergeben ein gemischtes Bild. Der jeweilige Betrag des Quotienten aus Faktorsensitivität und Standardfehler wird in die T-Verteilung eingesetzt. Beim Zeitfenster 24 Monate ergibt sich ein Freiheitsgrad 21 für den T-Test. Der Faktor *KMG* (Small-Caps minus Large-Cap) ist bei 37 % der Fonds nicht signifikant und bei 63 % signifikant. Interessanterweise weisen von den signifikanten Sensitivitäten 98 % ein positives Vorzeichen und nur 2 % ein negatives Vorzeichen auf. Es gibt folglich kaum einen Fonds, der die positive Entwicklung der Small-Caps in den letzten Jahren nicht genutzt hat. Der Faktor *HMN** ist bei 59 % nicht und nur bei 41 % signifikant. Die Mehrzahl der signifikanten Fonds hatte ein vermehrtes Gewicht auf Value-Stocks. Der Faktor *MARKT* dagegen ist bei nur 1,5 % nicht und bei 98,5 % signifikant, davon bei fast 100 % mit positiver Sensitivität. Die Konstante ist bei 13 % der Fonds signifikant, davon haben ca. 18 % ein positives Ergebnis, d.h. nur 2 % der

Gesamtanzahl haben ein signifikant positives Alpha. Diese Ergebnisse des Faktormodells sind nicht überdurchschnittlich, aber aufgrund der guten Ergebnisse des F-Tests und der T-Tests außer bei *HMN** in Summe akzeptabel. Die individuellen T-Tests haben auch eine zeitliche Komponente. Wenn ein Faktortrend wie *HMN** gerade in dieser Untersuchungsperiode weniger dominant ist, helfen auch mehr Datenpunkte nicht unbedingt. Es bleibt zu sehen, wie die Variation der Anzahl der Datenpunkte die Ergebnisse verändert.

Zuerst wird das kürzere Zeitfenster von einem Jahr dahingehend geprüft, ob sich die Prognosequalität der Information Ratio erhöht. Die Häufigkeitsverteilung – analog zu Tabelle 58 – ist im Folgenden nicht mehr dargestellt. Sie hat einen Erwartungswert von 79,4 entsprechend der Gesamtanzahl von 7.940. Daraus ergibt sich ein Chi-Quadrat von 427,93 bei einem Freiheitsgrad von 97. Damit beträgt die Zufälligkeitswahrscheinlichkeit wieder 0,0 %. Tabelle 61 zeigt gleich die Matrix der Übergangswahrscheinlichkeiten.

Tabelle 61: Übergangswahrscheinlichkeiten 1Y 3F IR auf 1Y Return

	Return									
IR	1	2	3	4	5	6	7	8	9	10
1	10,8	12,1	13,7	13,1	7,1	8,6	8,4	12,2	8,3	5,8
2	8,4	11,0	12,2	10,7	13,6	12,6	9,6	7,4	8,1	6,3
3	8,8	10,8	7,1	10,5	11,3	7,6	12,2	10,8	12,2	8,7
4	14,9	13,6	8,9	8,8	7,7	8,9	9,2	8,8	9,3	9,8
5	13,0	9,3	10,7	8,2	13,4	9,8	7,6	5,9	8,1	14,1
6	10,3	11,2	11,8	8,3	8,9	9,9	8,9	13,5	6,2	10,8
7	5,4	9,2	13,6	11,7	9,2	9,7	9,2	8,8	13,2	9,9
8	11,7	7,8	5,8	10,7	9,7	12,7	11,8	10,7	10,6	8,4
9	12,6	8,2	9,1	8,7	6,4	11,2	11,7	11,3	10,6	10,2
10	4,0	6,8	7,1	9,3	12,7	8,9	11,3	10,5	13,5	15,9

Bemerkungen:
Alle Angaben in Prozent
Return: Annualisiert über Zeitraum 1/2005 bis 12/2005.
3-Faktor-IR: Annualisiert über Zeitraum 1/2004 bis 12/2004 berechnet mit S&P/Citigroup-Indizes.
Sample: Set 12/2005 mit Survivorship Bias.

Die Übergangswahrscheinlichkeiten in Tabelle 62 haben systematisch wieder einen Erwartungswert von 10,0 % und diesmal eine Standardabweichung von 2,3 %. Das Zeitfenster 1 Jahr hat entgegen den Erwartungen eine geringere Streuung. Jedoch ist das Ergebnisbild – sowohl bezogen auf die individuell signifikanten Elemente der Matrix als auch – schlechter als das 2-Jahresergebnis. Die Matrix wirkt sehr clusterhaft und weit weniger harmonisch. Teilt man die Matrix in vier Quadrate, erscheinen beim Zeitfenster 2 Jahre in Tabelle 59 tendenziell die Werte größer als 10 % in den Quadranten links oben und recht unten. Die Werte in den Quadranten links unten und rechts oben sind tendenziell unter 10 %, sowohl die signifikanten als auch die nicht signifikanten Werte. Dies zeigt sich hier deutlich weniger ausgeprägt. Das Indiz der Korrelationskoeffizienten bestätigt sich. Die Information Ratio, berechnet über das Zeitfenster Jahr 2004, hat in Bezug auf die Returns für 2005 weniger Erklärungsgehalt als die Information Ratio, berechnet über das Zeitfenster von 2003 bis 2004. Tabelle 62 zeigt den Testkatalog des Faktormodells zum Zeitfenster 1 Jahr.

Tabelle 62: T-Test und F-Test am Zeitfenster 1 Jahr

		Signifikant mit 95% Wahrscheinlichkeit?			
		Nein!	Ja!		
Bezug	Gesamtanzahl	Gesamt	Gesamt	>0	<0
			T-Test		
Alpha	7.940	6.749	1.191	111	1.080
MARKT	7.940	248	7.692	7.664	28
HMN*	7.940	6.183	1.757	178	1.579
KMG	7.940	3.889	4.051	3.987	64
			F-Test		
Faktormodell	7.940	243	7.697		

Bemerkung:
Zeitraum 1/2004 bis 12/2004; Signifikanztest mit T-Verteilung (FG 21).

Der F-Test in Tabelle 62 ist bei einem Nennerfreiheitsgrad von 8 durch die geringere Anzahl Datenpunkte um nur ca. zwei Prozentpunkte auf 97 % der Fonds abgesunken. Der Zählerfreiheitsgrad veränderte sich dabei aufgrund der konstanten Anzahl Regressoren in diesem Kapitel nicht und bleibt bei allen Zeitfenstern bei 3. Die T-Tests wurden mit der T-Verteilung bei einem Freiheitsgrad von 9 getestet. Der Faktor *KMG* ist dabei um 12 Prozentpunkte auf 51 % signifikanter Fälle abgesunken. Der Faktor *HMN** ist um 19 Prozentpunkte auf 22 % zurückgegangen. Der Faktor *MARKT* ist um 1,6 Prozentpunkte auf 96,9 % zurückgegangen. Es zeigen sich 15 % signifikant von null verschiedene Alphas. Das sind zwei Prozentpunkte mehr und davon sind jedoch nur noch 9 % positiv, was ein Total von 1 % signifikant positiver Alphas – bezogen auf die Gesamtanzahl – bedeutet. Das durchschnittliche R^2_{adj} zeigt sich wenig verändert. Mit 0,85 ist es leicht geringer mit geringfügig erhöhter Standardabweichung von 0,17 gegenüber dem Zeitfenster 2 Jahre, welches einen Mittelwert von 0,87 und eine Standardabweichung von 0,13 aufweist.

Als Nächstes wird das Zeitfenster 3 Jahre untersucht. Die Häufigkeitsverteilung hat einen Erwartungswert von 69 pro Klasse und ist ebenfalls nicht zufällig (Chi-Quadrat von 418). Die Matrix der Übergangswahrscheinlichkeiten in Tabelle 63 hat eine Standardabweichung von 2,5 % und liegt damit zwischen den beiden anderen Zeitfenstern.

Tabelle 63: Übergangswahrscheinlichkeiten 3Y 3F IR auf 1Y Return

	Return									
IR	1	2	3	4	5	6	7	8	9	10
1	11,0	13,9	11,3	15,7	8,8	8,7	8,1	8,1	8,6	5,7
2	12,9	10,9	11,5	10,6	13,5	8,0	8,6	9,6	5,7	9,0
3	12,3	10,0	11,2	8,4	10,3	10,3	8,3	9,1	8,1	11,9
4	7,7	13,6	10,6	10,3	9,1	13,1	8,7	6,4	9,0	11,6
5	9,4	10,9	12,0	9,1	9,1	12,5	9,6	9,7	10,6	7,1
6	13,2	12,3	12,9	9,1	6,4	7,3	10,2	9,1	11,6	7,8
7	9,0	10,0	10,6	8,8	13,2	10,3	7,5	12,6	12,3	5,7
8	10,9	7,4	9,6	9,6	10,7	7,3	12,2	10,6	9,3	12,5
9	6,4	5,9	7,0	12,6	9,0	11,6	12,9	9,1	11,9	13,6
10	7,1	5,1	3,3	5,8	10,0	11,0	13,9	15,7	12,9	15,2

Bemerkungen:
Alle Angaben in Prozent
Return: Annualisiert über Zeitraum 1/2005 bis 12/2005.
3-Faktor-IR: Annualisiert über Zeitraum 1/2002 bis 12/2004 berechnet mit S&P/Citigroup-Indizes.
Sample: Set 12/2005 mit Survivorship Bias.

Die Übergangswahrscheinlichkeiten an sich in Tabelle 63 wirken in der Quadrantenbetrachtung wieder wesentlich besser als das Zeitfenster 1 Jahr, aber nicht so gut wie das

Zeitfenster 2 Jahre. Die Klasse 6 Information Ratio stört etwas die optische Harmonie, jedoch sind die höheren Übergangswahrscheinlichkeiten eher um die Hauptdiagonale angeordnet als beim Zeitfenster 1 Jahr.

Die Tests in Tabelle 64 sollten bei diesem Zeitfenster jetzt bessere Werte zeigen als bei den beiden anderen. Der F-Test ist bei einem Nennerfreiheitsgrad von 32 mit 99,7 % auf einem Niveau von knapp einem Prozentpunkt über dem Zeitfenster 2 Jahre. Die T-Tests werden auch bei 36 Monaten zur Vergleichbarkeit ebenfalls wieder anhand einer zweiseitigen T-Verteilung, aber mit einem Freiheitsgrad von 33 getestet. Der Faktor *KMG* liegt bei 71 % signifikanter Fälle. Das sind 8 Prozentpunkte über denjenigen im Zeitfenster 2 Jahre, *HMN** liegt bei 61 %, das sind 20 Prozentpunkte mehr. *MARKT* ist um 1,2 Prozentpunkte höher bei 99,7 %. Es zeigen sich 17 % signifikante Alphas, davon sind 18 % positiver Natur, das sind 3 % der Gesamtanzahl. Das durchschnittliche R^2_{adj} ist auch gestiegen. Mit 0,91 ist es leicht höher und mit etwas geringerer Standardabweichung gegenüber dem Zeitfenster 2 Jahre. Die Standardabweichnung liegt nur noch bei 0,09.

Tabelle 64: T-Test und F-Test am Zeitfenster 3 Jahre

		Signifikant mit 95% Wahrscheinlichkeit?			
		Nein!	Ja!		
Bezug	Gesamtanzahl	Gesamt	Gesamt	>0	<0
			T-Test		
Alpha	6.896	5.692	1.204	213	991
MARKT	6.896	22	6.874	6.840	34
HMN*	6.896	2.659	4.237	1.720	2.517
KMG	6.896	2.012	4.884	4.756	128
			F-Test		
Faktormodell	6.896	18	6.878		

Bemerkung:
Zeitraum 1/2002 bis 12/2004; Signifikanztest mit T-Verteilung (FG 21).

Schließlich wird noch das Zeitfenster 5 Jahre betrachtet. Die Anzahl der Fonds mit fünf bzw. sechs Jahren eines durchgehenden Track Records ist wesentlich geringer, daher hat die Häufigkeitsverteilung einen Erwartungswert von 55,1. Das Chi-Quadrat beträgt 258.

Die Verteilung ist damit abermals nicht zufällig.

Tabelle 65 zeigt die Übergangswahrscheinlichkeiten des Zeitfensters 5 Jahre.

Tabelle 65: Übergangswahrscheinlichkeiten 5Y 3F IR auf 1Y Return

	Return									
IR	1	2	3	4	5	6	7	8	9	10
1	6,9	14,0	8,2	12,9	10,5	8,3	5,8	10,7	7,6	15,1
2	9,1	8,0	14,0	11,8	11,6	12,2	8,3	8,3	8,7	8,0
3	9,6	10,5	9,1	6,7	10,2	11,6	12,7	10,7	11,8	7,1
4	9,1	10,0	9,6	8,9	6,0	11,6	12,5	10,5	12,2	9,8
5	9,6	8,5	10,7	12,9	8,2	7,6	10,0	8,0	12,0	12,5
6	10,5	7,8	11,6	10,7	8,3	11,1	9,8	9,3	10,9	10,0
7	11,2	10,9	12,3	7,8	14,5	7,3	10,5	10,5	8,3	6,7
8	12,7	14,0	11,8	7,6	11,1	11,2	9,4	7,3	8,7	6,2
9	12,9	8,2	7,3	10,5	9,8	12,0	7,8	11,1	7,6	12,9
10	8,5	8,0	5,4	10,5	9,6	7,3	13,1	13,6	12,2	12,0

Bemerkungen:
Alle Angaben in Prozent
Return: Annualisiert über Zeitraum 1/2005 bis 12/2005.
3-Faktor-IR: Annualisiert über Zeitraum 1/2000 bis 12/2004 berechnet mit S&P/Citigroup-Indizes.
Sample: Set 12/2005 mit Survivorship Bias.

Tabelle 65 zeigt mit einer Standardabweichung von 2,2 % die niedrigste Streuung der vier Zeitfenster. Jedoch sind die Ergebnisse erwartungsgemäß ziemlich schwach. Der linke obere Quadrant ist sehr schwach besetzt. Hohe Übergangswahrscheinlichkeiten treten eher links unten auf. Im rechten Bereich ist es etwas ausgeglichener und eine klare Konzentration ist nicht zu beobachten. Schlechte Fonds bleiben wohl auch über längere Zeiträume schlecht. Die Tendenz der Beobachtung aus Tabelle 57 – also dem Vergleich der Klassengrenzen der Dezile über alle Zeitfenster – scheint sich hier zu bestätigen. Es ist sehr anspruchsvoll für einen Fonds, über längere Zeiträume gut zu sein und kaum einer schafft es, daher ist der Quadrant links oben so schwach besetzt. Der lange Zeitraum identifiziert sehr wenig Gewinner für 2005. Die Fondsindustrie ist ein kompetitiver Markt, in welchem durch Personenkapazitäten, Research und Statistik sowie Infrastruktur und unternehmerische Prozesse systematisch Information in Anlageerfolg oder -misserfolg umgewandelt wird. Da ist es nicht einfach, auf Dauer zur Spitze zu gehören. Besonders schwierig ist es mit einem systematischen Approach. Die Spitze wird ständig von einigen Marktteilnehmern mit überdimensionalen Risikoexposures attackiert.

Die Tests am Faktormodell dagegen verbessern sich erwartungsgemäß weiter. Jedoch flacht sich der Zuwachs ab. In Tabelle 66 sind beim F-Test mit Nennerfreiheitsgrad von 56 wieder nur 0,3 % nicht signifikant – wie beim Zeitfenster 3 Jahre. Das ist nach wie vor der Zuwachs von knapp einem Prozentpunkt gegenüber dem Zeitfenster 2 Jahre. Die T-Tests werden diesmal mit einem Freiheitsgrad 57 berechnet. *KMG* verbessert sich dabei um weitere 6 Prozentpunkte gegenüber dem Zeitfenster 3 Jahre auf 77 %. Das sind nun 14 Prozentpunkte gegenüber dem 2-Jahreszeitfenster. *HMN** steigt auf 81 %. Das sind 20 Prozentpunkte gegenüber dem Zeitfenster 3 Jahre und 40 Prozentpunkte gegenüber dem Zeitfenster 2 Jahre. Der Faktor *MARKT* zeigt sich mit 99,7 %. Hier ist der Zuwachs auf diesem Niveau nicht mehr so groß. Es gibt 32 % signifikante Alphas, davon 32 % positiv – das sind bezogen auf die Gesamtanzahl diesmal 7 %. Das durchschnittliche R^2_{adj} ist ein wenig gefallen. Es wirkt aber sehr unempfindlich gegenüber der Länge des Zeitfensters. Mit 0,87 und einer Standardabweichung von 0,10 ist es auf dem Niveau des Zeitfensters 2 Jahre.

Tabelle 66: T-Test und F-Test am Zeitfenster 5 Jahre

		Signifikant mit 95% Wahrscheinlichkeit?			
		Nein!	Ja!		
Bezug	Gesamtanzahl	Gesamt	Gesamt	>0	<0
			T-Test		
Alpha	5.513	4.252	1.261	405	856
MARKT	5.513	15	5.498	5.476	22
HMN*	5.513	1.032	4.481	2.025	2.456
KMG	5.513	1.276	4.237	4.161	76
			F-Test		
Faktormodell	5.513	14	5.499		

Bemerkung:
Zeitraum 1/2000 bis 12/2004; Signifikanztest mit T-Verteilung (FG 21).

Anhang 6: Verschiedene Tests der Faktormodelle

Die Signifikanztests wurden mit einer zweiseitigen T-Verteilung mit Freiheitsgrad 21 durchgeführt und ein Signifikanzniveau von 95 % wurde verwendet.

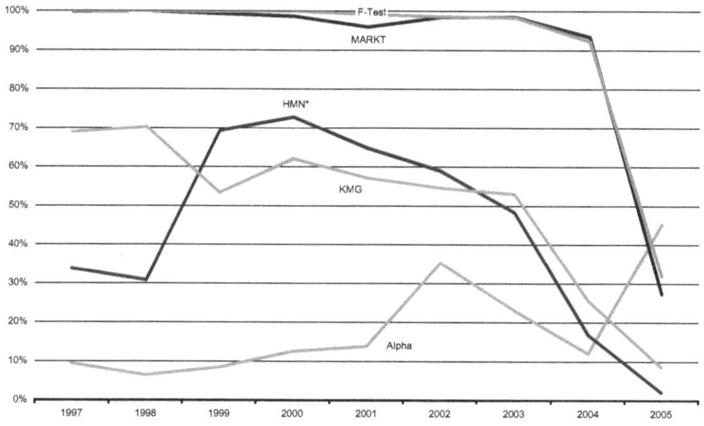

Quelle: Eigene Darstellung

Abbildung 30: F- & T-Test des 3F-Modells an Toten des Gesamtsamples

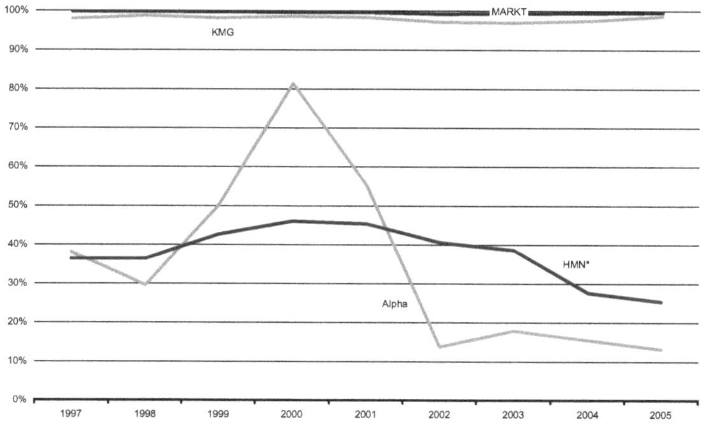

Quelle: Eigene Darstellung

Abbildung 31: Anteil positiver Vorzeichen 3-Faktorenmodell aller Fonds

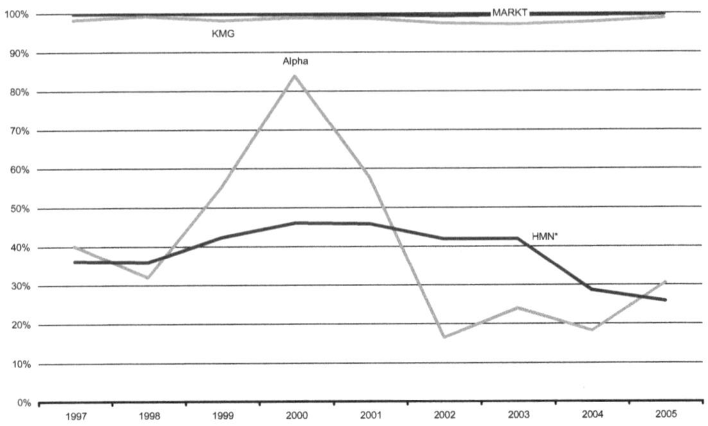

Quelle: Eigene Darstellung

Abbildung 32: Anteil positiver Vorzeichen 3-Faktormodell überlebende Fonds

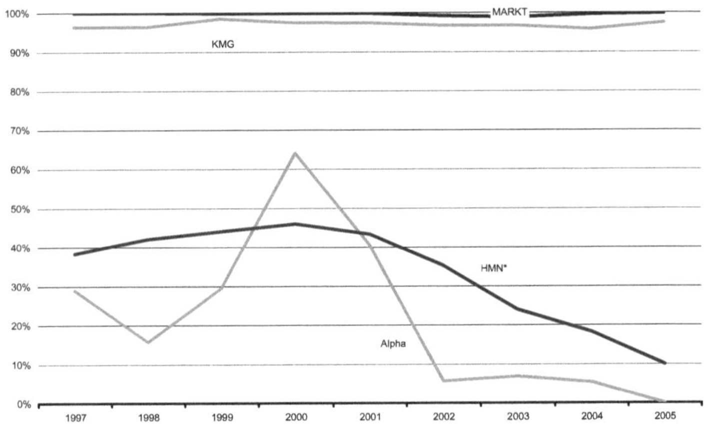

Quelle: Eigene Darstellung

Abbildung 33: Anteil positiver Vorzeichen 3-Faktorenmodell gestorbene Fonds

Für Abbildung 31 bis Abbildung 33 ist jeweils die Anzahl signifikanter Fonds die Basis für 100 %.

Anhang 7: Return auf Return zurück bis 1994 auf 1995

Tabelle 67: Übergangsmatrix 2Y Return (12/2004) auf 1Y Return (12/2005)

	Return (Sets 1/2005 bis12/2005)										
Return*	1	2	3	4	5	6	7	8	9	10	vor 2005
1	19,5	12,3	11,7	9,8	8,1	6,2	5,4	7,2	7,2	12,5	0,8
2	14,3	12,8	13,1	12,9	11,1	10,7	8,3	6,0	4,2	6,6	1,3
3	12,0	22,7	14,6	11,9	10,5	5,3	5,9	4,4	7,7	5,1	2,2
4	14,1	17,6	18,8	11,9	6,5	6,9	5,9	7,8	3,8	6,8	3,5
5	10,7	10,8	10,4	15,0	10,7	9,5	8,6	8,3	6,6	9,5	2,5
6	7,7	6,5	12,2	9,2	13,4	13,5	11,1	10,1	9,3	7,1	4,6
7	5,7	6,5	8,0	11,3	11,9	17,9	15,2	8,7	8,3	6,8	3,8
8	5,7	5,0	4,5	9,0	11,4	14,6	15,9	13,5	12,6	7,7	7,5
9	5,6	2,9	2,7	5,3	11,9	11,0	13,2	17,0	16,7	13,7	7,8
10	4,7	3,0	4,2	3,6	4,5	4,5	10,7	16,8	23,6	24,5	66,1

Bemerkungen:
Zahlendarstellung erfolgt in Prozent der jeweiligen Gesamtanzahl; signifikante Werte sind eingerahmt.
Return (oben): Annualisiert über Zeitraum 1/2005 bis 12/2005.
Return* (links): Annualisiert über Zeitraum 1/2003 bis 12/2004.
Sample: Bereinigtes Sample ohne Survivorship Bias aus Sets 3/2003 bis 12/2005.

Tabelle 68: Spezifika der Verteilungen 12/2004 auf 12/2005

	Return (Sets 1/2005 bis12/2005)	Return (Sets vor 2005)
Erwartungswert (%)	10,0	10,0
Standardabweichung (%)	4,6	19,8
Erwartungswert	66,5	127,3
Chi-Quadrat	1.422	4.510
Freiheitgrad	97	7
Wahrscheinlichkeit	0,00	0,00
Gesamtanzahl	6.651	1.273

Bemerkungen:
Signifikante Werte sind eingerahmt.
Sample: Bereinigtes Sample ohne Survivorship Bias aus Sets 3/2003 bis 12/2005.

Tabelle 69: Übergangsmatrix 2Y Return (12/2003) auf 1Y Return (12/2004)

	Return (Sets 1/2004 bis12/2005)										
Return*	1	2	3	4	5	6	7	8	9	10	vor 2004
1	50,8	17,4	10,6	6,4	3,9	2,8	1,5	1,2	1,8	3,4	1,8
2	27,0	23,9	15,8	8,2	7,3	5,1	1,6	1,8	5,2	4,2	2,5
3	10,4	13,1	18,8	16,5	8,8	10,1	7,2	5,1	3,3	6,7	2,7
4	1,6	11,8	12,2	18,5	18,0	10,7	11,2	4,3	5,8	6,0	1,2
5	2,2	11,2	10,4	11,9	17,6	11,8	14,6	8,8	4,3	7,0	2,3
6	1,8	7,2	8,1	10,6	10,6	16,1	16,4	13,6	6,9	8,8	3,5
7	2,2	4,8	5,7	9,4	12,7	16,0	13,6	11,5	11,6	12,7	6,3
8	1,3	3,4	6,9	8,3	8,8	13,1	11,5	17,9	18,0	10,7	9,0
9	0,4	4,0	7,0	5,1	5,8	8,1	12,2	19,4	21,5	16,5	12,5
10	1,9	3,4	4,5	5,1	6,6	6,1	10,3	16,5	21,6	24,0	58,3

Bemerkungen:
Zahlendarstellung erfolgt in Prozent der jeweiligen Gesamtanzahl; signifikante Werte sind eingerahmt.
Return (oben): Annualisiert über Zeitraum 1/2004 bis 12/2004.
Return* (links): Annualisiert über Zeitraum 1/2002 bis 12/2003.
Sample: Bereinigtes Sample ohne Survivorship Bias aus Sets 3/2003 bis 12/2005.

Tabelle 70: Spezifika der Verteilungen 12/2003 auf 12/2004

	Return (Sets 1/2004 bis12/2005)	Return (Sets vor 2004)
Erwartungswert (%)	10,0	10,0
Standardabweichung (%)	7,2	17,4
Erwartungswert	67,1	60,2
Chi-Quadrat	3.462	1.632
Freiheitgrad	97	7
Wahrscheinlichkeit	0,00	0,00
Gesamtanzahl	6.708	602

Bemerkungen:
Signifikante Werte sind eingerahmt.
Sample: Bereinigtes Sample ohne Survivorship Bias aus Sets 3/2003 bis 12/2005.

Tabelle 71: Übergangsmatrix 2Y Return (12/2002) auf 1Y Return (12/2003)

	Return (Sets 3/2004 bis12/2005)									
Return*	1	2	3	4	5	6	7	8	9	10
1	21,4	19,0	16,3	6,9	4,3	5,8	3,0	5,1	4,2	13,8
2	18,0	15,9	13,5	12,7	6,7	8,5	6,6	4,9	6,6	6,3
3	6,4	9,1	10,9	13,6	13,9	8,4	9,6	10,5	8,1	9,3
4	6,3	6,3	8,2	9,9	10,3	13,6	12,1	13,0	11,1	9,0
5	5,5	8,5	5,7	9,7	12,6	12,3	12,7	9,0	12,9	10,9
6	6,9	5,5	8,8	8,8	10,6	15,4	12,7	9,1	10,8	11,1
7	5,1	7,6	7,2	6,0	10,9	12,0	9,9	12,9	15,0	13,3
8	10,2	4,2	7,9	8,8	7,8	7,8	13,5	13,9	13,8	11,8
9	8,4	11,5	7,9	9,6	8,5	9,9	13,3	11,4	12,0	7,3
10	11,7	12,0	13,3	13,8	14,1	6,0	6,4	10,0	5,5	7,0

Bemerkungen:
Zahlendarstellung erfolgt in Prozent der Gesamtanzahl; signifikante Werte sind eingerahmt.
Return (oben): Annualisiert über Zeitraum 1/2003 bis 12/2003.
Return* (links): Annualisiert über Zeitraum 1/2001 bis 12/2002.
Sample: Bereinigtes Sample ohne Survivorship Bias aus Sets 3/2003 bis 12/2005.

Tabelle 72: Spezifika der Verteilung 12/2002 auf 12/2003

	Return (Sets 3/2004 bis12/2005)
Erwartungswert (%)	10,0
Standardabweichung (%)	3,5
Erwartungswert	66,7
Chi-Quadrat	813
Freiheitgrad	97
Wahrscheinlichkeit	0,00
Gesamtanzahl	6.668

Bemerkungen:
Signifikante Werte sind eingerahmt.
Sample: Bereinigtes Sample ohne Survivorship Bias aus Sets 3/2003 bis 12/2005.

Tabelle 73: Übergangsmatrix 2Y Return (12/2001) auf 1Y Return (12/2002)

	Return									
Return*	1	2	3	4	5	6	7	8	9	10
1	41,7	18,8	14,0	11,0	3,3	6,1	2,3	0,9	1,2	1,2
2	24,1	27,0	14,3	7,2	7,5	5,8	7,7	1,7	1,2	3,1
3	16,9	19,9	16,0	12,2	12,0	4,5	5,1	6,1	3,1	4,0
4	7,7	14,8	16,7	20,8	9,4	8,2	8,9	3,7	4,0	5,8
5	2,3	9,4	11,7	18,1	13,4	10,3	14,7	7,8	4,0	8,4
6	4,4	4,9	12,0	11,7	17,4	12,0	11,9	14,7	2,4	8,4
7	1,0	3,1	2,4	11,7	15,3	21,1	14,8	14,5	9,4	6,6
8	0,7	1,6	2,8	2,3	11,9	15,5	14,1	17,1	22,2	11,9
9	0,7	0,0	7,8	1,7	5,2	12,2	14,0	19,2	23,7	15,3
10	0,5	0,3	2,1	3,5	4,4	4,2	6,8	14,3	28,8	35,2

Bemerkungen:
Zahlendarstellung erfolgt in Prozent der Gesamtanzahl; signifikante Werte sind eingerahmt.
Return (oben): Annualisiert über Zeitraum 1/2002 bis 12/2002.
Return* (links): Annualisiert über Zeitraum 1/2000 bis 12/2001.
Sample: Bereinigtes Sample ohne Survivorship Bias aus Sets 3/2003 bis 12/2005.

Tabelle 74: Spezifika der Verteilung 12/2001 auf 12/2002

	Return
Erwartungswert (%)	10,0
Standardabweichung (%)	7,9
Erwartungswert	57,3
Chi-Quadrat	3.516
Freiheitgrad	97
Wahrscheinlichkeit	0,00
Gesamtanzahl	5.733

Bemerkungen:
Signifikante Werte sind eingerahmt.
Sample: Bereinigtes Sample ohne Survivorship Bias aus Sets 3/2003 bis 12/2005.

Tabelle 75: Übergangsmatrix 2Y Return (12/2000) auf 1Y Return (12/2001)

	Return									
Return*	1	2	3	4	5	6	7	8	9	10
1	6,4	5,0	3,7	4,6	7,2	9,7	6,0	13,3	12,6	31,7
2	17,2	12,0	9,3	4,8	9,1	9,7	5,8	5,8	8,1	18,0
3	11,6	14,1	11,8	8,1	12,0	4,8	5,2	5,4	13,9	13,0
4	10,6	14,3	10,8	15,7	5,6	6,4	10,1	3,9	15,1	7,5
5	9,5	11,4	16,6	8,9	9,5	6,6	10,2	12,4	8,7	6,4
6	11,4	11,0	15,7	10,2	9,1	6,2	9,9	11,8	12,2	2,7
7	9,5	10,1	10,4	14,3	11,2	8,9	13,7	12,0	5,8	3,9
8	4,1	4,6	7,9	16,2	13,0	20,9	12,2	8,7	9,3	3,1
9	4,8	10,4	7,5	9,1	13,9	14,5	16,6	11,4	5,8	5,8
10	14,9	7,3	5,8	7,9	9,7	12,4	10,2	15,3	8,5	8,1

Bemerkungen:
Zahlendarstellung erfolgt in Prozent der Gesamtanzahl; signifikante Werte sind eingerahmt.
Return (oben): Annualisiert über Zeitraum 1/2001 bis 12/2001.
Return* (links): Annualisiert über Zeitraum 1/1999 bis 12/2000.
Sample: Bereinigtes Sample ohne Survivorship Bias aus Sets 3/2003 bis 12/2005.

Tabelle 76: Spezifika der Verteilung 12/2000 auf 12/2001

	Return
Erwartungswert (%)	10,0
Standardabweichung (%)	4,4
Erwartungswert	51,7
Chi-Quadrat	984
Freiheitgrad	97
Wahrscheinlichkeit	0,00
Gesamtanzahl	5.172

Bemerkungen:
Signifikante Werte sind eingerahmt.
Sample: Bereinigtes Sample ohne Survivorship Bias aus Sets 3/2003 bis 12/2005.

Tabelle 77: Übergangsmatrix 2Y Return (12/1999) auf 1Y Return (12/2000)

Return*	1	2	3	4	5	6	7	8	9	10
1	4,4	2,6	5,5	5,1	9,7	13,0	6,8	6,8	13,9	32,2
2	4,4	2,6	4,6	6,6	6,6	10,8	16,7	13,7	18,9	15,0
3	0,4	2,9	5,7	4,8	7,9	5,7	15,4	10,4	24,2	22,5
4	5,9	4,8	3,7	7,9	5,7	10,6	20,5	18,3	15,2	7,3
5	3,1	5,5	4,6	4,4	5,9	15,0	14,8	22,7	13,7	10,4
6	5,9	13,0	9,2	10,6	14,3	11,7	7,5	15,9	7,9	4,0
7	9,0	13,4	9,7	12,3	17,8	13,4	9,7	4,4	3,3	6,8
8	15,2	13,4	13,9	22,7	16,5	7,3	4,0	3,1	2,4	1,5
9	15,6	18,3	25,8	18,5	10,6	5,5	2,9	2,4	0,0	0,4
10	35,9	23,3	17,2	7,0	4,8	7,0	1,8	2,4	0,4	0,2

(Spaltenüberschrift: Return)

Bemerkungen:
Zahlendarstellung erfolgt in Prozent der Gesamtanzahl; signifikante Werte sind eingerahmt.
Return (oben): Annualisiert über Zeitraum 1/2000 bis 12/2000.
Return* (links): Annualisiert über Zeitraum 1/1998 bis 12/1999.
Sample: Bereinigtes Sample ohne Survivorship Bias aus Sets 3/2003 bis 12/2005.

Tabelle 78: Spezifika der Verteilung 12/1999 auf 12/2000

	Return
Erwartungswert (%)	10,0
Standardabweichung (%)	7,1
Erwartungswert	45,4
Chi-Quadrat	2.284
Freiheitgrad	97
Wahrscheinlichkeit	0,00
Gesamtanzahl	4.541

Bemerkungen:
Signifikante Werte sind eingerahmt.
Sample: Bereinigtes Sample ohne Survivorship Bias aus Sets 3/2003 bis 12/2005.

Tabelle 79: Übergangsmatrix 2Y Return (12/1998) auf 1Y Return (12/1999)

	Return									
Return*	1	2	3	4	5	6	7	8	9	10
1	11,1	15,2	22,6	22,4	14,9	5,1	2,8	3,3	0,3	2,1
2	8,2	8,0	17,8	11,8	24,4	17,0	7,5	4,9	0,5	0,0
3	5,4	8,7	11,3	16,0	13,4	16,7	10,3	12,1	4,9	1,0
4	13,4	9,5	7,5	6,2	9,5	11,8	11,1	13,9	11,6	5,7
5	4,9	8,2	7,7	7,2	12,6	12,1	10,3	12,9	10,3	13,9
6	14,4	7,5	3,9	1,8	6,7	8,7	13,1	11,3	17,5	15,2
7	8,0	15,7	5,1	6,7	3,9	5,4	12,6	11,6	13,9	17,0
8	11,8	9,0	9,3	5,4	8,7	9,0	7,2	13,9	14,7	10,8
9	11,1	8,5	3,3	11,8	4,9	6,7	12,4	8,7	12,4	20,3
10	11,6	10,8	10,6	10,6	1,0	7,2	12,9	7,2	14,2	14,2

Bemerkungen:
Zahlendarstellung erfolgt in Prozent der Gesamtanzahl; signifikante Werte sind eingerahmt.
Return (oben): Annualisiert über Zeitraum 1/1999 bis 12/1999.
Return* (links): Annualisiert über Zeitraum 1/1997 bis 12/1998.
Sample: Bereinigtes Sample ohne Survivorship Bias aus Sets 3/2003 bis 12/2005.

Tabelle 80: Spezifika der Verteilung 12/1998 auf 12/1999

	Return
Erwartungswert (%)	10,0
Standardabweichung (%)	5,0
Erwartungswert	38,9
Chi-Quadrat	947
Freiheitgrad	97
Wahrscheinlichkeit	0,00
Gesamtanzahl	3.886

Bemerkungen:
Signifikante Werte sind eingerahmt.
Sample: Bereinigtes Sample ohne Survivorship Bias aus Sets 3/2003 bis 12/2005.

Tabelle 81: Übergangsmatrix 2Y Return (12/1997) auf 1Y Return (12/1998)

	Return									
Return*	1	2	3	4	5	6	7	8	9	10
1	17,4	12,6	5,1	9,3	10,2	3,9	12,3	3,3	8,7	17,1
2	7,2	14,7	17,4	13,2	3,0	9,6	7,5	6,6	8,1	12,9
3	10,5	9,0	12,6	11,7	11,1	7,5	8,1	9,3	6,6	13,8
4	9,6	13,5	9,3	9,9	10,5	8,1	9,0	12,6	8,7	8,7
5	9,0	5,4	8,1	15,0	9,6	13,8	9,3	14,1	12,3	3,6
6	11,1	4,8	3,3	10,8	8,7	16,2	16,5	12,0	10,8	6,3
7	7,5	12,6	10,5	7,2	11,7	12,9	7,2	9,6	8,7	11,7
8	9,3	15,3	12,3	6,9	14,4	6,3	10,5	10,2	8,4	6,6
9	8,4	6,9	17,4	6,0	13,8	11,4	7,5	11,1	13,8	4,5
10	9,9	5,4	4,2	9,9	7,2	10,5	12,0	11,4	14,1	15,0

Bemerkungen:
Zahlendarstellung erfolgt in Prozent der Gesamtanzahl; signifikante Werte sind eingerahmt.
Return (oben): Annualisiert über Zeitraum 1/1998 bis 12/1998.
Return* (links): Annualisiert über Zeitraum 1/1996 bis 12/1997.
Sample: Bereinigtes Sample ohne Survivorship Bias aus Sets 3/2003 bis 12/2005.

Tabelle 82: Spezifika der Verteilung 12/1997 auf 12/1998

	Return
Erwartungswert (%)	10,0
Standardabweichung (%)	3,4
Erwartungswert	33,4
Chi-Quadrat	392
Freiheitgrad	97
Wahrscheinlichkeit	0,00
Gesamtanzahl	3.337

Bemerkungen:
Signifikante Werte sind eingerahmt.
Sample: Bereinigtes Sample ohne Survivorship Bias aus Sets 3/2003 bis 12/2005.

Tabelle 83: Übergangsmatrix 2Y Return (12/1996) auf 1Y Return (12/1997)

	Return									
Return*	1	2	3	4	5	6	7	8	9	10
1	10,0	11,7	9,4	8,7	7,4	8,0	5,7	9,7	16,1	13,1
2	11,1	17,7	9,4	9,7	6,0	11,7	7,0	12,7	8,4	6,4
3	18,1	11,7	13,1	10,0	8,7	10,7	10,4	4,4	5,4	7,4
4	6,4	8,4	13,7	9,7	13,4	11,1	13,7	10,7	7,4	6,0
5	11,4	10,7	8,7	12,7	10,0	14,7	10,7	7,7	7,4	5,7
6	11,7	14,4	8,4	14,4	12,1	9,4	11,4	5,7	7,0	5,4
7	7,7	6,4	7,7	10,4	13,7	8,7	15,1	12,1	13,4	5,0
8	6,4	7,0	9,0	12,7	14,4	12,7	6,7	14,4	7,0	9,7
9	8,7	9,4	12,1	5,0	6,7	8,0	10,0	12,1	12,7	15,1
10	8,4	2,7	8,4	7,7	7,0	4,4	9,4	10,4	15,4	26,5

Bemerkungen:
Zahlendarstellung erfolgt in Prozent der Gesamtanzahl; signifikante Werte sind eingerahmt.
Return (oben): Annualisiert über Zeitraum 1/1997 bis 12/1997.
Return* (links): Annualisiert über Zeitraum 1/1995 bis 12/1996.
Sample: Bereinigtes Sample ohne Survivorship Bias aus Sets 3/2003 bis 12/2005.

Tabelle 84: Spezifika der Verteilung 12/1996 auf 12/1997

	Return
Erwartungswert (%)	10,0
Standardabweichung (%)	3,6
Erwartungswert	29,9
Chi-Quadrat	379
Freiheitgrad	97
Wahrscheinlichkeit	0,00
Gesamtanzahl	2.986

Bemerkungen:
Signifikante Werte sind eingerahmt.
Sample: Bereinigtes Sample ohne Survivorship Bias aus Sets 3/2003 bis 12/2005.

Tabelle 85: Übergangsmatrix 2Y Return (12/1995) auf 1Y Return (12/1996)

	Return									
Return*	1	2	3	4	5	6	7	8	9	10
1	20,1	5,3	4,9	4,5	5,7	2,3	6,1	6,1	15,9	28,8
2	11,0	17,4	9,1	4,9	8,7	6,8	8,0	18,9	9,9	6,8
3	6,8	20,1	13,3	10,6	8,7	8,7	12,5	11,4	3,4	3,0
4	8,0	9,5	16,7	14,8	12,9	8,3	9,5	7,2	5,7	7,6
5	10,2	13,3	10,6	16,3	13,6	8,7	10,6	8,7	4,5	4,2
6	6,1	6,1	10,2	9,9	12,9	12,1	11,4	11,4	12,1	7,2
7	6,8	6,8	10,6	9,1	11,7	12,5	11,7	11,0	12,9	6,8
8	8,7	6,8	9,5	14,4	9,5	18,2	6,4	7,2	10,2	9,1
9	7,2	10,6	8,3	11,0	7,6	11,4	12,9	13,6	9,9	8,7
10	15,2	3,8	6,8	4,5	9,1	10,6	11,4	4,2	15,5	17,8

Bemerkungen:
Zahlendarstellung erfolgt in Prozent der Gesamtanzahl; signifikante Werte sind eingerahmt.
Return (oben): Annualisiert über Zeitraum 1/1996 bis 12/1996.
Return* (links): Annualisiert über Zeitraum 1/1994 bis 12/1995.
Sample: Bereinigtes Sample ohne Survivorship Bias aus Sets 3/2003 bis 12/2005.

Tabelle 86: Spezifika der Verteilung 12/1995 auf 12/1996

	Return
Erwartungswert (%)	10,0
Standardabweichung (%)	4,3
Erwartungswert	26,4
Chi-Quadrat	488
Freiheitgrad	97
Wahrscheinlichkeit	0,00
Gesamtanzahl	2.639

Bemerkungen:
Signifikante Werte sind eingerahmt.
Sample: Bereinigtes Sample ohne Survivorship Bias aus Sets 3/2003 bis 12/2005.

Tabelle 87: Übergangsmatrix 2Y Return (12/1994) auf 1Y Return (12/1995)

	Return									
Return*	1	2	3	4	5	6	7	8	9	10
1	26,5	10,4	9,1	4,3	7,4	7,4	6,1	3,9	8,2	16,5
2	13,0	13,0	6,5	7,4	8,2	8,2	7,8	9,5	10,8	15,6
3	7,8	12,1	9,5	12,1	7,8	7,8	4,8	8,2	14,3	15,2
4	9,1	8,2	11,3	8,7	10,4	12,1	16,1	9,5	6,9	7,8
5	6,1	14,8	14,3	11,3	6,1	6,9	14,8	12,1	9,5	3,9
6	4,8	10,8	9,1	13,4	12,6	8,2	10,8	11,7	12,1	6,5
7	11,7	10,4	7,8	10,0	11,3	9,1	14,3	10,4	9,5	5,2
8	6,9	7,8	13,0	8,7	13,0	16,9	9,1	11,3	7,8	5,6
9	10,0	7,8	8,7	13,0	10,8	11,7	9,1	9,5	7,8	11,3
10	4,8	3,9	10,4	11,3	12,1	12,1	6,9	13,4	12,6	12,6

Bemerkungen:
Zahlendarstellung erfolgt in Prozent der Gesamtanzahl; signifikante Werte sind eingerahmt.
Return (oben): Annualisiert über Zeitraum 1/1995 bis 12/1995.
Return* (links): Annualisiert über Zeitraum 1/1993 bis 12/1994.
Sample: Bereinigtes Sample ohne Survivorship Bias aus Sets 3/2003 bis 12/2005.

Tabelle 88: Spezifika der Verteilung 12/1994 auf 12/1995

	Return
Erwartungswert (%)	10,0
Standardabweichung (%)	3,4
Erwartungswert	23,1
Chi-Quadrat	271
Freiheitgrad	97
Wahrscheinlichkeit	0,00
Gesamtanzahl	2.305

Bemerkungen:
Signifikante Werte sind eingerahmt.
Sample: Bereinigtes Sample ohne Survivorship Bias aus Sets 3/2003 bis 12/2005.

Anhang 8: SR auf Return über die Gesamtperiode

Tabelle 89: Übergangsmatrix 2Y SR (12/2004) auf 1Y Return (12/2005)

	Return (Sets 1/2005 bis12/2005)										
SR	1	2	3	4	5	6	7	8	9	10	vor 2005
1	16,7	18,6	15,8	14,3	9,2	5,0	4,7	6,5	4,1	5,3	0,9
2	14,0	13,5	11,4	14,6	12,8	10,8	7,7	9,2	2,9	3,2	2,2
3	11,3	10,4	13,5	12,8	15,2	11,1	9,8	7,1	6,0	2,9	1,6
4	9,6	12,8	11,3	10,1	10,4	10,2	13,2	9,8	7,1	5,6	2,0
5	9,5	11,1	11,7	9,9	9,5	14,3	11,0	9,5	7,7	5,9	3,5
6	6,8	9,3	9,8	9,3	11,3	13,1	11,7	10,4	12,3	6,0	2,4
7	7,2	5,4	9,2	9,5	10,8	10,7	16,7	11,1	11,0	8,4	4,5
8	5,4	4,8	5,4	8,0	8,3	12,2	9,3	14,0	14,9	17,7	8,1
9	9,3	9,3	8,0	6,5	7,4	6,8	7,8	11,4	17,3	16,2	15,2
10	10,2	4,7	4,1	5,0	5,3	5,9	8,3	11,0	16,8	29,0	59,5

Bemerkungen:
Zahlendarstellung erfolgt in Prozent der jeweiligen Gesamtanzahl; signifikante Werte sind eingerahmt.
Return (oben): Annualisiert über Zeitraum 1/2005 bis 12/2005.
SR (links): Annualisiert über Zeitraum 1/2003 bis 12/2004.
Sample: Bereinigtes Sample ohne Survivorship Bias aus Sets 3/2003 bis 12/2005.

Tabelle 90: Spezifika der Verteilungen 12/2004 auf 12/2005

	Return (Sets 1/2004 bis12/2005)	Return (Sets vor 2004)
Erwartungswert (%)	10,0	10,0
Standardabweichung (%)	4,6	10,9
Erwartungswert	67,1	60,1
Chi-Quadrat	1.415	639
Freiheitgrad	97	7
Wahrscheinlichkeit	0,00	0,00
Gesamtanzahl	6.709	601

Bemerkungen:
Signifikante Werte sind eingerahmt.
Sample: Bereinigtes Sample ohne Survivorship Bias aus Sets 3/2003 bis 12/2005.

Tabelle 91: Übergangsmatrix 2Y SR (12/2003) auf 1Y Return (12/2004)

	Return (Sets 1/2004 bis12/2005)										
SR	1	2	3	4	5	6	7	8	9	10	vor 2004
1	48,1	17,6	7,2	4,8	3,9	4,3	1,6	1,5	3,7	7,2	1,7
2	26,5	20,1	17,7	11,9	6,4	5,1	3,4	2,4	3,4	3,0	1,5
3	11,2	15,5	19,1	14,6	10,6	7,8	6,1	4,2	4,0	7,0	3,5
4	4,3	10,4	12,5	16,8	16,2	12,1	10,6	4,5	5,4	7,2	1,2
5	1,8	13,1	9,8	13,3	17,0	13,4	13,7	8,6	4,8	4,5	2,3
6	1,9	7,6	9,5	10,7	12,1	14,3	16,8	13,6	6,0	7,5	3,5
7	1,6	4,8	6,4	9,5	13,0	15,7	13,0	11,3	11,6	13,1	5,7
8	1,9	5,7	6,3	9,1	7,6	14,0	11,0	16,4	16,1	11,9	9,3
9	0,4	3,0	7,3	4,9	7,5	7,5	11,0	18,8	22,2	17,4	9,2
10	1,9	2,4	4,0	4,3	5,8	6,0	12,7	18,8	22,8	21,3	62,2

Bemerkungen:
Zahlendarstellung erfolgt in Prozent der jeweiligen Gesamtanzahl; signifikante Werte sind eingerahmt.
Return (oben): Annualisiert über Zeitraum 1/2004 bis 12/2004.
SR (links): Annualisiert über Zeitraum 1/2002 bis 12/2003.
Sample: Bereinigtes Sample ohne Survivorship Bias aus Sets 3/2003 bis 12/2005.

Tabelle 92: Spezifika der Verteilungen 12/2003 auf 12/2004

	Return (Sets 1/2004 bis12/2005)	Return (Sets vor 2004)
Erwartungswert (%)	10,0	10,0
Standardabweichung (%)	6,9	18,6
Erwartungswert	67,1	60,1
Chi-Quadrat	3.185	1.870
Freiheitgrad	97	7
Wahrscheinlichkeit	0,00	0,00
Gesamtanzahl	6.709	601

Bemerkungen:
Signifikante Werte sind eingerahmt.
Sample: Bereinigtes Sample ohne Survivorship Bias aus Sets 3/2003 bis 12/2005.

Tabelle 93: Übergangsmatrix 2Y SR (12/2002) auf 1Y Return (12/2003)

	Return (Sets 3/2004 bis12/2005)									
SR	1	2	3	4	5	6	7	8	9	10
1	24,1	19,3	16,5	6,9	4,3	5,2	3,0	4,3	3,7	12,3
2	21,9	18,4	15,4	12,4	5,4	7,5	6,6	4,2	5,4	2,7
3	13,9	12,1	15,4	17,2	13,2	8,4	5,2	5,4	4,3	4,6
4	16,3	16,6	10,9	10,5	9,7	10,5	7,8	3,9	6,9	6,7
5	12,0	8,7	11,5	10,3	13,9	8,2	10,8	8,1	7,3	9,0
6	4,5	5,2	8,2	10,6	10,5	15,0	12,7	14,1	8,1	10,8
7	3,0	4,6	7,8	10,5	13,5	14,7	14,1	10,2	10,8	10,8
8	2,1	4,8	4,5	5,1	10,0	12,6	14,4	16,6	16,5	13,3
9	0,9	5,1	4,9	6,7	10,6	9,7	14,5	18,0	16,8	12,9
10	1,2	4,8	4,6	9,6	8,7	7,9	10,8	15,1	20,1	16,8

Bemerkungen:
Zahlendarstellung erfolgt in Prozent der Gesamtanzahl; signifikante Werte sind eingerahmt.
Return (oben): Annualisiert über Zeitraum 1/2003 bis 12/2003.
SR (links): Annualisiert über Zeitraum 1/2001 bis 12/2002.
Sample: Bereinigtes Sample ohne Survivorship Bias aus Sets 3/2003 bis 12/2005.

Tabelle 94: Spezifika der Verteilung 12/2002 auf 12/2003

	Return (Sets 3/2004 bis12/2005)
Erwartungswert (%)	10,0
Standardabweichung (%)	5,0
Erwartungswert	66,7
Chi-Quadrat	1.621
Freiheitgrad	97
Wahrscheinlichkeit	0,00
Gesamtanzahl	6.668

Bemerkungen:
Signifikante Werte sind eingerahmt.
Sample: Bereinigtes Sample ohne Survivorship Bias aus Sets 3/2003 bis 12/2005.

Tabelle 95: Übergangsmatrix 2Y SR (12/2001) auf 1Y Return (12/2002)

	Return									
SR	1	2	3	4	5	6	7	8	9	10
1	48,3	20,1	12,4	9,2	2,1	4,7	1,9	0,0	1,0	0,2
2	24,2	26,3	16,9	6,6	8,4	5,6	6,1	2,4	0,7	2,8
3	10,1	19,2	14,7	14,1	12,6	6,3	7,0	6,1	4,4	5,4
4	3,7	11,3	14,8	14,8	10,1	7,5	12,7	6,6	4,9	14,1
5	3,8	8,9	7,3	14,0	9,4	7,0	12,9	13,8	10,5	11,9
6	2,4	4,7	6,1	13,3	11,0	9,2	7,5	14,8	12,6	18,3
7	1,6	2,8	7,2	6,6	13,4	10,1	14,1	15,7	12,2	16,4
8	2,4	4,0	9,2	9,9	10,1	13,8	16,2	6,8	16,2	11,2
9	1,6	1,0	3,8	5,2	14,3	16,6	11,0	18,8	17,4	10,1
10	1,7	1,6	7,5	6,3	8,5	19,2	10,6	14,8	20,2	9,6

Bemerkungen:
Zahlendarstellung erfolgt in Prozent der Gesamtanzahl; signifikante Werte sind eingerahmt.
Return (oben): Annualisiert über Zeitraum 1/2002 bis 12/2002.
SR (links): Annualisiert über Zeitraum 1/2000 bis 12/2001.
Sample: Bereinigtes Sample ohne Survivorship Bias aus Sets 3/2003 bis 12/2005.

Tabelle 96: Spezifika der Verteilung 12/2001 auf 12/2002

Erwartungswert (%)	10,0
Standardabweichung (%)	6,9
Erwartungswert	57,3
Chi-Quadrat	2.690
Freiheitgrad	97
Wahrscheinlichkeit	0,00
Gesamtanzahl	5.733

Bemerkungen:
Signifikante Werte sind eingerahmt.
Sample: Bereinigtes Sample ohne Survivorship Bias aus Sets 3/2003 bis 12/2005.

Tabelle 97: Übergangsmatrix 2Y SR (12/2000) auf 1Y Return (12/2001)

	Return									
SR	1	2	3	4	5	6	7	8	9	10
1	21,3	15,1	8,5	10,2	7,7	7,5	6,2	6,4	5,6	11,4
2	9,1	9,7	8,1	6,0	14,5	8,9	5,8	9,7	11,6	16,6
3	11,4	11,2	12,0	7,9	8,7	8,1	7,9	3,9	9,5	19,3
4	9,9	11,8	12,2	11,2	6,4	6,2	8,9	7,5	15,5	10,4
5	7,9	11,6	14,7	10,2	8,5	6,0	11,2	9,9	11,6	8,5
6	7,3	8,5	12,0	10,2	9,9	8,1	9,1	13,1	10,8	10,8
7	8,3	9,9	10,1	13,0	8,7	9,5	11,8	13,3	10,8	4,6
8	5,0	4,8	8,3	14,1	12,2	18,8	12,2	9,7	10,2	4,6
9	5,2	9,5	7,3	8,3	14,1	13,9	16,0	12,2	6,4	7,0
10	14,5	8,3	6,4	8,7	9,5	13,0	10,8	14,3	7,9	6,8

Bemerkungen:
Zahlendarstellung erfolgt in Prozent der Gesamtanzahl; signifikante Werte sind eingerahmt.
Return (oben): Annualisiert über Zeitraum 1/2001 bis 12/2001.
SR (links): Annualisiert über Zeitraum 1/1999 bis 12/2000.
Sample: Bereinigtes Sample ohne Survivorship Bias aus Sets 3/2003 bis 12/2005.

Tabelle 98: Spezifika der Verteilung 12/2000 auf 12/2001

Erwartungswert (%)	10,0
Standardabweichung (%)	3,3
Erwartungswert	51,7
Chi-Quadrat	558
Freiheitgrad	97
Wahrscheinlichkeit	0,00
Gesamtanzahl	5.172

Bemerkungen:
Signifikante Werte sind eingerahmt.
Sample: Bereinigtes Sample ohne Survivorship Bias aus Sets 3/2003 bis 12/2005.

Tabelle 99: Übergangsmatrix 2Y SR (12/1999) auf 1Y Return (12/2000)

	Return									
SR	1	2	3	4	5	6	7	8	9	10
1	2,6	2,0	2,4	4,8	8,1	10,1	10,1	12,8	17,6	29,7
2	5,7	1,8	3,1	5,3	4,0	11,5	15,6	7,3	21,8	23,6
3	1,1	3,5	6,4	4,6	9,9	8,1	14,5	18,9	20,7	12,1
4	1,5	4,6	5,5	9,2	9,5	14,1	16,5	13,9	14,8	10,4
5	4,0	3,3	2,9	10,6	11,2	14,8	18,5	16,5	10,6	7,7
6	6,2	15,4	8,4	7,7	12,8	12,1	7,5	16,5	7,5	5,9
7	11,2	13,0	12,8	12,8	16,1	7,7	9,7	6,8	3,5	6,4
8	14,3	14,3	18,5	21,1	13,7	7,9	2,9	1,8	2,4	3,1
9	18,1	19,4	22,2	16,5	9,5	6,6	2,9	3,1	0,7	1,1
10	35,2	22,7	17,8	7,3	5,3	7,0	1,8	2,4	0,4	0,2

Bemerkungen:
Zahlendarstellung erfolgt in Prozent der Gesamtanzahl; signifikante Werte sind eingerahmt.
Return (oben): Annualisiert über Zeitraum 1/2000 bis 12/2000.
SR (links): Annualisiert über Zeitraum 1/1998 bis 12/1999.
Sample: Bereinigtes Sample ohne Survivorship Bias aus Sets 3/2003 bis 12/2005.

Tabelle 100: Spezifika der Verteilung 12/1999 auf 12/2000

Erwartungswert (%)	10,0
Standardabweichung (%)	6,9
Erwartungswert	45,4
Chi-Quadrat	2.123
Freiheitgrad	97
Wahrscheinlichkeit	0,00
Gesamtanzahl	4.541

Bemerkungen:
Signifikante Werte sind eingerahmt.
Sample: Bereinigtes Sample ohne Survivorship Bias aus Sets 3/2003 bis 12/2005.

Tabelle 101: Übergangsmatrix 2Y SR (12/1998) auf 1Y Return (12/1999)

	Return									
SR	1	2	3	4	5	6	7	8	9	10
1	3,3	9,5	17,0	17,2	16,7	8,7	7,7	12,4	3,3	4,1
2	2,6	9,5	8,2	11,6	19,6	19,0	9,8	7,5	9,0	3,1
3	3,1	4,6	16,5	13,6	13,6	11,1	8,5	11,8	5,9	11,1
4	4,4	4,6	10,6	7,7	14,4	12,6	18,0	9,5	6,7	11,6
5	5,1	4,9	7,2	8,7	9,0	11,8	9,0	13,4	18,3	12,6
6	16,0	13,4	7,7	5,1	6,9	7,7	9,8	10,8	14,2	8,2
7	16,5	10,0	5,7	5,1	6,2	10,8	8,0	12,6	14,2	11,1
8	12,9	17,0	10,6	8,5	9,0	5,9	10,3	8,7	7,5	9,5
9	19,0	14,2	3,9	12,4	3,3	5,4	6,7	7,7	10,0	17,5
10	17,0	13,4	11,8	9,8	1,3	6,7	12,4	5,4	11,1	11,3

Bemerkungen:
Zahlendarstellung erfolgt in Prozent der Gesamtanzahl; signifikante Werte sind eingerahmt.
Return (oben): Annualisiert über Zeitraum 1/1999 bis 12/1999.
SR (links): Annualisiert über Zeitraum 1/1997 bis 12/1998.
Sample: Bereinigtes Sample ohne Survivorship Bias aus Sets 3/2003 bis 12/2005.

Tabelle 102: Spezifika der Verteilung 12/1998 auf 12/1999

Erwartungswert (%)	10,0
Standardabweichung (%)	4,3
Erwartungswert	38,9
Chi-Quadrat	718
Freiheitgrad	97
Wahrscheinlichkeit	0,00
Gesamtanzahl	3.886

Bemerkungen:
Signifikante Werte sind eingerahmt.
Sample: Bereinigtes Sample ohne Survivorship Bias aus Sets 3/2003 bis 12/2005.

Tabelle 103: Übergangsmatrix 2Y SR (12/1997) auf 1Y Return (12/1998)

	Return									
SR	1	2	3	4	5	6	7	8	9	10
1	1,2	4,2	3,0	12,0	6,3	6,9	19,2	12,0	13,8	21,3
2	3,6	5,7	7,8	6,0	12,6	12,9	16,5	14,1	12,3	8,7
3	2,4	11,7	13,5	10,2	9,6	12,6	14,4	10,8	4,5	10,5
4	9,3	9,0	14,1	13,2	9,9	11,1	11,1	9,9	6,0	6,3
5	11,4	6,6	13,5	14,7	9,6	15,6	8,4	10,5	5,4	4,5
6	8,7	16,2	9,3	11,1	13,5	12,9	5,1	6,9	6,0	10,5
7	16,5	19,5	8,4	8,7	8,7	6,0	2,4	5,4	15,3	9,0
8	21,6	13,5	9,0	6,3	8,7	5,1	6,6	7,2	13,5	8,7
9	15,3	8,4	13,8	6,6	11,4	5,4	6,3	12,9	11,7	8,4
10	9,9	5,4	7,8	11,1	9,9	11,7	9,9	10,5	11,7	12,3

Bemerkungen:
Zahlendarstellung erfolgt in Prozent der Gesamtanzahl; signifikante Werte sind eingerahmt.
Return (oben): Annualisiert über Zeitraum 1/1998 bis 12/1998.
SR (links): Annualisiert über Zeitraum 1/1996 bis 12/1997.
Sample: Bereinigtes Sample ohne Survivorship Bias aus Sets 3/2003 bis 12/2005.

Tabelle 104: Spezifika der Verteilung 12/1997 auf 12/1998

Erwartungswert (%)	10,0
Standardabweichung (%)	4,1
Erwartungswert	33,4
Chi-Quadrat	548
Freiheitgrad	97
Wahrscheinlichkeit	0,00
Gesamtanzahl	3.337

Bemerkungen:
Signifikante Werte sind eingerahmt.
Sample: Bereinigtes Sample ohne Survivorship Bias aus Sets 3/2003 bis 12/2005.

Anhang 9: 4F-Alpha auf Return über die Gesamtperiode

Tabelle 105: Übergangsmatrix 2Y 4F-Alpha (12/2004) auf 1Y Return (12/2005)

	Return (Sets 1/2005 bis12/2005)										
4F-Alpha	1	2	3	4	5	6	7	8	9	10	vor 2005
1	18,9	20,7	13,1	11,3	6,9	4,4	5,4	6,2	5,7	7,4	2,3
2	13,7	9,2	11,4	15,3	13,2	11,1	7,4	10,5	4,8	3,3	2,5
3	9,6	10,8	11,7	12,0	11,0	12,5	14,0	7,4	7,4	3,6	3,8
4	10,8	9,9	11,7	10,7	9,6	9,5	11,3	10,5	8,9	7,1	5,6
5	7,1	10,7	11,6	8,9	14,1	13,7	9,6	10,5	7,8	6,0	6,2
6	4,7	8,4	9,0	9,6	11,3	12,8	14,7	11,0	12,3	6,2	7,0
7	5,3	6,8	7,1	11,1	10,4	10,2	11,0	11,9	13,5	12,8	11,3
8	9,5	9,6	9,0	7,7	10,8	8,1	8,7	11,9	12,2	12,5	15,9
9	12,2	5,4	8,1	7,1	5,1	8,6	9,6	12,3	14,1	17,4	23,1
10	8,3	8,4	7,4	6,2	7,5	9,2	8,4	7,7	13,2	23,9	22,3

Bemerkungen:
Zahlendarstellung erfolgt in Prozent der jeweiligen Gesamtanzahl; signifikante Werte sind eingerahmt.
Return (oben): Annualisiert über Zeitraum 1/2005 bis 12/2005.
4F-Alpha (links): Annualisiert über Zeitraum 1/2003 bis 12/2004.
Sample: Bereinigtes Sample ohne Survivorship Bias aus Sets 3/2003 bis 12/2005.

Tabelle 106: Spezifika der Verteilungen 12/2004 auf 12/2005

	Return (Sets 1/2005 bis12/2005)	Return (Sets vor 2005)
Erwartungswert (%)	10,0	10,0
Standardabweichung (%)	3,4	7,8
Erwartungswert	66,5	115,3
Chi-Quadrat	784	638
Freiheitgrad	97	7
Wahrscheinlichkeit	0,00	0,00
Gesamtanzahl	6.651	1.153

Bemerkungen:
Signifikante Werte sind eingerahmt.
Sample: Bereinigtes Sample ohne Survivorship Bias aus Sets 3/2003 bis 12/2005.

Tabelle 107: Übergangsmatrix 2Y 4F-Alpha (12/2003) auf 1Y Return (12/2004)

4F-Alpha	Return (Sets 1/2004 bis12/2005) 1	2	3	4	5	6	7	8	9	10	vor 2004
1	35,9	14,8	8,3	8,6	8,5	4,5	4,3	4,0	2,5	8,3	2,2
2	17,1	18,6	11,5	7,8	10,4	10,0	6,9	3,4	5,5	8,8	1,5
3	9,5	14,0	16,7	12,2	10,3	11,0	7,0	3,9	6,6	8,8	1,8
4	10,7	11,0	10,3	10,0	14,5	11,5	11,0	7,2	6,7	7,2	3,2
5	6,6	8,9	8,0	14,0	11,3	12,1	14,5	8,8	10,0	5,8	2,3
6	5,4	7,9	9,7	10,3	10,3	12,4	14,3	11,5	10,0	8,3	2,7
7	4,9	8,2	9,5	10,9	10,0	11,6	11,5	12,8	13,3	7,3	8,2
8	4,2	6,9	6,7	8,0	6,1	10,6	12,5	17,7	14,5	12,8	8,5
9	1,9	4,2	8,0	8,3	9,8	7,3	11,6	16,1	17,7	14,9	12,6
10	3,6	5,7	11,0	9,8	8,8	9,1	6,4	14,6	13,3	17,7	57,1

Bemerkungen:
Zahlendarstellung erfolgt in Prozent der jeweiligen Gesamtanzahl; signifikante Werte sind eingerahmt.
Return (oben): Annualisiert über Zeitraum 1/2004 bis 12/2004.
4F-Alpha (links): Annualisiert über Zeitraum 1/2002 bis 12/2003.
Sample: Bereinigtes Sample ohne Survivorship Bias aus Sets 3/2003 bis 12/2005.

Tabelle 108: Spezifika der Verteilungen 12/2003 auf 12/2004

	Return (Sets 1/2004 bis12/2005)	Return (Sets vor 2004)
Erwartungswert (%)	10,0	10,0
Standardabweichung (%)	4,5	17,0
Erwartungswert	67,1	60,1
Chi-Quadrat	1.349	1.556
Freiheitgrad	97	7
Wahrscheinlichkeit	0,00	0,00
Gesamtanzahl	6.709	601

Bemerkungen:
Signifikante Werte sind eingerahmt.
Sample: Bereinigtes Sample ohne Survivorship Bias aus Sets 3/2003 bis 12/2005.

Tabelle 109: Übergangsmatrix 2Y 4F-Alpha (12/2002) auf 1Y Return (12/2003)

	Return (Sets 3/2004 bis12/2005)									
4F-Alpha	1	2	3	4	5	6	7	8	9	10
1	22,2	11,2	13,8	10,9	9,1	10,2	7,8	4,8	5,2	4,5
2	13,3	12,7	11,4	11,4	10,8	8,8	7,9	7,2	8,4	7,9
3	7,0	7,8	8,5	9,0	9,0	11,7	12,0	11,2	12,7	10,9
4	5,2	5,8	7,8	7,5	11,1	15,1	12,1	11,7	7,8	15,7
5	5,1	8,8	6,6	9,1	11,4	10,8	12,3	12,9	12,6	10,3
6	5,2	9,3	8,4	7,2	9,4	11,1	10,8	12,1	12,9	13,3
7	8,7	8,1	8,2	11,2	7,5	10,2	11,4	12,0	11,8	10,8
8	11,8	10,3	8,8	8,8	7,3	9,4	10,5	12,0	14,2	6,6
9	10,8	10,8	12,0	7,9	12,0	5,7	9,1	10,6	10,5	10,5
10	10,5	14,8	14,4	16,8	12,3	6,7	6,0	5,4	3,7	9,3

Bemerkungen:
Zahlendarstellung erfolgt in Prozent der Gesamtanzahl; signifikante Werte sind eingerahmt.
Return (oben): Annualisiert über Zeitraum 1/2003 bis 12/2003.
4F-Alpha (links): Annualisiert über Zeitraum 1/2001 bis 12/2002.
Sample: Bereinigtes Sample ohne Survivorship Bias aus Sets 3/2003 bis 12/2005.

Tabelle 110: Spezifika der Verteilung 12/2002 auf 12/2003

	Return (Sets 3/2004 bis12/2005)
Erwartungswert (%)	10,0
Standardabweichung (%)	3,0
Erwartungswert	66,7
Chi-Quadrat	575
Freiheitgrad	97
Wahrscheinlichkeit	0,00
Gesamtanzahl	6.668

Bemerkungen:
Signifikante Werte sind eingerahmt.
Sample: Bereinigtes Sample ohne Survivorship Bias aus Sets 3/2003 bis 12/2005.

Tabelle 111: Übergangsmatrix 2Y 4F-Alpha (12/2001) auf 1Y Return (12/2002)

	Return									
4F-Alpha	1	2	3	4	5	6	7	8	9	10
1	32,1	16,4	13,8	11,0	5,6	7,2	5,8	1,2	2,6	4,4
2	17,4	23,0	14,7	7,2	11,3	7,2	8,2	3,5	3,3	4,2
3	14,3	19,9	14,3	12,4	9,6	8,9	6,1	7,7	3,3	3,5
4	10,8	12,9	14,3	19,4	7,0	8,7	11,5	9,2	3,0	3,5
5	7,3	8,9	9,4	16,0	13,3	16,2	11,7	6,3	4,4	6,3
6	5,8	8,7	8,0	11,3	21,8	13,3	11,9	10,3	6,8	2,1
7	5,4	4,2	8,5	7,5	9,2	16,2	15,5	13,8	8,5	11,2
8	3,0	3,0	5,1	7,3	11,9	9,6	11,2	13,6	19,5	15,9
9	1,9	1,9	4,2	3,0	4,5	7,0	11,7	19,9	25,8	20,1
10	1,9	1,0	7,7	5,1	5,8	5,8	6,6	14,5	22,9	29,0

Bemerkungen:
Zahlendarstellung erfolgt in Prozent der Gesamtanzahl; signifikante Werte sind eingerahmt.
Return (oben): Annualisiert über Zeitraum 1/2002 bis 12/2002.
4F-Alpha (links): Annualisiert über Zeitraum 1/2000 bis 12/2001.
Sample: Bereinigtes Sample ohne Survivorship Bias aus Sets 3/2003 bis 12/2005.

Tabelle 112: Spezifika der Verteilung 12/2001 auf 12/2002

Erwartungswert (%)	10,0
Standardabweichung (%)	6,3
Erwartungswert	57,3
Chi-Quadrat	2.246
Freiheitgrad	97
Wahrscheinlichkeit	0,00
Gesamtanzahl	5.733

Bemerkungen:
Signifikante Werte sind eingerahmt.
Sample: Bereinigtes Sample ohne Survivorship Bias aus Sets 3/2003 bis 12/2005.

Tabelle 113: Übergangsmatrix 2Y 4F-Alpha (12/2000) auf 1Y Return (12/2001)

	Return									
4F-Alpha	1	2	3	4	5	6	7	8	9	10
1	26,5	18,4	16,2	11,6	6,2	4,8	4,4	3,5	1,7	6,6
2	15,1	20,3	18,6	15,9	7,7	7,3	6,6	1,9	3,1	3,5
3	8,1	11,6	22,2	16,8	15,5	8,9	4,3	3,7	3,3	5,6
4	13,5	8,9	8,1	17,4	14,9	7,2	10,4	5,4	7,7	6,4
5	9,5	8,5	11,2	12,8	15,9	10,8	8,9	9,7	9,3	3,9
6	4,6	8,5	5,2	10,4	10,2	15,9	16,6	12,2	6,8	9,9
7	4,8	6,2	5,2	6,0	9,1	18,0	11,8	15,7	11,8	10,8
8	5,8	7,3	5,0	2,7	6,0	11,4	20,9	13,1	16,8	10,8
9	4,1	6,0	5,8	1,9	8,1	9,7	10,1	19,1	21,5	13,7
10	7,9	4,6	1,9	4,4	6,6	6,0	6,0	15,7	18,0	29,0

Bemerkungen:
Zahlendarstellung erfolgt in Prozent der Gesamtanzahl; signifikante Werte sind eingerahmt.
Return (oben): Annualisiert über Zeitraum 1/2001 bis 12/2001.
4F-Alpha (links): Annualisiert über Zeitraum 1/1999 bis 12/2000.
Sample: Bereinigtes Sample ohne Survivorship Bias aus Sets 3/2003 bis 12/2005.

Tabelle 114: Spezifika der Verteilung 12/2000 auf 12/2001

Erwartungswert (%)	10,0
Standardabweichung (%)	5,7
Erwartungswert	51,7
Chi-Quadrat	1.666
Freiheitgrad	97
Wahrscheinlichkeit	0,00
Gesamtanzahl	5.172

Bemerkungen:
Signifikante Werte sind eingerahmt.
Sample: Bereinigtes Sample ohne Survivorship Bias aus Sets 3/2003 bis 12/2005.

Tabelle 115: Übergangsmatrix 2Y 4F-Alpha (12/1999) auf 1Y Return (12/2000)

	Return									
4F-Alpha	1	2	3	4	5	6	7	8	9	10
1	11,9	9,0	9,7	7,0	8,1	12,6	11,5	4,2	9,0	17,0
2	19,6	11,7	9,0	7,0	9,2	12,1	5,7	9,9	7,0	8,6
3	12,8	19,8	18,7	14,1	11,5	2,6	9,5	4,0	4,2	2,9
4	7,0	8,8	11,9	20,5	11,5	5,9	10,4	8,4	10,4	5,7
5	9,0	5,7	11,7	11,9	11,7	13,0	7,5	12,6	11,9	4,6
6	7,0	7,3	10,8	9,2	13,2	10,4	9,9	13,4	11,9	6,8
7	8,6	7,9	9,7	6,4	10,4	9,0	11,2	12,3	12,3	12,1
8	6,8	8,4	9,0	10,4	10,4	10,1	11,5	12,8	9,9	10,8
9	5,7	9,2	5,1	7,9	10,1	13,4	9,2	9,0	15,2	15,0
10	11,5	12,1	4,4	5,5	4,0	10,8	13,7	13,4	8,1	16,7

Bemerkungen:
Zahlendarstellung erfolgt in Prozent der Gesamtanzahl; signifikante Werte sind eingerahmt.
Return (oben): Annualisiert über Zeitraum 1/2000 bis 12/2000.
4F-Alpha (links): Annualisiert über Zeitraum 1/1998 bis 12/1999.
Sample: Bereinigtes Sample ohne Survivorship Bias aus Sets 3/2003 bis 12/2005.

Tabelle 116: Spezifika der Verteilung 12/1999 auf 12/2000

Erwartungswert (%)	10,0
Standardabweichung (%)	3,6
Erwartungswert	45,4
Chi-Quadrat	574
Freiheitgrad	97
Wahrscheinlichkeit	0,00
Gesamtanzahl	4.541

Bemerkungen:
Signifikante Werte sind eingerahmt.
Sample: Bereinigtes Sample ohne Survivorship Bias aus Sets 3/2003 bis 12/2005.

Tabelle 117: Übergangsmatrix 2Y 4F-Alpha (12/1998) auf 1Y Return (12/1999)

	Return									
4F-Alpha	1	2	3	4	5	6	7	8	9	10
1	15,7	19,3	17,8	9,8	6,2	3,6	5,4	7,7	8,2	6,7
2	4,4	7,5	10,0	8,0	11,3	13,1	6,4	14,7	13,9	10,8
3	9,3	8,2	7,5	8,5	7,5	8,0	12,1	9,3	13,1	16,0
4	8,5	4,6	6,7	10,8	17,0	11,1	10,6	10,6	6,7	13,6
5	6,7	2,6	6,4	8,2	14,2	13,6	12,4	12,4	10,0	13,6
6	4,4	4,9	8,2	11,3	9,3	8,0	15,7	9,8	13,6	14,7
7	5,1	13,1	9,3	13,1	11,1	10,6	10,0	11,1	10,3	6,4
8	11,8	8,0	9,0	5,9	10,3	17,0	13,4	7,7	11,8	4,9
9	18,0	16,5	11,6	8,5	9,5	8,7	7,5	7,2	5,4	7,2
10	16,0	16,5	12,6	15,7	3,9	6,2	6,7	9,5	6,9	6,2

Bemerkungen:
Zahlendarstellung erfolgt in Prozent der Gesamtanzahl; signifikante Werte sind eingerahmt.
Return (oben): Annualisiert über Zeitraum 1/1999 bis 12/1999.
4F-Alpha (links): Annualisiert über Zeitraum 1/1997 bis 12/1998.
Sample: Bereinigtes Sample ohne Survivorship Bias aus Sets 3/2003 bis 12/2005.

Tabelle 118: Spezifika der Verteilung 12/1998 auf 12/1999

Erwartungswert (%)	10,0
Standardabweichung (%)	3,7
Erwartungswert	38,9
Chi-Quadrat	536
Freiheitgrad	97
Wahrscheinlichkeit	0,00
Gesamtanzahl	3.886

Bemerkungen:
Signifikante Werte sind eingerahmt.
Sample: Bereinigtes Sample ohne Survivorship Bias aus Sets 3/2003 bis 12/2005.

Tabelle 119: Übergangsmatrix 2Y 4F-Alpha (12/1997) auf 1Y Return (12/1998)

	Return									
4F-Alpha	1	2	3	4	5	6	7	8	9	10
1	10,5	6,9	4,8	7,5	5,4	0,3	9,6	6,3	15,6	33,0
2	6,3	10,5	7,8	9,6	6,0	8,4	10,5	10,5	14,7	15,9
3	8,7	8,4	12,0	12,0	6,3	9,9	8,7	12,9	12,0	9,6
4	7,2	11,1	12,6	8,7	9,0	10,8	9,0	15,3	9,3	6,6
5	7,8	7,2	11,1	11,4	15,3	9,9	9,3	16,2	6,3	5,7
6	6,0	11,4	9,6	15,6	10,2	14,7	12,9	6,0	6,6	7,2
7	10,2	11,4	12,9	9,9	9,9	6,9	17,7	8,4	4,8	7,8
8	17,1	11,4	7,8	8,7	13,8	15,9	7,5	7,5	9,6	1,8
9	13,2	14,1	11,7	6,6	16,8	11,4	5,1	6,9	10,8	2,7
10	12,9	7,8	9,9	9,9	7,5	12,0	9,6	10,2	10,5	9,9

Bemerkungen:
Zahlendarstellung erfolgt in Prozent der Gesamtanzahl; signifikante Werte sind eingerahmt.
Return (oben): Annualisiert über Zeitraum 1/1998 bis 12/1998.
4F-Alpha (links): Annualisiert über Zeitraum 1/1996 bis 12/1997.
Sample: Bereinigtes Sample ohne Survivorship Bias aus Sets 3/2003 bis 12/2005

Tabelle 120: Spezifika der Verteilung 12/1997 auf 12/1998

	Return
Erwartungswert (%)	10,0
Standardabweichung (%)	4,1
Erwartungswert	33,4
Chi-Quadrat	553
Freiheitgrad	97
Wahrscheinlichkeit	0,00
Gesamtanzahl	3.337

Bemerkungen:
Signifikante Werte sind eingerahmt.
Sample: Bereinigtes Sample ohne Survivorship Bias aus Sets 3/2003 bis 12/2005.

Anhang 10: 4F-IR auf Return über die Gesamtperiode

Tabelle 121: Übergangsmatrix 2Y 4F-IR (12/2004) auf 1Y Return (12/2005)

	Return (Sets 1/2005 bis12/2005)										
4F-IR	1	2	3	4	5	6	7	8	9	10	vor 2005
1	10,5	10,8	10,8	9,8	10,5	11,7	8,7	8,7	8,4	9,9	1,2
2	12,0	9,6	9,9	11,6	11,3	9,2	9,0	10,2	9,8	7,4	3,5
3	9,6	9,2	10,7	10,7	8,9	12,2	10,2	9,8	10,7	8,3	4,5
4	8,9	10,2	9,9	8,6	8,7	10,2	10,1	12,2	10,2	10,8	8,9
5	11,4	10,8	9,0	8,0	9,2	11,7	11,7	9,9	9,5	8,7	10,8
6	9,6	9,2	10,4	9,5	12,8	9,3	9,0	10,7	10,1	9,5	15,2
7	8,7	11,7	10,2	11,0	9,6	8,9	9,0	9,0	11,6	10,2	12,6
8	10,5	11,1	11,6	9,2	10,2	9,3	10,5	9,2	9,6	8,7	15,6
9	8,9	8,9	8,4	10,5	10,7	8,1	9,6	10,5	11,6	12,8	15,0
10	9,8	8,4	9,2	11,1	8,1	9,3	12,2	9,6	8,6	13,8	12,8

Bemerkungen:
Zahlendarstellung erfolgt in Prozent der jeweiligen Gesamtanzahl; signifikante Werte sind eingerahmt.
Return (oben): Annualisiert über Zeitraum 1/2005 bis 12/2005.
4F-IR (links): Annualisiert über Zeitraum 1/2003 bis 12/2004.
Sample: Bereinigtes Sample ohne Survivorship Bias aus Sets 3/2003 bis 12/2005.

Tabelle 122: Spezifika der Verteilungen 12/2004 auf 12/2005

	Return (Sets 1/2005 bis12/2005)	Return (Sets vor 2005)
Erwartungswert (%)	10,0	10,0
Standardabweichung (%)	1,2	5,3
Erwartungswert	66,5	127,3
Chi-Quadrat	98	320
Freiheitgrad	97	7
Wahrscheinlichkeit	0,46	0,00
Gesamtanzahl	6.651	1.273

Bemerkungen:
Signifikante Werte sind eingerahmt.
Sample: Bereinigtes Sample ohne Survivorship Bias aus Sets 3/2003 bis 12/2005.

Tabelle 123: Übergangsmatrix 2Y 4F-IR (12/2003) auf 1Y Return (12/2004)

	Return (Sets 1/2004 bis12/2005)										
4F-IR	1	2	3	4	5	6	7	8	9	10	vor 2004
1	35,0	14,9	8,5	8,9	8,2	5,5	5,4	1,9	4,3	7,2	1,5
2	15,2	15,4	12,2	9,7	11,5	11,5	7,2	5,2	3,7	8,5	2,3
3	10,9	15,5	13,9	9,8	13,3	9,7	8,0	5,5	5,2	8,2	1,3
4	12,4	12,8	12,4	10,3	10,4	10,0	8,5	5,7	8,3	9,2	3,5
5	7,5	10,1	9,7	13,4	12,7	11,0	10,4	7,5	11,5	6,3	2,3
6	6,4	11,6	14,6	12,2	9,2	7,8	12,2	10,7	7,8	7,5	8,7
7	6,3	8,9	8,3	11,3	7,6	8,5	13,1	15,7	11,3	8,9	9,0
8	1,9	7,6	8,6	11,5	10,1	11,8	11,0	14,3	10,6	12,5	17,5
9	2,7	1,3	6,0	8,8	11,0	13,3	9,7	17,7	14,9	14,6	19,1
10	1,6	1,9	5,7	4,0	6,0	11,0	14,5	15,8	22,4	17,1	34,8

Bemerkungen:
Zahlendarstellung erfolgt in Prozent der jeweiligen Gesamtanzahl; signifikante Werte sind eingerahmt.
Return (oben): Annualisiert über Zeitraum 1/2004 bis 12/2004.
4F-IR (links): Annualisiert über Zeitraum 1/2002 bis 12/2003.
Sample: Bereinigtes Sample ohne Survivorship Bias aus Sets 3/2003 bis 12/2005.

Tabelle 124: Spezifika der Verteilungen 12/2003 auf 12/2004

	Return (Sets 1/2004 bis12/2005)	Return (Sets vor 2004)
Erwartungswert (%)	10,0	10,0
Standardabweichung (%)	4,6	10,9
Erwartungswert	67,1	60,1
Chi-Quadrat	1.415	639
Freiheitgrad	97	7
Wahrscheinlichkeit	0,00	0,00
Gesamtanzahl	6.709	601

Bemerkungen:
Signifikante Werte sind eingerahmt.
Sample: Bereinigtes Sample ohne Survivorship Bias aus Sets 3/2003 bis 12/2005.

Tabelle 125: Übergangsmatrix 2Y 4F-IR (12/2002) auf 1Y Return (12/2003)

	Return (Sets 3/2004 bis12/2005)									
4F-IR	1	2	3	4	5	6	7	8	9	10
1	15,3	13,9	12,4	8,8	7,0	12,9	9,7	7,0	7,0	5,5
2	12,1	8,5	13,0	12,4	11,2	8,8	7,8	7,8	9,6	8,5
3	14,7	8,8	8,4	9,1	10,6	10,0	10,6	7,6	9,7	10,2
4	11,4	9,6	8,4	9,6	10,6	11,7	10,6	10,5	6,1	11,5
5	10,0	13,9	6,0	10,0	11,1	9,9	8,7	12,1	8,5	9,4
6	10,3	10,3	13,3	7,2	9,7	8,8	8,1	8,8	10,6	12,4
7	8,7	7,6	9,7	12,0	9,3	8,5	12,3	7,9	10,5	13,3
8	10,9	8,8	11,1	11,7	10,5	9,9	8,1	8,7	10,3	9,9
9	4,3	8,8	9,4	9,3	11,1	9,0	13,3	14,8	13,5	6,3
10	2,1	9,3	8,1	9,7	8,7	10,2	10,6	14,5	13,9	12,7

Bemerkungen:
Zahlendarstellung erfolgt in Prozent der Gesamtanzahl; signifikante Werte sind eingerahmt.
Return (oben): Annualisiert über Zeitraum 1/2003 bis 12/2003.
4F-IR (links): Annualisiert über Zeitraum 1/2001 bis 12/2002.
Sample: Bereinigtes Sample ohne Survivorship Bias aus Sets 3/2003 bis 12/2005.

Tabelle 126: Spezifika der Verteilung 12/2002 auf 12/2003

	Return (Sets 3/2004 bis12/2005)
Erwartungswert (%)	10,0
Standardabweichung (%)	2,3
Erwartungswert	66,7
Chi-Quadrat	354
Freiheitgrad	97
Wahrscheinlichkeit	0,00
Gesamtanzahl	6.668

Bemerkungen:
Signifikante Werte sind eingerahmt.
Sample: Bereinigtes Sample ohne Survivorship Bias aus Sets 3/2003 bis 12/2005.

Tabelle 127: Übergangsmatrix 2Y 4F-IR (12/2001) auf 1Y Return (12/2002)

	Return									
4F-IR	1	2	3	4	5	6	7	8	9	10
1	29,3	20,2	14,5	9,6	8,7	9,2	5,6	2,1	0,3	0,3
2	20,8	23,7	15,0	8,7	10,5	5,6	10,3	1,9	2,1	1,4
3	14,1	16,6	13,6	14,5	5,2	9,9	8,5	6,8	4,5	6,1
4	10,1	11,0	14,1	18,3	10,6	11,0	8,0	9,4	3,1	4,4
5	8,2	9,2	9,4	14,5	10,6	12,6	10,3	8,7	6,3	10,1
6	5,8	7,8	6,8	12,0	20,1	6,8	12,2	10,5	8,2	9,9
7	5,1	4,5	4,7	6,8	10,1	11,0	18,0	13,4	11,7	14,7
8	2,4	2,8	6,8	1,9	5,6	10,1	9,8	18,3	22,3	19,9
9	1,7	0,5	6,1	3,1	11,3	8,9	5,8	14,0	27,4	21,1
10	2,4	3,5	8,9	10,6	7,2	14,8	11,7	14,8	14,1	12,0

Bemerkungen:
Zahlendarstellung erfolgt in Prozent der Gesamtanzahl; signifikante Werte sind eingerahmt.
Return (oben): Annualisiert über Zeitraum 1/2002 bis 12/2002.
4F-IR (links): Annualisiert über Zeitraum 1/2000 bis 12/2001.
Sample: Bereinigtes Sample ohne Survivorship Bias aus Sets 3/2003 bis 12/2005.

Tabelle 128: Spezifika der Verteilung 12/2001 auf 12/2002

Erwartungswert (%)	10,0
Standardabweichung (%)	5,9
Erwartungswert	57,3
Chi-Quadrat	1.976
Freiheitgrad	97
Wahrscheinlichkeit	0,00
Gesamtanzahl	5.733

Bemerkungen:
Signifikante Werte sind eingerahmt.
Sample: Bereinigtes Sample ohne Survivorship Bias aus Sets 3/2003 bis 12/2005.

Tabelle 129: Übergangsmatrix 2Y 4F-IR (12/2000) auf 1Y Return (12/2001)

	Return									
4F-IR	1	2	3	4	5	6	7	8	9	10
1	15,1	20,7	27,3	15,1	11,2	5,8	3,5	0,8	0,6	0,0
2	13,1	13,9	13,9	24,2	10,6	10,8	9,5	2,7	0,2	1,0
3	15,5	12,8	13,9	14,3	13,5	6,6	7,0	4,4	5,4	6,6
4	15,1	10,2	10,1	14,3	11,2	7,2	9,5	8,3	8,5	5,6
5	12,4	8,9	11,0	7,0	15,7	10,8	10,4	7,0	7,0	10,1
6	6,6	9,5	5,2	10,4	8,1	13,1	11,0	13,1	10,1	12,8
7	6,8	7,0	7,0	5,4	7,5	9,3	13,5	11,6	12,2	19,7
8	6,4	9,3	5,2	5,2	4,8	11,8	11,2	17,8	18,4	10,2
9	3,9	3,9	4,4	1,7	9,1	14,3	12,2	12,6	22,2	15,3
10	5,2	4,3	1,5	2,3	8,3	10,2	12,2	21,7	15,5	18,9

Bemerkungen:
Zahlendarstellung erfolgt in Prozent der Gesamtanzahl; signifikante Werte sind eingerahmt.
Return (oben): Annualisiert über Zeitraum 1/2001 bis 12/2001.
4F-IR (links): Annualisiert über Zeitraum 1/1999 bis 12/2000.
Sample: Bereinigtes Sample ohne Survivorship Bias aus Sets 3/2003 bis 12/2005.

Tabelle 130: Spezifika der Verteilung 12/2000 auf 12/2001

Erwartungswert (%)	10,0
Standardabweichung (%)	5,4
Erwartungswert	51,7
Chi-Quadrat	1.485
Freiheitgrad	97
Wahrscheinlichkeit	0,00
Gesamtanzahl	5.172

Bemerkungen:
Signifikante Werte sind eingerahmt.
Sample: Bereinigtes Sample ohne Survivorship Bias aus Sets 3/2003 bis 12/2005.

Tabelle 131: Übergangsmatrix 2Y 4F-IR (12/1999) auf 1Y Return (12/2000)

	Return									
4F-IR	1	2	3	4	5	6	7	8	9	10
1	17,8	13,9	12,3	5,1	5,7	14,3	7,7	10,1	5,5	7,5
2	10,8	12,8	11,5	10,6	17,4	5,9	11,0	4,0	7,7	8,4
3	13,9	11,0	10,8	18,3	9,5	9,7	7,7	3,7	6,6	8,8
4	6,2	11,0	14,5	17,2	8,1	5,9	10,8	10,1	10,6	5,5
5	11,7	6,4	11,9	8,6	11,0	11,7	7,3	10,6	12,1	8,8
6	9,7	7,7	11,2	10,1	11,5	7,9	11,7	10,6	9,5	10,1
7	10,6	11,0	10,6	6,4	12,1	9,7	5,9	9,7	9,9	14,1
8	6,6	10,8	6,6	8,8	9,2	11,2	10,8	15,0	11,2	9,7
9	8,1	6,4	6,2	6,4	9,2	13,2	14,3	10,8	15,2	10,1
10	4,6	9,0	4,4	8,6	6,2	10,4	12,8	15,4	11,7	17,2

Bemerkungen:
Zahlendarstellung erfolgt in Prozent der Gesamtanzahl; signifikante Werte sind eingerahmt.
Return (oben): Annualisiert über Zeitraum 1/2000 bis 12/2000.
4F-IR (links): Annualisiert über Zeitraum 1/1998 bis 12/1999.
Sample: Bereinigtes Sample ohne Survivorship Bias aus Sets 3/2003 bis 12/2005.

Tabelle 132: Spezifika der Verteilung 12/1999 auf 12/2000

Erwartungswert (%)	10,0
Standardabweichung (%)	3,2
Erwartungswert	45,4
Chi-Quadrat	457
Freiheitgrad	97
Wahrscheinlichkeit	0,00
Gesamtanzahl	4.541

Bemerkungen:
Signifikante Werte sind eingerahmt.
Sample: Bereinigtes Sample ohne Survivorship Bias aus Sets 3/2003 bis 12/2005.

Tabelle 133: Übergangsmatrix 2Y 4F-IR (12/1998) auf 1Y Return (12/1999)

	Return									
4F-IR	1	2	3	4	5	6	7	8	9	10
1	7,5	16,0	18,8	8,0	7,5	7,7	6,4	8,7	11,3	8,0
2	9,5	8,0	8,0	8,7	10,6	10,3	10,8	13,1	13,4	7,7
3	8,7	10,3	9,5	9,3	7,5	8,0	7,2	10,0	11,3	18,3
4	15,7	6,4	5,4	9,8	15,7	8,0	10,8	9,0	5,1	13,9
5	11,8	8,5	10,6	9,8	9,5	6,7	12,1	6,9	10,0	14,2
6	9,0	9,5	7,2	8,0	11,3	13,6	11,3	12,1	9,5	8,2
7	10,6	7,5	10,0	12,4	9,8	9,0	14,9	8,5	10,0	7,5
8	10,0	13,9	7,7	12,9	9,3	9,8	8,5	11,1	9,5	7,2
9	9,0	13,1	9,8	8,2	6,2	10,6	13,1	11,1	10,8	8,5
10	8,0	8,0	12,1	12,9	12,9	16,2	4,9	9,3	9,0	6,7

Bemerkungen:
Zahlendarstellung erfolgt in Prozent der Gesamtanzahl; signifikante Werte sind eingerahmt.
Return (oben): Annualisiert über Zeitraum 1/1999 bis 12/1999.
4F-IR (links): Annualisiert über Zeitraum 1/1997 bis 12/1998.
Sample: Bereinigtes Sample ohne Survivorship Bias aus Sets 3/2003 bis 12/2005.

Tabelle 134: Spezifika der Verteilung 12/1998 auf 12/1999

Erwartungswert (%)	10,0
Standardabweichung (%)	2,7
Erwartungswert	38,9
Chi-Quadrat	291
Freiheitgrad	97
Wahrscheinlichkeit	0,00
Gesamtanzahl	3.886

Bemerkungen:
Signifikante Werte sind eingerahmt.
Sample: Bereinigtes Sample ohne Survivorship Bias aus Sets 3/2003 bis 12/2005.

Tabelle 135: Übergangsmatrix 2Y 4F-IR (12/1997) auf 1Y Return (12/1998)

4F-IR	Return 1	2	3	4	5	6	7	8	9	10
1	8,4	10,5	5,4	12,6	5,1	0,9	11,7	6,3	10,5	28,5
2	7,5	8,7	9,3	8,7	6,9	9,6	9,0	9,9	12,6	18,0
3	7,5	7,8	9,9	7,5	7,5	8,7	10,2	14,4	19,5	7,5
4	9,9	8,4	12,3	6,6	7,2	9,3	7,2	16,8	10,2	11,7
5	8,7	11,1	9,0	10,5	11,7	11,1	8,1	13,8	7,8	8,4
6	9,0	12,6	10,8	12,0	12,0	9,3	11,1	7,5	8,1	7,8
7	13,2	12,0	8,7	14,1	8,1	9,0	9,6	11,4	6,3	7,5
8	11,1	6,0	15,0	8,7	10,5	11,1	17,7	9,3	8,1	2,7
9	14,1	11,7	7,8	15,3	15,6	10,5	7,2	3,9	11,4	3,0
10	10,5	11,4	12,0	3,9	15,6	20,7	8,1	6,9	5,7	5,1

Bemerkungen:
Zahlendarstellung erfolgt in Prozent der Gesamtanzahl; signifikante Werte sind eingerahmt.
Return (oben): Annualisiert über Zeitraum 1/1998 bis 12/1998.
4F-IR (links): Annualisiert über Zeitraum 1/1996 bis 12/1997.
Sample: Bereinigtes Sample ohne Survivorship Bias aus Sets 3/2003 bis 12/2005.

Tabelle 136: Spezifika der Verteilung 12/1997 auf 12/1998

Erwartungswert (%)	10,0
Standardabweichung (%)	3,9
Erwartungswert	33,4
Chi-Quadrat	509
Freiheitgrad	97
Wahrscheinlichkeit	0,00
Gesamtanzahl	3.337

Bemerkungen:
Signifikante Werte sind eingerahmt.
Sample: Bereinigtes Sample ohne Survivorship Bias aus Sets 3/2003 bis 12/2005.

Anhang 11: 3F-Alpha auf Return über die Gesamtperiode

Tabelle 137: Übergangsmatrix 2Y 3F-Alpha (12/2004) auf 1Y Return (12/2005)

	Return (Sets 1/2005 bis12/2005)										
3F-Alpha	1	2	3	4	5	6	7	8	9	10	vor 2005
1	18,3	19,4	13,4	11,9	6,9	5,0	5,4	6,8	5,6	7,4	3,5
2	12,2	9,6	9,5	14,7	15,0	11,4	7,7	9,5	6,8	3,6	4,9
3	9,8	9,9	14,6	12,6	8,0	10,8	13,7	9,2	6,5	5,0	8,2
4	10,1	11,6	9,9	8,6	12,6	9,8	10,5	11,3	9,2	6,5	6,4
5	9,5	8,9	10,4	9,3	12,9	15,3	10,7	7,7	9,3	6,0	7,5
6	5,4	7,8	10,5	9,3	11,3	12,0	14,3	11,9	10,4	7,1	10,9
7	4,7	10,2	7,2	11,6	9,3	7,5	11,9	12,9	13,4	11,3	14,1
8	8,0	7,4	9,0	8,9	9,9	11,4	9,3	11,0	11,6	13,5	15,9
9	11,7	7,1	8,3	5,7	6,2	7,5	8,4	12,5	15,9	16,7	16,7
10	10,4	8,1	7,4	7,2	7,8	9,2	8,3	7,2	11,4	23,2	11,8

Bemerkungen:
Zahlendarstellung erfolgt in Prozent der jeweiligen Gesamtanzahl; signifikante Werte sind eingerahmt.
Return (oben): Annualisiert über Zeitraum 1/2005 bis 12/2005.
3F-Alpha (links): Annualisiert über Zeitraum 1/2003 bis 12/2004.
Sample: Bereinigtes Sample ohne Survivorship Bias aus Sets 3/2003 bis 12/2005.

Tabelle 138: Spezifika der Verteilungen 12/2004 auf 12/2005

	Return (Sets 1/2005 bis12/2005)	Return (Sets vor 2005)
Erwartungswert (%)	10,0	10,0
Standardabweichung (%)	3,3	4,6
Erwartungswert	66,5	127,3
Chi-Quadrat	710	243
Freiheitgrad	97	7
Wahrscheinlichkeit	0,00	0,00
Gesamtanzahl	6.651	1.273

Bemerkungen:
Signifikante Werte sind eingerahmt.
Sample: Bereinigtes Sample ohne Survivorship Bias aus Sets 3/2003 bis 12/2005.

Tabelle 139: Übergangsmatrix 2Y 3F-Alpha (12/2003) auf 1Y Return (12/2004)

3F-Alpha	Return (Sets 1/2004 bis12/2005) 1	2	3	4	5	6	7	8	9	10	vor 2004
1	36,4	15,2	7,8	8,9	8,3	4,5	4,6	4,0	2,1	8,0	2,2
2	15,7	17,4	12,5	8,3	11,0	10,7	6,1	3,1	6,7	8,3	1,8
3	11,3	15,5	14,5	11,3	10,7	10,3	7,6	4,8	5,2	8,8	1,5
4	8,8	9,7	11,5	11,0	14,2	11,9	11,3	6,6	7,6	7,5	2,5
5	7,5	8,8	9,4	12,4	10,9	12,1	13,7	9,5	9,4	6,4	2,8
6	5,5	7,2	8,2	11,6	11,3	11,6	14,5	11,2	10,0	8,9	2,5
7	4,6	9,4	8,8	9,7	8,3	12,8	12,2	12,8	14,6	6,7	6,8
8	4,3	6,6	7,6	8,2	7,2	9,2	11,8	16,8	15,1	13,3	9,7
9	2,2	4,6	8,5	8,2	8,8	9,1	11,8	16,4	16,1	14,3	11,6
10	3,6	5,8	11,2	10,3	9,2	7,8	6,4	14,8	13,3	17,7	58,6

Bemerkungen:
Zahlendarstellung erfolgt in Prozent der jeweiligen Gesamtanzahl; signifikante Werte sind eingerahmt.
Return (oben): Annualisiert über Zeitraum 1/2004 bis 12/2004.
3F-Alpha (links): Annualisiert über Zeitraum 1/2002 bis 12/2003.
Sample: Bereinigtes Sample ohne Survivorship Bias aus Sets 3/2003 bis 12/2005.

Tabelle 140: Spezifika der Verteilungen 12/2003 auf 12/2004

	Return (Sets 1/2004 bis12/2005)	Return (Sets vor 2004)
Erwartungswert (%)	10,0	10,0
Standardabweichung (%)	4,4	17,4
Erwartungswert	67,1	60,1
Chi-Quadrat	1.302	1.645
Freiheitgrad	97	7
Wahrscheinlichkeit	0,00	0,00
Gesamtanzahl	6.709	601

Bemerkungen:
Signifikante Werte sind eingerahmt.
Sample: Bereinigtes Sample ohne Survivorship Bias aus Sets 3/2003 bis 12/2005.

Tabelle 141: Übergangsmatrix 2Y 3F-Alpha (12/2002) auf 1Y Return (12/2003)

	Return (Sets 3/2004 bis12/2005)									
3F-Alpha	1	2	3	4	5	6	7	8	9	10
1	23,5	12,4	15,0	11,4	8,8	9,1	6,3	3,9	5,1	4,2
2	16,5	12,7	12,7	10,2	10,0	9,9	8,8	6,9	6,4	5,7
3	6,7	9,1	7,5	8,7	8,1	13,8	11,5	10,0	11,4	13,0
4	5,8	6,4	7,9	7,9	9,9	12,9	12,9	10,8	10,6	14,7
5	3,7	8,7	7,0	9,0	13,8	10,2	11,7	13,9	11,1	10,8
6	5,7	7,6	6,3	8,8	10,6	11,7	10,8	12,1	14,8	11,4
7	6,6	9,1	8,5	9,4	7,9	10,5	10,8	10,8	14,2	11,8
8	11,2	8,1	10,5	10,5	5,8	7,9	11,5	14,8	10,5	9,0
9	10,2	10,8	11,1	7,2	11,4	6,7	10,3	10,2	12,0	10,0
10	9,9	14,7	13,3	16,8	13,5	7,0	5,2	6,4	3,7	9,3

Bemerkungen:
Zahlendarstellung erfolgt in Prozent der Gesamtanzahl; signifikante Werte sind eingerahmt.
Return (oben): Annualisiert über Zeitraum 1/2003 bis 12/2003.
3F-Alpha (links): Annualisiert über Zeitraum 1/2001 bis 12/2002.
Sample: Bereinigtes Sample ohne Survivorship Bias aus Sets 3/2003 bis 12/2005.

Tabelle 142: Spezifika der Verteilung 12/2002 auf 12/2003

	Return (Sets 3/2004 bis12/2005)
Erwartungswert (%)	10,0
Standardabweichung (%)	3,2
Erwartungswert	66,7
Chi-Quadrat	675
Freiheitgrad	97
Wahrscheinlichkeit	0,00
Gesamtanzahl	6.668

Bemerkungen:
Signifikante Werte sind eingerahmt.
Sample: Bereinigtes Sample ohne Survivorship Bias aus Sets 3/2003 bis 12/2005.

Tabelle 143: Übergangsmatrix 2Y 3F-Alpha (12/2001) auf 1Y Return (12/2002)

	Return									
3F-Alpha	1	2	3	4	5	6	7	8	9	10
1	30,2	15,9	14,1	10,5	5,2	8,5	6,5	1,2	2,6	5,2
2	21,1	22,3	13,4	6,6	12,6	6,5	8,2	2,4	3,3	3,5
3	11,5	19,7	17,6	14,8	6,5	7,8	6,8	9,4	2,6	3,1
4	11,2	16,2	12,6	17,8	9,9	8,7	10,5	7,7	1,7	3,8
5	8,9	5,9	10,1	17,1	11,9	15,3	13,6	6,1	5,2	5,8
6	5,8	7,3	6,8	9,6	19,5	17,4	11,0	11,3	7,2	4,2
7	4,9	6,1	10,1	8,5	12,7	14,8	11,9	12,6	10,6	7,7
8	2,4	4,7	1,9	7,0	10,3	7,8	12,2	16,2	18,3	19,0
9	2,3	0,7	5,6	3,3	6,1	7,2	14,1	15,7	26,7	18,5
10	1,7	1,0	7,7	4,9	5,2	5,8	5,4	17,3	21,8	29,1

Bemerkungen:
Zahlendarstellung erfolgt in Prozent der Gesamtanzahl; signifikante Werte sind eingerahmt.
Return (oben): Annualisiert über Zeitraum 1/2002 bis 12/2002.
3F-Alpha (links): Annualisiert über Zeitraum 1/2000 bis 12/2001.
Sample: Bereinigtes Sample ohne Survivorship Bias aus Sets 3/2003 bis 12/2005.

Tabelle 144: Spezifika der Verteilung 12/2001 auf 12/2002

Erwartungswert (%)	10,0
Standardabweichung (%)	6,3
Erwartungswert	57,3
Chi-Quadrat	2.248
Freiheitgrad	97
Wahrscheinlichkeit	0,00
Gesamtanzahl	5.733

Bemerkungen:
Signifikante Werte sind eingerahmt.
Sample: Bereinigtes Sample ohne Survivorship Bias aus Sets 3/2003 bis 12/2005.

Tabelle 145: Übergangsmatrix 2Y 3F-Alpha (12/2000) auf 1Y Return (12/2001)

	Return									
3F-Alpha	1	2	3	4	5	6	7	8	9	10
1	25,3	18,4	14,5	9,9	6,6	5,8	4,3	3,5	3,1	8,9
2	17,2	17,6	16,8	14,1	8,1	7,3	5,6	3,9	2,7	6,4
3	7,7	11,6	21,1	16,8	13,9	8,5	4,8	5,6	6,0	4,3
4	9,9	9,9	13,5	14,9	14,1	7,9	8,5	3,5	9,1	8,5
5	13,0	9,9	9,7	11,2	13,1	8,1	6,8	10,1	11,0	7,2
6	2,9	8,3	5,8	12,4	13,0	14,9	19,9	10,6	3,1	9,3
7	3,3	5,8	4,8	10,2	8,5	12,2	11,6	14,1	18,6	10,6
8	6,6	7,9	4,1	4,4	7,3	18,0	16,8	15,3	13,3	6,2
9	5,2	7,2	7,3	2,7	8,3	10,4	13,5	14,9	15,7	14,7
10	8,9	3,9	1,9	3,3	7,2	6,8	8,1	18,6	17,4	24,2

Bemerkungen:
Zahlendarstellung erfolgt in Prozent der Gesamtanzahl; signifikante Werte sind eingerahmt.
Return (oben): Annualisiert über Zeitraum 1/2001 bis 12/2001.
3F-Alpha (links): Annualisiert über Zeitraum 1/1999 bis 12/2000.
Sample: Bereinigtes Sample ohne Survivorship Bias aus Sets 3/2003 bis 12/2005.

Tabelle 146: Spezifika der Verteilung 12/2000 auf 12/2001

Erwartungswert (%)	10,0
Standardabweichung (%)	5,1
Erwartungswert	51,7
Chi-Quadrat	1.349
Freiheitgrad	97
Wahrscheinlichkeit	0,00
Gesamtanzahl	5.172

Bemerkungen:
Signifikante Werte sind eingerahmt.
Sample: Bereinigtes Sample ohne Survivorship Bias aus Sets 3/2003 bis 12/2005.

Tabelle 147: Übergangsmatrix 2Y 3F-Alpha (12/1999) auf 1Y Return (12/2000)

	Return									
3F-Alpha	1	2	3	4	5	6	7	8	9	10
1	13,7	9,2	9,7	6,8	7,7	11,9	11,0	5,1	8,6	16,3
2	16,7	12,8	10,1	7,7	10,1	11,9	5,5	9,0	7,0	9,0
3	14,3	18,1	18,3	14,8	11,5	3,7	8,8	3,5	4,2	2,9
4	7,5	9,5	14,1	21,4	12,6	5,9	9,7	8,4	8,8	2,2
5	9,0	5,9	9,5	9,9	10,8	12,1	8,8	13,2	13,4	7,3
6	8,1	6,6	11,5	9,7	13,9	10,4	9,0	12,6	10,6	7,7
7	9,0	9,7	10,6	7,0	8,6	9,5	9,9	11,9	12,6	11,2
8	4,8	7,9	7,9	9,5	11,7	10,1	13,2	13,4	10,8	10,6
9	6,2	8,4	4,0	8,4	9,7	12,1	11,2	10,1	15,2	14,8
10	10,6	11,9	4,4	4,8	3,5	12,3	12,8	12,8	8,8	18,3

Bemerkungen:
Zahlendarstellung erfolgt in Prozent der Gesamtanzahl; signifikante Werte sind eingerahmt.
Return (oben): Annualisiert über Zeitraum 1/2000 bis 12/2000.
3F-Alpha (links): Annualisiert über Zeitraum 1/1998 bis 12/1999.
Sample: Bereinigtes Sample ohne Survivorship Bias aus Sets 3/2003 bis 12/2005.

Tabelle 148: Spezifika der Verteilung 12/1999 auf 12/2000

Erwartungswert (%)	10,0
Standardabweichung (%)	3,6
Erwartungswert	45,4
Chi-Quadrat	576
Freiheitgrad	97
Wahrscheinlichkeit	0,00
Gesamtanzahl	4.541

Bemerkungen:
Signifikante Werte sind eingerahmt.
Sample: Bereinigtes Sample ohne Survivorship Bias aus Sets 3/2003 bis 12/2005.

Tabelle 149: Übergangsmatrix 2Y 3F-Alpha (12/1998) auf 1Y Return (12/1999)

	Return									
3F-Alpha	1	2	3	4	5	6	7	8	9	10
1	21,4	19,6	17,8	8,0	7,2	6,4	3,3	4,6	5,4	6,2
2	11,8	16,2	13,6	13,1	10,0	2,8	5,7	10,8	8,7	7,2
3	11,1	5,7	7,2	16,0	12,6	11,6	9,8	6,7	10,8	8,5
4	7,2	5,7	9,8	7,5	16,7	12,9	9,3	9,5	8,2	13,6
5	6,4	5,4	10,8	11,1	13,1	10,0	9,3	14,7	6,4	12,6
6	6,4	12,6	9,5	6,2	13,4	9,3	14,4	10,6	8,2	9,5
7	8,7	6,4	9,5	4,6	7,5	10,3	13,4	10,3	14,7	14,4
8	10,8	6,2	2,3	7,7	8,5	14,2	13,9	10,3	14,9	11,1
9	10,6	11,1	8,2	8,5	6,2	13,9	12,4	9,8	11,8	7,7
10	5,4	12,4	10,3	17,2	4,9	8,5	8,7	12,6	10,8	9,3

Bemerkungen:
Zahlendarstellung erfolgt in Prozent der Gesamtanzahl; signifikante Werte sind eingerahmt.
Return (oben): Annualisiert über Zeitraum 1/1999 bis 12/1999.
3F-Alpha (links): Annualisiert über Zeitraum 1/1997 bis 12/1998.
Sample: Bereinigtes Sample ohne Survivorship Bias aus Sets 3/2003 bis 12/2005.

Tabelle 150: Spezifika der Verteilung 12/1998 auf 12/1999

Erwartungswert (%)	10,0
Standardabweichung (%)	3,6
Erwartungswert	38,9
Chi-Quadrat	512
Freiheitgrad	97
Wahrscheinlichkeit	0,00
Gesamtanzahl	3.886

Bemerkungen:
Signifikante Werte sind eingerahmt.
Sample: Bereinigtes Sample ohne Survivorship Bias aus Sets 3/2003 bis 12/2005.

Tabelle 151: Übergangsmatrix 2Y 3F-Alpha (12/1997) auf 1Y Return (12/1998)

	Return									
3F-Alpha	1	2	3	4	5	6	7	8	9	10
1	11,1	8,7	5,1	5,7	5,7	1,8	7,5	8,4	15,6	30,3
2	8,1	12,9	7,2	10,2	6,9	5,1	12,0	7,8	12,9	17,1
3	10,8	8,7	10,8	11,1	4,8	11,4	7,5	11,1	12,3	11,7
4	6,9	6,3	14,4	8,4	10,5	9,0	11,1	13,5	11,4	8,4
5	12,0	10,8	10,5	15,0	9,3	12,9	8,4	12,0	5,7	3,9
6	6,6	16,8	12,0	13,5	12,3	10,5	10,8	8,4	5,7	3,3
7	11,4	7,8	9,6	10,2	9,0	8,1	16,8	11,1	7,5	8,4
8	13,5	5,4	11,4	9,0	15,9	11,4	12,0	9,6	7,8	4,2
9	8,7	14,7	8,4	7,2	14,4	18,0	4,5	9,3	12,6	2,4
10	10,8	8,1	10,8	9,6	11,4	12,0	9,3	9,0	8,7	10,5

Bemerkungen:
Zahlendarstellung erfolgt in Prozent der Gesamtanzahl; signifikante Werte sind eingerahmt.
Return (oben): Annualisiert über Zeitraum 1/1998 bis 12/1998.
3F-Alpha (links): Annualisiert über Zeitraum 1/1996 bis 12/1997.
Sample: Bereinigtes Sample ohne Survivorship Bias aus Sets 3/2003 bis 12/2005.

Tabelle 152: Spezifika der Verteilung 12/1997 auf 12/1998

Erwartungswert (%)	10,0
Standardabweichung (%)	3,9
Erwartungswert	33,4
Chi-Quadrat	491
Freiheitgrad	97
Wahrscheinlichkeit	0,00
Gesamtanzahl	3.337

Bemerkungen:
Signifikante Werte sind eingerahmt.
Sample: Bereinigtes Sample ohne Survivorship Bias aus Sets 3/2003 bis 12/2005.

Anhang 12: 3F-IR auf Return über die Gesamtperiode

Tabelle 153: Übergangsmatrix 2Y 3F-IR (12/2004) auf 1Y Return (12/2005)

	Return (Sets 1/2005 bis12/2005)										
3F-IR	1	2	3	4	5	6	7	8	9	10	vor 2005
1	13,7	17,3	13,8	12,8	9,8	6,6	6,0	9,0	5,9	5,1	1,6
2	12,8	9,0	9,0	13,5	14,1	11,1	9,6	9,2	6,9	4,8	3,3
3	11,7	12,2	13,5	11,6	7,4	11,1	12,5	9,0	5,4	5,4	7,9
4	13,7	12,0	11,6	10,4	9,5	7,7	8,6	9,3	9,8	7,5	11,8
5	10,4	12,3	12,8	7,2	13,1	10,8	7,8	8,1	8,0	9,5	14,8
6	7,5	11,7	12,3	10,4	9,0	12,8	7,7	8,6	10,1	9,9	20,0
7	8,3	6,8	6,5	10,5	8,0	12,2	15,2	9,8	12,9	9,9	18,5
8	7,8	9,5	7,1	8,7	10,2	9,9	11,3	10,4	12,2	12,9	10,1
9	9,0	4,2	9,2	9,3	11,3	7,7	8,6	12,0	12,8	15,9	6,1
10	5,1	5,0	4,4	5,4	7,7	10,1	12,9	14,4	16,1	19,1	5,8

Bemerkungen:
Zahlendarstellung erfolgt in Prozent der jeweiligen Gesamtanzahl; signifikante Werte sind eingerahmt.
Return (oben): Annualisiert über Zeitraum 1/2005 bis 12/2005.
3F-IR (links): Annualisiert über Zeitraum 1/2003 bis 12/2004.
Sample: Bereinigtes Sample ohne Survivorship Bias aus Sets 3/2003 bis 12/2005.

Tabelle 154: Spezifika der Verteilungen 12/2004 auf 12/2005

	Return (Sets 1/2005 bis12/2005)	Return (Sets vor 2005)
Erwartungswert (%)	10,0	10,0
Standardabweichung (%)	3,0	6,2
Erwartungswert	66,5	127,3
Chi-Quadrat	582	446
Freiheitgrad	97	7
Wahrscheinlichkeit	0,00	0,00
Gesamtanzahl	6.651	1.273

Bemerkungen:
Signifikante Werte sind eingerahmt.
Sample: Bereinigtes Sample ohne Survivorship Bias aus Sets 3/2003 bis 12/2005.

Tabelle 155: Übergangsmatrix 2Y 3F-IR (12/2003) auf 1Y Return (12/2004)

	Return (Sets 1/2004 bis12/2005)										
3F-IR	1	2	3	4	5	6	7	8	9	10	vor 2004
1	35,2	15,1	7,9	9,5	8,0	5,7	5,4	1,8	4,6	6,7	1,7
2	14,6	15,4	12,5	9,7	11,6	11,2	7,3	5,7	3,4	8,6	2,0
3	12,4	15,7	12,1	9,1	13,4	9,1	8,8	5,1	6,1	8,3	1,5
4	10,6	12,2	14,6	10,0	10,6	10,4	7,9	6,1	8,0	9,5	3,2
5	8,2	10,1	10,1	13,7	11,6	11,3	9,8	7,8	10,4	6,9	2,7
6	6,9	11,8	13,6	12,4	9,7	7,8	12,2	10,1	7,9	7,8	8,5
7	5,1	9,4	8,8	11,2	7,5	9,5	13,0	15,9	11,3	8,3	9,5
8	2,7	7,0	9,1	11,0	10,6	10,1	11,3	14,8	10,9	12,5	16,5
9	2,7	1,8	5,8	9,2	11,0	13,9	9,2	18,2	13,9	14,3	21,6
10	1,6	1,8	5,4	4,2	6,0	11,0	15,1	14,6	23,4	17,0	32,9

Bemerkungen:
Zahlendarstellung erfolgt in Prozent der jeweiligen Gesamtanzahl; signifikante Werte sind eingerahmt.
Return (oben): Annualisiert über Zeitraum 1/2004 bis 12/2004.
3F-IR (links): Annualisiert über Zeitraum 1/2002 bis 12/2003.
Sample: Bereinigtes Sample ohne Survivorship Bias aus Sets 3/2003 bis 12/2005.

Tabelle 156: Spezifika der Verteilungen 12/2003 auf 12/2004

	Return (Sets 1/2004 bis12/2005)	Return (Sets vor 2004)
Erwartungswert (%)	10,0	10,0
Standardabweichung (%)	4,6	10,6
Erwartungswert	67,1	60,1
Chi-Quadrat	1.412	609
Freiheitgrad	97	7
Wahrscheinlichkeit	0,00	0,00
Gesamtanzahl	6.709	601

Bemerkungen:
Signifikante Werte sind eingerahmt.
Sample: Bereinigtes Sample ohne Survivorship Bias aus Sets 3/2003 bis 12/2005.

Tabelle 157: Übergangsmatrix 2Y 3F-IR (12/2002) auf 1Y Return (12/2003)

	Return (Sets 3/2004 bis12/2005)									
3F-IR	1	2	3	4	5	6	7	8	9	10
1	15,7	13,9	13,5	9,1	8,5	11,8	8,7	6,1	7,2	5,1
2	17,8	10,5	13,6	11,7	9,0	10,9	6,7	6,7	7,0	5,8
3	11,8	9,6	7,6	9,6	9,4	10,8	11,5	8,5	9,0	12,0
4	10,3	10,0	9,9	11,1	10,3	9,4	10,3	8,5	8,1	11,8
5	10,5	11,2	7,0	8,1	13,9	8,4	10,8	13,0	7,9	9,0
6	7,2	11,2	10,6	7,6	9,7	12,0	7,3	9,4	11,2	13,3
7	9,7	6,0	10,6	12,3	9,1	7,6	11,5	8,2	10,5	14,2
8	8,2	7,8	11,1	10,2	12,7	9,3	10,2	10,8	10,6	9,0
9	5,8	10,3	8,4	9,7	7,6	9,6	12,6	13,3	15,1	7,3
10	2,7	9,1	7,5	10,5	9,4	9,9	10,2	15,1	13,2	12,3

Bemerkungen:
Zahlendarstellung erfolgt in Prozent der Gesamtanzahl; signifikante Werte sind eingerahmt.
Return (oben): Annualisiert über Zeitraum 1/2003 bis 12/2003.
3F-IR (links): Annualisiert über Zeitraum 1/2001 bis 12/2002.
Sample: Bereinigtes Sample ohne Survivorship Bias aus Sets 3/2003 bis 12/2005.

Tabelle 158: Spezifika der Verteilung 12/2002 auf 12/2003

	Return (Sets 3/2004 bis12/2005)
Erwartungswert (%)	10,0
Standardabweichung (%)	2,5
Erwartungswert	66,7
Chi-Quadrat	408
Freiheitgrad	97
Wahrscheinlichkeit	0,00
Gesamtanzahl	6.668

Bemerkungen:
Signifikante Werte sind eingerahmt.
Sample: Bereinigtes Sample ohne Survivorship Bias aus Sets 3/2003 bis 12/2005.

Tabelle 159: Übergangsmatrix 2Y 3F-IR (12/2001) auf 1Y Return (12/2002)

	Return									
3F-IR	1	2	3	4	5	6	7	8	9	10
1	29,5	20,4	14,0	9,9	9,1	8,2	5,9	2,1	0,7	0,2
2	22,3	20,6	15,3	8,4	8,7	7,7	10,8	2,1	2,3	1,7
3	12,4	18,8	13,8	16,9	7,0	8,0	8,4	5,8	4,2	4,7
4	10,8	13,3	14,3	15,2	9,2	11,7	6,5	10,6	2,8	5,8
5	7,8	7,3	10,5	16,4	11,2	11,2	13,1	6,5	6,3	9,8
6	5,4	8,9	5,1	10,6	17,8	9,1	10,5	12,9	9,1	10,6
7	4,7	4,4	5,2	7,0	12,6	9,4	18,1	14,0	10,1	14,7
8	3,0	1,9	6,6	2,4	7,8	10,1	8,5	16,0	23,0	20,4
9	1,7	0,9	5,1	2,4	8,9	9,9	8,9	15,5	26,2	20,4
10	2,3	3,5	10,1	10,8	7,7	14,7	9,4	14,5	15,5	11,7

Bemerkungen:
Zahlendarstellung erfolgt in Prozent der Gesamtanzahl; signifikante Werte sind eingerahmt.
Return (oben): Annualisiert über Zeitraum 1/2002 bis 12/2002.
3F-IR (links): Annualisiert über Zeitraum 1/2000 bis 12/2001.
Sample: Bereinigtes Sample ohne Survivorship Bias aus Sets 3/2003 bis 12/2005.

Tabelle 160: Spezifika der Verteilung 12/2001 auf 12/2002

	Return
Erwartungswert (%)	10,0
Standardabweichung (%)	5,8
Erwartungswert	57,3
Chi-Quadrat	1.940
Freiheitgrad	97
Wahrscheinlichkeit	0,00
Gesamtanzahl	5.733

Bemerkungen:
Signifikante Werte sind eingerahmt.
Sample: Bereinigtes Sample ohne Survivorship Bias aus Sets 3/2003 bis 12/2005.

Tabelle 161: Übergangsmatrix 2Y 3F-IR (12/2000) auf 1Y Return (12/2001)

	Return									
3F-IR	1	2	3	4	5	6	7	8	9	10
1	14,7	20,5	20,5	16,0	11,4	8,1	6,8	1,4	0,6	0,0
2	12,6	13,0	19,9	22,6	9,9	6,6	6,2	3,7	3,1	2,5
3	16,6	12,8	13,1	13,9	12,6	8,7	7,9	4,8	4,3	5,2
4	15,7	12,0	8,9	9,1	13,7	7,2	7,9	6,8	9,9	8,9
5	9,3	8,5	9,9	8,7	13,5	12,4	9,5	9,5	8,1	10,8
6	6,4	8,7	9,3	8,9	8,9	10,8	12,6	12,2	9,1	13,3
7	5,6	7,5	5,0	9,7	5,8	7,2	9,3	12,4	19,7	17,6
8	8,1	8,9	5,6	6,0	6,0	10,8	13,7	16,0	13,9	11,0
9	4,8	4,3	5,4	3,5	10,1	16,2	13,0	12,6	16,0	13,9
10	6,2	4,3	1,9	1,5	8,3	12,0	13,1	20,7	15,3	16,8

Bemerkungen:
Zahlendarstellung erfolgt in Prozent der Gesamtanzahl; signifikante Werte sind eingerahmt.
Return (oben): Annualisiert über Zeitraum 1/2001 bis 12/2001.
3F-IR (links): Annualisiert über Zeitraum 1/1999 bis 12/2000.
Sample: Bereinigtes Sample ohne Survivorship Bias aus Sets 3/2003 bis 12/2005.

Tabelle 162: Spezifika der Verteilung 12/2000 auf 12/2001

	Return
Erwartungswert (%)	10,0
Standardabweichung (%)	4,8
Erwartungswert	51,7
Chi-Quadrat	1.187
Freiheitgrad	97
Wahrscheinlichkeit	0,00
Gesamtanzahl	5.172

Bemerkungen:
Signifikante Werte sind eingerahmt.
Sample: Bereinigtes Sample ohne Survivorship Bias aus Sets 3/2003 bis 12/2005.

Tabelle 163: Übergangsmatrix 2Y 3F-IR (12/1999) auf 1Y Return (12/2000)

3F-IR	Return 1	2	3	4	5	6	7	8	9	10
1	18,3	15,9	14,1	5,1	6,6	10,1	7,7	9,9	5,5	6,8
2	10,8	9,7	11,0	14,3	17,6	10,8	8,6	3,7	5,3	8,1
3	12,3	12,6	9,5	16,5	9,2	9,0	10,1	4,0	8,6	8,4
4	9,5	10,8	17,6	16,5	7,5	5,3	9,0	9,7	8,4	5,7
5	10,8	6,8	9,5	7,7	11,7	10,6	8,6	10,8	14,1	9,2
6	9,9	6,8	13,2	11,5	10,4	9,7	10,8	10,4	8,1	9,2
7	10,1	13,0	8,4	4,8	12,6	9,5	7,3	10,6	10,8	13,2
8	6,8	9,0	5,7	9,9	10,8	8,6	10,1	13,0	11,7	14,1
9	7,3	5,7	7,5	6,6	8,1	15,2	13,2	13,2	14,5	8,6
10	4,2	9,7	3,5	7,0	5,5	11,2	14,5	14,8	13,0	16,7

Bemerkungen:
Zahlendarstellung erfolgt in Prozent der Gesamtanzahl; signifikante Werte sind eingerahmt.
Return (oben): Annualisiert über Zeitraum 1/2000 bis 12/2000.
3F-IR (links): Annualisiert über Zeitraum 1/1998 bis 12/1999.
Sample: Bereinigtes Sample ohne Survivorship Bias aus Sets 3/2003 bis 12/2005.

Tabelle 164: Spezifika der Verteilung 12/1999 auf 12/2000

	Return
Erwartungswert (%)	10,0
Standardabweichung (%)	3,3
Erwartungswert	45,4
Chi-Quadrat	499
Freiheitgrad	97
Wahrscheinlichkeit	0,00
Gesamtanzahl	4.541

Bemerkungen:
Signifikante Werte sind eingerahmt.
Sample: Bereinigtes Sample ohne Survivorship Bias aus Sets 3/2003 bis 12/2005.

Tabelle 165: Übergangsmatrix 2Y 3F-IR (12/1998) auf 1Y Return (12/1999)

	Return									
3F-IR	1	2	3	4	5	6	7	8	9	10
1	10,3	17,8	20,3	10,0	8,7	7,7	5,1	6,9	6,9	5,9
2	12,9	11,1	10,6	10,0	12,6	8,2	5,9	8,7	11,8	8,2
3	13,6	9,8	6,9	15,2	10,0	6,4	9,3	9,0	9,3	10,3
4	15,2	8,7	10,6	9,0	14,9	9,5	8,0	7,2	5,4	11,8
5	13,1	13,9	13,6	9,8	10,8	8,5	4,6	9,5	5,1	11,3
6	11,8	8,7	9,5	6,4	13,9	9,0	13,6	10,0	6,9	9,3
7	14,7	7,2	8,7	6,4	7,7	10,8	13,9	9,8	10,6	10,3
8	1,5	9,0	5,4	9,5	4,4	8,5	21,6	11,6	15,7	12,6
9	3,3	9,8	5,1	13,4	5,9	12,6	11,1	13,4	14,7	10,8
10	3,3	5,1	8,2	10,0	11,1	18,5	6,9	13,6	13,6	9,5

Bemerkungen:
Zahlendarstellung erfolgt in Prozent der Gesamtanzahl; signifikante Werte sind eingerahmt.
Return (oben): Annualisiert über Zeitraum 1/1999 bis 12/1999.
3F-IR (links): Annualisiert über Zeitraum 1/1997 bis 12/1998.
Sample: Bereinigtes Sample ohne Survivorship Bias aus Sets 3/2003 bis 12/2005.

Tabelle 166: Spezifika der Verteilung 12/1998 auf 12/1999

	Return
Erwartungswert (%)	10,0
Standardabweichung (%)	3,6
Erwartungswert	38,9
Chi-Quadrat	495
Freiheitgrad	97
Wahrscheinlichkeit	0,00
Gesamtanzahl	3.886

Bemerkungen:
Signifikante Werte sind eingerahmt.
Sample: Bereinigtes Sample ohne Survivorship Bias aus Sets 3/2003 bis 12/2005.

Tabelle 167: Übergangsmatrix 2Y 3F-IR (12/1997) auf 1Y Return (12/1998)

	Return									
3F-IR	1	2	3	4	5	6	7	8	9	10
1	8,4	9,9	6,3	13,5	6,0	2,4	8,4	7,8	10,2	27,0
2	9,9	12,6	7,5	7,5	7,2	7,8	10,8	7,5	12,3	17,1
3	12,0	8,4	12,0	6,9	4,5	8,4	9,0	12,3	17,1	9,6
4	8,4	5,7	10,5	6,9	9,6	8,7	9,6	13,5	13,2	13,8
5	13,2	15,9	9,0	9,0	6,9	11,1	9,0	13,8	7,2	5,1
6	9,3	13,2	11,1	17,4	10,5	6,6	5,4	11,7	8,1	6,9
7	10,8	6,3	12,9	8,1	12,3	10,2	15,0	8,4	9,9	6,0
8	12,0	9,3	11,7	11,1	10,2	8,1	13,5	12,3	6,9	5,1
9	7,2	9,9	11,4	13,5	16,8	10,8	10,8	6,0	9,6	4,8
10	8,7	9,0	7,8	6,0	16,2	26,1	8,4	6,9	5,7	4,8

Bemerkungen:
Zahlendarstellung erfolgt in Prozent der Gesamtanzahl; signifikante Werte sind eingerahmt.
Return (oben): Annualisiert über Zeitraum 1/1998 bis 12/1998.
3F-IR (links): Annualisiert über Zeitraum 1/1996 bis 12/1997.
Sample: Bereinigtes Sample ohne Survivorship Bias aus Sets 3/2003 bis 12/2005.

Tabelle 168: Spezifika der Verteilung 12/1997 auf 12/1998

	Return
Erwartungswert (%)	10,0
Standardabweichung (%)	3,9
Erwartungswert	33,4
Chi-Quadrat	508
Freiheitgrad	97
Wahrscheinlichkeit	0,00
Gesamtanzahl	3.337

Bemerkungen:
Signifikante Werte sind eingerahmt.
Sample: Bereinigtes Sample ohne Survivorship Bias aus Sets 3/2003 bis 12/2005.

Anhang 13: Analyse des Renditepotenzials der Faktorprämien

Im Verlauf der vorliegenden Arbeit lag der Fokus im Umgang mit den Mehrfaktorenmodellen immer auf den Residuen. Die style-adjustierten Kennzahlen sind eigentlich den Kennzahlen ohne Style-adjustierung bei einem Ranking auf absoluten Return unterlegen. Mit den Faktoren werden ihnen Quellen von Return genommen, aber sie werden hinterher daran gemessen, ob sie inklusive Faktortrends erfolgreich sind. Was würde denn passieren, wenn man versucht, vom gesamten Faktormodell Gebrauch zu machen? Natürlich setzt dies voraus, dass man über die richtige Prognose für die Entwicklung der einzelnen Faktorrenditen über den Anlagehorizont verfügt. Dies ist natürlich mit einem nicht geringen Aufwand an Fundamentalresearch verbunden und es ist fraglich, ob die Prognosen stimmen bzw. so eintreten. Man kann sich an dieser Stelle lange überlegen, ob die vorliegenden Faktoren überhaupt prognostizierbar sind bzw. ob zumindest die weitere Faktortendenz ableitbar ist. Jedoch kann man aus praktischer Sicht auch zunächst einmal klären, ob es sich überhaupt lohnen würde. Ist es überhaupt möglich, unter der Annahme, die Faktorrenditen des US-Marktes für das nächste Jahres zu kennen, diese mit US Domestic Equity Funds abzuschöpfen? Dieses Kapitel stellt einen ersten hypothetischen Versuch in diese Richtung dar.

Es wurde im Folgenden ein Portfolio, abermals aus zehn Fonds, gleichgewichtet simuliert. Das Portfolio wird ebenfalls jährlich zum Jahresende neu formiert. Unter der Annahme, über richtige Faktorprognosen für das Folgejahr zu verfügen, wurden die effektiven Faktorrealisationen aus den Summary Statistics in Tabelle 24 für den Moment der jeweiligen Neuformierung des Portfolios als bekannt vorausgesetzt. Zur Fondsallokation wurden die Faktorsensitivitäten der jeweils vergangenen 24 Monate benutzt. Tabelle 169 zeigt die Vorgehensweise bei der Fondsallokation auf der Basis der Faktorprognosen. Nach absolut stringent quantitativer Methode und ohne qualitative Bewertung wurden zu jedem Faktor und zum 4F-Alpha jeweils zwei Fonds allokiert. Falls die Faktorprognose positiv ist, wurden die beiden Fonds mit der höchsten positiven Faktorsensitivität (Positionierung: „long") in das Portfolio aufgenommen und im Falle einer negativen Prognose wurden die beiden Fonds mit der niedrigsten bzw. höchsten negativen Faktorsensitivität (Positionierung: „short") in das Portfolio für das nächste Jahr aufgenommen. Die Bemerkung „absolut stringente Methode" soll an dieser Stelle unterstreichen, dass nur eine Ausnahme von dieser Regel gemacht wurde. Die einzige zulässige Ausnahme war: Falls die quantitative Selektionsmethode einen Fonds allokierte, der zu diesem Zeitpunkt bereits tot war, wurde der nächste Fonds auf der Kandidatenliste gewählt. Falls sein Ableben zu einem späteren Zeitpunkt eintritt, wurde keine Anpassung vorgenommen. Diese Anpassung ist eigentlich keine Ausnahme, sondern nur eine realitätsnahe Vorgehensweise. Ausnahmen, wie sie hier verstanden werden, wären Allokationsänderungen aufgrund der Prognosehöhe oder weil man sieht, dass der allokierte Fonds eigentlich nur zufällig die höchste Faktorsensitivität hat. Qualitative Interpretationen dieser Art wurden nicht vorgenommen.

Tabelle 169: Faktorprognosen und Allokation „Top 4 Faktoren + Alpha"

	1998	1999	2000	2001	2002	2003	2004	2005
Alpha								
MARKT	25,2	16,4	-13,4	-13,5	-21,8	28,1	9,6	1,8
HMN*	-21,8	-29,8	8,4	4,2	8,3	0,2	2,1	1,7
KMG	-29,0	-8,1	22,9	19,3	7,6	10,8	12,4	3,4
UMD	23,7	34,9	14,9	4,3	25,8	-24,8	-0,5	15,4

Bemerkungen:
Grüne bzw. hellgraue Flächen: Fonds mit möglichst hoher positiver Sensitivität im Vorjahr allokiert.
Rote bzw. dunkelgraue Flächen: Fonds mit möglichst niedriger, auch negativer Sensitivität Vj. allokiert.

Wie in Tabelle 169 dargestellt, wurde versucht, das 4-Faktorenmodell mit all seinen Komponenten vollständig zur Fondsallokation anzuwenden. Die Vorgehensweise ist sehr „digital". Es wurden jeweils zwei Fonds mit dem jeweils maximalen 4F-Alpha allokiert und zu den Faktoren *MARKT*, *HMN**, *KMG*, sowie *UMD* wurden jeweils zwei Fonds nur in Abhängigkeit des Vorzeichens der Prognose mit jeweils extremer Sensitivität allokiert. Es wurde deshalb jeweils maximale bzw. minimale Faktorsensitivität als Kriterium der Selektion unabhängig von der Höhe der Prognose benutzt.

Tabelle 170 zeigt das Renditeergebnis dieser simulierten Strategie mit dem Namen „Top 4 Faktoren + Alpha". Darüber hinaus zeigt Tabelle 170 ein weiteres theoretisches Portfolio zum Vergleich. Es trägt den Namen „Top Fondsrendite" und besteht ebenfalls aus zehn gleichgewichteten Fonds. Es besteht aus den jeweils zehn besten Fonds des aktuellen Investitionsjahres. Es soll die Ergebnisse in Relation setzen, um zu sehen, was im jeweiligen Jahr theoretisch maximal zu verdienen gewesen wäre. Das Portfolio „Top 4 Faktoren + Alpha" erzielt im Schnitt beachtliche 27,4 % annualisierte Rendite pro Jahr über die Periode von 1998 bis 2005 mit relativ geringern Schwankungen, wie die Spalte

Risiko in Tabelle 170 zeigt. Bei einer Standardabweichung von 24,8 % ergibt sich so ein Verhältnis von Rendite pro Einheit Risiko von über eins für dieses Portfolio.

Tabelle 170: Realisation „Top 4 Faktoren + Alpha"

	1998	1999	2000	2001	2002	2003	2004	2005	Rendite (1)	Risiko (2)	SR (3)
4 Faktoren + Alpha	16,8	70,2	26,9	26,4	19,6	56,7	6,7	-4,5	27,4	24,8	1,10
Top Fondsrendite	81,3	216,3	66,0	60,0	58,9	118,8	39,1	31,8	84,0	59,8	1,41

Bemerkungen:
Darstellung in Prozent annualisierter Return.
(1) Durchschnittliche annualisierte Rendite über den Beobachtungszeitraum.
(2) Durchschnittliches annualisiertes Risiko über den Beobachtungszeitraum auf Basis von (1).
(3) Sharpe Ratio auf Basis des Quotienten aus (1) und (2) ohne Berücksichtigung Risk-Free.

In Abbildung 34 ist das Portfolio „Top 4 Faktoren + Alpha" noch einmal grafisch als orangefarbige bzw. mittelgraue Linie dargestellt.

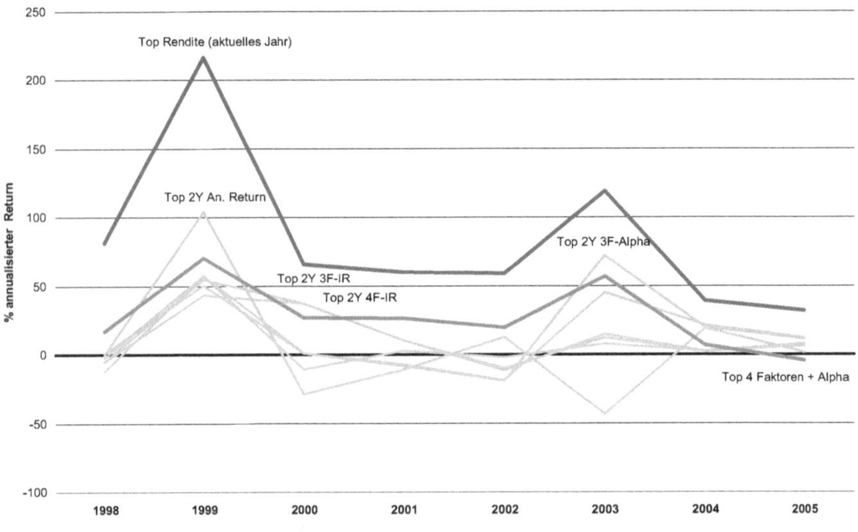

Quelle: Eigene Darstellung

Abbildung 34: „Top 4 Faktoren + Alpha" versus Kennzahlen

Abbildung 34 bietet dabei nicht nur einen Vergleich gegen das theoretische Maximum (blaue bzw. dunkelgraue Linie), sondern auch den Vergleich gegen die bisher beleuchteten, kennzahlenbasierten Strategien. Um die Übersicht zu gewährleisten, sind alle kennzahlenbasierten Strategien als hellgraue Linie dargestellt und nur jene Strategien, die das Portfolio „Top 4 Faktoren + Alpha" übertreffen, sind an diesen Stellen mit Namen gekennzeichnet. 1999, am Höhepunkt des Technologiebooms, wird das Portfolio „Top 4 Faktoren + Alpha" deutlich vom Portfolio „Top 2Y An Return" übertroffen. Im folgenden „Crashjahr" wird es leicht von den Information Ratios und im aufstrebenden Jahr 2003 vom Portfolio „Top 3F Alpha" überflügelt. In den Jahren des „Erlahmens" 2004 und 2005 fällt das Portfolio „Top 4 Faktoren + Alpha" hinter die Alpha-Portfolios und das Portfolio „Top 2Y An Return" zurück.

Wie die Performance des Portfolios „Top 4 Faktoren + Alpha" zu Stande kommt, zeigt die Tabelle 171. In dieser Tabelle wurde eine Performanceattribution der einzelnen „Wetten" vorgenommen. Es zeigt sich, dass durchaus nicht alle Wetten positiv ausgefallen sind. Orange bzw. dunkelgrau markierte Flächen sind erfolglose Wetten und hellgraugrau gekennzeichnete Flächen sind Wetten mit positivem Ausgang.

Tabelle 171: Performanceattribution der Wetten „Top 4 Faktoren + Alpha"

	1998	1999	2000	2001	2002	2003	2004	2005	Durchschnitt
Alpha 1	25,4	58,0	157,3	74,7	12,4	31,3	-0,6	-31,7	40,9
Alpha 2	-12,5	39,4	-5,5	-16,2	-23,9	12,6	25,9	19,1	4,9
MARKT 1	30,1	26,0	29,0	75,5	89,5	108,9	-5,1	-17,2	42,1
MARKT 2	41,9	32,8	28,1	77,1	91,0	106,7	19,0	-20,8	47,0
HMN* 1	59,3	104,6	23,2	77,1	89,5	-62,1	-21,8	31,5	37,7
HMN* 2	17,0	57,1	-10,1	75,5	91,0	-61,7	-22,5	31,5	22,2
KMG 1	-29,5	-1,8	24,4	1,3	-39,7	109,9	37,2	4,1	13,2
KMG 2	-30,0	-0,9	25,6	-14,3	-39,8	107,4	35,9	3,0	10,9
UMD 1	33,3	193,6	-1,4	-45,6	-28,9	182,8	-0,6	-32,8	37,5
UMD 2	33,1	193,6	-1,4	-40,7	-45,4	31,3	-0,1	-31,7	17,3

Bemerkungen:
Hellgraue Flächen: Zufrieden stellende Realisation.
Rote bzw. dunkelgraue Flächen: Nicht zufrieden stellende Realisation.

In Tabelle 172 sind zur weiteren Analyse der Wetten die Namen der Fonds gelistet. Diese sind im gleichen Farbschema markiert. Hier fällt auf, dass vielfach der gleiche Fonds mit einer anderen Tranche als jeweils zweite Faktorwette allokiert wurde. Es sind Tranchen mit leicht differierender Performance z.B. durch andere Gebühren, die Tranchen mit gleicher Performance wurden eliminiert (vgl. Kapitel 5.3). Solch eine Allokation würde man in der Realität aus Diversifikationsgründen nicht machen. Dieser Effekt tritt hier sowohl bei negativen als auch bei positiven Wetten auf.

Versucht man nun, das Ergebnis dieser rein mechanischen Vorgehensweise in Tabelle 171 zu ergründen, fallen als erstes die Wetten auf Small-Cap auf. In den Jahren 1998 und 1999 waren die Faktorerwartungen negativ (vgl. Tabelle 169), entsprechend versuchte die Methode „short" zu gehen. Dies scheint nicht zu funktionieren. Betrachtet man den Anteil der signifikant positiven Vorzeichen in Abbildung 26 im Kapitel 6.3.2.2, ist dies auch kaum möglich. Die Quote der signifikant positiven Faktorsensitivitäten liegt bei fast 100 %. Das beabsichtige Ziel wäre bei „short" Small-Cap eine Position „long" in Large-Cap, jedoch erscheinen diese in der Fondsliste nicht mit der geringsten Faktorsensitivität (vgl. allokierte Namen in Tabelle 172). Das hätte man mit Sicherheit gemerkt und händisch bei der Allokation eingegriffen. In den anderen Jahren ging die Methode „long" hinsichtlich *KMG*. In 2001 und 2002 gehen diese Wetten jedoch ebenfalls schief. Betrachtet man die allokierten Fonds genauer, haben alle eine Neigung zu Growth (siehe allokierte Namen in Tabelle 172: Growth und „Gr"). Dieser Style hatte in diesen Jahren bekanntlich eine schwere Zeit. Hier hätte man aufgrund des Prognosewertes von *HMN** sicherlich ebenfalls händisch eingegriffen.

Tabelle 172: Allokation auf Basis der Faktorwetten „Top 4 Faktoren + Alpha"

	1998	1999	2000	2001	2002	2003	2004	2005
Alpha 1	Needham Growth	FMI Focus	Schroder Ultra Inv	Schroder Ultra Inv	Schroder Ultra Inv	Ameristock Focused Value	Apex Mid Cap Growth	American Heritage
Alpha 2	BlackRock Aurora Instl	Jundt Opportunity A LW	Van Wagoner Post-Venture	Morgan Stan Ins SmGr	TCW Galileo Val Opport I	Schroder Ultra Inv	Fidelity Leverage Co Stk	Templeton China World Adv
MARKT 1	Baron Partners	Baron Partners	ProFunds UltraBear Inv	ProFunds UltraSh OTC Svc	ProFunds UltraSh OTC Svc	ProFunds UltraOTC Inv	Rydex Velocity 100	Reynolds
MARKT 2	Rydex Nova Inv	BNY Hamilton Multi Eq LW	ProFunds UltraBear Svc	ProFunds UltraSh OTC Inv	ProFunds UltraSh OTC Inv	ProFunds UltraOTC Svc	Rydex Velocity 100 A LW	Apex Mid Cap Growth
HMN* 1	Pin Oak Aggressive Stock	Pin Oak Aggressive Stock	Sequoia	ProFunds UltraSh OTC Inv	ProFunds UltraSh OTC Svc	ProFunds UltraSh OTC Svc	Rydex Venture 100 A LW	Ivy Global Natural Res Y
HMN* 2	Van Wagoner Emerging Gr	Frontier MicroCap	FPA Paramount	ProFunds UltraSh OTC Svc	ProFunds UltraSh OTC Inv	ProFunds UltraSh OTC Inv	Rydex Venture 100 C	Ivy Global Natural Res Y
KMG 1	Prudent Bear	Clipper	First Amer Sm Cp Gr Opp B	Prasad Growth	Loomis Sayles Sm Gr Ins	ProFunds UltraSm-Cp Inv	ProFunds UltraSm-Cp Inv	ProFunds UltraSm-Cp Inv
KMG 2	Prudent Bear C	Mosaic Foresight	First Amer Sm Cp Gr Opp Y	Preferred Small Cap Gr	Loomis Sayles Sm Gr Ret	ProFunds UltraSm-Cp Svc	ProFunds UltraSm-Cp Svc	ProFunds UltraSm-Cp Svc
UMD 1	Hallmark Informed Inv Grl	Old Mutual Select Growth A	Old Mutual Select Growth A	Millennium Growth & Inc	Gartmore MidCap Gr Lead B	Apex Mid Cap Growth	Apex Mid Cap Growth	Frontier MicroCap
UMD 2	Hallmark Informed Inv R	Old Mutual Select Growth Z	Old Mutual Select Growth Z	American Heritage	Grand Prix C	Ameristock Focused Value	Kopp Emerging Growth I	American Heritage

Bemerkungen:
Hellgraue Flächen: Zufrieden stellende Realisation.
Rote bzw. dunkelgraue Flächen: Nicht zufrieden stellende Realisation.

Betrachtet man die Wetten auf *HMN** in Tabelle 171, zeigt sich die erste Verlustwette im Jahr 2000. Entsprechend Tabelle 169 ist die Methode eine Position „long" eingegangen und der „FPA Paramount" war in diesem Jahr kein gutes Investment. Es ist durch Recherche heute schwer, Informationen zu finden, aber der Fonds präsentiert sich nicht, als ob er sich auf einen Style Value oder Growth festlegt. Von 2001 bis 2003 allokierte die Methode als Wette für eine Position „long" in *HMN** die Fonds mit Namen „Pro-Fund Ultra Sh OTC". Dieser Fonds investiert mit Derivaten in einer Weise, dass seine Rendite der doppelten inversen Performance des Nasdaq 100-Index entspricht. Dies kann man nicht wirklich als Investition in Value bezeichnen, auch wenn natürlich seine Faktorsensitivität dem entspricht. In den Jahren 2001 und 2002 fiel der Nasdaq 100 und die Wette bescherte eine positive Performance. Seit Ende 2002 steigt der Index wieder und die Wette hat einen negativen Renditebeitrag. Der „Rydex Venture 100", der 2004 für *HMN** allokiert wurde, operiert nach der gleichen Methode und brachte ebenfalls negative Renditen.

Analysiert man die Wetten auf *MARKT* in Tabelle 171, ist der Performancebeitrag bis 2003 sehr gut. Die Jahre des Zeitraums von 2000 bis einschließlich 2002 waren dabei eine Position „short" und die anderen Jahre „long" (vgl. Tabelle 169). Bei der Betrachtung von Tabelle 172 sticht dabei im Jahre 2000 ein interessanter Fonds ins Auge. Der „ProFunds Ultra Bear" ist ebenfalls ein ziemlich exotischer Zeitgenosse. Der Fonds operiert ebenfalls mit Derivaten, jedoch ist er darauf ausgelegt, mit seiner Rendite die doppelt inverse Performance des S&P 500 abzubilden. Zu diesem Fonds gibt es ein Pendant. Er heißt „ProFunds Ultra Bull" und bildet die doppelte Rendite des S&P 500 ab. Diese beiden Fonds wären im Rahmen einer solchen Strategie ideal, um den Faktor *MARKT* inhaltlich korrekt ab zu bilden. Weiterhin hätten unter der Annahme, tendenziell richtige Prognosen zur Verfügung zu haben, die Wetten mit diesen beiden Fonds jeweils den doppelten Betrag der Renditen des S&P 500 generiert (vgl. Tabelle 169) und damit einen Performancebeitrag von 32,4 % annualisiertem Return über den Zeitraum geliefert. Der Portfolioreturn wäre bei keiner anderen Veränderung des Portfolios auf 25 % zurückgegangen. Dies ist zwar ein Rückgang, aber stellt den inhaltlich geplanten Gedanken dar.

Man sieht, wenn man anfängt, diese Strategie mit nicht quantitativ methodischen Maßnahmen zu optimieren, dass sich einige Verbesserungsmöglichkeiten der Rendite ergeben, wie z.B. bereits bei *KMG* erwähnt. Dies ist aber hier nicht mit Renditen weiter ausgeführt. *HMN** hat bestimmt auch noch Steigerungspotenzial. Jedoch verlassen diese

Überlegungen den Pfad einer wissenschaftlichen Arbeit, wenn die Ergebnisse nicht mehr streng methodischer Natur sind. Aus diesem Grund sind die vorliegenden Ergebnisse in dieser „rohen“ Art und Weise dokumentiert und diskutiert. Es ist nur eine Simulation, um die Grenzen auszuloten und das Renditepotenzial in den Faktoren zu analysieren. Dieser sehr begrenzte Exkurs soll vor dem Hintergrund der Ergebnisse der Arbeit dazu anregen, die Performance von Fonds ganzheitlich zu sehen, d.h. Residuen und Sensitivitäten zu betrachten. Es wäre sicherlich nicht der Weg zu versuchen, jedes Kriterium – also Sensitivitäten und Alpha bzw. Information Ratio – separat in einem Portfolio umzusetzen. Die Ergebnisse der style-resistenten Selektionskriterien sollten in Kombination mit der Allokation hinsichtlich der Faktorentrends angewendet werden. Sinnvoll erscheint in einem ersten Schritt, die Fonds mit hohem Mehrfaktor-Alpha oder Mehrfaktor-Information Ratio im Sinne eines Qualitätskriteriums auszuwählen. In einem zweiten Schritt sollten die Sensitivitäten im Sinne von Charakteristika der Fonds betrachtet werden. Die Faktoren beschreiben die Trends am Markt, welche die Hauptbewegung des Marktes ausmachen. Das Ziel der vorliegenden Arbeit ist es, über Segmente und verschiedene Marktphasen mit unstetiger Style-Entwicklung hinweg einen konsistenten Bewertungsmaßstab zur Performanceevaluation zu entwickeln, welcher Stabilität und Aussagekraft als Selektionskriterium besitzt. Dies ist in der vorliegenden Arbeit gelungen (vgl. Kapitel 7). Natürlich ist dies nicht leicht zu trennen von der Frage, welchen Fonds ein Investor am besten für ein Folgejahr kauft. Jedoch kann die Antwort das Mehrfaktorenmodell und darauf basierende KEnnzahlen nicht erschöpfend liefern. Man muss gewisse Annahmen über die zukünftige Entwicklung der Grundtrends – bewusst oder unbewusst, qualifiziert oder unqualifiziert – haben, dann zeigt einem das Mehrfaktorenmodell mit seinen Sensitivitäten, wie sie umzusetzten sind bzw. welche Charakteristika der betrachtete Fonds hat. Wie man an der vorherigen Tabelle sieht, lohnt es sich, wenn man mit der Wette richtig liegt. Die Faktoren haben ein erhebliches Renditepotenzial. Das sollte dieser Exkurs zeigen.

Jedoch ist der Exkurs noch nicht vorbei, dieses Zwischenfazit soll diesen Anhang am Ende der umfangreichen Analyse der vorliegenden Arbeit, aber mit einem neuen gedanklichen Ansatz, nur ins rechte Licht rücken. Er erhebt nicht den Anspruch auf Exaktheit wie der Hauptteil der Arbeit bis Kapitel 7, sondern hat seine Daseinsberechtigung in der Abrundung des Faktormodells. Der Exkurs zeigt neben dem Renditepotenzial der Faktoren viel über ihr sehr unterschiedliches Wesen. Die Faktoren sind dezidiert zu betrachten, jeder hat eine andere Natur. Der Faktor *MARKT* als absoluter Faktor, *KMG* und *HMN** als Differenzfaktoren und der Momentumfaktor sind in ihrem Wesen sehr unterschiedlich. Der Momentumfaktor *UMD* z.B. ist auch hier mit Vorsicht zu behandeln. Seine quantitativen Eigenschaften sorgten ja bereits im gesamten Verlauf der Arbeit bereits für Überraschungen und dies ist auch in diesem Kapitel nicht anders. In den ersten Jahren sorgt er zunächst für ein unterhaltsames Ergebnis. Im Jahr 1998 sieht die Methode eine Position „long" vor. Der Fonds, den die Methode gleich doppelt allokiert, also der Fonds mit dem größten Momentum, nennt sich „Hallmark Informed Inv". Dem Portfoliomanager müssen ja sehr aktuelle Informationen vorliegen, wenn sein Fonds am stärksten von allen Fonds die Bewegung der Gewinneraktien der elf Monate davor nachvollzieht. He is really informed.

Über die gesamte Zeit betrachtet, gehen die Wetten auf *UMD* am häufigsten schief. In nur drei von acht Perioden sind die Wetten erfolgreich. Der Momentumfaktor scheint sehr schwierig, wenn man versucht, seine Prämie abzuschöpfen. In den ersten zwei Jahren, den Zeiten des Technologiebooms, sind die Wetten „long" sehr ertragreich und die Wette „short" im Jahre 2003. Würde man die Wetten auf *UMD* einfach vernachlässigen, ohne eine neue Allokation auf Basis des 3-Faktorenmodells vornehmen, würde sich die Portfoliodurchschnittsrendite über die Zeit nur um 0,1 Prozentpunkte nach unten bewegen. Die Momentumwetten bringen eigentlich nur einen renditeneutralen Beitrag über diesen Zeitraum. Die anderen Faktoren stellen wesentlich ergiebigere bzw. gleichförmigere Returnquellen dar. Momentum dämpft eigentlich nur durch seine wechselnde Abhängigkeit von den anderen Faktoren deren Entfaltung, betrachtet man z.B. nur den Einfluss auf *HMN** während des Technologiebooms. Auf der Basis des 3-Faktorenmodells hätte die Methode für *HMN** in 1999 und 2000 anders allokiert. Anstatt des „Frontier Micro Cap", des „Sequoia" und des „FPA Paramount" hätte die Methode den „Rydex OTC", den „Potomac OTC/Short" und den „AmCent Value Adv" allokiert. Das hätte die Wetten auf *HMN**, unter Beibehaltung der oben genannten Schwierigkeiten, mit der echten Investition in Value über den Gesamtzeitraum auf 38,4 % und 32,6 % und damit den Portfolioreturn auf 28, 7 % gehoben. Jedoch führt dies schon wieder sehr ins Detail und soll keine andere Portfolioallokation rechtfertigen, sondern nur ein bisschen Gefühl für die Varianten und die Treiber des Markts in diesen Jahren vermitteln. Es zeigt sich einfach deutlich, dass Faktor nicht gleich Faktor ist. Der Faktor *UMD* hat eine deutlich andere Natur als die anderen Faktoren. Die anderen Faktoren haben im Gegensatz zu *UMD* eine mehr fundamentale Natur. *MARKT* ist wirklich die Basis von allem. *HMN** und *KMG* sind etwas weniger fundamental, wie sich durch ihre Korrelation zu *MARKT* in manchen Perioden zeigt (vgl. Tabelle 25), aber *UMD* ist aufgrund seiner Konstruktion (Differenz Gewinner- und Verliereraktien; vgl. Kapitel 4.5) über kurze Zeiträume wechselnd abhängig von den anderen Faktoren (vgl. Tabelle 25). Es ist schon sehr interessant, hier die Auswirkungen von Multikollinearität in manchen Perioden zu sehen (eben angesprochene Auswirkung auf *HMN**). *UMD* fischt sehr gerne in fremden Gewässern.

Nach all diesen Schwierigkeiten durch *UMD* ist das Ergebnis der Wette „short" mit *UMD* in 2003 sehr interessant. Chan/Jegadeesh/Lakonishok (1996) sehen den Momentum-Effekt als Marktineffizienz, die in der zeitlich verzögerten Reaktion von Märkten auf Information begründet liegt. Wäre es nicht ein Gütesiegel für die Informationen eines Portfoliomanagers, wenn sein Portfolio geringe Sensitivität zu *UMD* aufweist? Simuliert man durchgehend eine Position „short“ als Wetten auf *UMD*, ergibt sich die Allokation für *UMD* in Tabelle 173. Die Renditen von 20 % und von 12,6 % sind nicht schlecht, vor allem wenn man bedenkt, dass hierzu keine Prognose benötigt würde. Jedoch bekommt man anhand der allokierten Namen das Gefühl, sehr frühzeitig Trends zu allokieren, die bisher am Markt vernachlässigt wurden. Die Frage ist, ob dann auch wirklich ein Nachholeffekt eintritt. Im Falle des „Apex Mid Cap Growth“ nach einer Durststrecke im Jahr 2002 stellt sich der Nachholeffekt im Jahr 2003 eindrucksvoll ein, wie Tabelle 173 zeigt.

Tabelle 173: Faktorwette *UMD* durchgehend short

	1998	1999	2000	2001	2002	2003	2004	2005	Durchschnitt
UMD 1	-21,34	34,90	-4,58	14,81	-29,99	182,80	-0,65	-15,53	20,05
UMD 2	20,50	57,09	12,31	16,07	-35,18	31,32	-0,09	0,00	12,75
UMD 1	Frontier MicroCap	American Heritage Growth	American Heritage Growth	Matrix Advisors Value	Apex Mid Cap Growth	Apex Mid Cap Growth	Apex Mid Cap Growth	Corbin Small-Cap Value	
UMD 2	Van Wagoner Small Cap Gr	Frontier MicroCap	Ivy Global Natural Res LW	Apex Mid Cap Growth	Dreyfus Small Co Value	Ameristoc k Focused Value	Kopp Emerging Growth I	Nations Classic Val PrmA	

Hätte man den „Van Wagoner Small Cap Gr“ aus 1998 in Tabelle 173 im Jahr 1999 noch behalten, hätte er 223 % gemacht. Das ist jedoch der einzige Fonds von den hier allokierten Fonds, der sich, nachdem er aus dem Portfolio ausgeschieden ist, noch deutlich verbessert hat. Andere Fonds im Sample, die nie im Portfolio waren, wurden nicht vor diesem Hintergrund untersucht. Abbildung 35 ist das Portfolio „Top 4 Faktoren + Alpha" noch mal grafisch gegen die Faktortrends verglichen. Diese Darstellung fasst noch einmal die Erkenntnisse in Bezug auf das Abschöpfen der Faktorprämien zusammen. Es scheint bei korrekten Prognosen durchaus möglich zu sein, die verschiedenen Trends mit handelsüblichen aktiven US-Aktienfonds abzuschöpfen, wenn man über die richtigen Vorhersagen verfügt. Es lassen sich verschiedene Trends in einem Portfolio vereinen und mit einem sehr einfachen methodischen Ansatz bereits sehr gute Renditen erwirtschaften. Die Kombination aus einer kennzahlenbasierten Vorselektion der Aktienfonds und dann einer Trendallokation scheint sehr interessant.

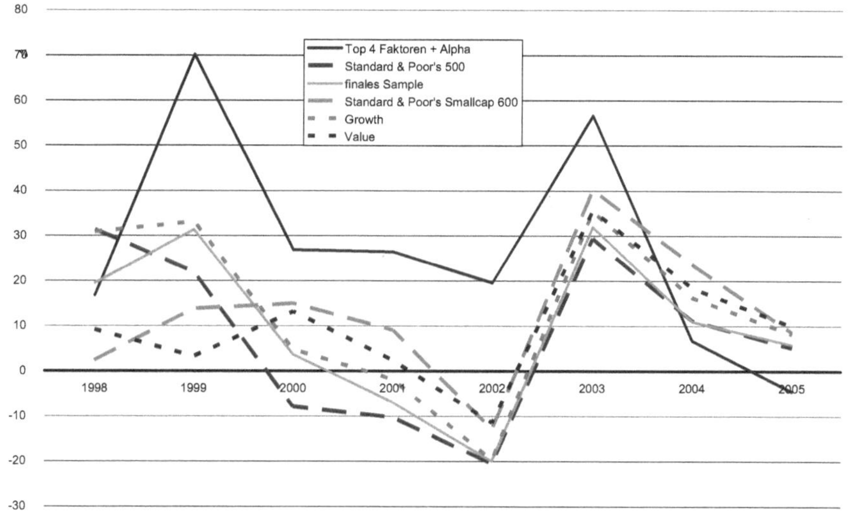

Quelle: Eigene Darstellung

Abbildung 35: Faktorreturns versus „Top 4 Faktoren + Alpha"

Wenn man den Weg der Trendallokation weiter beschreiten wollte, müsste man tiefer gehend analysieren, wie die Sensitivitäten bei den Fonds verteilt sind. Daraus könnte man ableiten, wie viele Fonds und welche Fonds man allokieren würde. Man könnte das zusammengestellte Portfolio auch noch einmal mit dem Mehrfaktorenmodell analysieren und das Portfolio dann entsprechend seiner letztlich gesamten Faktorsensitivität optimieren. Sicherlich würde man die Gewichte im Portfolio auch hinsichtlich der Höhe der erwarteten Prämie anpassen. Darüber hinaus würde man auch versuchen, das Risiko des Portfolios zu optimieren. Wenn für die Fonds Titelinformationen zur Verfügung stehen, würde man auch die Positionierung gegenüber Industrien, eventuell Länder etc. betrachten. Sicherlich sind das teilweise konkurrierende Ziele und man hat nur die Stellschraube Portfoliogewichte hierzu zur Verfügung. Jedoch besteht dieses Problem schon immer im Portfoliomanagement. Es stellt sich auch mit einzelnen Aktien in einem Portfolio ein. Man arbeitet in verschiedenen Durchläufen diese Optimierungen in ein Portfolio ein und gelangt schließlich zum optimalen Verhältnis. Natürlich sind dann nicht alle Ziele zu 100 % erfüllt. Die Lösung von konkurrierenden Zielen liegt immer in einem Trade-Off. Jedoch ist es wichtig, genau an diesem Punkt anzukommen und kein Optimierungsverhältnis auszulassen.

Erwähnenswert ist noch, dass weder die Kennzahlenportfolios noch die Faktorallokation einen Todesfall im Portfolio zu beklagen hat. Zu bemerken ist auch, dass die style-resistente Kennzahlenallokation 2004 und 2005 nicht versagt. Die vorliegende Allkoation zum Abschöpfen der Faktorprämien versagt in den letzten beiden Jahren des Beobachtungszeitraums. Der Autor führt dies auf das Erlahmen des US-Aktienmarkts zurück. Nachdem die Methode keine gestorbenen Fonds allokiert, können die guten Ergebnisse der Vorjahre nicht auf mangelnde Adjustierung gegen Survivorship Bias zurückgeführt werden. Es bestehen in den Jahren 2004 und 2005 keine so großen Fakroprämien wie in den Vorjahren. Daher bescheren die Wetten mit dem negativen Ausgang der Methode insgesamt ein sehr schwaches Ergebnis in diesen Jahren. Jedoch ist die dargestellte Trendallokation nur ein exemplarischer Ansatz, um die Extreme und das Potenzial auszuloten. Das Ziel der Arbeit ist bereits erreicht und dieses Kapitel dreht das Rad der Erkenntnisse nur noch ein Stückchen weiter, um ein paar Potenziale, die ein professionelles Institut auf Basis von Prognosen hätte, nur ein wenig „anzukratzen“. Dieser Anhang stellt, im Gegensatz zu der vorliegenden Arbeit selbst, keine wissenschaftlich belegten Erkenntisse vor. Dennoch sind die Ergebnisse interessant genug, um eine Richtung für weitere wissenschaftliche Untersuchungen aufzuzeigen.

Literaturverzeichnis

Alexander, Carol (2001): *Market Models. A Guide to Financial Data Analysis.* Chichester: John Wiley & Sons Ltd.

Amenc, Noël/Le Sourd, Véronique (April 2005): „Rating the Ratings". URL: http://www.edhec-risk.com [Stand 3. Januar 2007].

Auckenthaler, Christopf/Mettler, Alfred (1994): „Chaos-Theorie und Finanzmarktforschung". URL: http://www.isb.unizh.ch/publikationen/workingpapers.php [Stand 3. Januar 2007].

Bamberg, Günter/Baur, Franz (2002): *Statistik.* 12. überarb. Aufl. München: Oldenbourg.

Barra (2006). URL: http://www.barra.com [Stand 11. Dezember 2006].

Bollen, Nicolas P. B./Busse, Jeffrey A. (2001): „On the Timing Ability of Mutual Fund Managers". In: *Journal of Finance*, Vol. LVI, No. 3, 1075-1094.

Brown, Stephen J./Goetzmann, William N./Ibbotson, Roger G./Ross, Stephen A. (1992): „Survivorship Bias in Performance Studies". In: *The Review of Financial Studies*, Vol. 5, No. 4, 553-580.

Brown, Stephen J./Goetzmann, William N. (1995): „Performance Persistence". In: *Journal of Finance*, Vol. L, No. 2, 679-698.

Campbell, JohnY./Lo, Andrew W., MacKinlay, A. Craig (1997): *The econometrics of financial markets*. 2., überarb. Aufl. New Jersey: Princeton University Press.

Carhart, Mark M. (1997): „On Persistence in Mutual Fund Performance". In: *The Journal of Finance* Vol. LII No. 1 März, 57-81.

Center for Research in Security Prices (2006). URL: http://www.crsp.chicagogsb.edu [Stand 24. Dezember 2006].

Clark, Andrew (Mai 2003): „Lipper Fundindustry Insight Reports – The Use of Hurst and Effective Return in Investing". URL: http://www.insightful.com/news_events/webcasts/2003/10Lipper/Lipper_investing_article.pdf [Stand 3. Januar 2007].

Dacorogna, Michel M./Gencay, Ramazan/Müller, Ulrich A./Pictet, Olivier V. (1999): „Effective Return, Risk Aversion and Drawdowns". Olsen & Associates Working Paper No. 321.

Davidson, Russel/MacKinnon James G. (1993): *„Estimation and Inference in Econometrics"*. New York: Oxford University Press.

Dunn, Patricia C./Theisen, Rolf D. (1983): „How Consistently Do Active Managers Win?". In: *Journal of Portfolio Management*, Vol. 9, no.4, 47-50.

Elton, Edwin J./Gruber, Martin J./Blake, Christopher R. (2001): „A First Look at the Accuracy of the CRSP Mutual Fund Database and a Comparison of the CRSP and Morningstar Mutual Fund Database". In: *The Journal of Finance* Vol. LVI No. 6 December, 2415-2430.

Elton, Edwin J./Gruber, Martin J./Das, Sanjiv/Hlavka Matthew (1993): „Efficiency with Costly Information: A Reinterpretation of Evidence from Managed Portfolios". In: *The Review of Financial Studies* Vol. 6, 1-20.

Europerformance (April 2006): „The Europerformance - Edhec Style Rating Methodology". URL: http://rating.europerformance.fr [Stand 3. Januar 2007].

Fama, Eugene F./French, Kenneth R. (1993): „Common Risk Faktors in the Returns of Stocks and Bonds". In: *Journal of Financial Economics* No. 33 North-Holland, 3-56.

Fama, Eugene F./French, Kenneth R. (1998): „Value versus Growth: The International Evidence". In: *The Journal of Finance* Vol. LIII No. 6 December, 1975-1999.

Fama, Eugene F./French, Kenneth R. (2006): „The Value Premium and the CAPM". In: *The Journal of Finance* Vol. LXI No. 5 October, 427-465.

FERI Trust (2003 *geschätzt*): „Entwicklung und Bedeutung des FERI Trust Fonds Ratings". URL: http://www.feri.de [Stand 2. Dezember 2003].

FERI Trust (2006): „FERI Fonds Rating". URL: http://www.feri.de [Stand 2. Januar 2007].

French, Kenneth R. (2006): „Data Library". URL: http://mba.tuck.dartmouth.edu/pages/faculty/ken.french/index.html [Stand 12. Dezember 2006].

Goetzmann, William N./Ibbotson, Roger G.(1994): „Do Winners Repeat?". In: *The Journal of Portfolio Management*, Vol. Winter, 9-18.

Greene, William H. (2000): *„Econometric Analysis"* 4. überarb. Aufl. Upper Saddle River, New Jersey: Prentice-Hall, Inc.

Grinblatt, Mark/Titman, Sheridan (1992): „The Persistence of Mutual Fund Performance". In: *Journal of Finance*, Vol. XLVII, No. 5, 1977-1984.

Grinold, Richard C./Kahn, Ronald N. (1999): *„Active Portfolio Management"*. 2nd Edition. New York: McGraw-Hill.

Grossman, Sanford J./Stieglitz, Joseph E. (1980): „On the Impossibility of Informationally Efficient Markets". In: *American Economic Review* Vol. 70, 393-408.

Gupta, Francis/Prajogi, Robertus/Stubbs, Eric (1999): „The Information Ratio and Performance". In: *The Journal of Portfolio Management*, Vol. Fall, 33-39.

Hendricks, Darryll/Patel, Jayendu/Zeckhauser, Richard (1993): „Hot Hands in Mutual Funds: Short-Run Persistence of Relative Performance, 1974-88" In: *Journal of Finance*, Vol. XLVIII, No. 1, 93-130.

Ibbotson, Roger G./Patel, Amita K. (Februar 2002): „Do Winners Repeat With Style". Yale ICF Working Paper No. 00-70, Yale School of Management.

James, Christopher/Karceski, Jason (2002): „Captured Money? Differences in the Performance Characteristics of Retail and Institutional Mutual Funds". 2nd, Draft, Warrington College of Business.

Jegadeesh, Narasimhan/Titman, Sheridan (1993): „Returns to Buying Winners and Selling Losers: Implications for Stock Market Efficieny". In: *Journal of Finance*, Vol. 48, No. 1, 65-91.

Jensen, Michael C. (1969): „Risk; The Pricing of Capital Assets, and The Evaluation of Investment Porfolios". In: *Journal of Business* Vol. 42 No. 2 April, 167-247.

Kahn, Ronald N./Rudd, Andrew (1995): „Does Historical Performance Predict Future Performance?". In: *Financial Analysts Journal*, Vol. November-December, 43-52.

Lehmann, Bruce N./Modest, David M. (1987): „Mutual Fund Performance Evaluation: A Comparison of Benchmarks and Benchmark Comparisions". In: *The Journal of Finance*, Vol. XLII, no. 2, 233-265.

Lipper (2002): „The Lipper Leader System". URL: http://www.lipperweb.com [Stand 1. Dezember 2006].

Lipper (2003): „Active Indices". URL: http://www.lipperweb.com [Stand 1. Dezember 2006].

Lipper (2005): „Worldwide Holdings-Based Fund Classification Methodology". URL: http://www.lipperweb.com [Stand 1. Dezember 2006].

Litterman, Robert B. (2003): Modern Investment Management. An Equilibrium Approach / Bob Litterman and the Quantitative Resources Group, Goldman Sachs Asset Management. Hoboken: John Wiley & Sons.

Ludwig-Mayerhofer, Wolfgang (1999): „ILMES - Internet-Lexikon der Methoden der empirischen Sozialforschung". URL: http://www.lrz-muenchen.de/~wlm/ilm_r2.htm [Stand 11. November 2006].

Malkiel, Burton G. (1995): „Returns from Investing in Equity Mutual Funds 1971 to 1991". In: *Journal of Finance*, Vol. L, No.2, 549-572.

Morningstar (April 2002): „The New Morningstar Rating Methodology”. URL: http://www.morningstar.de [Stand 2. Januar 2007].

Morningstar (Januar 2006): „Morningstar Principia Mutual Funds Advanced“. Hilfe-texte der Fondssoftware [Stand Ausgabe Januar 2006].

Morningstar (Oktober 2006): „Morningstar Europe and Morningstar Asia - Methodik-Dokument”. URL: http://www.morningstar.de [Stand 2. Januar 2007].

Morningstar: Monatliche Renditen und Selbstkategorisierungen der Fonds wurden von Morningstar, Inc. zur Verfügung gestellt („Morningstar Principia Mutual Funds Advanced“: monatliche Ausgaben April 2003 bis Januar 2006). Morningstar makes every effort to ensure accuracy of this data, but cannot guarantee completeness and accuracy.

Sharpe, William F. (1965): „Risk-Aversion in the Stock Market: Some Empirical Evidence“. In: *The Journal of Finance* Vol. XX No. 3 September, 416-422.

Sharpe, William F. (1992): „Asset Allocation: Management Style and Performance Measurement”. In: *The Journal of Portfolio Management*, Vol. Winter, 7-19.

Sharpe, William F./Alexander, Gordon J./Bailey, Jeffery V. (1999): *Investments*. 6., überarb. Aufl. Upper Saddle River: Prentice Hall.

Singer, Brian D./Terhaar, Kevin/Zerolis, John (1998): „Maintaining Consistent Global Asset Views (with a Little Help from Euclid)". In: *Financial Analyst Journal*, January/February, 63-71.

Treynor, Jack/Black, Fischer (1973): „How to Use Security Analysis to Improve Portfolio Selection". In: *Journal of Business* Vol. 46 No. 1 Januar, 66-86.

Trost, Ralf (1999): „What is Incentive Compatibility". In: Gaul, Wolfgang/Locarek-Junge, Hermann (Hg.) (1999): *Classification in the Information Age.* Berlin: Springer. 75-90.

Spremann, Dr. Klaus (2003): *Portfoliomanagement.* 2., überarb. Aufl. München; Wien: Oldenburg.

Standard & Poor's (September 2003): „U.S. Mutual Fund Style Classification - Guide to Methodology and Rankings". URL: http://www2.standardandpoors.com [Stand 5. Dezember 2005].

Standard & Poor's (Oktober 2003): „A Guide to Standard & Poor's Fund Management Ratings – How Funds Are Rated". URL: http://www.funds-sp.com [Stand 31. Dezember 2006].

Standard & Poor's (April 2006): „S&P U.S. Style Indizes Methodology". URL: http://www2.standardandpoors.com [Stand 25. August 2006].

Standard & Poor's (Oktober 2006): „Standard & Poor's Indices Versus Active Funds Scorecard, Third Quarter". URL: http://www.spiva.standardandpoors.com [Stand 3. Januar 2007].

Standard & Poor's Fund Services: „Fund Ratings". URL: http://www.funds-sp.com [Stand 31. Dezember 2006].

University of Sussex (2007): „Properties of OLS estimators". URL: http://www.sussex.ac.uk/economics/documents/etrix06_lec5.ppt [Stand 21. Oktober 2007].

U.S. Securities and Exchange Commission (2001): „Investment Companies". URL: http://www.sec.gov/answers/mfinvco.htm [Stand 11. Dezember 2006].

Zimmermann, Heinz/Drobetz, Wolfgang/Oertmann, Peter (2003): „*Global Asset Allocation*". Hoboken: John Wiley & Sons.

FSC
www.fsc.org
MIX
Papier | Fördert gute Waldnutzung
FSC® C083411

Kolibri 360 GmbH
Ferdinand-Jühlke-Straße 7
99095 Erfurt, Deutschland
produktsicherheit@kolibri360.de